«RÉPONSES»

Collection créée par Joëlle de Gravelaine,
dirigée par Sylvie Angel et Nathalie Le Breton

DU MÊME AUTEUR

Aimer, guérir ou la Logique du corps, Buchet Chastel, 1988
Comment apprivoiser son crocodile, Robert Laffont, 2002

CATHERINE AIMELET-PÉRISSOL

QUAND LES CROCODILES S'EMMÊLENT

Du bon usage de nos émotions dans les relations adultes-enfants

ROBERT LAFFONT

ISBN 2-221-09934-6

À mes enfants, Aurore, Magali, Stanislas, Laurent
et à leurs papas

« Qu'est-ce que je peux faire
de ce qu'on a fait de moi ? »
ANDRÉ GIDE

Introduction

« Pour m'aider à grandir, prends ta place à mes côtés ! Quitte un moment ton statut de modèle qui me fait face et qui te rend si distant de moi ! Cesse d'être le grand qui sait tout et viens jusqu'à moi. Redécouvre l'enfant que tu as été, et qu'au fond de toi tu es sans doute encore, pour mieux comprendre ce que j'éprouve et me permettre de devenir qui je suis… »

Ils ne nous l'expriment pas avec ces mots-là, mais leurs regards en disent long sur leur désir d'être écoutés et reconnus dans leurs émotions, leur peine à devenir ce que les adultes attendent, voire exigent d'eux. Eux, ce sont les enfants, nos enfants qui nous interpellent par leurs comportements, par leurs mots autant que par leurs maux, eux qui nous aiment autant qu'ils nous blessent, eux que nous aimons autant que nous les blessons.

Une petite fille qui n'a de cesse de mordre sa sœur profondément dès que celle-ci l'énerve, répond à sa mère, qui lui reproche son attitude, qu'elle se sent des dents de crocodile… Serait-elle prête à manger sa proie ? La maman, désespérée du conflit entre les deux sœurs, se met à son écoute : « J'en peux plus d'elle, elle est toujours plus forte, plus intelligente, plus drôle que moi ! Elle est la reine et moi sa servante. Si je la mords, je lui prends sa force et je deviens la reine à sa place ! » L'agressivité viendrait-elle cacher le désespoir de se sentir humiliée ? Mais alors, l'interdiction de mordre, justement fondée sur le respect mutuel, ne risque-t-elle pas de priver la petite fille de son besoin de s'affranchir de cette grande qui lui fait de l'ombre, et de s'affirmer, elle aussi, comme une grande ? Ne risque-t-elle pas de la maintenir dans ce désespoir ? Consciente du besoin de sa fille de s'affirmer, elle n'ose pas la frustrer du moyen que celle-ci a trouvé. Pour autant, elle ne peut la laisser mordre sa sœur ! La maman a entendu ce besoin réclamé à coups de dents, et se sent bien limitée dans sa position de parent : tiraillée entre compréhension et répression, elle donne tantôt de l'un, tantôt de l'autre, et compte sur le temps réputé « arranger les choses ».

Ce livre est fait pour ces parents soucieux de devenir de « bons » parents car il existe une troisième voie, celle qui consiste à accompagner l'enfant, à prendre place à ses côtés, pour voir ce qu'il voit, ressentir avec son cœur et son ventre ce qu'il ressent, afin de trouver l'attitude parentale qui va l'aider à trouver l'attitude juste pour s'affirmer sans avoir à mordre.

Prendre place à ses côtés ne signifie pas, surtout pas, se mettre à la place de l'enfant. Ce serait justifier le comportement de celui-ci qui, sous le coup de sa colère, n'imagine sortir de l'humiliation qu'avec violence. Prendre sa place de parent au côté de son enfant signifie se relier à l'émotion qui anime la petite fille, se laisser gagner par elle, prendre en compte le formidable désir de vie et la merveilleuse intelligence qui résident en elle et, ensemble, inventer l'attitude qui va correspondre au besoin profond de la petite fille : être respectée dans sa propre valeur.

Prendre sa place au plus près de l'enfant est un voyage au pays des émotions, celles de l'enfant bien sûr et celles qui peuvent gagner le parent dans ses échanges avec lui. L'émotion vient du mot latin « *e-movere* », c'est-à-dire faire bouger hors de, être tiré de son immobilisme, de son inertie, et induire un mouvement qui bouscule l'équilibre antérieur. Il y a du jeu dans l'émotion, celui du plaisir perdu et celui du mouvement pour le retrouver. L'émotion est cette part « enfantine » de l'être dans laquelle il est bon de découvrir des vérités bonnes à dire. Enfantine pas uniquement parce que les enfants expriment plus directement leurs émotions que les adultes qui ont appris à les maîtriser. Enfantine aussi parce que lc cerveau à l'origine de son expression est né à l'enfance de l'évolution des êtres doués de réflexion, à l'aube de l'humanité. L'émotion est une langue vivante qui raconte une part de notre histoire. Toujours présent en nous à la base du système nerveux, fidèle à sa vocation, il semble dans notre intérêt de s'allier avec notre cerveau reptilien plutôt que de faire semblant d'en être dépourvu ou de vouloir le contrôler. C'est en écoutant à l'intérieur de soi, parent, le discours de l'émotion, en décodant son langage, que nous allons pouvoir adapter une éducation plus globale et plus respectueuse de l'être en devenir qu'est tout enfant. Une éducation qui intègre l'émotion comme une valeur et un moteur.

L'intelligence est l'« aptitude au choix juste ». On parle volontiers de l'intelligence de l'esprit et de celle du cœur, plus récemment nommée « intelligence émotionnelle ». C'est comme s'il existait en chacun de nous deux types d'intelligences, deux façons d'être intelligent ou de se comporter de façon intelligente. Comment l'éducation parvient-elle à développer ces intelligences ? Si les apprentissages semblent garantir celle de l'esprit et fournir à nos enfants des « têtes bien pleines », quels apprentissages peuvent garantir celle du cœur et des émotions et leur fournir des « têtes bien faites », selon les mots de Montaigne ? Y a-t-il une forme d'instruction qui permette à nos enfants d'acquérir un savoir-être qui étaye le savoir-faire et le rende authentique et vivant ? Tous les parents n'ont-ils pas rêvé d'un manuel qui leur donnerait les outils, les clés d'une éducation réussie, leur éviterait les erreurs et les pièges en cours de route, plutôt que de s'en apercevoir quand l'enfant parvient à l'âge adulte, capable alors de nous renvoyer à nos propres limites ? Malgré la quantité de manuels publiés, celui-ci n'existe pas et ne pourra jamais être écrit ! L'éducation de ses enfants est une pratique solitaire qui engage l'adulte dans sa responsabilité propre, en partenariat avec son conjoint quand celui-ci est présent. Ce qui peut être écrit est un « code de la route » qui permet de conduire, de se conduire, en toutes circonstances, code qui ne remplacera jamais la conduite automobile elle-même, pas plus que le choix du véhicule ou de la destination.

Accompagner l'enfant, c'est entrer dans son véhicule et être à ses côtés. C'est partager son vécu et l'accompagner dans ses premiers kilomètres. Ce n'est pas lui dire comment faire en étant assis dans un fauteuil de l'auto-école, ce n'est pas non plus conduire à sa place ! Cet accompagnement doit l'amener à rouler le plus en sécurité possible, compte tenu des aléas de la circulation et le plus librement possible selon ses propres besoins. Cela sera-t-il possible si le parent accompagnateur est lui-même stressé, inquiet ou vite agacé par la façon dont l'enfant (se) conduit ?

L'éducation émotionnelle crée inévitablement une rencontre de cœur à cœur, d'émotion à émotion entre le parent et son enfant et, nous le verrons, de cerveau reptilien à cerveau reptilien, jusque dans des affrontements de survie. Car le cœur n'est pas à considérer dans sa version édulcorée d'amour débonnaire et uniquement constitué de compréhension molle. Le cœur est exigeant, l'émotion est exigeante et demande le meilleur de soi. Éduquer son enfant dans son intelligence émotionnelle demande au parent d'acquérir sa propre clarté.

17h30 : Les parents pénètrent dans l'établissement scolaire de leur enfant ; c'est le jour du rendez-vous bisannuel de la rencontre professeurs/parents. Jusqu'à cette frontière, ils étaient des adultes sûrs d'eux, de leurs droits et de leurs devoirs, de leur responsabilité vis-à-vis de leur progéniture. Mais voilà que leur attitude se modifie : tendus, inquiets, agacés, subissant malgré eux une vague sensation de culpabilité, ils perdent leur assurance et retrouvent intactes des impressions, une gêne, une tension qu'ils croyaient disparues. Les voilà qui anticipent tout bas ce qu'ils vont entendre ou plutôt ce qu'ils craignent ou rêvent d'entendre de la bouche de ceux qui ont la charge d'instruire leur fille et leur fils. Le parent est-il encore parent ou bien est-il un ancien enfant qui revit ses propres émotions par enfant interposé ? Et comment celui-ci peut-il décoder le comportement de cet adulte censé le soutenir et l'épauler dans son développement ?

Alors que j'exerçais la médecine générale, la directrice d'un lycée m'avait demandé de faire une conférence sur l'hygiène de vie aux parents d'adolescents en classe terminale, en début d'année, afin de les aider à les préparer au mieux à l'épreuve du bac. Après l'avoir écoutée, j'ai été convaincue de la nécessité de responsabiliser les parents vis-à-vis de leur propre stress et de la pression qu'ils faisaient subir à leurs enfants : « Vous ne passez pas le bac ! C'est eux qui le passent et vous avez à leur assurer votre soutien en cas de besoin ! Chacun à sa place ! » Pour reprendre la métaphore initiale : ils conduisent leur véhicule, vous êtes assis à leurs côtés et n'intervenez qu'en cas de nécessité.

Mais alors, n'y a-t-il pas là une ambiguïté, voire une contradiction entre cette incitation à se mettre aux côtés de l'enfant pour avoir le même point de vue, et celle de rester à sa place de parent accompagnateur ? C'est là tout l'enjeu de cet ouvrage : la place dont il est question est le « lieu » de rencontre entre le parent et son enfant, un lieu commun aux deux dans lequel des échanges vont s'opérer et nourrir l'un et l'autre ; un lieu dans lequel la logique n'est pas celle de la raison mais celle de la vie ; un lieu de face-à-face dans lequel le petit et le grand ont la même taille, la même valeur et pèsent le même poids ; un lieu dans lequel l'innocence de l'un équivaut à l'expérience de l'autre ; un lieu dans lequel la chronologie est transcendée par le désir d'être vivant. Dans ce lieu de rencontre, on y parle le langage des émotions, celui de la joie et de la peur, deux faces d'une même énergie, celle de la vie, celle de l'être vivant. Pour le parent, se mettre à côté de son enfant, c'est donc « descendre » dans cette intimité si personnelle pour y rencontrer l'intimité de l'enfant. C'est aller à sa rencontre, non au titre de celui qui connaît la vie pour dire à l'enfant comment il faut être, mais au titre de celui qui la ressent et qui l'éprouve. C'est partager avec lui cette expérience qui parfois se passe de mots, parfois s'enrichit d'eux et qui toujours étonne par la puissance de la motivation qu'elle inspire. C'est accueillir ces mouvements de l'âme comme des messages utiles et porteurs de vie, aussi bien chez soi que chez l'enfant. C'est non seulement écouter la joie et la peur de l'enfant, mais aussi écouter les siennes. À défaut, il n'y a pas échanges, il n'y a pas éducation émotionnelle et l'enfant est seul à se débrouiller pour (se) conduire. Il n'y a pas eu de rencontre.

Tel est le projet de ce livre : permettre aux parents de voir clair dans les comportements de leurs enfants comme dans les leurs et ce d'autant plus quand ceux-ci entrent en résonance avec ceux de leurs enfants, afin que les émotions éprouvées, qu'elles soient confortables ou pénibles, contribuent à construire l'enfant et ses parents. Cette éducation ne peut s'opérer que par la pratique de la relation des uns avec les autres, dans ce face contre face que permet l'échange émotionnel et non par une instruction si fondée soit-elle. Je souhaite avoir évité ce que certains lecteurs, peut-être, regretteront de ne pas trouver : des recettes abstraites et non fondées sur une logique du vivant. Car c'est bien cette logique que j'ai à cœur de transmettre par le présent ouvrage. Raconter, comme une belle histoire, que l'envie d'être en vie préside à l'ensemble de tous nos comportements, si irrationnels, désespérés ou agressifs soient-ils. Permettre aux parents de se familiariser à cette logique autant pour eux que pour leurs enfants. Présenter l'éducation comme un exercice et non comme un devoir. Autant d'enjeux qui m'ont poussée à reprendre la plume après *Comment apprivoiser son crocodile*.

Mais la rédaction de cet ouvrage est plus que le résultat de réflexions intellectuelles. Elle est aussi, et probablement plus, le fruit de mon histoire, celle de mon enfance, celle de ma vie, de femme et de mère. Elle est en outre issue de ma pratique thérapeutique qui me fait écouter les blessures émotionnelles d'adolescents et d'adultes, et les accompagner vers la cicatrisation et le pardon. L'énergie qui en est issue est vive, parfois même si vivante qu'elle est mêlée de colère face au pouvoir si souvent abusif des adultes sur les enfants, ou au contraire face à leur lâcheté. Quand j'écoute un parent s'autoriser à juger son enfant ou parler en son nom alors qu'il éprouve tant de mal à parler en son nom propre et à être clair vis-à-vis de son histoire et de ses émotions, cela fait inévitablement écho à mes ressentis de petite fille et participe au désir d'écrire ce nouveau livre. Il n'existe pas de motivation qui ne soit fondée sur son propre vécu. J'écris tant pour témoigner que pour indiquer une autre voie. Il me revient alors ces mots savoureux et péremptoires d'un ami, prononcés au cours d'un stage de développement personnel : « La liberté, c'est par là ! » L'envie est forte de dire à ce parent, et pourquoi pas de façon abrupte : « Le respect, c'est ça ! » Mais l'écriture d'un livre est suffisamment longue pour venir à bout de bien des colères et les miennes ont eu ainsi le temps d'être éclairées et apaisées par la rigoureuse logique émotionnelle. Restait l'énergie à promouvoir une éducation fondée sur la nature de la personne, une éducation globale qui tienne compte de l'intégralité de l'être, de ce qu'il est et pas seulement ce qu'il devrait être. Une éducation qui accorde sa juste place aux émotions comme des messagères d'une part vivante de l'être, celle du parent et celle de l'enfant, grâce à une autopédagogie émotionnelle. Une éducation de la partie reptilienne de l'être vivant qui serait la partie pratique de la façon d'apprivoiser les crocodiles de chacun, dans cette intimité si particulière qu'est la relation parent-enfant.

J'espère ici permettre au lecteur de préciser sa façon de transmettre un savoir : celui d'être ensemble et en soi, autrement dit avec les autres et tout seul. Une éducation émotionnelle a en effet comme objectif de permettre à l'enfant de passer les étapes nécessaires pour construire son individualité propre, c'est-à-dire séparé des siens, autant que construire sa relation aux autres, ceux dont il se sent aimé et proche tout autant que les étrangers. Il s'agit donc pour le parent d'accompagner l'enfant dans une démarche qui ne s'apprend pas dans les livres, mais dans les expériences du quotidien, celles qui sont le fruit de confrontations, d'imprévus, de dérangements, et même et surtout, de « bleus à l'âme ». Cette transmission-là ne peut se faire à coups de « faites ce que je dis et non ce que je fais ! ». Elle procède plutôt du « c'est en forgeant qu'on devient forgeron ! ». C'est dire le rôle de l'aîné qui forge, qui a déjà l'expérience, qui veille sur l'apprenti et a la responsabilité de l'apprentissage.

Thérapeute pour adultes et adolescents, ne recevant qu'exceptionnellement de tout jeunes enfants et toujours en compagnie de leur parent, mon propos est fondé sur ce que ces « anciens enfants » ont vécu et ce qu'ils viennent raconter, éprouver dans l'intimité de l'entretien : les mots, les comportements, les anecdotes racontés dans cet ouvrage, je les leur dois : ils m'ont appris ce qu'est la douleur d'un enfant quand il existe mal, trop ou trop peu avec ses parents, dans son cadre familial et dans sa propre histoire. En écoutant leurs malaises et les circonstances qui les accompagnaient dans ce mal d'enfance, ils laissaient entendre ce dont ils auraient eu vraiment besoin pour se sentir mieux exister. Et ce besoin est loin de l'image idéale dans laquelle il aurait suffi de se sentir aimé par les siens pour être heureux. Ce que réclamaient ces anciens enfants, pas anciens du tout pour les adolescents, tenait autant si ce n'est plus d'un besoin d'authenticité, de vérité, de fermeté, de clarté, de structure, de présence… que d'amour ! « J'aime mon enfant, donc tout va bien ! » n'a jamais convaincu celui-ci d'autre chose que de la difficulté à oser quitter le berceau familial sans créer de drames. Parfois, j'ai eu recours à des dialogues fictifs afin d'illustrer ce que pourrait être un échange nourrissant. Ils sont ceux que j'aimerais pouvoir avoir avec des enfants avant qu'ils ne deviennent grands et trop pleins des évidences qui les éloignent de leurs aptitudes à être autrement que mus par la réaction émotionnelle. Je me suis permis de faire comme si l'adulte qui me fait face était redevenu l'enfant qu'il a été, qu'il est encore sous le coup de son émotion, de l'écouter et de dialoguer avec lui, mêlant ainsi, intentionnellement, enfants anciens et nouveaux aux prises avec leurs troubles et leurs difficultés à être. Les dialogues ont été d'autant plus aisés à écrire qu'un adulte mû par l'émotion parle volontiers comme un enfant.

Ce qui fait la clef de voûte de cet ouvrage, résolument positif voire optimiste, tient en peu de mots : chaque pensée, chaque parole, chaque comportement exprimé contient une parcelle de vie qui aspire à se manifester. Même les idées les plus sombres, les mots les plus durs, les attitudes les plus offensantes, contiennent une intention de vie, de survie même et méritent, à ce titre, d'être écoutés. Écoute active et créative qui cherche à entendre l'essentiel caché au cœur de l'émotion. Ainsi posée, cette pierre angulaire interdit de désespérer face à un enfant qui en fait voir de toutes les couleurs à ses parents. C'est là le seul interdit que nous postulerons et qui impose, en miroir, de persévérer dans le désir de voir chez l'autre, l'enfant comme son parent, un être imparfait qui se cherche ou un être qui cherche à se parfaire : il en fait parfois trop, pas assez ou mal, mais il continue sa route.

Je propose au lecteur un choix initial en tant qu'adulte face à l'enfant en train de devenir adulte et qui « patauge », qui est mal, dit mal ou fait mal : le choix entre un regard résolument orienté vers cette vitalité contenue dans tout être vivant et qui tend à s'exprimer, ou un regard teinté de renoncement qui la renie. Choix essentiel : une pensée fondée avec endurance côté vie ouvre sur une écoute et une question à propos de ce que cache le comportement ému ; une pensée qui désespère ferme à l'écoute et à toute question et n'a de suite que dans la peur. C'est alors de notre peur, à nous parent, qu'il s'agit, cette émotion racine qui nous prévient sur notre état de fermeture intérieure. À défaut de la déceler en nous, nous risquons évidemment de la transmettre à nos enfants et avec elle, nos croyances, nos limites, nos non-dits et nos erreurs.

Les histoires de famille sont faites d'un enchevêtrement d'émotions et de confusion de sentiments qui s'emmêlent au fil des générations. On ne sait plus à qui revient la faute, ni même s'il y a eu faute. La tentation de se décharger sur la génération du dessus ne soulage guère. On a beau laver son linge sale tous ensemble, les taches s'accrochent. Pour y voir clair, on n'a encore rien trouvé de mieux que la lumière, celle issue de ce regard résolument tourné vers ce qui est vivant en soi et en l'autre. Non pour idolâtrer la vie, mais pour accueillir son mouvement et son sens, y compris et surtout quand on a peur !

L'éducation émotionnelle peut presque se résumer en une éducation de la peur : son langage, ses symptômes, ses conséquences, ses origines, ses significations, et l'intention vivante et utile qu'elle contient. Ainsi l'enfant pourra-t-il grandir dans cette conscience et ne pas avoir peur de sa peur, de son ombre, de cet autre lui-même qui constitue sa part intime, surprenante, parfois déconcertante tant qu'il en méconnaît le sens. Ne pas comprendre l'intention de ses propres émotions, c'est comme lire un texte dans une langue étrangère ou avancer dans un espace inconnu privé de ses cinq sens.

Ici est proposé au parent, à tout adulte qui accompagne des enfants, mais aussi à ceux qui ont à cœur de comprendre leur propre enfance, une grammaire des émotions fondée sur la logique du vivant. Le terme « bio-logique », déjà employé dans *Comment apprivoiser son crocodile*, correspond précisément à cet état d'esprit évoqué plus haut : est bio-logique ce qui vibre, ce qui aspire à être, à se manifester, à s'extraire de la mort, ce qui ne se décourage pas. Grammaire destinée non seulement à agir dans l'urgence de situations émotionnelles aiguës mais aussi et surtout à construire une relation vivante dans laquelle l'émotion n'est pas un risque mais un message utile dont il est possible de faire bon usage.

Grammaire dont la connaissance est nécessaire pour sortir de l'impasse dans laquelle des relations excessivement affectives avec nos enfants nous entraînent ! Cette attitude au nom d'un « amour » réel, sincère et néanmoins abusif, éloigne d'un amour ouvert aux besoins propres à l'enfant, à commencer par celui de faire sa vie et donc de se séparer de son noyau familial. C'est dans ce processus de distanciation, ce mouvement qui crée l'autonomie de la personne que se manifestent les émotions, témoins de la peur de perdre l'état de proximité rassurante, parfois assimilée à un état fusionnel. Dans ce processus vivant et nécessaire, la connaissance, la compréhension du registre émotionnel agit comme une lanterne et permet d'éviter d'être dupe et dupé par des interprétations douloureuses.

Ce temps du passage qui va du cadre familial au cadre personnel en passant par le cadre social et culturel ne se fait pas qu'au départ de l'enfant de la maison pour faire ses études, travailler et donc mener sa vie d'adulte. Il commence dès les premiers jours de la vie, à la naissance, aux premières secondes d'autonomie respiratoire et dans le changement éprouvé par le bébé, entre le sein nourrissant de sa mère et l'espace de son berceau, autre source de sensations. Il se poursuit à chaque étape qui introduit du nouveau, du différent, de l'inconnu dans sa vie. Chaque situation pourrait ainsi potentiellement contenir une insécurité. Heureusement, la plupart de ces mouvements se font progressivement et dans un cadre suffisamment riche en points de repère pour faciliter le passage. D'autres se font dans la peur dans laquelle s'engouffrent toutes sortes de symptômes émotionnels qui se fixent dans la mémoire, celle du corps autant que dans celle de l'esprit. Écouter l'émotion, c'est toujours écouter une histoire de passage d'un état satisfaisant et rassurant à un autre redouté et insatisfaisant. Tout enfant se sent appelé à devenir un adulte et désire en conscience grandir, devenir autonome, réussir. S'il manifeste la tentation d'échouer ou de rester petit, c'est qu'il a peur qu'en grandissant, il ne perde cet état de satisfaction rassurant fourni par son entourage. Il n'ose pas effectuer son passage, se sent seul, abandonné, rejeté par les siens, et ne sait pas comment utiliser cette part de liberté qui l'habite. Seules lui restent les solutions dictées par l'émotion pour franchir ce dangereux passage, ce drôle de mélange paradoxal, fait de désirs et de répulsions, de besoins et de frustrations, mélange incompréhensible et indispensable pour oser avancer vers l'âge adulte.

L'éducation émotionnelle consiste à apprendre à passer d'un état dans lequel sécurité et identité sont, en principe, fournis par l'entourage à un état dans lequel ces besoins sont à satisfaire par ses propres soins avec l'entourage. D'un état où la nourriture est fournie, même si elle est parfois insuffisante ou mauvaise, à un autre où il convient de faire son marché et sa cuisine. D'un état de récepteur à un état de fournisseur. En chemin, que d'émotions rencontrées ! Celles vécues par l'enfant, bien sûr, mais celles aussi des parents qui ne savent accompagner le passage de leurs petits qu'avec leurs propres expériences, leurs histoires d'anciens enfants à qui l'aventure a parfois coûté cher en émotions. C'est dans cet espace tendu que se retrouvent les fantasmes de l'état fusionnel qui s'entrechoquent avec ceux d'une liberté et d'une indépendance fantasmée. C'est le lieu de tous les conflits de générations, des incompréhensions mutuelles, des oppositions farouches qui frustrent du désir d'être vivants ensemble et de façon solidaire. Une aspiration commune chez l'ancien enfant, l'adolescent et le futur adulte.

Pour assurer le passage, la lecture bio-logique des émotions permet de maintenir ce regard qui interdit de désespérer. Il ne s'agit pas tant d'analyser notre époque avec ses excès de laxisme ou ses défauts d'autorité – qui font suite à des excès inverses – que de situer nos attitudes dans un registre cohérent et respectueux des besoins réels de chacun, petit et grand. Psychologues, sociologues, journalistes, professeurs ou parents, nombreux sont ceux qui ont quelque chose à nous dire sur la crise que traverse l'éducation, qu'elle soit nationale ou familiale, et avec elle, les échanges parents-enfants. Autorité dévaluée pour les uns, libertés excessives pour d'autres, absence de repères, défaut de socialisation, confusion de générations, insuffisance de limites, excès d'idéalisation, autant d'explications justes ou plutôt qui justifient des attitudes et des choix, remplis de bonne volonté et destinés à redresser une situation en crise. Chacun y décline son credo, fondé sur son expérience propre mêlée à celle de sa profession. On lit dans les magazines tout sur les adolescents, sur la parentalité, sur l'autorité à réintroduire, sur les repères à donner, sur les mères abusives ou les pères dépassés. On ne lit pas suffisamment sur les besoins fondamentaux de l'être vivant, qu'il soit enfant ou parent. Pour ne prendre que l'exemple de l'autorité, s'il est utile à l'adulte de se poser avec autorité face à l'enfant, il est aussi utile à l'enfant d'acquérir son autorité face à l'adulte, faute de quoi il encourt le risque de demeurer un « éternel enfant » dans toutes les situations où réside une différence de responsabilité ou une différence de statut. L'éducation est beaucoup plus qu'une transmission en sens unique du plus âgé au plus jeune, transmission censée se terminer quand le petit obtient son premier contrat de travail ou son premier diplôme. Elle est d'abord et surtout une aventure en terrain inconnu, avec beaucoup d'attentes et d'exigences, et donc beaucoup de risques et de frustration. Elle est aussi un espace-temps unique en son genre dans lequel se règlent de vieux conflits familiaux et personnels, où des parents font subir à leurs enfants ce qu'ils ont eux-mêmes subi et les frustrent de ce dont ils ont eux-mêmes manqué !

Comment voir clair dans ces tensions et ces règlements de comptes sans une grille de lecture qui décode précisément ce qui est dit dans les réactions émotionnelles ? Une grille de lecture qui serve de carte du Tendre et évite de se perdre sans pour autant ôter le mystère inhérent à la relation qui unit parent et enfant. Cette part mystérieuse est en effet indispensable pour favoriser la capacité à chercher, à créer, à imaginer des attitudes alternatives qui apaiseront l'émotion. Or cette inventivité ne peut exister dans un livre qui proposerait des techniques de savoir-faire plutôt que des éclairages sur le désir d'être.

Un dernier mot avant de présenter la structure de l'ouvrage, un mot d'auteur sous la forme d'une histoire vraie qui démarre avec un gros mensonge, celui d'une mère qui refusait tellement sa propre vie qu'elle se mit à s'en inventer une autre, pour sa satisfaction, voire sa propre survie. Forcément, son enfant fut embarqué dans cette autre vérité, à son corps défendant, et sa mémoire se chargea de souvenirs compliqués, mélange de vrai et de faux sans autre repère que ceux de sa mère. À l'âge adulte, il eut à faire le tri entre ce qui appartenait au fantasme et ce qui relevait de la réalité, tri douloureux qui consistait à ôter ce qui n'était pas son histoire, au risque de se trouver nu et privé de point de repère, au risque aussi de « balancer » sur l'entourage ce dont il ne pouvait plus se charger. Processus long, aussi passionnant qu'éprouvant et jamais terminé, qui créa le passage de l'enfant vers l'adulte, avec, pour compagne éclairée, la lecture du sens bio-logique des émotions. La fidélité à cette grille a amené l'ancien enfant à une conscience à partir de laquelle il lui est aujourd'hui possible de prendre la plume pour proposer à des parents de transmettre autre chose à leurs enfants que leurs fantasmes, leurs peurs, leurs idéaux ou leurs non-dits chargés de mal-être.

Dans ce but, j'aborderai en premier lieu la logique de vie contenue dans les réactions émotionnelles, la bio-logique, celle qui permet d'entendre derrière les comportements et les mots des besoins en mal d'écoute, de reconnaissance et de satisfaction, que ces attitudes appartiennent à l'enfant ou à son parent. Puis il sera temps d'illustrer les symptômes spécifiques du langage émotionnel, de ce fameux crocodile qui nous inspire du fond de notre cerveau une survie défensive autant qu'offensive, grâce à des histoires d'enfants en conflit avec eux-mêmes et donc avec leur entourage, suivies d'un code de communication en cas d'urgence, quand le reptile a très faim. Pour respecter l'équilibre de la relation, la suite concerne la responsabilité des parents dans leur propre histoire et la façon dont leurs réactions émotionnelles font héritage pour leur enfant. Enfin, l'éducation est une affaire bien trop importante pour la laisser aux seules mains des parents et des professeurs ! C'est l'ensemble de la communauté des humains qui est concernée. Il est donc essentiel que le passage à l'âge adulte soit réfléchi en fonction des besoins réels et bio-logiques des enfants. Il sera ainsi évoqué les actes pédagogiques qui peuvent favoriser la construction de la conscience de l'enfant qui est plus proche de la confrontation de sa réalité intérieure avec la réalité extérieure qu'affaire de transmission de savoir.

Surtout, cher lecteur, n'oubliez pas de demeurer fidèle à la vie contenue dans chaque mouvement d'humeur. C'est le meilleur moyen d'amener la lumière en cas d'obscurité et de manque de chaleur. Tel est le message intime du cerveau crocodile situé à la base de notre crâne, celui qui veille sans cesse sur notre désir d'être en vie. Un enfant est parfois comme une petite pousse qui cherche à gagner la lumière en créant son chemin dans la terre et parfois même en traversant le macadam de nos villes, au point de faire éclater le goudron. La responsabilité du parent commence par ne pas épaissir la couche et ne pas tirer sur la tige… elle risque de se casser.

Première partie

JE SUIS ÉMU, DONC J'EXISTE !

1

SAMEDI, À DÉJEUNER…

Une histoire simple…

Celle que nombre de familles pourraient vivre à l'occasion d'un repas pris en commun, une histoire avec des échanges aigres-doux qui démarrent pour une bêtise que chacun aura oubliée dans l'heure qui suit. Une histoire qui laisse un arrière-goût de gâchis, sans qu'on sache précisément comment elle aurait pu se dérouler autrement, sauf à imaginer ce que les autres auraient dû faire pour que ce moment autour de la table soit plus heureux. Pour les autres, on sait toujours beaucoup mieux que pour soi…

Samedi midi, Marie et Georges, les parents, Fred, seize ans, et Léa, treize ans, les enfants, se retrouvent pour le déjeuner familial. Ils échangent, sans grande conviction, des propos au sujet du gros titre du journal. Chacun en effet est préoccupé : Marie, la mère, pense aux courses à faire dans l'après-midi, au menu du lendemain, et se demande comme elle va se garder un moment pour elle. Georges n'a pas digéré la réflexion de son collègue hier. Malgré les reparties sanglantes échafaudées dans la nuit, il reste ulcéré. Léa, elle, ne sait pas comment annoncer son 7 sur 20 à ses parents et guette un moment favorable mais s'attend au pire. Quant à Fred, il est invité chez des copains ce soir et aimerait obtenir la permission de rentrer plus tard que l'heure habituelle. Mais, à voir l'œil de son père, il doute du résultat, n'attendant aucun soutien côté maternel… Marie a horreur des conflits !
Autour de la table règne une atmosphère tendue.
« Bonjour l'ambiance », dit soudain Fred.
Malheur, il a mis le feu aux poudres !

Marie : Qu'est-ce qui te prend ? Pourquoi dis-tu ça ? On est tranquilles à table... Tu as vraiment l'art de te montrer désagréable.
Georges : C'est vrai, et la vie ne peut pas être rose tout le temps, mon petit Fred. J'ai des problèmes au bureau, figure-toi ! On te verra dans quelques années, quand tu devras te plier aux contraintes de tes chefs. Pour le moment, tu es prié de te tenir correctement et de nous épargner tes commentaires.
Léa : De toute façon, vous les parents, vous n'êtes jamais contents ! C'est comme pour les notes, elles ne sont jamais assez bonnes pour vous !...
Seule Marie réussit à éloigner l'orage qui gronde. Tel un paratonnerre, elle prend sur elle de donner quelques mots d'apaisement à chacun. Georges lui demande si elle a un moment dans l'après-midi pour qu'il lui raconte son souci au travail... elle voit ainsi s'envoler son moment de liberté à elle. Fred rentrera de sa soirée à l'heure habituelle et Léa garde le poids de sa mauvaise note sur la conscience et l'estomac, tout en sachant que l'annonce différée ne fera qu'aggraver les reproches de ses parents. Elle prévoit déjà ce qu'elle va entendre : « Il faudrait peut-être que tu te mettes à travailler. » À l'avance, cette phrase l'épuise !

Mais, qu'est-ce qu'ils ont à se chercher querelle, ces quatre-là qui, au fond d'eux, s'aiment fort. S'aiment-ils trop, mal, pas assez ? Pouvons-nous encore parler de communication dans des échanges aussi imprégnés de tension ? Ils ressemblent plutôt à quatre monologues qui se cognent les uns contre les autres. Chacun semble habité par des commentaires intérieurs évidents qui orientent leur point de vue. Comme un bruit de fond mental, ces commentaires semblent pressants au point que chacun attend dans l'urgence des réponses satisfaisantes de la part des trois autres. Des réponses qui viendraient les rassurer, les libérer, leur accorder une reconnaissance, ou simplement une considération, faute de quoi s'installe un état émotionnel.

Chacun tient à son émotion comme à la prunelle de ses yeux ! À moins qu'un événement majeur ne vienne détourner l'attention de la famille, les parents et les deux enfants ont à cœur de défendre, en toute sincérité, ce qu'ils considèrent comme des besoins impératifs, eux-mêmes définis par des manques non moins impérieux. Leurs émotions leur tiennent lieu d'existence. C'est ce qui déclenche en eux le caractère « plus fort que soi » des petites phrases qui viennent envenimer le repas.

LÉA : Quand Léa s'angoisse et fabrique des scénarios catastrophes de reproches, sa peur l'oppresse et l'empêche de s'exprimer librement. En toute sincérité, elle est convaincue que sa peur est justifiée par la déception de ses parents et les mots réprobateurs qui s'ensuivent. Pour elle, la logique passe par « mauvaise note, donc inquiétude des parents, donc reproches, donc peur ». La menace est extérieure à elle puisque ce sont les mots de ses parents qui l'effrayent. Ils seraient plus compréhensifs, plus « cool », elle le serait elle aussi et n'aurait plus peur. Quant à la note, elle deviendrait une information parmi d'autres qui n'affecterait pas la bonne humeur générale et ne la priverait pas de cette confiance en elle qui lui manque tant pour réussir ses contrôles. En aucun cas, elle ne pourrait imaginer que sa peur puisse répondre à une autre logique et que la menace puisse être interne : mauvaise note, donc peur et déni de sa « faute » pour échapper à cette peur des parents, avec impossibilité à se sentir en sécurité affective face à eux.

L'émotion est venue au premier plan et s'autojustifie par la réaction de Marie ou de Georges, qui prive toujours Léa de sa part de liberté à penser sa note autrement que comme une faute et une menace sur elle. Avec comme message d'espoir que, si elle ne peut rien faire sur la contrariété de ses parents, elle peut jouer sur son propre déni et la restauration de sa part de liberté. Ce qui ne serait pas sans lui rappeler une certaine situation antérieure : à la fin d'un cours, elle avait reçu une lettre de son amoureux ; de retour dans sa chambre, elle avait posé les mots doux sur sa table de nuit... mais, le week-end suivant, sa mère profite de sa présence à la cuisine pour lui dire qu'elle a autre chose à faire qu'à flirter avec son petit ami et que, tant que son carnet est une catastrophe, il vaut mieux qu'elle pense à autre chose... Elle s'était sentie devenir rouge pivoine, prise en flagrant délit ! Elle avait raconté la scène à sa meilleure amie, et lui avait confié qu'elle ne pourrait plus jamais faire confiance à sa mère. Ce à quoi l'amie lui avait rétorqué qu'elle était en grande partie responsable... de n'avoir pas conservé son précieux billet doux à l'abri des regards indiscrets de sa mère. « Tu aurais mieux fait de te fier à toi qu'à elle ! Elle, elle est comme ma mère, elle aime bien tout savoir. » Ce commentaire, lui aussi, avait fait rougir Léa qui s'était sentie un peu sotte de n'y avoir pas pensé elle-même. D'ailleurs, son père le lui répète souvent : « Tu ne penses à rien, ma pauvre Léa... »

Les professeurs disent de la jeune fille qu'elle n'a pas confiance en elle et que cela gâche ses résultats scolaires. Cette image d'elle-même l'angoisse : non seulement elle a peur de ne pas réussir ses contrôles mais, en plus, elle a peur de ses propres peurs. C'est un cercle vicieux dont elle ne peut se sortir et qui, elle le voit bien, inquiète ses parents. On ne peut pas décréter avoir confiance en soi, comme ça, du jour au lendemain ! Et quand elle essaye la méthode Coué, elle n'y croit pas. C'est son problème de douter de tout et d'attendre de ses parents qu'ils la rassurent. Sa mère fait de son mieux et elle y arrive bien souvent mais son père, lui, s'énerve vite, faute de trouver une solution aux peurs de sa fille. Il est comme elle. Quant à son frère, il l'a toujours traitée de gamine et continue de prétendre que, sans lui, elle ne saurait pas se débrouiller.

Elle ne se souvient pas précisément à quand remontent ses angoisses. Marie lui a raconté qu'elle avait eu du mal à se passer de lumière dans sa chambre. Certaines nuits, elle avait même retrouvé sa fille endormie sur le tapis au pied du lit de ses parents avec son oreiller, une peluche et la couverture du berceau qu'elle avait conservée. Elle devait donc déjà être anxieuse, et ça ne s'arrange pas avec l'âge, même si elle a pris du « poil de la bête », comme dit son frère, et qu'elle est moins timide. Quand elle parle avec des adultes et surtout quand ils ont un peu d'autorité, c'est plus fort qu'elle, elle panique, bafouille et semble toujours demander à être rassurée. Parfois elle rêve d'un truc magique pour cesser d'avoir peur, comme quand elle joue du piano ! Tout devient plus simple. Mais elle ne peut pas jouer tout le temps. Alors, elle se demande si les joints…

FRED : Quand Fred jette un pavé dans la mare avec un « bonjour l'ambiance », est-il le provocateur que décrit son père ou se fait-il le messager de son besoin de reconnaissance, frustré par avance à la vue du visage fermé de son parent ? Il connaît les règles jusque-là établies pour les sorties, mais il se trouve assez grand pour rentrer plus tard et en veut à son père de ne pas lui accorder plus d'autonomie. À chaque fois qu'il a essayé d'en parler avec lui, soit son père fait de l'humour, drôle que pour lui d'ailleurs, soit il lui fait la liste des dangers que courent les jeunes aujourd'hui, soit encore il s'énerve et lui répète qu'à son âge il ne sortait jamais, que le grand-père ne l'aurait pas permis et que c'est grâce à cette conduite qu'il avait fait de bonnes études. « Pas moyen de parler avec lui, il sait tout et n'écoute pas ce qu'on lui dit. » Ses copains rigolent et se moquent de lui. Pour lui aussi, la menace vient de l'extérieur, du manque de reconnaissance de son père à son égard. Il a beau s'expliquer, argumenter, lui dire que les autres ont plus de droits que lui et que son époque est révolue, son père lui répond qu'il est maître chez lui et que les valeurs sont éternelles, terminant la discussion par sa phrase favorite « Tu verras plus tard », qui le met en rage. Dans sa logique, son besoin d'être respecté comme responsable et autonome est bloqué par son père, c'est donc ce dernier qui est à l'origine de son agacement et de sa colère. Lui raconter qu'il existe une autre lecture du même événement, une autre logique plus bio-logique le surprendrait beaucoup. Et pourtant, son énervement est déclenché par le manque d'estime qu'il s'accorde à lui-même. Quand son père refuse ses sorties : il se sent dévalorisé par rapport à ses amis, ridicule et exclu de leur groupe. Eux ont obtenu ce que lui-même n'obtient pas parce que son père est trop rigide ou qu'il a peur qu'il ne lui arrive quelque chose de grave ; à moins que ce ne soit parce que lui, Fred, est trop faible face à son père ! Dans les deux cas, il se sent frustré et trouve tout cela parfaitement injuste. Alors, lui dire que c'est le regard de dévalorisation qu'il porte sur lui-même qui génère sa colère pourrait l'agacer ! Il sait bien lui que c'est celui de son père qui en est la cause ! Il le vit tous les jours !

Alors, c'est plus fort que lui, il trouve les mots qui irritent son père, pas pour l'irriter vraiment, mais parce qu'il ne sait plus comment lui dire de ne plus le regarder avec l'œil du juge. Mais il ne voit pas comment le lui faire comprendre et, de toute façon, il est sûr que, même s'il comprenait, ça ne changerait rien. Un jour, pourtant, son père lui a demandé : « Mais qu'est-ce que tu veux, précisément ? » Et quelque chose a changé pour lui. Il s'est senti écouté et même s'il n'a pas obtenu ce qu'il espérait, il était content. Il est allé le dire à Marie : « Papa et moi, on s'est enfin parlé ; c'était sympa. » Ce jour-là, Fred ne s'est pas énervé, son père non plus. Mais, le plus souvent, c'est comme si un signal d'alarme se déclenchait en lui quand il sent le regard de son père sur lui comme une menace de jugement. Il a beau se dire que celui-ci l'aime et veut pour lui le meilleur, ainsi que le lui rappelle sa mère, il reste sur la défensive. Le moindre événement peut alors être révélateur de la lutte intérieure qui couve chez cet adolescent qui semble guetter la moindre occasion de le provoquer, alors qu'il cherche, au contraire, une reconnaissance.

Cette recherche musclée déclenche plutôt les foudres de son parent, qui interprète comme une provocation une demande pressante. Bonjour les malentendus, de part et d'autre, qui viennent justifier la conviction de l'impossibilité de s'entendre. Fred sort de ces moments exaspéré et furieux, ne pensant qu'à passer son bac pour quitter une maison dans laquelle il ne se sent pas estimé à sa juste valeur. Car tel est le cercle vicieux de la relation lorsqu'elle est vécue sur un mode défensif : la colère du jeune homme vient heurter la sensibilité de son père qui se sent agressé et se défend en rabaissant le « caquet » de son fils qui, de ce fait, vérifie qu'il est humilié, en veut à son père, le provoque, etc.

Quand Marie intervient auprès de son mari pour qu'il communique mieux avec son fils, celui-ci réclame le respect que l'enfant doit à son parent et résiste à faire un quelconque premier pas qu'il vit comme une faiblesse et qui « ferait trop plaisir à Fred ! ». Quand elle parle avec ce dernier pour qu'il se calme et fasse un effort pour comprendre son père, il se cabre, désolé de faire de la peine à sa mère, mais obstiné dans sa certitude « qu'il a déjà tout essayé, que son père le voit comme un bon à rien qui pense à s'amuser et qu'il ne changera jamais d'avis ».

« Deux coqs dans la même basse-cour », dit alors Marie, triste d'avoir échoué dans sa mission réconciliatrice. Car le conflit ne date pas d'hier ! Petit, Fred regardait son père avec admiration, cherchait à l'imiter et ramenait fièrement ses bonnes notes à la maison. Et puis il y avait eu cette période, assez courte pourtant, durant laquelle Georges avait été au chômage : il restait à la maison et plutôt que de parler directement à sa famille de ce qu'il vivait, il s'était renfermé et ne s'intéressait plus à ses proches, inquiet à l'idée que la situation ne s'éternise. Elle avait vu son fils lui aussi se durcir et regarder son père de façon agressive, comme s'il le mettait au défi de retrouver du travail ! Depuis, ils n'avaient jamais retrouvé la complicité d'avant. Marie est convaincue que son mari n'a pas su mesurer le désarroi de son garçon. Lui est d'accord, mais « qu'est-ce que je pouvais faire d'autre à l'époque et qu'est-ce que ça change aujourd'hui, face au comportement de provocation de mon propre fils ? ».

La colère est un message. Mais pas un message de Fred pour son père, un message de Fred pour Fred ! Une information qu'il se donne pour s'entendre grandir, pour se reconnaître lui face à son père et trouver sa juste place. Tant qu'il attend sa propre estime de son parent, il en est dépendant.

MARIE : Ce que voudrait Marie, c'est avoir un déjeuner tranquille, durant lequel chacun s'occupe de ses affaires et surtout sans querelles. Alors, en bonne mère nourricière et en épouse soucieuse du bien-être de chacun, elle donne à son mari des mots attentionnés et cherche à détourner l'orage que son fils va déclencher, tout en comprenant celui-ci, comptant sur Léa pour faire diminuer la tension autour de la table… A-t-elle conscience qu'ainsi elle se plie à un mot d'ordre intérieur, celui de « ne pas faire d'histoires pour rien », message encodé par des années de pratique, du temps où les histoires de famille, pas pour rien celles-là, faisaient tant souffrir sa mère à elle ? Quand elle le comprend, c'est dans un premier temps pour justifier sa demande de tranquillité, tant « faire des histoires pour rien » est lourd de reproches dans sa mémoire d'enfant. Son besoin d'harmonie est devenu une nécessité existentielle pour elle. Mille fois, elle l'a expliqué à son mari qui comprend bien sur le moment, mais qui n'a jamais rien changé à son comportement, ou si peu qu'elle ne l'a pas vu. Et que les « histoires » de son mari en opposition avec son collègue, et celles de Fred, en pleine crise d'adolescence et en conflit avec son père, la fatiguent. Elle se replie sur elle-même et en oublie ses propres désirs, les faisant passer après ceux des autres ; l'essentiel étant que « tout se passe bien et qu'elle ait fait ce qu'elle avait à faire ». Non que ses enfants et son mari ne soient pas serviables, mais elle aime bien avoir l'œil sur la maison et sa tribu. Et puis, à chaque fois qu'elle prend du bon temps pour elle, elle ressent une culpabilité, certes idiote, mais c'est plus fort qu'elle. Et elle est convaincue que même si Georges ne le lui reproche pas, il n'apprécie pas qu'elle ne soit pas là quand il a besoin d'elle, c'est-à-dire dès qu'il arrive à la maison. Ce qui n'est pas sans lui faire plaisir car elle se sent utile. Si elle insiste en réclamant un peu plus de considération pour elle-même, ça fait toute une histoire. À croire que ses désirs gênent son entourage qui attend d'elle compréhension, voire abnégation… « Voilà que je reproduis le même comportement que ma mère ! Halte-là, il ne faut surtout pas que Léa vive ce que j'ai vécu. Je dois tout faire pour qu'elle se sente à l'aise et non pas coupable pour n'importe quoi. » Et Marie continue de se dévouer pour que sa fille puisse faire des activités qui lui ont été refusées : danse, piano, bibliothèque et sorties culturelles font donc partie de l'emploi du temps de sa fille. Certains jours, elle se prend pour un taxi…

Mais autant de bonne volonté ne donne pas à Marie le désir d'avoir sa propre histoire à elle. L'attention et le soin qu'elle accorde à sa famille viennent pallier de façon efficace le manque de considération qu'elle s'accorde à elle-même. Mais que cette harmonie soit rompue par un conflit qui dégénère et voilà l'équilibre fragile qui s'écroule : elle découvre alors que son propre sacrifice ne suffit pas à garantir la paix autour de la table ou entre le père et le fils. Elle peut en éprouver beaucoup d'amertume et de lassitude. Elle se sentira impuissante et partira verser quelques larmes dans la cuisine, histoire de ne pas faire d'histoires… comme sa maman. Et Marie qui se reproche si facilement toute absence d'harmonie se demande déjà comment mieux s'y prendre la fois prochaine pour détourner l'orage… Car le « programme » émotionnel, celui qui lui prescrit d'être gentille, dévouée et utile aux autres, est un palliatif tenace. Dans sa version stimulante et efficace, sous la pression intérieure du devoir, le besoin d'harmonie est satisfait et Marie se réalise grâce à sa sensation d'être utile à sa famille, même si elle préfère éviter de penser au départ de Fred et de Léa. Mais dans sa version écrasante et inefficace, sous la pression, elle craque et subit une sensation de frustration et de vide qui la laisse déprimée. La première version lui procure un pseudo-confort qui fait du stress de Marie un mode de vie ; quant à la seconde, elle lui procure un inconfort, voire une souffrance morale qu'elle a du mal à comprendre, elle qui comprend bien mieux les autres. Pour autant, ni la version stimulante ni son contraire ne parviennent à lever l'interdit qui retient Marie d'exprimer ses propres désirs.

Elle qui fait de son mieux, voit-elle que son abnégation influence ses enfants et les imprègne comme elle-même l'a été de l'attitude de sa mère ? Léa et Fred apprennent auprès d'elle à ne pas créer de situations qui lui fassent de la peine car, même si elle fait apparemment face aux difficultés quotidiennes, ils ne sont pas dupes. Parfois ils préféreraient qu'elle s'insurge et soit plus égoïste… enfin, c'est ce qu'ils se disent entre eux, tout en profitant de sa gentillesse. Quand bien même celle-ci aurait un petit goût de culpabilité à ainsi abuser de sa bonne volonté. Décidément, dès que le système émotionnel est à l'origine de nos actes, la relation entre dans un cercle vicieux car la gentillesse de Marie, quand elle est teintée de peur de mal faire ou de faire mal, est reconnue par ses enfants... comme une peur et donc un danger potentiel ! On n'échappe pas à la logique du système émotionnel.

Et GEORGES : Quand Georges souffre de la réflexion de son collègue, sa colère témoigne de son humiliation, d'une sensation de mépris et de rejet qui le pousse à chercher du réconfort et de la reconnaissance auprès de son épouse, mais aussi à remettre son fils à sa place de façon vexante, comme il a essayé de faire la veille à son travail. Et il trouve sa réaction tout à fait normale et naturelle. Il est certain que s'il partageait avec d'autres parents la réflexion de Fred, ceux-ci le conforteraient dans son point de vue... et son autorité de père ! « Ces gamins se prennent pour les rois du monde, ma parole ! Ils se croient tout permis ! Il est grand temps que Fred apprenne à se comporter de façon plus respectueuse à l'égard de ses parents ; après tout, c'est lui rendre service car le jour où il aura à se plier à une hiérarchie, il risque d'avoir de sérieux problèmes. » Malheureusement, il ne peut pas éduquer son collègue, bien que l'envie le démange de lui donner une leçon ; il a en effet peur que l'autre n'aille se plaindre et de s'attirer des ennuis encore pires que de travailler avec ce jeune loup ambitieux. Il ne peut pas raconter ça aux enfants car il a en horreur de paraître faible à leurs yeux et préfère n'en parler qu'à Marie qui, elle, le comprend. Fred et Léa attendent de lui qu'il soit un père exemplaire et il n'a pas l'intention de les décevoir ! Il se souvient que les mois de chômage avaient créé une ambiance lourde d'angoisse pour toute la famille et il avait porté sur ses épaules le poids d'une grosse culpabilité en plus de la pression de devoir retrouver du travail. Et il ne comprenait que trop combien sa femme et ses enfants lui en voulaient à l'époque. Marie avait beau prétendre que c'était faux et que chacun aurait mieux vécu cette période difficile si lui-même avait été plus détendu, il n'y croyait guère. « Elle dit cela pour me rassurer. Je sais bien, moi, qu'elle est très inquiète et qu'il est urgent que je retrouve du travail ! » C'était tellement urgent qu'il a pris un poste qui ne lui convient qu'à moitié, ne s'étant pas donné le temps de réfléchir suffisamment longtemps. D'ailleurs, parfois il leur en veut et se fait tout un film... « Si j'avais eu plus de temps, j'aurais peut-être changé de voie professionnelle et j'aurais pris plus de risques... Enfin, on ne fait pas toujours ce qu'on veut dans la vie. C'est ce que je voudrais que Fred comprenne. »

Tous ces commentaires intérieurs sont autant de jugements portés à propos des autres et dont Georges est absent, lui, en tant qu'individu, avec ses besoins propres : il est convaincu de parler en son nom alors qu'il parle de lui au travers de ce que sa femme et ses enfants pensent, veulent, attendent de lui ou de ce qu'il aimerait leur transmettre. Mais il a bien du mal à se distinguer lui et se reconnaître une place légitime… sans s'énerver et en vouloir à son fils de ne pas la lui reconnaître.

Finalement, le seul endroit dans lequel Georges se sent à l'aise, c'est avec certains collègues de bureau et surtout le soir quand, en sortant du travail, il les rejoint au café pour prendre une bière. Là, entre hommes, il peut se permettre de parler de tout et de rien, de faire des blagues idiotes sans que ses enfants le regardent avec dédain ou que Marie lui fasse les gros yeux pour lui signifier de se retenir. « On dirait ma mère quand elle me regarde de travers ! J'ai l'impression d'avoir huit ans et de mal me conduire ! » Et il se met à imaginer tout ce qu'il fera quand les enfants seront grands et qu'ils seront enfin libres, Marie et lui, de voyager, de passer des week-ends au lit et de rire comme quand ils se sont rencontrés. Un jour où il confiait ça à sa femme, celle-ci gentiment lui rappela qu'alors ils seraient probablement grands-parents et qu'il serait le premier à vouloir garder les petits… « Pas question », avait-il répondu en criant, stupéfait lui-même de sa réaction. Au fond, il savait bien que Marie avait raison, mais la façon qu'elle avait eue de casser son rêve de liberté enfin retrouvée lui était apparue insupportable. Car Georges ne s'est jamais senti libre et vit avec la sensation d'être passé du regard « juge » de ses parents à celui de ses enfants. Il n'y a qu'avec sa femme, tous les deux seuls, qu'il échappe à ce malaise… et encore pas toujours ! Il se sent pris en défaut : « Comme le matin avant de partir au bureau, je m'étudie de la tête aux pieds pour être sûr de n'avoir rien oublié, comme s'il me manquait toujours quelque chose et qu'on allait me le reprocher. » Sensation très désagréable dont Georges n'a parlé à personne, convaincu qu'on le prendrait pour un sot et qu'il justifie comme étant une attitude responsable. « Si tout le monde était aussi scrupuleux que moi dans sa vie et son travail, les choses iraient sans doute beaucoup mieux. »

Ce père attentionné n'est pas un papa heureux. Il a l'impression de passer à côté de ses enfants alors qu'il fait tout ce qu'il peut pour leur donner ce dont ils ont besoin : des principes, des conseils, un toit sur la tête, de l'argent de poche… Il se prive pour eux et les trouve ingrats.

« Avec tout ce qu'on fait pour eux !… Qu'est-ce qui ne marche pas ? Pourquoi n'avons-nous pas de meilleures relations ? Tu sais toi ? » Non, Maric ne sait pas mieux. Elle voit bien que son mari prend parfois ses enfants à rebrousse-poil, mais, une fois posé ce constat, elle ne sait pas quoi faire d'autre.

Voilà, le déjeuner est terminé : chacun quitte la table et part vaquer à ses occupations, en essayant d'oublier ses préoccupations personnelles que le repas n'a pu résoudre. Et, sans se le dire, tous ressentent le goût amer d'un temps mort. Un temps sans suffisamment de joie avec des relations parasitées par des émotions. Pour que ces quatre s'entendent, il leur faudrait déjà décoder leurs émotions, les décrypter.

Un parasite est « ce qui vit aux dépens de l'hôte », et l'émotion vit aux dépens de la relation. Celle-ci s'en trouve brouillée, alourdie, détournée de son objectif : les échanges et la communication sont appauvris et insatisfaisants pour les deux partenaires. Nous nous sentons incompris et dans une attente trop souvent frustrée. Par ailleurs, l'émotion se nourrit de l'énergie de la relation et y puise des forces renouvelées. Autrement dit, elle se renforce, grandit au fur et à mesure que la relation dépérit. L'absence de communication devient le prétexte à des reproches de part et d'autre, et surtout à un isolement douloureux.

C'est qu'en effet l'émotion n'existe pas pour la relation, mais pour la personne en relation. Elle charge les échanges d'un enjeu existentiel car, dans cet état défensif, l'individu joue sa vie ! Cet enjeu est évident pour celui qui en fait l'épreuve, mais peut demeurer étranger pour celui qui partage la relation… jusqu'à ce que ce dernier soit gagné par sa propre émotion.

Nous savons aussi qu'un parasite peut tuer son hôte… Pourtant, nous jurons avec conviction et sincérité que l'autre est l'objet de nos préoccupations, que nous agissons pour lui, pour qu'il comprenne et pour lui faire du bien ! C'est vrai, dans l'émotion, cet autre est au cœur de nos propos et de nos pensées parce qu'au cœur de notre vécu… comme une épine et non comme un autre sujet, aussi intègre que nous, ou plutôt cherchant autant que nous à le demeurer.

Faute de soi

Pour comprendre les rouages de la relation teintée d'émotion défensive, il nous faut introduire le manque d'être comme un partenaire actif. Un manque qui vient brouiller les échanges verbaux comme comportementaux. Manque de l'un qui rebondit sur celui de l'autre ; manques des deux qui s'entrechoquent. Un manque fondé sur l'histoire de chacun et révélé de façon sournoise ou brutale à l'occasion de la relation.

À chacun son histoire

Des années consacrées à l'écoute me confortent dans la nécessité de prendre en compte l'histoire de chacun telle qu'il l'a ressentie, vécue dans son corps et son esprit, dans ses sensations et ses interprétations. En matière émotionnelle, la réalité importe moins que la traduction qui en est faite, notre traduction.

« Je ne sais pas quoi dire de ma vie. »
« Je n'ai aucun souvenir de moi. »
« Le passé me colle à la peau. »
« Personne ne peut comprendre ce que j'ai vécu. »
« Je n'ai aucune raison d'aller mal, et pourtant... »
« Tout va bien dans ma vie, sauf moi... »

Notre histoire est une association de sensations éprouvées, si difficiles à raconter, d'interprétations d'événements, si sujettes à caution ! Pour autant, c'est la nôtre, et la façon dont nous nous la racontons fait partie intégrante de notre vie. Au cours du travail thérapeutique, quand la personne parvient à devenir le héros – ou l'héroïne – de sa propre histoire, elle va déjà beaucoup mieux. Tant qu'elle n'y trouve aucun intérêt, aucune valeur ou aucun repère, ou au contraire qu'elle s'y attache comme étant la seule réalité à prendre en compte par les autres, elle vit dans l'émotion. Notre histoire est à la fois ce que nous vivons et la façon dont nous le vivons.

Quand une mère dit à sa fille : « Tu ne feras jamais rien dans la vie ; tu ferais mieux d'arrêter tes études et venir m'aider à tenir la maison », cette phrase n'est qu'une suite de mots, jusqu'à ce qu'elle pénètre comme une sentence dans l'esprit de la jeune fille et s'installe comme une certitude, une évidence : « Je ne suis bonne à rien. » La mère voit-elle la violence faite à son enfant ? « Dans la vie aujourd'hui, il faut avoir des moyens pour réussir ses études... et elle ne les a pas, elle n'est pas assez bonne... Alors j'ai dit ça pour son bien ! »

Notre histoire peut contenir des événements « massifs » comme le deuil, les accidents, la maladie, les abus sexuels, la maltraitance. Aux yeux des autres, ils justifient la souffrance émotionnelle, voire les traitements destinés à atténuer celle-ci. Notre histoire est aussi composée de « grands chocs » et de « petits riens ». Les premiers fracassent, bouleversent habitudes, repères et besoins ; les seconds les usent jour après jour. Si les premiers sont volontiers reconnus comme des traumatismes, on aurait tort de sous-estimer l'impact des seconds : goutte à goutte, l'eau érode la pierre la plus dure. Il en est parfois de même pour l'enfant. Quand l'adulte cherche ce qui dans sa vie pourrait être à l'origine de son mal-être et, n'y trouvant aucun choc, s'autoaccuse, il ne prend pas la juste mesure de ces événements composés d'insécurité, de privation, de rejet ou de dévalorisation... car sur le moment « tout cela n'est pas grave ! ». Pas grave ? Pas lourd ? Pas pesant sur la vie de l'enfant ? Pourtant même des plumes parviennent à peser un kilo de pression.

Récupérer, prendre en considération, faire de son passé une histoire avec laquelle grandir et entrer en relation se heurte à bien des résistances :

– Ne pas croire à ses propres sensations, les éviter, les nier : « Je ne vois pas... »
– Accuser l'entourage familial, social ou scolaire : « C'est à cause de... »
– Subir comme une fatalité ce que nous avons vécu : « On n'y peut rien ! »
– Décharger, déresponsabiliser l'entourage... et surcharger sa propre barque : « Eux n'y sont pour rien, c'est moi qui vais mal ! ».

Autant d'attitudes mentales aux conséquences émotionnelles toxiques.

« Je veux bien essayer de comprendre pourquoi j'ai de mauvaises relations avec ma fille aînée... mais en aucun cas je ne veux être amenée à dire du mal de ma mère... » Tels étaient les premiers mots de cette mère de famille qui venait me voir « pour sa fille parce que, la pauvre, qu'est-ce que je suis dure avec elle ! ». Chez elle, la culpabilité à « dire du mal » (qui s'associait à une résistance à dire du bien), ainsi que l'absence de questionnement sur sa relation avec sa mère, justifiait une ignorance d'elle-même, un sacrifice contre lequel s'insurgeait sa fille. « Quand je dis que ma mère travaillait et donc qu'elle n'était jamais à la maison à mon retour de l'école, j'ai l'impression de l'accuser ! La pauvre, il lui fallait bien travailler… » Comment alors retrouver la sensation d'insécurité, de solitude ou d'abandon si nous n'allons pas la chercher là où elle est née afin de la comprendre, de donner du sens à cette émotion qui perdure à l'âge adulte. Est-ce accuser sa mère que de la responsabiliser dans ses choix, peut-être courageux par ailleurs, qui, de fait, l'ont privée d'être présente à la sortie des classes de ses enfants ?

Nos émotions ont une histoire. Elles se forment dans une chaîne intergénérationnelle puisque nous développons les nôtres auprès de celles des générations précédentes et suscitons celles des générations à venir. Ni bien ni mal, juste la conséquence de notre humaine nature.

Cette chaîne est constituée de manques : manques de sécurité, de confiance, de liberté, de reconnaissance, d'amour, de valorisation, de considération, d'harmonie, de joie, de rire, de projet… Des manques qui interrogent : comment une mère peut-elle materner quand elle-même ne l'a pas été ? Comment un père peut-il faire autorité s'il n'a pas été reconnu par le sien ? Comment un professeur peut-il se faire respecter quand lui-même n'a connu que la révolte ou la soumission ? Chacun ne risque-t-il pas, soit de reproduire le même comportement, soit de créer un contre-modèle et alors « d'en faire trop » ? Ces manques douloureux traduisent nos émotions et parasitent notre relation aux autres, comme un vide d'être entre deux aspirations.

Le grand écart

« Je voudrais bien, mais je ne peux pas. » Dite telle une fatalité parfois inexprimable, voire impensable, cette phrase pourrait résumer la fracture à l'origine de l'émotion et de nos systèmes de défense, l'écart infranchissable qui s'est formé entre ce qui devrait être et ce qui est, entre ce qui est raisonné et ce qui résonne en soi. De toute évidence, le conflit est intérieur.

Léa voudrait bien pouvoir dire à ses parents sa mauvaise note et trouver auprès d'eux un réconfort qui l'aiderait à assumer cet échec relatif, à entendre et prendre en compte ses erreurs qui l'ont amenée là. Mais elle ne peut pas, sûre, par anticipation, de la déception de son père et des mots de consolation de sa mère auxquels elle ne croit pas et qui l'agacent. Elle « choisit » donc un « moindre mal », le mutisme, censé cacher, à court terme, sa note.

L'émotion et les nombreux symptômes qui l'accompagnent se manifestent dans cet écartèlement entre un « ce dont j'ai besoin pour être intègre » et un « interdit au nom de l'autre ». L'émotion est ce qui tente de combler, dans l'urgence, cet écart de cette menace à vivre « écartelé ». Car « la nature a horreur du vide » comme nous le rappelait Montaigne.

« Peut mieux faire » note le professeur dans ses commentaires du bulletin trimestriel. Commence alors la longue liste des « si tu travaillais plus, si tu lisais plus, si tu étais plus attentif, plus motivé, plus raisonnable, moins distrait, moins bavard, si tu avais mieux écouté, raisonné... », qui pourrait s'enchaîner par « tu correspondrais mieux à ce que j'attends de toi, à ce que tu dois être pour que moi, ton parent, ton professeur, je sois satisfait de moi ! ». Puisqu'en travaillant plus l'enfant réussira mieux, il faut qu'il travaille plus s'il veut réussir ! Si ce discours peut sonner juste quant à l'avenir de l'enfant et vient donc légitimer la pression éducative, qu'en est-il de la réussite déjà présente et, si modeste soit-elle, de la reconnaissance de ce qu'est déjà cet enfant dans son travail ? Ces mots pressants ne font pas écho à ce qu'est l'enfant et son potentiel à devenir, au profit de ce qu'il devrait déjà être... et que probablement il serait SI...

Des années après, au cours de stages de développement personnel, la petite musique grinçante resurgit, paralyse le participant et l'empêche d'apprécier son exercice en ne fixant son regard que sur ce qui est « mal fait, pourrait être mieux fait s'il était plus... et moins... ».

Si le professeur acceptait de considérer l'élève tel qu'il est et non tel que lui attend qu'il soit, il pourrait certainement mieux l'accompagner dans son cheminement et son développement. Quand le professeur écrit sa phrase, persuadé qu'ainsi il donnera confiance à l'enfant dans ses capacités à faire mieux, celui-ci entend qu'il n'en fait jamais assez et vérifie son incapacité à satisfaire son professeur. Se rejoue en lui la scène familiale selon laquelle il ne correspond pas suffisamment à l'enfant parfait attendu par ses parents, enfant fantasmé, fruit de leurs émotions. Une scène dans laquelle il se sent perdu ou perdant, écartelé entre ce qu'il est et ce qu'on attend de lui.

Cette même distance existe entre ce que nous ressentons et ce que nous pensons.

> Monique, en dépression, raconte la froideur du comportement de sa mère « plus préoccupée à obtenir de l'obéissance de sa nichée que de donner de la tendresse ». Elle pense que cette attitude était liée à l'éducation qu'elle avait reçue.
> « Ma grand-mère était veuve de guerre et n'avait pas eu beaucoup de temps à consacrer à ses enfants ; ma mère disait s'être élevée toute seule.
> – Et que ressentiez-vous face à la froideur de votre mère ?
> – Ce que je ressentais… ? Je ne sais plus, je ne me suis jamais posé la question… »
> Le visage de Monique a changé, elle devient pâle, les traits s'affaissent : « De la tristesse je crois, beaucoup de tristesse… » Les larmes coulent sur ses joues. « Je ne pensais pas que j'avais été aussi triste, et que je le suis encore ! »

Il existe aussi une distance entre ce que l'enfant voit et entend, et ce qu'il peut croire. Lorsqu'il est témoin de comportements d'adultes qu'il « ne devrait pas voir », l'information se fixe dans sa mémoire et dans sa conscience en même temps qu'un déni. Comment plus tard pourra-t-il se fier à ses propres sens pour construire sa sécurité ? Le langage courant qui nous fait dire, devant telle image ou telle scène, « ce n'est pas croyable, ce n'est pas possible, c'est impensable… » renouvelle ce même déni de soi ayant vu et entendu ce qui a été.

Écart entre ce qui est su et ce qui peut être dit… au point que ce savoir non dit, parce que refusé par l'entourage, devient une zone infréquentable de sa conscience, dans laquelle toute interrogation est rejetée. Comme cette femme de près de quarante ans qui « retrouva » la mémoire de ce qu'elle savait ne pas avoir le droit de savoir depuis toute petite et qui concernait sa naissance adultérine.

Ce ne fut pas un choc mais plutôt des retrouvailles avec elle-même, avec sa différence. Comment construire son identité quand on ne doit pas savoir ce que l'on sait ?

Toujours ce même écart entre le désir de l'enfant et la permission qui lui est accordée de désirer. À la caisse d'un supermarché un petit garçon demande des bonbons à sa maman. Celle-ci lui répond « Arrête de toujours réclamer ». L'enfant insiste, la mère fait la sourde oreille puis, excédée, gifle son fils qui hurle de plus belle. Les personnes présentes assistent à la scène, tristes, agacées, indifférentes ou pressées. Seule une petite fille se tourne vers sa mère : « Pourquoi sa maman l'empêche de vouloir ? » Comment construire sa motivation et son projet de vie quand la volonté est vécue comme une réclamation interdite ?

Cet écartèlement que vit l'enfant dans son apprentissage à satisfaire ses besoins de sécurité, d'identité et de réalité d'être, l'adulte les vit aussi. Et chacun attend de l'autre qu'il les satisfasse. Si cette attente est dans l'ordre des choses de la part de l'enfant vis-à-vis de l'adulte les premières années de la vie, ainsi que dans des circonstances majeures, qu'en est-il de l'inverse, quand les parents attendent de leurs enfants la satisfaction de leurs besoins à eux ? Il ne s'agit pas de montrer du doigt les adultes, parents ou éducateurs en leur attribuant toute la responsabilité des troubles relationnels ! Il s'agit juste de pointer que quand l'adulte s'installe dans cette attente et cette pression il adopte, par le biais de ses émotions, ses comportements d'enfant qui n'a pas pu, pas su se construire « autrement »...

Quand la relation est ainsi faussée, quand ce grand écart, cette béance, ce vide menace l'être, adulte ou enfant, celui-ci n'a d'autre solution, dans l'urgence de ses automatismes, que de se défendre. Quand l'être se sent menacé, qu'il le veuille ou non, il se défend de cette faille intérieure par la fuite, la lutte ou le repli sur soi, comme la Léa du début. Nous parlons alors de faute.

Faute ? Quelle faute ?

La faute est aussi vieille que l'histoire des hommes semble-t-il ! Elle est au cœur des traditions religieuses. Elle est un fardeau qui se transmet, de génération en génération, même si, au cours de l'histoire, elle a souvent changé de forme. Certains la nomment péché, d'autres culpabilité. Elle appelle le pardon, le sauveur, la réparation…

Le dictionnaire définit la faute comme « le fait de manquer à ce qu'on doit ; manquement à une règle, une norme ; une absence, un acte ou une omission constituant un manquement *(toujours)* à une obligation contractuelle ou légale ; une faille ».

Tel est bien ce qui tenaille notre être, dans notre corps autant que dans notre esprit, une faute qui fait pression et qui ne lâche pas. Elle s'impose alors d'elle-même à notre conscience et notre mémoire, du fait de l'écart entre ce que nous sommes et ce que nous devrions être pour l'autre, ce qu'il attend que nous soyons pour lui et… sa satisfaction, et que nous ne parvenons pas à être.

La faute s'installe dans l'espace d'un « j'ai beau faire, ils ne sont jamais contents ». Ils, ce sont les autres, toutes les figures, familiales ou non, qui font autorité pour l'enfant. Dans cette faille, faire de son mieux ne semble pas suffire, quelque chose taraude l'être, l'empêchant d'être satisfait, même si, apparemment, ces autres se disent satisfaits. Ce n'est là qu'un répit, un soulagement temporaire avant de nouvelles pressions.

Cet interdit à être soi se heurte à un discours officiel qui demande à l'enfant « d'être lui-même, de travailler pour lui, pour créer son propre projet de vie, de penser pour et par lui-même » ! Discours qui, trop souvent, est en désaccord avec ce que ressent l'enfant, c'est-à-dire la crainte du parent : et si l'enfant n'en fait pas assez… et s'il se trompe… et s'il échoue… et s'il choisit une voie différente de l'attente parentale… Ce désaccord entre le dit et le ressenti est lui aussi une faille. L'enfant est devant un choix impossible : ou bien ne pas croire leur beau discours au risque de générer chez eux une émotion et se sentir en faute, ou bien croire les parents sur parole et agir pour les satisfaire, eux. Alors il n'est plus en faute – ou moins en faute à leur égard –, mais le devient vis-à-vis de lui-même.

Car tel est le mécanisme biologique de ce manquement. Contre toute évidence qui nous fait croire à une faute vis-à-vis de l'autre et de son attente, l'émotion nous alerte lorsque nous sommes en faute vis-à-vis de nous-même, lorsque nous nous manquons à nous. Alors le crocodile se manifeste, nous tenaille et ne nous lâche plus, besoin d'intégrité oblige. Son langage est inconfortable, voire franchement douloureux, comme pour nous empêcher de dormir, d'être en paix à l'intérieur de nous. Ce mal-être qui témoigne de la faute, nous l'éprouvons, avec automatisme et évidence, comme un devoir, un dû à l'autre qui attend de nous d'être satisfait. Alors nous en rajoutons, nous en faisons encore plus, et pour reprendre les mots de Paul Watzlawick « nous faisons plus de la même chose ». Dans l'illusion que l'autre étant satisfait, nous pourrons alors nous occuper de nous, enfin, et satisfaire nos propres besoins, sans peur.

Quand Marie s'emploie à rassurer chacun selon son émotion, elle se sent une dette envers eux. Au nom de « il n'y a que moi à cette table qui puisse ramener un peu de paix et de bien-être » et « si je ne fais pas ce qu'il faut, ils vont se chamailler, se faire mal les uns les autres... », Marie vit comme une évidence l'attente de son mari et de ses enfants. Elle ne questionne pas leurs besoins réels au profit de ce qu'elle pense être leurs besoins, c'est-à-dire un déjeuner calme à bavarder gentiment, alors que c'est son besoin à elle. Probablement même qu'en posant la question « Souhaitez-vous un repas tranquille ou conflictuel ? », les réponses iraient dans le sens de son évidence... car aucun des trois n'irait à l'encontre de ce qu'ils sont convaincus être l'attente de Marie ! Ils se sentent donc en faute vis-à-vis d'elle si, avec toute la bonne volonté qu'elle y met, ils ne se calment pas. Une fois de plus, ils ravalent leur mal-être. Fort de ses certitudes à propos des besoins de l'autre, chacun s'isole et reste à la surface de la relation : en faute de compromettre l'ambiance du déjeuner, en faute vis-à-vis de Marie, en faute vis-à-vis de Georges qui attend de ses enfants qu'ils réussissent et rentrent tôt le soir pour « rassurer leur mère ». En faute vis-à-vis des enfants à qui on donne le mauvais exemple d'un couple qui se dispute... On n'en finirait pas d'aligner les évidences du manquement à l'autre et les certitudes de ses attentes.

Les mots « ce sont mes enfants » ou « ce sont mes parents quand même ! » servent de support et de justificatif à des attitudes défensives fondées sur ce grand écart. Or, s'il y a faute, ce n'est pas tant vis-à-vis de l'autre que vis-à-vis de soi ! Le besoin d'intégrité est le nôtre. Le cerveau reptilien nous défend contre nous-même lorsque nous manquons à la prise en compte de nos besoins. À ce titre, il tend à nous protéger contre la tentation éducative d'exister pour l'autre avant ou même à la place d'exister pour soi. Il nous interdit même de nous oublier grâce à l'intensité de nos réactions émotionnelles.

> Comme le disait une patiente en entretien : « Tant que j'angoisse, je pense à moi et donc je vis ! » À défaut de prendre naturellement en considération son besoin de sécurité, le passage par l'angoisse lui permet d'agir en conséquence… au prix fort. L'angoisse est venue exciter la pensée et l'action défaillantes. Ici, la faute est dans l'impossibilité de satisfaire elle-même sa sécurité face à une mère « tellement contente de s'occuper de moi ». Impossibilité, voire interdit, car « cela lui ferait trop de peine, elle n'a plus que moi et mon frère à s'occuper ». Ce frère, elle le décrit comme son opposé « toujours parti, hyper actif, célibataire et fier de l'être, il a bâti sa vie pour éviter d'être là quand maman ou moi avons besoin de lui ! Lui, l'angoisse, il ne connaît pas ». Elle s'interroge parfois sur « ce que cache cette fuite en avant et si cette façon de se mettre fréquemment en danger dans sa profession ne serait pas une autre façon, toujours dans l'urgence, de traiter son besoin de liberté à lui ».

En effet, la non-prise en compte par soi de ses besoins d'intégrité crée un manque qui déclenche l'urgence émotionnelle. Cette non-prise en compte se trouve, nous l'avons vu, dans le double langage éducatif, c'est-à-dire une association non cohérente entre un discours et une émotion qui dit le contraire. Paul Watzlawick avait mis en évidence le mécanisme de la double contrainte par cet exemple du « Sois spontané ! ». Soit j'obéis à l'impératif et je ne suis plus spontané mais obéissant, soit je suis spontané mais alors je n'obéis plus à l'impératif. Dans la relation éducative vécue dans l'émotion, cette double contrainte se situe dans la satisfaction de nos besoins : soit je satisfais les besoins de l'autre, alors je ne m'écoute plus et je suis mal, soit je satisfais mes besoins propres, alors l'autre est mal et peut m'en vouloir, me délaisser ou me rejeter, et de cela j'ai peur…

Cette histoire que nous nous racontons, nous la vivons dans notre corps autant que dans notre esprit, avec son cortège de pensées, de mots, et nos attitudes, nos choix en sont imprégnés. Nos relations quant à elles en sont parasitées.

La faute fait office de menace au niveau du cerveau reptilien et déclenche l'émotion. En toute logique de survie, logique défensive, nous adoptons des stratégies destinées à pallier dans l'urgence notre manquement à nous-même : sommé par le crocodile de prendre en compte nos besoins, mais piégé par nos évidences et nos autoroutes mentales, nous tergiversons.

– Alors la réaction de fuite qui devrait nous amener à traiter notre besoin de sécurité et de liberté nous amène au déni, de soi et de l'autre.
– La réaction de lutte qui devrait nous amener à traiter notre besoin d'identité nous amène à l'accusation de soi, et de l'autre.
– La réaction de repli sur soi qui devrait nous amener à traiter notre réalité et à donner sens à notre être nous amène à la culpabilité, la sienne ou celle de l'autre.

L'émotion se manifeste faute de soi, c'est-à-dire par manque d'être soi face à l'autre, face au monde, face à soi. L'arrivée d'un enfant dans la vie d'une femme et d'un homme vient les interpeller dans leur responsabilité vis-à-vis de ce manque d'être. Comme si l'enfant dans sa nudité leur demandait : « Alors, qui es-tu pour vouloir ainsi m'éduquer, prendre soin de moi et me transmettre ton savoir ? »

Pour mieux comprendre comment répondre à Marie et à Georges dans leur sincère aspiration à devenir de meilleurs parents, nous allons partir du début, du moment où l'enfant arrive au monde des adultes qui jusqu'alors n'étaient pas encore parents. Ils le deviennent avec une réalité presque violente pour certains, pas ou mal préparés à une fonction et une responsabilité qu'ils ne peuvent apprendre qu'à l'usage !

2

LE LANGAGE DU CROCODILE

«Si je m'écoutais vraiment,
je m'entendrais.»
Jacques Salomé

La publicité qui propose de réveiller le tigre qui est en soi, par quelque nourriture énergisante, pourrait bien avoir vu juste... à ceci près qu'il ne s'agit pas d'un tigre mais d'un crocodile, qu'il n'a pas à être réveillé puisqu'il ne dort jamais et veille en nous, sur nous. Votre corps recèle un puissant animal et vous ne le saviez pas... C'est que le corps garde volontiers ses mystères !

«La mère et l'enfant se portent bien!» C'est parfois par ces mots que l'on annonçait une naissance. Dans nos pays, l'événement est aujourd'hui beaucoup plus chargé – d'émerveillement, de sollicitude, d'attente ou de peur – en même temps qu'il est beaucoup plus médicalisé, laissant loin dans le passé l'époque où la survie du bébé n'avait rien de systématique.

C'est dire si notre regard a changé sur le fonctionnement du corps, véhicule que l'on charge d'être en bonne forme et de ne pas causer de soucis. On en oublierait la réalité même de ce corps et de ses besoins qui sont considérés comme des obligations bien contraignantes parfois. Sauf quand ces besoins sont érigés en art ou en sciences ! La gastronomie, le sport – voire la compétition –, le yoga ou les stages de développement personnel sont des façons intelligentes de satisfaire les besoins du corps à se nourrir, à bouger, à respirer ou à se développer. Besoins biologiques «avant» d'être culturels. Attention toutefois à ne pas confondre le moyen et le besoin. Avec la maîtrise des techniques, le corps tend à être considéré comme un véhicule dont on attend le meilleur et qui se conçoit comme une machine défaillante au premier symptôme de maladie...

L'enfant qui arrive au monde, lui, manifeste ses besoins sans encore se poser de questions et sait se faire entendre quand son corps réclame à boire, à manger, à dormir, à recevoir des câlins ou à être éveillé. Son corps et son esprit, puisque aujourd'hui les neurosciences confirment que l'un et l'autre ne forment qu'une même entité : le corps participant à façonner le psychisme autant que le psychisme façonne le corps.

C'est cet être-là qui naît, à l'hôpital ou en clinique, déjà doué depuis neuf mois de formidables aptitudes vitales qui l'ont fait devenir cet enfant de chair, d'os, de sang et d'âme à partir d'une cellule unique et du double génome de ses parents. A-t-il les yeux de sa grand-mère ou la bouche du père, est-il le « portrait » de sa mère ? Déjà, le voilà happé par un jeu de ressemblance. Et si nous demeurions dans l'enchantement face à ce petit d'homme qui possède tout ce dont il a besoin pour vivre... et pour survivre à ce et à ceux qui l'attendent ?

Envie d'être

Le petit être que vous avez dans les bras est prêt à tout... pour être justement : crier, pleurer, s'agiter, sourire, mordre... Ce rappel à la « finalité de l'être » selon les termes d'Henri Laborit est le point de repère de toute compréhension de l'humain, tant sur le plan physiologique que psychique. Il existe chez votre enfant une unité qui aspire à garantir la vie et à la déployer dans le temps, c'est-à-dire à devenir. Avec, en prime, une aptitude innée à s'emparer de tout ce qui favorise ce développement et se protéger de tout ce qui, au contraire, le freinerait, le menacerait.

Certains nomment cette faculté l'instinct de survie. Il semble que nous puissions lui redonner ses lettres de noblesse. Ses noms sont multiples : appétit, souffle, chi, élan vital, principe premier, Nature, Conatus... Depuis des millénaires, sages, prophètes, prêtres, philosophes et scientifiques se querellent et se retrouvent dans la constatation de ce « quelque chose » qui anime et donne vie. L'enfant est un être doué de vie et qui désire être. Tout son organisme concourt à le mettre en œuvre et c'est ainsi que le corps vivant a ses raisons que parfois la raison méconnaît. Ce désir fonctionne sous la forme d'un effort automatique, naturel et constant, pour parvenir à vivre et à être bien... et à survivre en cas de danger. Il s'est inscrit au fil de l'évolution une évidence bio-logique : le bien-être contribue mieux à la vie que le mal-être. La présence d'une boussole capable de détecter ce qui favorise la vie et ce qui la défavorise est le dénominateur commun à toute forme de vie. Cet effort naturel semble bien être à l'origine de ce que nous nommons communément la joie ou l'état de cohérence. Nous y reviendrons.

Ainsi l'enfant est-il naturellement doué d'une aptitude, d'une intelligence innée à faire des « choix » justes pour garantir et déployer sa vie. Apprendre, voire inculquer la politesse, c'est oublier que naturellement un enfant qui éprouve de la gratitude saura remercier celui dont il reçoit un bienfait. En cas de choc, de traumatisme ou, plus simplement, de manque vis-à-vis de ses besoins fondamentaux, l'être est capable de s'autoguérir, ce que les Anglo-Saxons nomment *self care*, c'est-à-dire « prendre soi-même soin de soi ».

L'accent mis sur cette finalité vivante de l'être peut sembler loin des considérations éducatives des parents. Se mettre à l'écoute de l'intention positive d'une colère, d'un mensonge ou de larmes permet au minimum de restituer à l'enfant son désir d'être, son souffle intime, et de s'adresser à l'essentiel en lui. Craindre, juger ou subir ses comportements, en revanche, revient à nier cette vitalité et participe à aggraver la réaction émotionnelle !

Cette intelligence de vie est possible grâce à un système duel qui maintient un équilibre dynamique corps/esprit. Dynamique car, comme dans la marche, la recherche constante d'équilibre du corps se fait au profit du mouvement.

C'est ainsi que nous pouvons décrire la dualité simple et efficace du système plaisir/déplaisir ou plaisir/douleur. Ce mécanisme existe déjà au cœur de nos cellules : l'expression du génome obéit en effet à la même dualité de stimulation/inhibition. Les deux sont nécessaires à la vie et coexistent par essence et de façon alternative : satisfaction et frustration ne se mêlent pas, mais l'une et l'autre participent au maintien de la vie. Sur le plan cellulaire, un excès de stimulation aboutirait à l'anarchie avec son risque de développement tumoral… heureusement, l'inhibition limite le risque ! Quant à un excès d'inhibition, il bloquerait toute vie…

Un système fondé sur la reconnaissance de ce qui est favorable à la vie et sur la limitation du même processus est, en toute logique, ce qui permet au mieux le maintien et le développement de l'être. De même que nous éprouvons la faim, nous éprouvons la satiété qui signale, outre la satisfaction, le danger qu'il y a à continuer à manger. N'est-ce pas là l'objectif de l'éducation des enfants ?

Un enfant qui recevrait un amour et une reconnaissance au-delà de ses besoins serait en surdosage et deviendrait fragile faute de pouvoir lui-même bâtir sa propre estime de lui. Par ailleurs, comment un enfant qui ne recevrait que rejet et mépris pourrait-il se construire sans les matériaux d'amour et d'estime transmis par son entourage ?

Cette dualité est connue sous le nom que lui a donné Claude Bernard, homéostasie, c'est-à-dire « l'équilibre dynamique qui nous maintient en vie ». Deux forces qui se contrebalancent, l'une liée au plaisir et à la satisfaction, l'autre au déplaisir et à la limitation, inhibante.

Forces de vie et de mort aussi nécessaires l'une que l'autre, qui se conjuguent tout au long de l'existence dans un équilibre instable, positif et négatif... avec un léger avantage pour le positif jusqu'à la fin. Celui-ci est fondamental car il rend possible le processus d'autoguérison du corps et de l'esprit. La cicatrisation naturelle d'une plaie ou d'une infection procède en effet du même mécanisme que la récupération de son bien-être mental.

Encore faut-il ne pas interrompre l'autoguérison spontanée par un interventionnisme abusif.

La régulation homéostatique n'est pas contrôlable par la raison, elle est instinctive. Son centre de surveillance est placé dans notre cerveau le plus primitif, celui que nous partageons avec les mammifères, et même les reptiles.

Le crocodile veille

Animal étrange et dangereux, à l'aise sur la terre autant que dans l'eau, à sang froid, au cuir épais et aux dents acérées, le crocodile connaît l'art de la patience et de la persévérance... Ses yeux et ses narines sont les seuls organes sensoriels qui ne soient pas submergés par l'eau, comme s'il étudiait longuement toutes les possibilités, les risques ou les pièges avant de s'ouvrir aux opportunités, de poser un geste ou d'attraper une proie. Cet animal vigilant a traversé les millénaires !

Quel rapport avec votre enfant ? Lui aussi possède ce cerveau très ancien, la première couche de cellules cérébrales à être apparues et que la nature a gardées. Quel que soit le fantasme de ses parents à le parer de mille talents et promesses, il est contraint à vivre avec un cerveau reptilien au cœur même d'un « grand » cerveau intelligent et raisonneur, identique à celui des animaux qui nous ont précédés sur la Terre. Horreur ou bonheur ? Tout va dépendre de son utilisation. Le fait est que le vieux cerveau coexiste avec le nouveau. Nous reste à découvrir qu'il ne nous veut que du bien, même s'il n'y met pas toujours des formes bien policées.

Le cerveau crocodile fonctionne sur deux étages. L'un, le plus archaïque, régit l'équilibre physiologique : veille et sommeil, appétit et satiété, attirance et répulsion, stimulation et freination hormonales, inspiration/expiration, rythme cardiaque et régulation du système immunitaire sont ainsi sous son contrôle. L'autre consiste en la préservation de l'intégrité grâce à un système de défense qui se déclenche automatiquement en cas de danger en activant, selon l'événement, la fuite, la lutte ou l'inhibition de l'action. Ce deuxième étage collabore étroitement avec un autre, le cerveau limbique, qui contient en mémoire toutes les données enregistrées, tant internes qu'externes, qui participent à la tonalité de l'humeur.

Le reptilien et le limbique forment à eux deux le cerveau des émotions. Qu'il nous soit permis de les unir dans une même dénomination, celle de crocodile, afin de faciliter la lecture, l'essentiel n'étant pas le cadre anatomique mais bien son fonctionnement. Retenons que le crocodile a la capacité de court-circuiter le cerveau nouveau – nommé néocortex car il est apparu après l'autre à l'échelle de l'évolution – qui contrôle la cognition, le raisonnement et le langage des mots. Il entoure le cerveau des émotions. C'est lui qui coordonne nos aptitudes à être attentif, concentré, à réfléchir, à organiser et faire des projets et à adapter des codes relationnels. L'homme est ainsi le seul animal à être capable de traiter autant d'informations. Les deux cerveaux travaillent en commun pour assurer l'intégrité et le développement de l'être. En commun, mais pas toujours en accord…

Le cerveau crocodile a son propre langage, celui des émotions ; ces réactions bio-logiques, c'est-à-dire fidèles au besoin d'intégrité et au principe du souffle, mobilisent le corps et l'esprit pour traiter une information, externe ou interne, vécue comme une menace et ce dans l'urgence. En d'autres termes, l'émotion nous fait « bouger hors de nous-même », nous contraint à être. L'usage courant du mot « émotion » a souvent réduit sa signification à sa version « négative », celle qui fait mal et réduit l'action. Or le système reptilien tend à chercher une solution dans l'urgence pour satisfaire les besoins fondamentaux, et cette recherche, dans un premier temps, excite le cerveau. Alors, il n'y a pas de douleur et on parle volontiers de « stress positif ». Puis, faute de solutions adéquates, la souffrance apparaît avec son cortège de comportements dits « négatifs ». Pour que nous ne passions pas à côté de nous-même. Nous parlons alors de réactions. L'émotion n'est ni négative ni positive au regard du crocodile. Elle est simplement un système de survie.

Comme une sentinelle, le crocodile pousse un cri d'alarme et déclenche un plan d'urgence pour assurer notre intégrité quand nous éprouvons une sensation de danger. Sa tâche est d'assurer notre survie et il s'y emploie vaillamment. L'animal en nous ne lâche pas, y compris au détriment de notre bien-être et de la qualité de nos relations avec notre entourage !

Tant que nous n'avons pas décodé, compris et pris en considération son message d'urgence, il nous harcèle de ses coups de gueule, nous impose sa pression de l'intérieur jusqu'à ce que nous mobilisions et adaptions d'autres attitudes, tant corporelles que psychiques. Ce changement sera à organiser par le cerveau cognitif, celui qui raisonne pour adapter cet « autrement » à la réalité. À défaut demeure un bruit de fond émotionnel qui use l'énergie et la relation aux autres.

Plus précisément, quelle est la langue des émotions ? Tout commence avec la peur. La peur, garante de la survie.

Se priver de la peur, ce serait se priver de la possibilité d'éprouver la douleur. On peut en rêver – et notamment au moment de grandes épreuves jugées trop pénibles – à ceci près que ce serait dangereux pour nous. On sait que l'insensibilité du bout des doigts fait qu'on ne réagit pas à une brûlure et qu'elle n'est reconnue qu'à l'odeur de « cochon brûlé » ! De même, l'absence de peur provoquerait une inconscience du danger et donc exposerait la personne à des risques qui peuvent se révéler fatals !

La peur suit un circuit mieux précisé à ce jour grâce à des techniques de plus en plus affinées. Son repaire se situe dans le cerveau limbique au niveau de l'amygdale, voisine d'une autre structure nommée hippocampe, lieu du stockage essentiel de la mémoire. Toute information, qu'elle nous arrive de l'extérieur ou du corps lui-même, est analysée automatiquement selon un seul critère : souscrit-elle, oui ou non, au principe de vie et d'intégrité ?

Si oui, pas d'alarme ni de plan de défense, j'ai en moi les moyens d'agir.

Si non, c'est l'alerte générale et je dois mobiliser dans l'urgence des moyens d'action ! L'amygdale envoie dans l'ensemble du cerveau des signaux de danger afin que tout l'organisme soit mobilisé pour traiter à tout prix ce risque et ainsi assurer la survie. Nous voilà envahi par l'émotion « peur » qui mobilise notre vigilance, suractive nos pensées, tend les muscles vocaux – d'où les cris de frayeur. L'ensemble de notre corps et pas seulement notre cerveau est suractivé.

Pendant un temps, l'ensemble de ces changements échappe à la conscience et nous ne ressentons pas encore la peur ! Puis elle s'impose à nous et nous nous sentons nerveux, tendu, dans un état d'hypervigilance, mobilisé et centré sur l'information à l'origine de notre réactivité. En une seconde, l'estomac est noué, la voix s'est durcie, le cœur bat plus fort, le sang est monté au visage et le cou semble rentré dans les épaules ; quant aux traits du visage, nous sommes méconnaissable. Sous l'effet de la peur, nous voilà « obsédé » par une phrase, un bruit, une absence, un geste, une note d'école… Tout événement, toute information venue de l'intérieur comme de l'extérieur peut être vécue comme un danger et donc une menace ! Nous y reviendrons.

Il fut un temps, très reculé certes, où la peur signalait l'approche d'un animal dangereux ou un changement brutal dans le cadre sécurisant… Elle témoigne du déséquilibre temporaire – mais il est des temporaires qui durent – de l'organisme menacé dans son homéostasie et en plus mobilise les moyens pour le recouvrer. Comme la douleur, la peur est un mécanisme indispensable d'adaptation et de survie. De survie et non de vie ! Il est donc « fait » pour être court et inciter au changement. Destiné à donner des ailes et non à paralyser, la peur « devrait » être reconnue et utilisée pour signaler le danger et agir en vue de satisfaire son besoin de sécurité. Le corps n'est pas avare de moyens psychosomatiques pour obtenir ce résultat, ce qui est parfois d'un coût énergétique élevé. Et que dire de ce prix à payer lorsque la peur s'installe au long cours sans parvenir à déclencher des décisions et des actions adaptées au besoin d'intégrité. La peur devient un poison que l'on baptise « stress ».

La peur est la langue dans laquelle se manifeste le crocodile cérébral. Son silence correspond à l'état d'équilibre homéostatique.

Son expression correspond à nos émotions : la peur et, à partir d'elle, la colère et la tristesse.

La hiérarchie des émotions

L'envie d'être de votre enfant se traduit par son besoin naturel d'être et de demeurer intègre. Son émotion traduit une sensation de menace sur la satisfaction de ce besoin, un danger pour lui et son intégrité. Alors et alors seulement il a peur. Le cerveau émotionnel parle et exprime pour lui, de façon automatique et inconsciente, cette perception qui le pousse à réagir. Ses réactions sont le langage de son crocodile.

En toute bio-logique, la peur déclenche des réactions de défense. L'attitude naturelle face à un danger va de la fuite – courage, fuyons ! – à la lutte – moi, j'ai raison ! – pour aboutir en cas d'échec des deux précédents moyens de survie à l'inhibition de l'action – repli stratégique sur soi.

Ces réactions traduisent des émotions spécifiques reconnues sous le label « peur, colère et tristesse ».

- La peur déclenche la fuite,
- La colère déclenche la lutte,
- La tristesse déclenche le repli sur soi.

Henri Laborit a décrit ces émotions et leurs manifestations, rassemblant l'ensemble sous le nom de stress. Avec lui, nous avons « découvert » que nous possédions le même cerveau que nos cousins les singes ainsi que les mammifères. Si « nous ne sommes pas des rats » comme l'ont souligné avec force des spectateurs du film d'Alain Resnais, *Mon oncle d'Amérique*, qui décrivait les travaux de Laborit, nous n'en partageons pas moins le même héritage biologique. Il faut croire que lorsqu'un système donne toute satisfaction, l'évolution n'a nulle raison de le modifier !

Quand l'une de ces réactions se révèle impossible et/ou inefficace bio-logiquement, le crocodile déclenche la suivante : si le plan « fuite » est empêché, il mobilise le plan « lutte » ; si celui-ci est également empêché, alors le plan « repli sur soi » est chargé de préserver l'intégrité au prix de l'annulation de toute autre action. Processus de survie intelligents, les réactions de défense répondent toutes à la même nécessité existentielle : être.

Autrement dit, quand un enfant fond en larmes, il a probablement tenté de fuir et de lutter contre un événement interne (pensée) ou externe (gronderie), et ce de façon automatique et inconsciente. Mais, limité par l'entourage ou par sa propre impuissance, il n'a pu trouver son intégrité que dans les larmes : ainsi espère-t-il obtenir un peu de tranquillité. L'ensemble du cheminement n'a pas pris plus de deux secondes !

• *Les trois formes de l'intégrité psychocorporelle*

Qu'appelle-t-on intégrité ? Le dictionnaire Larousse la définit comme une « chose qui a toutes ses parties et n'a subi aucune altération ». La « chose » est aisée à comprendre lorsqu'il s'agit du corps lui-même : une coupure sur la peau rompt l'intégrité de celle-ci, générant aussitôt la cicatrisation par un mécanisme d'autoguérison. Mais l'être est psychocorporel et fonctionne comme un tout cohérent. Alors qu'est-ce que l'intégrité « versant psychique » ?

Même si les techniques scientifiques n'ont pu identifier les centres anatomiques des besoins spécifiques qui assurent la vie et l'intégrité, nous pouvons néanmoins déduire ceux-ci par les réactions de malaise et de frustration en cas de manque. Comme l'absence de repos déclenche le besoin de sommeil, le manque de nourriture déclenche la faim et d'eau déclenche la soif, l'absence de satisfaction d'autres besoins fondamentaux déclenche des réactions de défense.

Ainsi, l'absence de sécurité entraîne la peur, l'absence d'identité, la colère et l'absence de sa réalité d'être, la tristesse. Ces trois émotions peuvent être considérées au même titre que le sommeil, la faim ou la soif. Cette bio-logique nous éloigne de considérations purement psychologiques qui, à l'usage, enferment petits et grands dans une abstraction mentale, et nous rapproche de la réalité incarnée de chacun.

- Quand un petit s'agite dans l'effroi, il a besoin de se sentir sécurisé.
- Quand il hurle de colère, il a besoin de se sentir reconnu.
- Quand il pleure de tristesse, il a besoin de retrouver sa réalité d'être.

Chaque besoin est défendu par une émotion… à moins que ce ne soit chaque émotion qui ait contribué à construire mentalement un besoin. Toujours l'histoire de la poule et de l'œuf. À nous, il suffit d'identifier ces couples émotions/besoins afin qu'ils nous guident dans nos réflexions et notre compréhension.

La faim et la soif nous poussent de façon à peu près claire vers « quelque chose à manger et à boire ». « Quoi » relève déjà d'une stratégie interne : quelle nourriture, quelle boisson, où les trouver, comment les absorber, quand est-ce possible, qui va m'aider… Autant de questions ouvertes qui mobilisent la recherche.

Les élèves de primaire apprennent que nos ancêtres de la préhistoire ont dû apporter certaines de ces réponses en passant de l'état de nomade, de dépendant des aléas de la chasse et de la cueillette, à l'état de sédentaire plus en sécurité avec la culture et l'élevage. Pour primaires qu'ils soient, les besoins de manger et de boire ont développé des comportements intelligents et adaptés. Nous pouvons même imaginer que les premières générations qui ont choisi la vie sédentaire en groupe se sont heurtés aux anciens, adeptes eux de la tradition nomade ! Déjà des conflits entre jeunes et vieux !

S'il est aisé de concevoir que manger, boire et être en sécurité relèvent du besoin d'intégrité, cela devient plus abstrait dès que l'on aborde la reconnaissance et l'identité, et plus encore la réalité d'être !

Abraham M. Maslow fut conscient que la prégnance de ces besoins se faisait du plus vital au moins vital. Nous lui empruntons cette pyramide des besoins qui illustre que l'intégrité se distribue du plus existentiel sur le plan des organes au moins existentiel sur le plan du mental :

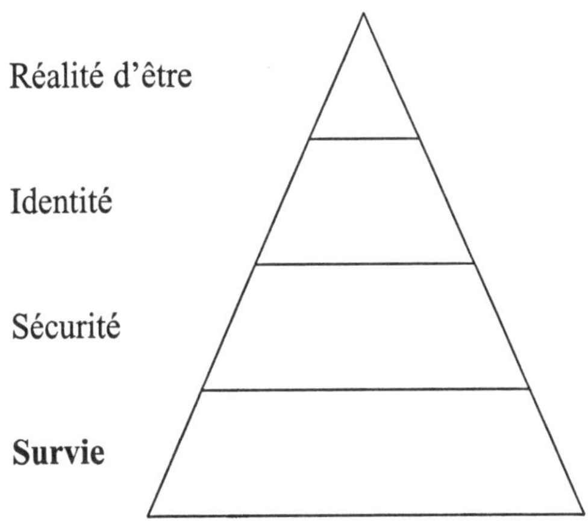

Cette pyramide met en lumière que chaque besoin est présent chez chaque individu mais qu'il existe des priorités bio-logiques : la survie prime sur la sécurité qui prime sur l'identité qui elle-même prime sur le besoin de se réaliser. C'est la même logique qui sacrifie les extrémités du corps au profit des organes « nobles » en cas de froid extrême ou pousse un animal à se priver d'une patte pour recouvrer sa liberté.

Faut-il poursuivre la querelle entre le corps et l'esprit à propos de ces besoins fondamentaux, entre le biologique « pur » et le psychologique qui serait comme détaché de corps ? Cette vision fait partie du passé. Elle a été utile pour oser explorer le corps à une époque où la recherche sur son fonctionnement était taboue, voire interdite, utile aussi pour explorer l'esprit et jusque dans la subtilité de l'inconscient. À ce jour, il apparaît que l'ensemble de nos besoins sont psychocorporels, même si certains sont un peu plus l'un que l'autre. Cette approche est fondamentale. Chaque besoin pourra et devra être abordé, compris et satisfait dans sa dimension globale de l'être et non uniquement par un seul bout de la lorgnette.

Être en sécurité

Une fois la survie organique acquise, en d'autres termes, le ventre plein et la soif étanchée, la nécessité de la sécurité se fait sentir.

Elle se conjugue à tous les temps et à tous les modes. Être en sécurité dans son corps, pouvoir se fier à ses muscles autant qu'à sa tête, à ses cinq sens, être sûr qu'en cas de nécessité, notre précieux véhicule aura l'énergie suffisante pour fuir et nous mettre a l'abri…

Mais aussi être en sécurité avec son entourage, savoir que nous pouvons nous appuyer sur lui, qu'il est fiable et solide, ce qui nous met en sécurité affective. Sécurité encore lorsque nous envisageons l'avenir, anticipant et prévoyant au présent afin que notre futur se réalise tel que nous le désirons. Être en sécurité est un besoin de chaque instant que nous satisfaisons le plus souvent sans en être conscient, guidé par le pilotage automatique du cerveau limbique et émotionnel : le premier, nourri par la mémoire, enregistre les points de repère fiables et connus, le second, comme tout bon crocodile, veille au danger. Le cerveau cognitif reçoit l'ensemble de ces informations et participe à la sécurité par le biais de la réflexion et établit des plans sur le moyen et le long terme.

C'est ainsi que l'enfant fait l'expérience de la sécurité : dans son corps quand il est nourri, soigné, caressé, lavé, calmé, réchauffé s'il fait froid, hydraté s'il fait chaud, dans sa relation quand il retrouve les mêmes visages autour de lui, les mêmes voix, les habitudes qui lui servent de repères ; dans sa vie personnelle, quand il sourit ou qu'il parvient à attraper le jouet convoité.

Plus tard, ce sont cent occasions de mesurer sa sécurité en prenant ses premiers risques : relationnels avec la fratrie et à la maternelle, personnels avec ses premières réalisations, ses premières audaces. Petit à petit s'enregistre, dans l'ensemble de son cerveau, « une certaine idée de sa sécurité ». Le même besoin aura alors chez chaque enfant un vécu différent, une histoire différente.

Un parent qui arrive en retard à la sortie de l'école sera interprété comme un abandon par l'un, un agacement par un autre, une « peur qu'il ne soit arrivé quelque chose de grave » chez un troisième... et, chez le quatrième, une occasion de rester plus longtemps avec les petits amis, en toute tranquillité. Ainsi se construit l'état de confiance. Confiance en soi, en l'autre, en ses ressources, en sa mémoire. On n'en finit pas d'avoir – ou de ne pas avoir – confiance puisque ce terme fait écho à la sensation d'être – ou ne pas être – en sécurité en soi.

La sensation de liberté, avant d'être un sujet de philosophie ou de science politique, est le corollaire du même besoin de sécurité. Car on ne peut se sentir en sécurité que... si l'on se sent – aussi – libre de ses mouvements, pensées, désirs et émotions. Faute de quoi, la sécurité devient étouffante par la limitation de toute prise de risque. Le cerveau émotionnel du petit d'homme est comme celui du petit mammifère pour lequel le terrier – rassurant – devient une prison s'il n'ouvre pas sur la liberté d'aller chercher sa nourriture ou des compagnons de jeu ou tout simplement d'aller humer l'air du temps...

Pour l'enfant, la vie est comme un parcours qui va d'une grande dépendance vis-à-vis de son entourage, source de sécurité, à une grande liberté à mettre en œuvre, parcours semé d'embûches et de tentations à abuser d'un excès de l'un ou de l'autre, une frilosité à oser ou une fuite en avant.

Être en sécurité, être confiant et libre relève d'un apprentissage du risque et donc d'une éducation qui pourra intégrer liberté et points de repère, liberté et limites.

Être en identité

La sécurité est plus facile à assurer en groupe ! Plus on est nombreux et organisés, mieux le danger peut être maîtrisé. Le groupe, nouveau garant de la vie collective, induit aussi le besoin d'identité et, avec lui, la communication et le langage. En cas de menace, le cerveau crocodile déclenche la lutte.

Dès que l'enfant est relié à ses parents, à sa fratrie, à ses ancêtres, à son entourage affectif ou culturel, les échanges de regards, de mots et de gestes, les attitudes corporelles du face-à-face, les images que chacun se fait de l'autre et qui véhiculent des sentiments, mais aussi des exigences et des attentes, participent à nourrir son identité.

Qui suis-je ? Question philosophique de référence ou plutôt question bio-logique à laquelle l'enfant apprend à répondre, autant pour lui-même que pour son entourage, et qui commence par le prénom et le nom qui lui sont donnés. À une époque, les parents choisissaient celui de la grand-mère, ou du parrain, ou de l'oncle décédé à la guerre. Aujourd'hui, ils se laissent plus influencer par la mode et les feuilletons de la télévision. Le choix identitaire s'élargit. Pourquoi pas, si cela évite à certains de se retrouver chargés par leur prénom d'une histoire, d'un deuil familial inaccompli.

L'identité de l'enfant interroge le désir de ses parents tant dans sa conception que dans la place qu'ils lui accordent dans leur vie et dans le rôle qu'ils lui font endosser. Il est leur fille, leur fils. Dans la fratrie, est-il l'aîné, le benjamin – autrement dit le dernier ou le petit – ou celui du milieu – « la tranche de jambon coincée entre deux énormes morceaux de pain » comme le racontait une petite fille ? Autant d'images qui fixent une identité qui se traduira plus tard par des « je suis » suivis de définitions permettant de se faire reconnaître.

Car il s'agit bien de reconnaissance : être reconnu comme faisant partie d'une famille, d'un groupe, se sentir appartenir à une collectivité avec ses codes, son langage, sa culture et sa hiérarchie. À l'intérieur, la place et la fonction de chacun participent à créer des distinctions et des différences tout autant que la personnalité et le caractère. Ainsi se construit l'estime de soi et de l'autre, entre appartenance et différence.

Très tôt – il n'est qu'à observer les petits à la crèche – se constituent les fondements de l'identité qui modèlent une ou plutôt des images de soi, variables selon l'identité de l'autre face à soi : un enfant, caïd avec un groupe qu'il domine, peut se monter agressif ; avec un autre qui le domine, il sera plus passif et soumis à son autorité. L'idée selon laquelle l'identité existe avec le regard de l'autre est juste ; encore faut-il ajouter que ce besoin est bio-logique afin de restituer à chacun la responsabilité de sa propre représentation de lui-même et échapper à la croyance de n'exister « que » par les autres, limite qui déclenche l'émotion sous forme de lutte.

La construction de sa propre différence au sein du groupe se fait, comme pour la liberté, tout au long de la vie, au fil des satisfactions et des frustrations et donc de la valorisation des épreuves. Une reconnaissance, si juste soit-elle, qui ne serait assurée que par l'entourage s'assimilerait à une appartenance et donc deviendrait étouffante et abusive. À l'inverse, un excès de différence entraînerait un vécu de rejet, de jalousie, d'impuissance à être accepté et donc de menace d'exclusion. L'équilibre procède alors de l'un et l'autre afin que le terme même d'identité prenne tout son sens puisque le préfixe *id-* a donné « identique » (aux autres) et « identifiable » (et donc distinct).

Ce processus identitaire à l'œuvre chez l'enfant – et tout particulièrement aux âges dits de passage comme l'adolescence – est sans doute le plus malmené et celui qui déclenche les plus grands conflits au sein des familles. La réaction de lutte qui défend l'identité est à l'origine de la violence verbale, que celle-ci soit dans le volume sonore ou dans le choix des mots. On y crie, on y hurle, on claque les portes, on reproche, on en veut à l'autre et à soi-même et, par là même, on a peur de se forger sa propre identité : peur de perdre la reconnaissance qui rassure ou, tout simplement, l'amour de l'autre ! La communication se transforme en deux monologues qui se heurtent l'un l'autre, chacun, parents et enfants, cherchant à sortir indemne du conflit et déchiré à l'avance des conséquences. Le petit devient grand au prix de ce déchirement. Comme la liberté, la différence a une valeur c'est-à-dire un prix !

On nomme ce processus « devenir quelqu'un ».

Être réalisé

La réalité d'être est le plus abstrait de nos besoins fondamentaux, mais n'en est pas moins existentielle. Qu'est-ce que « se réaliser », « être éveillé », si ce n'est une sensation personnelle et intime de « faire quelque chose de sa vie ».

Éprouver du désir, compter pour soi-même et pour les autres, se sentir compris et chercher à comprendre, bâtir des projets… autant de gestes mentaux qui nous font accéder à la mise en œuvre de notre vie et lui donnent sens. En retour, toute action, de la plus quotidienne à la plus exceptionnelle, satisfait notre besoin de réalité, nous réalise. La réalité d'être, c'est transformer ce quelqu'un identifié en un être humanisé et qui va contribuer ainsi à l'humanisation du monde environnant en tant qu'individu. Rien de philosophique dans ce processus mais bel et bien un processus bio-logique inscrit dans l'évolution de la vie de l'être.

Certes, se réaliser se situant au sommet de la pyramide des besoins est donc moins prégnant que s'identifier, et encore moins que se sécuriser. En cas de menace sur la vie, la réalisation de soi paraît très secondaire et l'on sait que les psychiatres furent au chômage durant les drames de la Seconde Guerre mondiale : survivre, manger, se protéger, soigner, définir son camp et le défendre accaparaient l'essentiel de l'énergie de chacun. Notre époque, en revanche, favorise le questionnement sur la vie, et le désir de s'accomplir et de se réaliser s'affirme d'autant plus que le niveau de sécurité est élevé – malgré les annonces catastrophistes des médias – de même que le niveau d'identité et de respect – même s'il reste beaucoup encore de zones d'irrespect et d'intolérance. Se réaliser est un besoin personnel que l'on nomme souvent projet de vie avec le risque que celui-ci s'éloigne au rythme de nos pas quotidiens. Ce n'est pas en effet le projet qui satisfait le besoin, mais sa mise en œuvre, c'est-à-dire notre propre mouvement dans sa direction. Agir nous rend réel à nous-même. Le chemin nous réalise plus sûrement que le but atteint…

N'en déplaise aux idéalistes qui aimeraient entendre les adolescents, voire les enfants, leur préciser leur projet :

« Qu'est-ce que tu veux faire ? demande le conseiller en orientation au jeune de quinze ans.

– Justement, je viens vous voir pour que vous m'aidiez à trouver…

– Ah mais si tu ne me dis pas ce que tu veux faire, quel est ton projet, je ne peux pas t'aider, moi ! C'est à toi de savoir. Reviens quand tu en sauras plus et là je te dirai quelle voie prendre et quelles démarches faire. »

Déçu, triste et coupable de n'avoir aucun projet, le jeune garçon se trouvait anormal, convaincu d'avoir un problème et fatigué à l'avance de devoir faire un effort pour trouver quoi faire de sa vie.

La réalité d'être se nourrit bien avant l'adolescence car se sentir compris et important, sentir que l'on compte, éprouver la considération de son entourage pour sa propre personne, pour son ressenti, son opinion, est un long processus qui commence au plus jeune âge puisqu'il est inscrit en nous. Il conditionne l'apprentissage de l'accord avec l'entourage, source de bien-être autant que le désaccord est source de frustration. Il fait donc découvrir l'harmonie et avec elle la solitude. Comme la liberté est le corollaire de la sûreté, comme la différence est celui de l'appartenance, la réalisation de soi est celui de l'harmonie au sein de notre réalité d'être. Trop de la première conduirait à une homogénéité immobile et non constructive, trop de la seconde conduirait à un isolement autiste.

De la part des parents, cela commence par un regard qui donne à l'enfant le sentiment d'être considéré comme une personne à part entière. Cette attitude éduque celui-ci à se considérer lui-même comme une œuvre vivante.

Faute de quoi le cerveau reptilien se manifeste, système de défense oblige : la vie se retire à l'intérieur, semblant quitter les gestes qui l'animent et l'enfant se replie sur lui-même, convaincu que sa vie, que lui-même est une gêne pour l'autre !

Qu'est-ce qui déclenche l'émotion ?

S'il est aisé de comprendre pourquoi nous avons peur face à un chien qui gronde et montre les crocs, prêt à bondir, il devient plus difficile de justifier cette émotion face à une phrase ou une pensée quand ce n'est pas la peur d'avoir peur ! Qu'est-ce qui, en nous, génère la sensation de menace ?

Au cœur du système émotionnel se retrouvent toutes sortes d'informations : celles venues de l'extérieur, les sensations du corps, les cartes de la mémoire ancienne, celles des événements récents et celles de la mémoire du corps, le tout relié aux besoins fondamentaux et aux voies nerveuses des réactions de défense ! Une véritable alchimie difficile à dénouer et très efficace pour assurer la survie.

À ce jour des recherches en neurosciences, il semble que certaines des réactions émotionnelles seraient innées, comme préprogrammées, correspondant à ce qui est (presque) toujours dangereux et appelle absolument à une mobilisation urgente. D'autres, en revanche, nécessitent une exposition à l'élément dangereux pour générer la peur, d'autres enfin exigent non seulement une exposition mais aussi un apprentissage auprès de la peur de la mère. Selon les travaux de Robert Hinde, c'est grâce à l'exposition au serpent additionnée de l'expression de peur de sa mère que le singe a peur de ce reptile. Le petit d'homme, très longtemps en contact avec ses parents, multiplie les occasions d'enregistrer leurs peurs, et pas seulement celles liées à de justes nécessités de sécurité…

Pour comprendre l'émotion, retenons que toute image de soi qui ne satisfait pas le besoin d'intégrité, qu'elle soit transmise de l'intérieur comme une pensée ou de l'extérieur par un autre, déclenche dans l'urgence un système de défense. Dans sa carte mémoire, la maman singe à intégré « serpent – mort – peur – fuite ». C'est cette information globale qu'elle transmet à son petit. La réaction est automatique, juste un peu moins rapide que le réflexe et nettement plus que la réflexion cognitive, la pensée. Quand un événement requiert une représentation intègre de soi pour susciter une réponse adaptée mais ne rencontre qu'une représentation détériorée, effacée ou limitée, une image de soi « mal vivant », en manque de mouvement, d'autonomie ou de projet, plus objet que sujet, alors l'émotion parle pour interrompre ce dangereux cheminement. Dangereux pour soi et son intégrité. Alors, le crocodile nous oblige à « plus de vie », pour pallier cette insuffisance de nous-même, ce manque de soi dans la situation éprouvée. Il nous fait nous adapter dans l'urgence à nos besoins, mais pas forcément à la situation ou à l'autre !

Une jeune femme se souvenait ainsi de la colère qui l'avait envahie un soir comme un souffle surpuissant alors que sa sœur, une fois de plus, lui signifiait qu'elle était « ch… ». Elle l'avait frappée « comme une folle » tout en prenant conscience de l'absurdité et de l'inutilité de ses cris. Le conflit avait tourné en pugilat et fut stoppé par la voix autoritaire du père qui les renvoya dos à dos après une bonne fessée chacune. Elle avait alors onze ans et, devenue adulte, conservait une sensation de honte et d'étrangeté quand elle revenait à son souvenir. Le crocodile avait mordu ! Si la colère était adaptée pour faire entendre son refus d'être insultée, elle ne l'était pas dans la relation avec sa sœur. Celle-ci en effet ne manqua pas d'ajouter son commentaire : « Et en plus tu es folle furieuse ! »

Dévalorisation, effacement, oubli de soi, mépris, sacrifice, inaptitude, impuissance, menacent en effet directement l'équilibre homéostatique de l'être et déclenchent automatiquement la peur et avec elle les réactions de défense du cerveau émotionnel. Ces images de soi en négatif agissent comme des virus quand elles mettent en danger les capacités d'adaptation de l'être face aux événements venus de l'extérieur ou de l'intérieur de soi. Se croire « nul » n'est pas logique en soi ; se croire nul et, à ce titre, amputer son aptitude à agir en bonne intelligence avec l'environnement s'avère, en revanche, dangereux pour soi.

L'origine de ces programmes mentaux toxiques est reliée à l'histoire de chacun. Histoire familiale d'abord : « Chez les Dupont, on est tous colériques... », « J'ai peur de ressembler à ma mère », « J'ai le même regard de chien battu que ma tante, c'est ce qu'on m'a toujours dit... » Autant d'images de soi en négatif ancrées dans la mémoire et qui auront bien du mal à en sortir tellement elles font partie de notre évidence. Histoire personnelle bien sûr aussi, édifiée sur de multiples souvenirs et ressentis qui justifient des croyances comme « je suis moche, je suis maladroit, je suis gênante, je suis inutile, et sans intérêt... ».

Bébé est réveillé bien avant l'heure du biberon, il s'agite dans son lit et finit par pleurer... Il n'a pas faim mais plutôt besoin de la présence de sa mère. Pourtant celle-ci est fatiguée et a bien d'autres choses à faire que de s'occuper du petit. Ce décalage horaire la dérange beaucoup. Elle va néanmoins prendre son bébé dans ses bras et essayer de le rendormir, transmettant bien malgré elle sa tension et son agacement, voire sa peur. L'enfant, qui durant neuf mois a été imprégné des sensations de sa mère, conserve cette aptitude à ressentir ses émotions : une information sensorielle se transmet de l'un à l'autre. L'agacement de la mère devient pour l'enfant « j'agace, j'énerve, je fais peur... je suis agaçant, énervant, gênant ». Bien sûr, à l'âge de bébé, la sensation ne se traduit pas en mots mais plutôt en impressions dans le corps, voire en maux : le nourrisson imprime dans son être une image de lui-même, un ressenti flou et facilement effaçable quand l'émotion de la maman est rare mais de plus en plus précis quand ce même comportement se renouvelle.

L'imprégnation par le corps de l'enfant de l'émotion de son entourage génère une sensation de menace qui elle-même déclenche la peur et… les émotions de l'enfant.

L'enfant n'a en effet pas le choix de ses réactions puisque son cerveau n'est pas encore capable de décoder ce qui appartient à l'autre – sa maman – et ce qui lui appartient à lui-même – son besoin de soin et d'attention. Il mêle l'un à l'autre, fait dépendre l'un de l'autre dans sa propre dépendance existentielle vis-à-vis de sa mère et de son entourage. L'agacement, la peur de sa mère deviennent une menace pour la satisfaction de son besoin. Il « doit » donc se défendre et s'y emploie en criant ou pleurant, ce qui pourra générer colère ou panique chez sa mère et augmenter encore l'émotion du petit.

Cycle infernal des réactions émotionnelles mais aussi série de causes et de conséquences qui ainsi remontent au fil des générations. Innocence individuelle telle que nous l'avons déjà évoquée, innocence bio-logique qui devient enchaînement douloureux quand l'adulte faute de s'approprier sa part d'émotions en imprègne, le plus souvent involontairement, l'enfant. Car si l'on posait à la maman la question suivante : « En veux-tu à ton bébé de se réveiller avant l'heure et de réclamer tes soins ? », elle répondrait « Non ! » en toute sincérité, et justifierait sa réaction par des contraintes extérieures auxquelles elle ne peut échapper. Elle a substitué une logique de réflexion à celle de son cerveau crocodile. Celui-ci, plus « basique », n'a pas la même délicatesse ! Pour lui, les cris de l'enfant sont l'origine du danger et il s'impose à la mère par une tension physique dans ses gestes, le ton de sa voix et son humeur colérique et impatiente afin de l'alerter sur son propre manque d'être à elle et l'inciter à mieux se respecter.

Et, plus tard, lorsque l'enfant grandit ?

Si l'image s'est fixée à force d'être renouvelée, elle devient un filtre par lequel l'enfant lit sa relation aux autres. L'agacement qu'il a le sentiment de provoquer est devenu un danger : il devra donc être évité, générant une réaction de fuite, ou affronté et combattu, suscitant alors la lutte ou encore subi dans un repli sur soi triste.

Cette lecture est très individuelle et se fait sur la sensation et l'impression et non sur le raisonnement. L'enfant pourra réagir parce qu'un copain dans la cour d'école l'aura « regardé de travers ». En toute sincérité, le voilà envahi par l'émotion et il cède la place au crocodile en lui. C'est dire si l'événement à l'origine de la réaction peut être quelconque, banal pour l'entourage mais pas pour l'enfant. Ce qu'il ressent est vrai et réel pour lui.

Comment reconnaître l'émotion ?

À quels signaux un parent peut-il repérer que son enfant est sous l'influence de l'émotion ? Comment identifier le reptilien dans le comportement de l'autre, mais aussi chez soi, parent ?

À son objectif : L'objectif de la fuite est d'éviter ce qui fait et est vécu comme une menace, se sortir du danger, ne pas être limité dans son besoin d'assurer sa sécurité et sa liberté de mouvement et de pensée.

L'objectif de la lutte est de combattre ce qui est vécu comme contraire et adverse à soi et son identité, d'avoir raison, d'être le plus fort, de se montrer à la hauteur pour ne pas perdre, ne pas être rejeté et exclu et de prouver ses capacités à coup sûr.

L'objectif du repli sur soi est de passer inaperçu, de réduire sa vie, ses désirs et ses motivations, de ne pas entrer en conflit, de se faire discret et gentil pour conserver une petite place sans gêner les autres.

Ces objectifs sont intelligents au regard du crocodile qui voit là les meilleures solutions pour être et demeurer vivant, mais au prix d'une mobilisation prégnante de tout l'organisme, corps et esprit confondus. Ils trouvent leur expression dans les attitudes corporelles autant que dans les mots employés, et les idées défendues. L'ensemble de la personne se mobilise pour traduire l'urgence à répondre à la menace et à retrouver une image de soi plus juste.

À l'urgence exprimée : Il y a le feu en soi ! C'est ce que produit le flot de neurotransmetteurs au niveau du cerveau émotionnel qui ira stimuler les organes cibles chargés de produire la réaction adéquate, fuir, lutter ou se replier. Une substance est chargée à partir de l'hypothalamus de déclarer l'état d'urgence en stimulant la libération d'une cascade d'hormones destinées au système cardio-vasculaire, pulmonaire, aux intestins et aux muscles... et au cerveau lui-même. Véritable plan Orsec qui court-circuite le raisonnement et la « prise de recul ». Il n'est plus temps de réfléchir calmement ! Cette urgence intérieure est perceptible, et par soi et par l'entourage, par un changement, parfois subtil comme une moindre disponibilité, une agitation, une pression subite ou une lassitude sans raison, et parfois évidente comme l'expression d'une exigence, l'apparition d'une pâleur ou d'une rougeur ou encore un changement de tonalité de voix. Bref, l'émotion se manifeste par une rupture d'humeur, qu'on nomme parfois une saute, et qui témoigne d'un besoin interne à traiter sans délai. Cette urgence, toutes affaires cessantes, n'est destinée qu'à soi et au rétablissement de son équilibre interne. C'est dire si, vue de l'extérieur, des autres, elle peut paraître difficile à comprendre, voire tout à fait déplacée, incohérente et irrationnelle !

À la pression : Le crocodile ne laisse pas le choix entre traiter ou non le besoin et, si nécessaire pour l'intégrité de l'être, met la pression sur l'ensemble de l'organisme, exigeant la mobilisation pour fuir, lutter ou se replier sur soi. L'enfant qui ne lâche pas son père pour obtenir de regarder la télévision est d'abord un enfant qui a besoin que son père lui accorde une reconnaissance ou une considération beaucoup plus vitale que les dessins animés ! Son endurance et son inventivité pour l'obtenir peuvent sembler étonnantes pour un petit bonhomme mais c'est sans doute que le besoin est immense et les retours parentaux insuffisants. Alors son cerveau crocodile insiste lourdement, sur lui et sur l'entourage. Que l'enfant cède ne signifie pas forcément qu'il a compris la même chose que son père, surtout si celui-ci a répondu sur le mode de « tu me casses les pieds » et n'a pas pris le temps de lui accorder la reconnaissance désirée. Pour l'enfant, le véritable enjeu est ce besoin-là et non la télévision.

Cette pression est aussi interne dans son corps et se traduit par tout un tas de désordres psychosomatiques à type de spasmes, de tics, d'agitation musculaire, de mouvements hâtifs, de désordre d'idées, qui perturbent les mécanismes cognitifs de la réflexion et de la concentration. L'urgence émotionnelle à restaurer l'identité ou la sécurité s'avère prioritaire à la leçon d'histoire ou la lecture du soir. Au regard du crocodile, il n'y a pas photo !

À l'autojustification : La pression exercée via les neurotransmetteurs sur l'ensemble du cerveau contribue à chercher et trouver de nombreuses justifications plus ou moins justes à la réaction émotionnelle. Il s'agit d'embrigader le cerveau qui pense, qui réfléchit et qui parle pour rendre compte et justifier nos peurs, nos colères ou notre abandon. L'autojustification commence en général par « parce que » suivi d'un discours qui semble une évidence pour celui qui le vit. Elle a ainsi les attraits de l'honnêteté et de la sincérité. De fait, celui qui est envahi par l'émotion est honnête avec son ressenti et son crocodile à défaut de l'être avec les autres. À cet égard, il est, rappelons-le, innocent.

L'usage du « mais » signale aussi le début du besoin de se justifier :
- Mais je ne l'ai pas fait exprès !
- Mais c'est lui qui a commencé !
- Mais le prof ne comprend rien !
- Mais je n'y arriverai jamais !
- Mais j'existe aussi !

L'éclairage est alors mis sur soi dans son besoin de restaurer son image ou au moins d'échapper à celle qui blesse et menace, ou bien sur l'autre, vu comme l'origine voire l'auteur de notre déséquilibre.

C'est l'histoire classique de l'objet que nous avons cassé et qui n'aurait pas dû être là à ce moment-là !

À l'excès ou au défaut : L'émotion est « trop » ou « pas assez » par rapport à une situation. Trop d'agitation, de pensées désordonnées, de paroles, de bougeotte, d'activités dans l'état de fuite. Trop de violence, de cris, de poigne, de menaces, de coups, de conflits, d'abus de pouvoir dans la réaction de lutte. Trop de discrétion, de tolérance, de gentillesse, d'activisme, de bonne volonté, de cris et de passivité dans le repli sur soi.

Ces « trop » cachent des manques, du moins cherchent à les cacher, manque d'audace, d'affirmation claire, d'initiative, de désir, d'envie, de motivation, d'estime de soi et des autres. Des manques qui font écho aux représentations toxiques du tout jeune âge et qui se répercutent sur nos besoins fondamentaux de sécurité, d'identité et de réalité d'être. « Trop » ou « pas assez » trouvent leur traduction dans des mots catégoriques et sans nuances, caractéristiques de l'émotion : on y entend autant de « toujours » que de « jamais », autant de « tout » que de « rien ». Mots absolus chargés de produire un effet, une mobilisation chez soi à faire, à penser ou à dire autrement, pour satisfaire les besoins maltraités. Mais l'autre qui entend ces mots risque d'en faire une tout autre traduction et de se sentir menacé par tant de violence...

Qu'il en fasse trop ou pas assez, qu'il soit trop ou pas assez, au fond peu importe, cet enfant est sous l'emprise de l'émotion : il s'exprime au travers de son vieux cerveau émotionnel, son crocodile, car c'est pour lui, à ce moment-là, le seul moyen qu'il a trouvé pour dire son mal-être. Son attitude peut ne pas être bien maligne, pour autant elle a le mérite, dans l'urgence, de tenter une réparation de son être, faute de mieux.

Une fois reconnue, l'émotion va être nommée, étiquetée. Telles sont nos habitudes d'humains éduqués. À ce niveau de langage, la science semble se perdre un peu dans la philosophie ou la culture.

Colère, tristesse, peur, plaisir, amour, surprise, dégoût, honte, selon, le classement de l'Américain Daniel Goleman qui ne sait où ranger la jalousie.

Peur, colère, dégoût, surprise, tristesse et bonheur comme émotions primaires, sympathie, embarras, honte, culpabilité, orgueil, envie, gratitude, admiration, indignation, et mépris comme émotions sociales selon celui d'Antonio R. Damasio.

Peur, colère, tristesse, joie selon nombre d'autres auteurs. Il semble qu'en suivant la lecture bio-logique de l'être, l'ensemble des émotions puissent être classées selon la réaction et l'objectif défensif qu'elles contiennent : la peur et la réaction de fuite, la colère et la réaction de lutte, la tristesse et la réaction de repli sur soi.

Et la joie ? La tradition chinoise la classe aussi dans le registre des émotions, mais pas au sens défensif du terme. Elle est un état d'excitation de l'humeur : qui n'a pas ri, hurlé ou pleuré de joie ? Elle témoigne non seulement d'un état sans défense mais aussi d'un effort naturel de développement inhérent au processus de vie. Elle semble accompagner les moments durant lesquels la personne, libérée de toute peur, peut se réjouir et jouir de la vie, voire vivre une sensation d'extase. Nous sommes loin de l'état de calme et de cohérence intérieure... loin aussi de la définition usuelle de la joie censée être synonyme de bonheur. Cette quatrième émotion, plus proche du fou rire que de la gaieté, semble être une solution alternative du système de survie pour contrebalancer la peur et ainsi garantir, encore et encore, la survie !

Les trois autres émotions, peur, colère et tristesse, contiennent mille et une nuances, proportionnelles tant à la richesse de notre vocabulaire qu'à l'intensité de la « température » émotionnelle.

À son langage associatif : La réalité extérieure importe moins au cerveau émotionnel que la réalité intérieure. Le crocodile s'exprime donc plus volontiers par métaphores, par comparaisons, par images ou par sons, plus aptes à traduire le ressenti que la logique et la construction rationnelle. Écouter l'émotion relève plus du chant, de la poésie, de la littérature, que de l'analyse de faits. Elle se retrouve mieux dans l'art, dans les métaphores religieuses des paraboles, dans les contes, les fables que dans le descriptif. Le crocodile évoque mieux qu'il ne précise. Directement relié aux cinq sens, le son d'un mot capté peut être extrait de son contexte et suffire à déclencher l'émotion. Si, selon Korzybski, le mot chien ne mord pas, il peut néanmoins suffire à faire trembler ou à couper les jambes de celui qui a fait l'expérience des crocs d'un vrai chien. Freud ne s'était pas trompé en privilégiant les associations d'idées pour révéler l'inconscient. Le langage tend à déchiffrer le ressenti et raconter la perception, personnelle bien sûr, que chacun a en lui, de lui-même, des autres et du monde. C'est dire si, souvent, les mots manquent pour associer un événement, neutre par définition, et l'effet qu'il a sur nous.

Nous serons aussi indulgent pour le flou du langage du cerveau émotionnel que frappé par la richesse et la pertinence des mots et symboles choisis pour témoigner de nos émotions. Jusqu'au « génie » de ceux qui trouvent automatiquement les mots qui semblent convenir à leur entourage... histoire de conserver intègre leur propre image !

Émotions ou sentiments ?

Certains emploient un mot pour l'autre, d'autres définissent une hiérarchie. Qu'est-ce que le sentiment par rapport à l'émotion ? La question mérite qu'on s'y arrête puisque, lorsque nous ne sommes pas ému, nous sommes dans le registre des sentiments. Le cerveau ne connaît pas la neutralité sensorielle : soit il existe une sensation de menace, et il est pressé par l'émotion de défendre l'être ; soit il n'existe pas de sensation de menace, et il éprouve librement l'ensemble de la gamme des sentiments et de son potentiel à satisfaire ses besoins. Le sentiment laisse en effet une plus grande liberté intérieure car, hors du danger, n'existe pas cette confusion, ce flou que nous évoquions dans l'exemple de la maman agacée et de son bébé. Il donne accès à un état de responsabilité dans lequel soi est soi et l'autre est l'autre. Hors du vécu de menace pour lequel l'émotion réquisitionne l'ensemble du corps, reste le sentiment qui peut être teinté de joie ou de tristesse, de plaisir ou de déplaisir et qui, surtout, laisse ouvertes les connexions nerveuses permettant de répondre à la situation quelle qu'elle soit de façon adaptée à nos besoins et ceux de l'entourage. Dans le sentiment, il n'y a pas de gagnant/perdant, l'un qui serait soulagé à court terme de n'avoir pas perdu et l'autre qui serait honteux ou ulcéré de son échec. Le sentiment donne une mobilité et une aisance que n'offrent pas les émotions.

Pour accéder au sentiment il est nécessaire d'avoir passé le filtre du cerveau reptilien sans avoir éveillé le crocodile ! Si l'événement ne révèle aucun danger, alors nous voilà libre d'éprouver des sentiments et de traiter les informations internes et externes en y impliquant nos besoins fondamentaux.

À ce titre, on pourrait décrire l'émotion comme une caricature du sentiment, dans laquelle le rire devient un ricanement et le sourire un rictus. Ou bien le sentiment comme une émotion déparasitée ou désintoxiquée de la perception du danger.

Si l'émotion nous presse à restaurer notre intégrité, le sentiment nous met en accord avec nous-même, avec notre intelligence intuitive et rationnelle. Quand l'émotion est accrochée à ce qui « devrait être » pour survivre, le sentiment se tient à ce qui « est » pour vivre.

Émotion et éducation

L'émotion pose bien des soucis à l'éducateur ! Celui-ci se passerait volontiers de ces affects qui s'expriment sans nuances et parasitent la concentration, la réflexion, la compréhension et l'application des consignes ! Ah ! si l'enfant pouvait saisir nos explications et nos conseils d'adulte et les mettre en œuvre pour « aller bien » et correspondre à l'image que nous nous faisons de ce « qu'il doit être » pour son bien...

Mais l'émotion vient brouiller ce programme idéalisé : l'enfant est héritier de l'évolution et doté d'un cerveau dont un morceau date du temps des reptiles ; il est aussi l'héritier d'une famille avec son histoire, ses secrets, ses souffrances et ses cadavres dans les placards, il est encore héritier de ses deux parents qui, très naturellement, voient en lui une solution ou un problème, un successeur, un rival ou encore un bâton de vieillesse...

Il n'est donc pas une pâte à modeler vierge sur laquelle les parents, grâce à une saine éducation, vont pouvoir inscrire ce qui leur semble bon pour lui !

L'émotion de l'enfant vient rappeler aux parents « là où il est ». Fâchée avec les mathématiques depuis la quatrième où le professeur que j'avais transmettait son savoir de façon si universitaire qu'elle révélait chez moi bien involontairement une évidente « incapacité à comprendre », quel ne fut pas mon bonheur d'entendre récemment un autre professeur me dire : « Les enfants, il faut les prendre là où ils sont pour les amener là où ils peuvent aller, c'est-à-dire là où le professeur veut aller ! » Manifestement, mon professeur à moi savait fort bien où aller, mais n'était pas venue me chercher là où j'étais. En compagnie de plusieurs camarades, j'étais restée sur le quai en regardant le train partir et en vérifiant que j'étais incapable de comprendre les mathématiques !

L'émotion rappelle qu'il est inutile, voire dangereux, de vouloir sauter des étapes dans l'acquisition de la maturité. Ne pas tenir compte des signaux envoyés par le crocodile équivaut à débrancher le fusible du voyant lumineux qui s'allume sur le tableau de bord du véhicule. La voiture peut continuer à rouler quelque temps, entretenant l'illusion que « tout va bien », jusqu'à la panne inévitable. Le voyant lumineux signalait le risque, nous alertait sur la nécessité de faire le plein, de mieux nourrir notre véhicule quand il en était encore temps pour mieux poursuivre la route.

Les enfants aussi envoient des signaux pour eux-mêmes, puisque l'émotion est un système « égocentré », mais que les parents et les éducateurs peuvent écouter et décoder. Un jeune homme me racontait sa façon d'envoyer un signal :

> « À la maison, j'étais le petit dernier et quand mes parents imposaient le silence à mon frère aîné et à ma sœur pour que je puisse en "placer une", j'étais tellement paniqué de dire un truc idiot que je racontais forcément un truc idiot, une blague qui ne faisait rire que moi ! Alors j'ai eu l'idée de lever le doigt comme en classe, mais on m'a répondu justement que je n'étais pas en classe. Dommage, parce qu'en classe, quand le maître me donnait la parole, il m'écoutait et je disais ce que j'avais à dire. Alors, j'ai pris une marionnette et en glissant les doigts dans le feutre, je l'ai fait parler. Cela a amusé la famille pendant un moment et, un jour, papa m'a dit d'arrêter mes bêtises. Après, je n'ai plus rien trouvé d'autre pour me faire entendre. C'est à partir de cette période que j'ai commencé à me taire. »

Concilier éducation et émotion revient à concilier le droit de l'enfant à être qui il est, là où il en est de son parcours, et à ressentir ce qu'il ressent, avec le devoir de l'enfant à faire l'épreuve de sa responsabilité dans les événements qu'il rencontre.

Trop de droits conduit à une absence de limites, de règles et un abus de pouvoir quand trop de devoirs conduit à étouffer l'initiative et le désir.

Éduquer signifie « guider, conduire hors de ». Mais hors de quoi ? De l'enfance ? De la dépendance à la famille ? Et pourquoi pas hors de la pression émotionnelle qui dicte ses lois ? Et si l'éducation était un guide sur le bon usage de soi et de son crocodile, dans lequel les apprentissages seraient des occasions de s'exercer plutôt que des actes d'obéissance ? L'ouvrage de Goleman *L'Intelligence émotionnelle* a eu un énorme succès auprès du grand public, offrant au lecteur l'occasion de valoriser des savoir-être plutôt que des savoir-faire. Or, s'il s'agit d'être, le cerveau reptilien a son mot à dire pour garantir nos besoins fondamentaux de sécurité, d'identité et de réalité d'être. Aucune éducation ne peut contourner le crocodile et faire comme s'il n'existait pas, comme si nos enfants n'étaient qu'intelligence cognitive !

- Guider de la sensation de sécurité au goût de la liberté.
- Guider de la sensation d'appartenance au goût de la différence.
- Guider de la sensation d'harmonie au goût de l'indépendance et de la solitude.

Utiliser l'émotion pour mieux conduire l'enfant et l'éduquer, c'est lui permettre de se relier au meilleur baromètre jamais connu, celui de sa propre nature. En d'autres termes, c'est lui permettre d'acquérir cette confiance tant réclamée ! L'éducation peut se fonder en toute sécurité sur le système bio-logique du cerveau des émotions. Cela évitera à l'enfant de se sentir tiraillé entre deux forces apparemment contraires, celle de ses émotions et celle de son raisonnement, de se sentir coupé en lui-même dans un vécu de culpabilité sans fin !

Qui éduque qui ?

On devient parent grâce à ses enfants ! Une évidence qui révèle les bouleversements inhérents à ce nouvel état, plus corporels chez la mère, plus sociaux chez le père, et, à ces titres, mobilisant chez l'une son besoin de sécurité, chez l'autre, son besoin d'identité.

Le fait d'accoucher et de déclarer son enfant dans l'anonymat d'un bureau de mairie ne fait que commencer l'histoire. La suite est une très longue série d'adaptations, d'essais, d'erreurs, de bonheurs et de frustrations. C'est dire si l'éducation d'un enfant mobilise le crocodile de ses parents ! Il ne suffit donc pas de lire les modes d'emploi pour (bien) éduquer ses enfants, il nous faut apprendre à devenir parent avec eux, vivre et faire l'épreuve de la parentalité.

> Une petite fille découvrait avec étonnement que la vieille dame en face d'elle avait été une petite fille : « Toi aussi tu as été petite ? » lui demanda-t-elle un peu troublée. Elle avait probablement quelques difficultés à réaliser la notion du temps qui passe et les changements qu'il implique. La grand-mère, elle, riait de bon cœur à ce mot d'enfant, heureuse d'évoquer sa jeunesse. En elle existait encore la petite fille.

De même chez le parent : celui-ci est un enfant passé qui s'actualise dès que surgit une émotion. Un père disait à son fils :

« Tu ne sais pas ce que j'ai vécu quand j'étais gosse avec ton grand-père, un vrai chef de famille ! Quand il me regardait avec ses gros yeux, j'aurais voulu être sous la table tellement il me faisait peur !
– Tu as raison, papa, je ne saurai jamais ce que tu as vécu, mais je sais ce que tu vis en ce moment ! À chaque fois que tu parles de papy, tu es tout pâle et on a l'impression qu'il te fusille encore du regard ! Je te rappelle qu'il est mort il y a trois ans ! »
Ce père n'était pas dupe. Il était très conscient que sa difficulté à dire « non » à ses enfants, à exercer une autorité et faire respecter les interdits – ce que sa femme lui reprochait assez – était en réaction à ce passé qui lui collait à la mémoire. Tout plutôt que d'infliger à ses enfants la peur qu'il avait ressentie pendant des années face au « vieux », car c'est ainsi que sa sœur et lui nommaient leur père. Il se rendait compte que les enfants avaient profité et abusé de sa difficulté. La moindre punition qu'il leur infligeait le plongeait dans un abîme de réflexion, de doute et de culpabilité à l'idée qu'ils puissent en souffrir. Il avait beau se raisonner, ça ne changeait pas grand-chose. Quand il pensait à son père, il concluait souvent par la même phrase : « Ah, il a fait fort, le vieux ! », mélange de colère, de rancœur, de dégoût et d'admiration jalouse. Le crocodile a son langage que la raison méconnaît !

Ainsi, parler éducation à des parents, c'est parler aussi à l'enfant en eux qui a été éduqué et qui garde des traces émotionnelles vivantes et souvent douloureuses. Non seulement le fait de devenir parent n'efface pas ce passé toujours présent, mais il le réactive en de multiples occasions. En fait, dès que le petit contrarie le grand dans son désir de « bien faire », quand ce « bien » est imprégné, parasité par la peur de mal faire ou la pression existentielle de faire bien, ce qui revient au même. L'émotion est égoïste et le « bien » parental est destiné à satisfaire le besoin parental et pas nécessairement le besoin de l'enfant. Il y a alors conflit de crocodiles !

L'adulte qui vient consulter parce qu'il a un problème avec son fils ou sa fille devra faire le deuil de sa neutralité émotionnelle, même justifiée par l'amour qu'il lui porte, et entendre que le problème est aussi chez lui, parent. Le comportement de son enfant trouve une « résonance » chez lui, à l'origine de la turbulence relationnelle. Il ne s'agit pas de priver l'enfant de sa part de responsabilité dans le conflit, mais de permettre au parent de se réapproprier la sienne afin de pouvoir répondre autrement que dans l'émotion à l'attitude de son fils ou de sa fille.

Ainsi, cher lecteur, puissiez-vous lire cet ouvrage non seulement en tant que parent, actuel ou futur, mais aussi en tant qu'enfant. Car c'est à l'intérieur de soi que s'articulent les générations.

Alors qui éduque qui ? Il est vain de vouloir sortir de l'état d'enfant, voire de lutter contre soi à coups de « Tu n'es plus un enfant ! ». Il est nécessaire, en revanche, de le faire grandir, évoluer, passer des étapes, développer ses aptitudes. Est-ce si important de nommer ce travail d'une vie « devenir adulte » ? L'essentiel est de devenir et non d'être adulte, une fois pour toutes. Il est dangereux pour un parent de se couper de son enfance autant que de s'y réfugier. Le cerveau reptilien se méfie des coupures autant que des dénis de soi.

L'éducation ne se fait pas en sens unique, du parent vers l'enfant, mais dans des va-et-vient. Au fait, la phrase que vous venez de lire ne s'adresse pas à vous le parent et l'autre, l'enfant. Elle vous concerne vous tout seul, parent ET enfant réunis dans votre être. Comme dans le cerveau ! Sans arrêt existent des va-et-vient entre le cerveau émotionnel – l'enfantin, le plus proche de la nature – et le cerveau cognitif – le plus adulte et le plus socialisé. Chacun a son mot à dire.

Pouvons-nous croire au discours du crocodile ?

Avant de rencontrer dans le prochain chapitre le premier des enfants grâce auxquels seront illustrées les réactions de défense, il importe de répondre à une question d'ordre pratique qui est un préambule incontournable : Que faut-il croire des mots exprimés sous l'influence de l'émotion ? Faut-il même chercher à les comprendre ? Quelle valeur leur accorder ? Quelle authenticité ?

Des réponses données dépend beaucoup l'attitude adoptée : « Je ne comprends rien », « Tu dis n'importe quoi », « Je ne supporte pas d'entendre ça », « Garde tes angoisses pour toi », « Tu dis ça sous le coup de l'émotion mais ce n'est pas vrai »... Autant de réactions – émotionnelles – qui témoignent de notre embarras, voire de notre peur, face à l'expression du cerveau archaïque. Que faire de ce discours, de celui prononcé par l'autre, mais aussi de celui que nous prononçons à voix basse ou en silence par et pour nous-même ?

Puisque les mots employés sont excessifs, en trop comme en moins, pouvons-nous nous fier à eux dès lors qu'ils ne sont pas objectifs et réalistes ? La réponse se fera bien sûr à la normande : « Oui et non ! »

Non ! Il est inutile, voire dangereux, d'adhérer au discours émotionnel, justement parce que la description ne reflète pas la réalité et ne peut donc être donnée comme juste dans les faits réels. Lorsque la petite fille dit à son amie qu'elle ne voit *jamais* sa maman parce qu'elle travaille *tout le temps*, et qu'elle rentre *trop* tard le soir, ce qu'elle décrit n'est pas la réalité objective. En l'entendant, la mère chercherait probablement à restituer les faits en lui rappelant qu'elle prend tous les jours son petit déjeuner avec elle, ainsi que la plupart des dîners et des dimanches. À moins qu'elle ne soit emportée dans un vécu d'injustice qui lui ferait éprouver avec douleur l'ingratitude et l'injustice de sa fille. Le discours émotionnel ne cherche pas à être juste mais à garantir l'intégrité. Dans l'urgence, le crocodile ignore la réalité des événements extérieurs pour se concentrer sur la réalité vécue par celui qui subit l'épreuve de ces faits.

Pour ne pas être « embarqué » dans la peur de l'autre ou la sienne, il est donc important de ne pas croire ni d'adhérer à la forme du discours. « Quand je me dis que le prof de maths va nous donner un contrôle trop dur, je sens bien que je me fais peur tout seul… Finalement je n'en sais rien ! » racontait un jeune garçon, fils d'un professeur de maths très exigeant.

En évitant cette adhésion, celui qui écoute garde son libre arbitre, son sens critique et son sens de la réalité. Il demeure observateur, spectateur du vécu émotionnel, pas dupe d'une urgence qui peut ainsi demeurer chez le crocodile. Du moins tant que ce « pathos » ne gagne pas, tel un virus, et que la peur ne le submerge pas à son tour. Pas la peur de l'autre non, mais la sienne propre révélée par l'attitude de l'autre. À cet instant, le libre arbitre disparaît et les deux interlocuteurs sont aspirés par leurs émotions :

« Je ne te vois jamais.

– Mais enfin, je suis toujours là le soir et le matin !

– Tu ne fais que travailler.

– Franchement, tu ne peux pas dire ça, hier nous sommes allés faire des courses ensemble et puis demain nous allons au cinéma ! »

Le ton monte et les deux crocodiles s'affrontent ; aucun des deux ne parvient à convaincre l'autre de la véracité de son discours même si, de guerre lasse, un accord de paix est temporairement signé !

Même dialogue entre soi et soi, entre son cerveau émotionnel et son cerveau raisonneur et factuel : « Je suis fatigué, je ne comprends pas, j'ai pourtant bien dormi, je devrais être en forme, mais je me sens épuisé, ce n'est pas normal, j'ai un truc qui va pas, quelle angoisse d'aller au boulot ce matin, oui, enfin, il ne faut pas que je me plaigne quand je pense à ceux qui n'en ont pas... »

Y a-t-il un risque à adhérer au discours émotionnel de l'autre ?

Certes, le risque est d'ancrer la peur et de la justifier par notre croyance. Ainsi si la maman ne réagit pas au discours de sa fille, mais le subit comme un reproche valable et se replie sur elle-même dans une sensation de culpabilité, elle valide chez son enfant une pseudo-réalité. La petite croira d'autant plus son propre discours et ses propres accusations que sa mère y adhère : « Si elle s'en veut, c'est que j'ai raison et que je ne la vois jamais. Elle se moque de moi, elle préfère son travail parce que je ne l'intéresse pas, je la déçois. » Adhérer au discours émotionnel, c'est-à-dire à la forme que prend l'émotion pour s'exprimer, peut ainsi aggraver la relation. Croire vraie la forme sans questionner le fond, sans l'écouter, c'est être dupe de soi-même bien plus que de l'autre.

Et pourtant, faute de croire à l'émotion, on se coupe d'une réalité fondamentale et vitale, celle du ressenti. Sans l'attention portée sur les mots employés et les attitudes adoptées, nous serions comme des robots « bien-pensants », froids et analytiques. Efficaces certes, mais moins vivants. Entendre le discours, c'est reconnaître l'autre (ou se reconnaître) dans sa globalité, dans son intégrité mais aussi dans son déséquilibre, voire dans sa douleur ; c'est le considérer tel qu'il est et non tel qu'il devrait être pour « être bien » ou pour nous faire plaisir.

Croire au discours émotionnel permet la véritable écoute : quelqu'un parle au cœur de l'agitation, des cris, des pleurs ou du silence, quelqu'un à prendre en compte justement parce que l'émotion révèle sa difficulté à se prendre en compte. Les « jamais », les « toujours », les « oui mais » et les « mais non » mêlés aux « parce que » sont l'arbre qui cache la forêt ou l'enveloppe qui contient l'essentiel, c'est-à-dire une personne qui se cogne sur une image en négatif d'elle-même et qui cherche, désespérément, le sens de sa vie et de son existence même !

Le petit garçon rentre chez lui, jette son cartable, oublie d'enlever ses chaussures toutes mouillées, bouscule son frère aîné et se plante devant la télévision. À son visage sa mère lit la colère, le dépit, elle le sent humilié tout en en ignorant la cause. En revanche, elle a vu les traces sur la moquette et augure mal des leçons à apprendre ! Elle se doute qu'il s'agit – encore – du conflit avec un camarade de classe. Ces deux-là se cherchent, se provoquent et se trouvent. Querelles d'enfants sans conséquences, pensait-elle, négligeant d'aborder le sujet : « Qu'ils se débrouillent, je ne vais pas intervenir dans leurs histoires ! » Mais ce soir, l'arrivée brutale et ostentatoire n'est-elle pas « faite pour » exprimer une « vraie » souffrance ? Vraie pour l'enfant qui ressent dans son cœur et son ventre l'humiliation que lui a fait subir son copain. La mère ira donc le croire et l'écouter puisqu'il s'agit d'une réalité éprouvée. Pour accompagner son fils, il lui faut donc passer par son discours émotionnel, irrationnel au regard de la raison raisonnante, par des excès et des non-dits. Faute de quoi elle n'entendra pas ce qu'elle veut, pourtant, écouter !

Cette attitude comporte un risque néanmoins et il n'est rien d'étonnant à ce qu'elle ne soit pas habituelle ni spontanée. En effet, croire au ressenti de l'autre, c'est s'exposer à entendre des mots qui vont toucher et résonner sur notre histoire et donc déclencher chez soi, parent, une émotion. En allant à la rencontre de la peur de l'autre, nous éveillerons peut-être la nôtre et ce n'est pas toujours facile d'y aller de gaieté de cœur. Même si, à l'usage, chacun peut être gagnant.

Oui, il est nécessaire d'entendre le discours émotionnel car il nous parle de notre vécu, et non, il n'y a pas à y adhérer car celui-ci n'est pas juste et ne reflète pas la réalité des événements.

À chacun de jouer avec ces deux directives qui se conjuguent dans une danse, dans un mouvement, dans lequel l'un et l'autre vont s'accorder afin que celui qui éduque et celui qui a peur et veut grandir s'aident l'un l'autre.

Que cette relation se crée entre le parent et l'enfant, ou qu'elle se crée entre soi parent et soi enfant, dans une éducation de soi-même.

Deuxième partie

ÉCOUTER ET COMPRENDRE L'ÉMOTION DE L'ENFANT

Se mettre « dans la peau » de nos enfants, voilà ce que propose la deuxième partie. Nous y prendrons le risque d'entendre la réalité de cet autre, si près de nous, une réalité telle qu'il la ressent et que nous décréterons juste, vraie et nécessaire pour lui, quelle qu'elle soit, même la plus défensive, même la plus offensante.

En écoutant et en entendant le ressenti de l'enfant, nous nous exposons à recevoir des mots et des comportements différents de ce que nous, parents, attendons, de ce que nous aimerions entendre, voire de ce que nous aurions besoin d'entendre pour nous sentir de bons parents… Voilà du moins notre appréhension ! Quand nous évitons de parler, nous sommes convaincus que c'est nous qui n'osons pas nous exprimer alors que, le plus souvent, nous avons peur de recevoir une réponse qui nous ferait mal. La difficulté et le risque se situent plus dans l'écoute que dans la parole à dire.

Pour aller à la rencontre de l'enfant, il s'agit de se déplacer vers lui et donc de s'éloigner du connu, de nos certitudes qui nous rassurent et qui nous identifient. Il s'agit de fermer temporairement la porte à celui qui est convaincu de savoir ce qui est bien et ce qu'il faut faire, ce qui doit être fait, pensé et dit, pour ouvrir la relation sur des échanges de part et d'autre. Entre l'enfant et le parent, entre l'enfant et l'adulte, entre deux cerveaux, l'un branché sur la vie à protéger et garantir, l'autre sur la vie à faire évoluer.

Personne n'a jamais « tout » raison ou « tout » faux, et aucun conflit n'est jamais définitif s'il est mis avec gratitude dans le grand mouvement de la vie. Y a-t-il même un risque à cette rencontre ? Sans doute au regard de la peur du crocodile, de l'enfant qui craint, du cerveau émotionnel qui a accumulé des plaies et des bosses et qui doute qu'il puisse en être autrement dans la vie…

Aller à la rencontre de l'enfant est donc une aventure dans une terre que l'on s'imagine inconnue, mais qui en réalité est très, voire trop, connue ! Rien de nos émotions, de nos souvenirs, de nos ressentis n'a été oublié ; tout ce matériel mémorisé dans le cerveau, mais aussi dans la peau et le ventre, nous l'avons arrangé à notre sauce pour que ce vécu soit plus digeste, que nous puissions vivre, survivre avec. Au fond, nous savons « tout » de nous, mais hésitons à reconnaître en nous notre propre richesse intérieure et à la laisser rayonner autour de nous.

L'enfant que nous avons été comme celui que nous avons face à nous a reçu des chocs affectifs comme physiques, il a des *bleus à l'âme* comme l'écrit Françoise Sagan dans son roman. Chocs de mots, d'absences, de dénis, de rejets, de claques, d'abus, de viols, il a traversé des épreuves et ressenti la peur, la colère et la tristesse. Pour autant il connaît aussi, de l'intérieur, le chemin de la joie.

C'est cette alchimie que nous allons découvrir ces prochains chapitres en suivant la bio-logique des émotions. Les réactions de défense – la fuite, la lutte et le repli sur soi – sont efficaces ou non, c'est-à-dire aptes ou inaptes à garantir l'objectif existentiel – éviter, avoir raison ou passer inaperçu. Se dessinent des comportements et des histoires aussi distincts que l'agitation de l'enfant superactif ou la pression douloureuse de l'enfant angoissé. Personnages en quête de devenir auteurs d'eux-mêmes qui seront évoqués dans leur histoire et celle de leur entourage. Nous allons nous mettre dans leur peau.

3

LA RÉACTION DE FUITE : « MAL DANS MA PEAU »

« Où serait le mérite, si les héros
n'avaient jamais peur ? »
Alphonse Daudet

La peur, notre émotion première, vient interpeller notre besoin de sécurité et son corollaire, celui de liberté. Ce qui est ressenti est une insécurité. Mais qu'est-ce qui est « mis » dans ce mot, sachant que les événements révélateurs de la peur sont si différents d'un individu à l'autre ?

« Quand une fille me dit "Je t'aime", j'ai envie de partir, j'ai peur qu'elle ne me mette le grappin dessus », dit l'adolescent ; son copain, quant à lui, répond : « Moi ça me rassure, je crois qu'elle ne me quittera pas ! »

La réaction de fuite est l'attitude automatique déclenchée par la peur pour fuir ce qui fait danger, ce qui est vécu comme une menace. Est-ce le « je t'aime » qui est dangereux ou rassurant ou bien ces mots viennent-ils plutôt résonner sur une histoire d'enfance dans laquelle l'amour a été ressenti soit comme un grappin soit comme une assurance anti-abandon ? Alors ce n'est pas l'amour qui serait fui, mais la mainmise, l'étouffement et la restriction de liberté ; ce n'est pas l'amour qui serait rassurant, mais la présence de l'autre.

Dans les deux vécus, une contrainte s'impose : le corps. Que ce soit celui sur lequel le « grappin » est mis, qui prive de liberté, ou celui qui se nourrit de la proximité d'autrui, le corps est au cœur de la sensation d'insécurité. Le corps qui bouge, qui respire, qui ressent, véhicule indispensable et contraignant, fabuleux et incompris, qui n'en finit pas de nous questionner et que nous regardons plus (trop) souvent avec méfiance et jugement qu'avec reconnaissance. Trois cent cinquante ans après Spinoza nous pourrions, comme lui, déplorer que « nous ne savons même pas ce que peut un corps », alors même que nous nous autorisons à l'explorer par le menu.

La réaction de fuite se traduit par un « mal dans sa peau » reconnu aujourd'hui comme l'expression d'un mal à vivre à l'intérieur de soi, comme si le corps, contenu dans la peau, souffrait.

Cette insécurité à l'intérieur de son corps interpelle le cerveau reptilien qui déclenche une réaction de fuite, autrement dit un appel à aller au secours de soi et de sa propre sécurité/liberté, un SOS de soi à soi pour se sauver, c'est-à-dire demeurer sauf pour demeurer sain. N'est-il pas amusant que le terme « se sauver » ait dérivé au fil des siècles pour devenir synonyme de fuir ?

Les enfants qui vivent la peur dans leur corps ont envie de fuir pour retrouver une sécurité. C'est là tout le message que leur envoie leur crocodile jusqu'à l'étape de panique si besoin est. Le « mal dans la peau » n'est pas seulement une belle métaphore ; c'est une réalité éprouvée.

Nous rencontrerons tout d'abord ceux qui parviennent à fuir et qui se sont organisés pour assurer leur sécurité par le mouvement, voire par le risque. Puis nous ferons connaissance avec ceux qui n'y parviennent pas, dont la fuite est empêchée et qui vivent la douleur de l'angoisse.

Fuite en avant (ou : je bouge donc j'existe)

Benoît a treize ans. C'est son père qui l'a conduit à l'entretien chez le « psy ». Il s'installe dans le fauteuil qui me fait face et lui laisse celui qui est sur le côté. Plus que s'asseoir, il se laisse choir avec un profond soupir, manifestant par là que, sans être contre cette visite, il n'est pas pour. Il n'a pas dit « non » et s'est laissé contraindre plus que convaincre. C'est un grand adolescent ; son corps occupe largement le fauteuil, il semble même s'y répandre et ses vêtements très amples ajoutent encore à une impression de volume. Pourtant son regard est celui d'un enfant inquiet et sa bouche est régulièrement agitée de mouvements, tout comme ses jambes qui tremblent en rythme et ses mains qui pianotent sur le bord du fauteuil.

Devant ce tableau, je demande au père de bien vouloir attendre à côté, ce qu'il fait de bon cœur. J'avais entendu au téléphone combien il était soulagé que quelqu'un s'occupe de ce fils qu'il ne comprenait plus et qui l'énervait de plus en plus.

Benoît regarde son père sortir et son visage pâlit.

« Ce sera plus facile de savoir comment je peux vous aider si nous ne sommes que tous les deux à en parler », dis-je.
Il rougit et bafouille :
« Ça m'étonnerait, je ne sais pas pourquoi je suis là !
– Bonne réponse, parce que, si vous le saviez, vous n'auriez pas besoin de venir voir un psy ! Vous sauriez où est le problème et il contient la moitié de la réponse !
– Sauf en maths ! »
Je souris à sa repartie, il respire mieux :
« Selon vous, quel est l'événement qui a déclenché la prise de rendez-vous par votre père ? »
Ouf, la question est concrète et le rassure. Enfin un point de repère. « Le soir où mon bulletin scolaire est arrivé à la maison, je ne suis pas rentré, je suis allé me balader. J'avais pas envie de l'écouter me hurler dessus ou me faire, une fois de plus, sa leçon de morale. Je suis revenu vers minuit, ils avaient alerté tout le monde et ma mère voulait appeler la police. Mon père, non. Je crois qu'il savait que je reviendrais. Ma mère s'est mise à pleurer, lui était muet et glacial. Il a juste dit que j'avais un sérieux problème, qu'il était dépassé... Ce soir-là, on n'a pas parlé du bulletin. Le sujet est revenu au petit déjeuner du lendemain, mais là papa était pressé alors j'ai échappé au drame habituel.
« Maman était rentrée chez elle le soir parce que mes parents ont divorcé quand j'avais sept ans et on vit avec ma sœur, une semaine chez mon père, une semaine chez elle. C'est rare, mais pour que je vous voie, ils étaient d'accord tous les deux. Voilà, je vous ai tout dit. »
« Tout » en effet ou presque ! Les détails viendront au fur et à mesure des entretiens : l'importance du sport, du volley le mercredi, et du roller le samedi ; la musique indispensable pour s'endormir le soir, les copains « cool » avec lesquels il rigole bien, les cigarettes et les joints – un peu, vraiment, je vous assure –, le redoublement du CE1, l'année de la séparation de ses parents, la sœur aînée qui réussit et qui est la préférée de son père, l'école qui saoule, les professeurs qui lui mettent des colles parce qu'il bouge trop en classe – pas cool –, les disputes avec papa qui ne veut jamais le laisser sortir le soir alors que maman, elle, veut bien, les mauvaises notes en classe...
« Sauf des fois quand je travaille.
– Comment décrirais-tu ton père ?
– Lui ? Un exemple en tout, travailleur, exigeant pour lui-même et les autres, amical, soucieux de sa famille, l'image de la réussite sociale.
– Est-ce toi qui le vois ainsi ?
– ... C'est comme ça que ma grand-mère me parle de lui, pour que je sois pareil. Mais elle a raison, il est comme ça !

– Et tu aimes qu'il soit comme ça, toi ?
– Franchement, c'est prise de tête, il n'est jamais content et il n'aime pas ce que j'aime : mes copains sont nuls et ne feront jamais rien dans la vie, mes lectures sont stériles, j'écoute trop la musique, je devrais pratiquer un art martial et aimer la voile plutôt que m'amuser avec mes copains au ballon… Je vous préviens, si vous me faites parler de papa, c'est pas la peine…
– Pas la peine de quoi ?
– J'en sais rien…
– Et ta mère, comment la décrirais-tu ?
– Maman est une anxieuse, elle le dit à tout le monde. Quand j'étais petit, et surtout avant le divorce, elle prenait des médicaments pour dormir et être moins angoissée. Elle est un peu perdue dans la vie, sauf dans son travail ; elle est responsable marketing. Elle dit qu'elle n'a pas été heureuse avec papa, qu'il lui en demandait trop. Elle est bien avec moi, ça va. Avec ma sœur, on dirait deux gamines qui pouffent de rire… Je sais, maman, c'est maman ; c'était pas facile au début de sa séparation quand je la voyais pas la semaine, sauf un peu à déjeuner le mercredi. Mais papa n'aimait pas et, le soir, il me demandait toujours de quoi on avait parlé. Je savais jamais quoi répondre, alors j'inventais toujours des trucs sans risque.
– Ça t'arrive souvent de raconter des histoires ?
– Un peu comme des mensonges ?
– Un peu, oui.
– Ouais… mais c'est pour rigoler… »
Le sourire avec lequel il prononce la phrase ne convainc ni lui ni moi.

Son père a pris la place de Benoît, qui est allé attendre à côté. La description qu'il en fait justifie sa colère et son dépit.
« Aucun courage, il ment, il se cache pour fumer, aucune amitié solide avec ses amis, il peut dire "oui" quand je lui demande de se reprendre, il se bouge pendant une semaine et puis il s'arrête. Il ne travaille et n'est "réglo" que si je mets la pression sur lui ; sinon il ne fait rien ! D'ailleurs, même s'il dit "oui", je suis sûr qu'il pense "non" et n'est d'accord que pour me faire lâcher la pression ! Je ne suis pas dupe… Il y a des jours où je me demande s'il pense ! C'est bien le fils de sa mère… Petit, il était collé à ses jupes et elle était toujours à vouloir le protéger. Elle en a fait un dégonflé et je ne supporte pas. Je lui en veux à elle plus qu'à lui ! Il est inquiet depuis tout petit, et le divorce n'a rien arrangé. »

Le visage de ce père reflète toute son émotion : la tristesse et la culpabilité à l'évocation de la séparation d'avec sa femme, la colère à son égard et à celui de Benoît, ainsi que l'inquiétude sur l'avenir de son fils. Il est perdu, probablement autant que son enfant, mais s'oblige à conserver, face à lui, une image d'autorité.

Peine perdue ! Benoît lâche un jour « qu'il voit bien que son père est malheureux à cause de sa mère et de lui ! Il veut donner le change, mais ça se voit qu'il n'est pas bien ».

L'émotion n'est pas destinée à être cachée : malgré les efforts de ce père pour maîtriser ce qu'il éprouve, son fils ressent la charge émotionnelle de son parent qui fait écho à la sienne. Et *vice versa* !

Quand je les reçois ensemble, ils sont gênés l'un par l'autre : Benoît s'enfonce un peu plus dans le fauteuil sous le regard de son père ; celui-ci s'échauffe et durcit le ton dès qu'il parle de son fils. Deux monologues, deux crocodiles qui s'affrontent ou se fuient, une écoute ciblée sur ce qui confirme les peurs de l'un et de l'autre, deux personnes en souffrance, chacune isolée dans sa solitude.

J'ai peur ?

« Qu'est-ce que tu attends de nos entretiens ? »

À cette question, Benoît hésite, bafouille qu'il ne sait pas, qu'il ne voit pas, puis dit :

« Je voudrais mieux réussir en classe sans en avoir les inconvénients.

– Les inconvénients du travail pour réussir ou ceux de la réussite ? »

Il sourit.

« Je ne sais pas... Les deux parce que, quand un élève est bon en classe, il faut qu'il soit bon tout le temps ; il n'a plus le droit d'avoir une mauvaise note et ça, c'est pas possible. »

En parlant, Benoît s'agite : ses pieds battent la cadence, ses mains se nouent et se dénouent, ses yeux eux-mêmes ne se fixent pas et ses mouvements font même glisser son corps qui menace de quitter le fauteuil. S'en rend-il compte ? Le voilà qui poursuit :

« On n'arrête pas de me dire que je suis agité, que je ne tiens pas en place, que je suis "hors règlement", c'est le grand mot du principal du collège.

– Ils se trompent ?

– Non ! Je sais que je suis agité. Mais ils me stressent.

– À quoi pourrait bien te servir de bouger autant ? Si ton agitation, plutôt qu'être agaçante et source de punition ou de colle, avait un intérêt, un sens ou une signification ? Et si elle t'était utile à quelque chose, ce serait quoi ?

– Utile, vous rigolez, elle ne m'amène que des soucis !

– Cherchons, il doit quand même y avoir un bénéfice pour que, malgré les disputes, les conseils et les sanctions, ton agitation demeure ! »
Il cherche, un peu et revient avec une idée…
« J'ai besoin de bouger et je ne supporte pas d'être bloqué une heure sur une chaise. Même là chez vous, c'est long et pourtant j'aime bien venir vous voir ! C'est pas vous, c'est moi qui dois bouger.
– Dis-moi : pourquoi un papillon vole-t-il en zigzag selon toi ?
– J'en sais rien, moi ! Pour aller se poser sur des fleurs ou pour être attrapé par les oiseaux peut-être.
– Autrement dit, parce qu'il a peur d'être attrapé et trouve dans son mouvement désordonné un moyen de rester en vie, de sécuriser sa vie ?
– Oui, sans doute. »
Ça le fait rire de se comparer à un papillon et il fait tout seul le lien :
« Je serais comme un papillon avec la peur d'être attrapé ? Vous rigolez ? J'aurais peur, moi ? Je n'y ai jamais pensé… Enfin, pas à propos de mon attitude en classe et à la maison. Avant, petit, j'avais peur que maman me laisse à l'école ou qu'elle ne rentre pas le soir, surtout après qu'un de mes oncles a eu un grave accident de voiture. Peur du noir très longtemps, et des bruits dans le couloir de ma chambre et du regard de mon père aussi. Mais ça n'a rien à voir ! Enfin je ne sais pas. »
Benoît est intrigué par ce papillon bougeant dans tous les sens. L'idée que sa propre agitation réponde, elle aussi, à un objectif vital le séduit.
« Si ce n'est que de la peur, on va pouvoir faire quelque chose !
– Mais personne ne veut me manger, moi ! C'est idiot d'avoir peur, et lâche ! Ça, c'est la grande phrase de papa : "La peur, c'est un sentiment de pauvre type." Vous n'êtes pas d'accord ? Et puis, personne ne veut m'attraper, moi… Sauf les professeurs, ils m'attrapent à leur façon en me punissant. Mais c'est parce que je les énerve en ne faisant pas comme les autres et en m'agitant ! »
Et c'est là le cercle vicieux auquel nous sommes exposés quand seul le langage émotionnel parle pour nous. Benoît a peur d'être attrapé, alors il bouge et quand il bouge, son entourage cherche à l'attraper, provoquant encore plus de peur et d'agitation…

« Revenons à tes peurs : aujourd'hui de quoi, de qui as-tu peur ? »
Benoît se tait, il a rougi, s'enfonce encore plus dans le fauteuil et son regard va de la fenêtre à la porte comme s'il cherchait désespérément la sortie. Il n'est plus le préado de treize ans plein de fausses assurances mais l'enfant remis en contact avec sa souffrance et qui se sent dévoilé. Son masque de fuite, efficace avec son entourage familial et scolaire comme, en partie, avec lui-même, ne tient plus. Au fond de

lui, il sait qu'il a peur. Son attitude de fuite, d'agitation, n'était qu'un moyen d'être en contact avec sa douleur d'enfant.

La finalité du cerveau reptilien est de nous faire éviter la souffrance pour privilégier la vie. Sauf que ce système fait de Benoît un garçon emprisonné dans une obligation de fuite en avant. Il se fuit pour éviter la part en lui qui souffre et ne satisfait ainsi son besoin de sécurité et de liberté que dans la défense et la peur. Celle-ci devient un système d'autoprotection, stimulant des réactions automatiques.

C'est en intégrant la finalité intelligente, bio-logique de son comportement que Benoît acceptera de cheminer au travers de ses peurs, vers la confiance, c'est-à-dire en apprenant à nourrir autrement sa sécurité et sa liberté que par la fuite en avant.

Il lui faut apprendre à vivre dans son corps le paradoxe de la réaction de fuite – « Sécurisez-moi et lâchez-moi ! » – pour accéder à la conscience de son besoin de sécurité et de liberté.

Le déni de soi

Pour éviter ce qui fait peur, l'enfant en réaction de fuite « doit » se dénier lui-même. Se nier, nier sa peur pour ne pas rencontrer le danger et la souffrance. Comme les petits qui cachent leurs yeux derrière leurs mains et, tout heureux, disent à leurs parents : « Je suis caché ! » L'état de fuite conserve quelque chose de la vision magique qui fait disparaître le danger avec soi-même. Tant que celui-ci n'est pas vu, parlé ou même pensé, alors il n'existe pas. Mais, pour qu'il n'existe pas, l'enfant ne « doit » ni penser, ni parler, ni voir la réalité même de son être et de ses besoins.

Le déni de soi est ce qui fait nier à l'enfant sa responsabilité : s'il est, par exemple, arrivé en retard en classe, d'où une note de son professeur sur le livret scolaire qu'il « oublie » de montrer, il ment en racontant une histoire de copain ou de montre qui s'est arrêtée ou toute autre histoire qui le met à l'abri du danger à être pris en faute. « Ce n'est pas moi ! Je ne l'ai pas fait exprès ! » dit l'enfant qui se dénie.

Dans l'impossibilité sincère et malhonnête d'assurer son intégrité, de conserver de lui une image intègre dans la situation, de trouver en lui l'aptitude nécessaire pour demeurer sauf, l'enfant s'évite lui-même. Il se fuit comme si fuir son incapacité allait annuler la réalité qui dérange. Pour se dénier, il parle d'autre chose, pense à autre chose, raconte la réalité telle qu'il la voudrait et dans laquelle il serait en toute sécurité et libre de ses mouvements et de faire des erreurs. Il tourne autour de lui-même à s'en donner le vertige, bouge trop pour éviter de ne pas bouger assez au cas où il se ferait attraper.

« Mes parents se disputaient tout le temps et moi je leur parlais des jolies choses autour de nous pour qu'ils arrêtent. En automne, dans la voiture, je leur avais montré les feuilles qui tombaient des arbres avec leurs couleurs si variées. Le bénéfice ? Tant que je regardais dehors, j'évitais d'avoir mal de les entendre se déchirer. »

Tel est l'avantage du déni de soi : ne pas ressentir la douleur, la peur, l'insécurité d'une situation face à laquelle l'enfant perd ses repères. Tant qu'il fuit, qu'il se dénie, il évite la souffrance liée à un événement qui le dépasse et dans lequel il se sent en danger. Tel le papillon, tant qu'il bouge, il survit.

L'agitation devient un mode de vie bien utile puisqu'elle permet de ne pas avoir mal, de ne pas avoir peur et d'obtenir dans l'urgence une sorte de sécurité et de liberté. Le déni de soi, c'est « pas vu, pas pris ».

En évitant, dans l'agitation et le déni, la sensation même de peur, l'enfant ne se sent plus en danger et s'isole de l'image douloureuse de son impuissance et de son manque d'être.

Le bénéfice est un « confort », certes à court terme mais pour autant réel. Le piège est l'installation d'une fuite en avant qui devient une habitude et une façon de vivre sa sécurité et sa liberté. Dans le déni, le besoin d'être en sécurité et d'être libre est nourri de tout ce qui, dans l'urgence, peut rassurer : bouger, sortir du cadre, multiplier les idées, les solutions pour « s'en sortir », éviter les contraintes et la discipline, oublier les règles, glisser comme une anguille au travers des mailles de l'autorité, devient une façon de vivre dans une « tranquillité » constamment menacée.

Le bénéfice de l'agitation et du déni se cache derrière nombre de justifications, comme la revendication de l'enfant à ce que les parents « lui fassent confiance » ou l'affirmation d'un goût – douteux – pour le risque.

Le ressenti intérieur : le corps comme un espace menacé... et donc menaçant !

Le fait d'être un être incarné fait partie de ces évidences que nous oublions de questionner. Nous privilégions volontiers la relation aux autres, ou à soi-même, et trop rarement la relation, ô combien intime, avec notre corps. Ce compagnon de tous les jours ne nous préoccupe que quand il souffre, qu'il est malade ou que nous décidons de le maintenir en forme. Véhicule de l'être vivant, le corps est le lieu en cause dans la réaction de fuite.

La fébrilité éprouvée dans cet état de défense raconte un vécu plus fort que tout raisonnement rationnel : tout le corps est animé par la nécessité d'échapper à ce qui est vécu comme source d'insécurité. Or, contrairement à l'objectif reptilien, l'enfant est dans l'impossibilité matérielle d'échapper à la situation. Sa seule issue, sa seule façon de s'en sortir se trouve à l'intérieur même de son corps. En isolant la peur qui fait mal dans son corps lui-même, en se privant, pour cesser d'avoir mal, de ce qui est à l'origine même du mal. Comme une épine que l'on a dans le pied : en cessant d'appuyer la zone concernée sur le sol la douleur disparaît. Mais pas l'épine.

Ce qui est fui, c'est ce corps vécu comme une proie, un objet, et non comme un sujet. Rien de philosophique dans ce propos, sauf à ce que la philosophie ne rejoigne la biologie. Ce corps, ressenti comme objet inanimé, dénué d'âme et donc de capacité à bouger, à assurer sa sécurité et sa liberté d'être, devient prisonnier de la matière et est alors immédiatement lu par le cerveau reptilien comme un danger sur la vie. Peu lui importe l'événement déclencheur – un verre cassé, les gros yeux de papa, le contrôle d'histoire en classe, le retard de maman... –, le corps est, dans l'urgence, ressenti comme un lieu à haut risque car en manque de ce qui est vécu comme indispensable à la sécurité et à la liberté :

– Le geste maladroit du corps à l'origine du verre cassé est nié pour échapper au reproche, à la faute, et à une image de soi maladroite, gauche et inapte.

– Les gros yeux lui disent qu'à tout moment il peut être attrapé et qu'il n'est pas en sécurité.

– Le contrôle d'histoire est une contrainte à laquelle il ne peut échapper et qui l'emprisonne.

– Quant au retard de maman, il lui renvoie qu'il ne peut se fier à elle, qu'elle n'est pas source de sécurité et qu'il vaut mieux fuir pour ne pas éprouver la peur au ventre.

Car le mécanisme intime de l'agitation défensive – que j'appelle fuite « efficace » puisque répondant à l'objectif de survie – est une obligation sociologique à devoir bouger pour sortir indemne de la situation. L'immobilité du corps – et de l'esprit – est vécue comme un danger au travers d'une image de soi « objet passif ». Il faut, sous peine de « mort », trouver des solutions pour survivre au danger d'enfermement et de limitation. Seul le mouvement, celui du corps comme celui des neurones, parvient à éloigner le ressenti douloureux et conscient de la peur.

Se mémorise alors dans le corps l'association « bouger/hors danger – pas de douleur/vie ». Sur le moment comme plus tard, devenu adulte, c'est en toute sincérité que l'enfant justifie le mouvement comme mode de vie, et qu'il lui est attaché de façon existentielle.

Fuite efficace, mode d'emploi

Nulle intention volontaire et délibérée chez l'enfant en « fuite », mais une nécessité à trouver des solutions pour échapper à la sensation d'être l'objet de l'autre ou le prisonnier d'une situation. Cette obligation subie et vitale lui fait déployer une grande imagination qui souvent laisse son entourage étourdi par tant d'agitation. L'enfant se comporte comme une anguille insaisissable, comme un papillon qui va dans toutes les directions et n'est jamais là où on l'attend. Il échappe à ses parents parce qu'il échappe à lui-même pour échapper à sa peur. Les signes auxquels reconnaître cette agitation fébrile symptomatique de la réaction de fuite sont autant positifs que négatifs.

En effet, la pression intérieure pour éviter le ressenti de peur dans son corps développe de vraies aptitudes mentales et comportementales autant que des attitudes à risque, personnelles ou sociales. Leur point commun est la dimension existentielle qu'elles comportent : l'enfant est attaché à sa réaction de fuite comme à une bouée de sauvetage, prêt à nier l'évidence et incapable de changer son mode de pensée.

Le besoin d'échapper développe une acuité des sens, comme si la vitesse et la finesse de perception étaient sources de sécurité et de liberté, ce qui peut aller jusqu'au sens artistique lorsque cette sensibilité se conjugue avec l'imaginaire.

Comme l'objectif est de garantir sa liberté de mouvement, la recherche de solution – parfois aux dépens de la compréhension – est préférée à tout autre geste mental. Trouver une ou des solutions à ce qui fait problème et pourrait bloquer est alors vécu comme un impératif, jusqu'à la « prise de tête » en cas de résistance. L'objectif « s'en sortir » stimule alors les neurones.

Ce besoin d'échapper ne se manifeste pas uniquement vers l'ailleurs ou l'imaginaire, mais aussi en évitant l'inconnu pour un connu qui rassure et dont on connaît les issues. La lecture, par exemple, fait alors office d'échappatoire : pas de mouvement du corps apparent, mais une évasion de l'esprit qui a la même fonction et qui, en plus, permet de vivre la vie de personnages et donc d'« oublier » son corps. Les parents qui se félicitent d'avoir des enfants lecteurs voire dévoreurs de livres pourraient donc se poser la question « À quoi échappe mon enfant en lisant autant ? ».

Le caractère existentiel de ces comportements se repère à deux signes. D'une part, son côté vite excessif et débordant : « trop » d'imagination, de livres, de solutions, de sorties, de mouvements. Mais « trop » est un critère bien flou et difficile à définir... D'autre part, l'attachement de l'enfant à ses propres attitudes sous peine de panique, de manque, d'angoisse ou de colère. Quand priver un enfant de ce qui lui permet d'échapper à son manque de sécurité entraîne une souffrance, entraîne une peur, c'est que l'attitude cachait la peur. Ce n'est bien sûr pas le comportement (lire, etc.) qui est en cause mais l'insécurité qu'il cachait et qu'il est important d'écouter.

D'autres signes, plus aisés à reconnaître, manifestent la réaction de fuite. Et d'abord l'urgence ! L'enfant en fuite est un enfant pressé comme s'il se sentait poursuivi. Pressé de terminer ce qu'il entreprend, il serait même rassuré d'avoir fini... avant de commencer ! Pressé de manger, il ingurgite les aliments sans prendre le temps de les mastiquer. Pressé de sortir d'une situation, il a du mal à s'y engager. Pressé d'avoir fait ses devoirs, il en oublie certains et en bâcle d'autres, passant au-dessus des erreurs sans les voir, en toute sincérité. L'enfant est déjà plus loin, plus tard, au-delà du temps objectif de la réalité de son corps et de son esprit. Pressé d'être sauf, il anticipe volontiers ce qui pourrait le limiter pour garantir sa sécurité et sa liberté de mouvement.

Si cet enfant vit mal dans son temps, c'est en raison de son passé qu'il fuit, duquel il tend à s'échapper, ce passé dans lequel il a vécu l'insécurité et le déni de son être comme personne : il n'a pas le temps, le temps lui manque, il lui faudrait plus de temps, le devoir lui prendrait trop de temps… Autant de mots qui déclinent les possibilités de l'enfant à être et faire selon son propre temps et celui qui lui est demandé.

Et puis de « grands » signes plus classiques de cette fuite en avant de soi et de son corps traduisent l'obligation à être libre et en sécurité. Ce qui n'est pas un mince paradoxe que de se mettre la pression pour être sûr de pouvoir bouger ! Nervosité, fébrilité, précipitation, oubli, déni, mensonge, mauvaise foi, demande « toujours plus » de sorties, d'autorisations pour sortir du cadre autorisé, de retards… Autant d'attitudes qui aiment à être justifiées d'une formule banalisée : « C'est pas grave ! » Jeu de mots révélateur : si la gravité est ce qui retient sur le sol terrestre et enferme l'enfant dans sa réalité corporelle, on comprend qu'il lui est essentiel de la nier. Tant que l'oubli d'un devoir ou d'une consigne parentale peut être vécu comme « léger » par l'enfant, il n'entrave pas l'objectif défensif de la fuite.

D'autres symptômes enfin révèlent le déni de soi : les dépendances autrement nommées addictions, c'est-à-dire ce qui procure un sentiment physique de réassurance et permet de ne pas éprouver la peur. Quand la nourriture, le sport, le travail ou le sexe permettent de neutraliser la sensation de peur, ces activités deviennent aussi des moyens de se rassurer en annulant la peur ou plutôt en la cachant. En effet, physiologiquement, l'excès de mouvements digestifs, musculaires, intellectuels ou sexuels déclenche un état de « remplissage », voire de satiété, qui soulage du manque d'être ; à court terme bien sûr, jusqu'au prochain repas, au prochain contrôle ou à la prochaine aventure. Nourriture, sport, travail et sexualité sont indispensables à l'équilibre de l'enfant et à son développement. Ce qui, ici, peut interpeller les parents est l'abus : sucrerie, gâteau en cachette, besoin d'activités sportives à risque de façon répétée, difficulté à arrêter ses devoirs ou ses révisions, ou précocité et multiplicité des partenaires amoureux.

Plus tard, à l'adolescence, l'addiction concernera plus volontiers le tabac ou les drogues, les « douces » ou les « dures ». Moyen de se rassurer, « Je fume donc je respire ». Moyen d'ôter à la vie sa gravité et même sa réalité, « On se passe un joint entre copains, on se marre, ce n'est pas méchant et on ne fait de mal à personne ». Sauf à soi et à son entourage, ce qui est nié !

Un état de pseudo-plénitude comme antidote du manque d'être en sécurité et en liberté devient un objectif en soi. S'alarmer, réprouver, juger ou condamner l'attitude sans satisfaire le besoin « autrement » est voué à l'échec !

Un cadre familial insécure

On n'a pas fini de faire couler de l'encre sur ce qui devrait être un cadre sécurisant pour un enfant. Vision idéale à laquelle chaque parent aspire, mais vision différente selon chaque parent puisque bâtie en fonction de son propre vécu. Finalement on ne peut parler sécurité qu'après en avoir manqué, et il en est de même de la liberté. Pourtant, il suffit d'écouter la description de la famille d'un enfant agité pour repérer des comportements ou des situations vécus comme insécures, c'est-à-dire pauvres en repères, en solutions ou en confiance. Ce qui ne signifie jamais que de telles situations seraient vécues à l'identique par tous les enfants.

Chaque enfant a en effet sa lecture personnelle de la situation, de l'ambiance familiale dans laquelle il est immergé et dans laquelle il va puiser les éléments pour construire sa propre sécurité et sa liberté d'être. Le point commun demeure une sensation de manque de fiabilité du foyer familial, un espace qui, assimilé par tout enfant à sa propre image corporelle, n'est pas source de sécurité, de confiance, et sur lequel il ne peut s'assurer. Maman inquiète, désorganisée, dépressive, pressée ou débordée, papa soucieux, irritable ou critique, mamy insouciante, oublieuse, papy despote familial, frère écrasant ou sœur fugueuse… Toutes ces attitudes peuvent engendrer la peur et la fuite chez l'enfant qui les reçoit de façon passive, à la façon d'un « objet », impuissant et victime, faute de pouvoir accéder à une source de sécurité autre.

Ce serait une erreur au sens bio-logique du terme de mettre excessivement l'accent sur les comportements de l'entourage, sur l'histoire de la famille qui comporte, comme toutes les familles, ses histoires et ses secrets. En réfléchissant ainsi, on n'en finirait pas de montrer du doigt des attitudes à risque chez les parents, fratries ou grands-parents pour en déduire ce que devrait être un « bon » parent, une « bonne » fratrie ou de « bons » grands-parents au risque d'ajouter, à la lecture, une dose de culpabilité à ne pas être aussi bien… Il est plus fondamental d'éclairer la réaction de défense de l'enfant, face aux comportements familiaux et à leurs manques d'être, leurs peurs et leurs blessures. Cela afin d'aider l'enfant à grandir avec cet héritage-là, et non un autre hypothétique et idéalisé.

Héritage qui, parfois, fait figure d'épreuve : abandon, deuil, divorce, déménagements, reconstructions familiales, accidents, coups, inceste, maladies… Autant de ruptures de sécurité dans le corps et l'esprit de l'enfant qui, à chaque fois, devra bâtir à nouveau ses points de repère, de confiance. Plus ou moins bien, plus ou moins vite selon le temps qui lui est accordé pour cicatriser sa blessure sécuritaire, et toujours avec l'événement vécu dans la peur et la pression à fuir ce qui fait mal. L'enfant mémorise tout : l'événement et l'émotion sont encartés dans son corps et son cerveau comme une zone d'ombre et de danger. À éviter !

L'état de confiance, directement relié à la satisfaction du besoin de sécurité et de liberté, se construit au fil des années avec cette part de soi en souffrance qu'il ne « faut » pas réveiller. Comme un crocodile qui dort. Mais la vie ne semble pas faite pour endormir les cerveaux reptiliens, qui comme les crocodiles ne dorment jamais que d'un œil !

Il suffit d'un mot, d'un verre cassé, d'un contrôle ou des gros yeux de papa pour réactualiser la douleur, le danger et le vécu de menace. Et avec lui, la fuite en avant.

Et Benoît…

Dans la construction de son être, Benoît se bat dans un conflit qui oppose sa sécurité et sa liberté. Sa fuite efficace met l'accent sur une exigence de liberté, c'est-à-dire des moyens pressants pour se libérer de ce qu'il vit comme une contrainte et un empêchement. Celle-ci a un prix et se fait aux dépens d'une sécurité tant affective – liée au conflit avec ses parents – que scolaire –, avec l'échec et le redoublement, ou personnelle dans sa difficulté à se faire confiance.

Il cherche pourtant à se rassurer en rassurant son entourage, sans grand effet au fil des mois, voire des années : « Ne t'inquiète pas, maman », « Faut pas vous en faire pour moi, les parents… », « Les parents ne me croient pas capable, ils paniquent pour un rien… ».

– Tu parles du soir où, à onze heures, tu avais quitté la maison pour aller retrouver un copain jusqu'au milieu de la nuit ?

– Ben, là peut-être... Mais même, il ne m'est rien arrivé de grave, cette nuit-là ! C'était chouette. On jouait à se faire peur. Les parents ont téléphoné à tout le quartier... C'était la honte.

Sa sécurité, Benoît la raconte bien plus qu'il ne la vit. Il se raconte une histoire rassurante qui, idéalement, pourrait être la sienne. Sauf que, si c'était vraiment la sienne, il n'aurait pas autant besoin de défendre sa liberté en s'opposant à toute limite et toute consigne ou en n'acceptant celles-ci que contraint et forcé, ce qui conforte encore un peu plus sa pression à devoir être libre. Quant à sa liberté, elle consiste à être hors cadre et hors limite, à sortir de l'encadrement qui lui est imposé. Et lorsqu'il est dehors, il n'en jouit pas tant son regard demeure attaché à ce qu'il transgresse et à la frontière qu'il dépasse, autrement dit au territoire non sécurisant dont il se rejette par autodéfense. Plutôt être en conflit avec les parents, en échec à l'école et « paumé » que revenir dans un cadre dans lequel il a vécu la peur, celle qui prend au ventre et qui donne la sensation d'être un objet, d'être sans vie. « Mort de peur » n'est pas un vain mot.

Il n'est pas dupe de tout ce que son attitude a de risqué, de négatif pour lui et son entourage. Cependant, tant que dans l'habitude reptilienne il y a plus de bénéfices à éviter comme il le fait qu'à faire l'épreuve de sa capacité à créer d'autres points de repère, affectifs, scolaires et personnels, Benoît n'a aucune raison de changer d'attitude.

– « Je crois que j'ai un problème de motivation à l'école.

– Motivation ? Tu veux dire ce qui te donnerait envie de te lever le matin pour aller en cours ?

– Euh... Plutôt ce qui m'éviterait de me faire disputer par les parents quand je me lève au dernier moment. »

Le point de repère demeure son père et sa mère. Benoît dénie qu'il puisse être le moteur (motivation) de lui-même autrement que grâce à ses parents ou contre eux. Sa liberté consiste à tirer le plus possible sur la corde et sa sécurité, elle, consiste à être tiré du lit chaque matin. Il peut compter sur eux... plus que sur lui-même ! Reste la dispute, le prix à payer. « Mais ce n'est pas si grave ! »

Sa liberté, c'est aussi le comportement d'insolence en classe. « Il répond ! » disent ses professeurs, dépassés par un enfant qui ose se lever au milieu du cours pour aller porter un mot à un de ses copains et justifie son geste : « Il était trop loin pour que je lui lance la feuille et je ne voulais pas que d'autres la lisent. » Ce manque de respect à l'égard des enseignants fait rire Benoît, assez fier de sa justification et de son aplomb, du moins en surface.

« Dommage qu'il ne mette pas sa dialectique au service de ses devoirs de français », écrit un professeur sur le bulletin scolaire.

Sa sécurité, il la trouve dans le fait que, malgré son attitude, l'école le garde pour la troisième année consécutive. D'ailleurs, dès que le principal le convoque avec ses parents pour lui signifier son renvoi si le comportement ne change pas, Benoît se tient mieux, se maîtrise... quinze jours. Le temps de rassurer l'école. Et de recommencer. Il oscille entre une liberté d'opposition et une sécurité à risque, n'est bien ni dans l'une ni dans l'autre, mais pas mal non plus. Enfin, moins mal que si la peur lui prenait le ventre et la tête. Plein d'imagination et d'histoires toutes prêtes pour garantir sa fuite, Benoît vit sa vie comme une course. Le regard apparemment fixé sur un ailleurs et un avenir qu'il imagine. En fait il est oppressé par un vécu qu'il évite, en le niant ou en l'édulcorant.

Son entourage est dépassé car Benoît... les dépasse : c'est exactement l'objectif défensif de la fuite ! L'inquiétude de maman est exacerbée et l'exigence de papa augmente à chaque insolence ou remontrance scolaire. Leur fils obtient d'eux précisément ce qu'il craint, entrant ainsi dans le cercle vicieux du système émotionnel : plus il s'agite, plus il inquiète ou il énerve, plus il a peur et plus il s'agite...

Il se cogne contre les limites du processus défensif qui, dans sa finalité bio-logique, existe pour inciter à créer de la sécurité et de la liberté avec l'événement, avec l'histoire familiale, avec le cadre scolaire tels qu'ils sont, avec la zone d'ombre et la blessure sécuritaire et non pas sans elles !

Il se cogne et se fait mal, reçoit remontrance sur remontrance, menace sur menace, sanction sur sanction. Mais sur sa carapace celles-là glissent et semblent sans effet. Pis, elles le confirment dans son insécurité et sa nécessité de se libérer de « tout ça ». « La prochaine fois, je me débrouillerai pour ne pas me faire attraper », dit-il après une nouvelle colle un mercredi pour avoir fumé derrière un mur de l'école.

Après l'un de nos rendez-vous, Benoît est allé discuter avec sa mère.

« Je vis un truc bizarre. Je vois bien que mon comportement vient de mes peurs d'enfant, enfin quand j'étais plus petit. Je pensais que, en les retrouvant, j'allais avoir encore plus peur, et c'est le contraire qui se passe. Je me sens mieux, comme quand on dépose un sac à dos trop lourd après une randonnée en montagne. C'est bizarre, tu ne trouves pas ? »

La maman me raconta l'épisode, partagée entre le soulagement – « il se sent mieux » – et l'inquiétude – « il a tellement raconté d'histoires, je n'arrive pas à lui faire confiance ! Et ses peurs, c'est peut-être moi qui les lui ai transmises… ».

La peur au ventre

Et quand l'objectif défensif ne peut être atteint ? Et quand la fuite est impossible, empêchée par l'entourage d'abord, puis par les propres interdits que l'enfant s'impose ! Quand les moyens imaginés pour éviter la pression et la menace vécues se révèlent inefficaces ? Alors s'installe un état douloureux, beaucoup plus inconfortable, voire insupportable, dans lequel la peur joue un rôle essentiel. Une peur éprouvée, vraie pour soi, ressentie comme inévitable, qui s'impose au corps et à l'esprit malgré soi. Cette peur qui fait mal, pouvons-nous encore la considérer comme bio-logique, c'est-à-dire répondant à la logique de la vie ? Difficile de s'en convaincre et encore plus d'en convaincre l'enfant au cœur même de son angoisse. Pour autant le message demeure identique, comme si le cerveau reptilien s'ingéniait à augmenter le niveau du mal-être pour mieux nous inciter à prendre soin de notre être. Quand par maladresse et précipitation nous nous donnons un coup de marteau sur les doigts, nous apprenons – ou sommes censés apprendre – à mieux user de l'outil pour préserver notre intégrité. Mais nous ne sommes pas toujours aussi ouverts au message du crocodile.

Flore a huit ans et elle raconte avec un pâle sourire qu'elle a « peur de tout ». D'aller à l'école, de dormir sans lumière, des méchants dans la rue, de son frère aîné qui lui tape sur les fesses, de son grand-père qui n'est pas gentil avec sa mamy…

La peur lui fait mal au ventre, elle sent une boule dure et parfois la boule remonte et l'empêche de respirer. Un jour, elle a eu si peur qu'elle est tombée et qu'elle était toute blanche. Ses parents ont appelé le médecin qui les a rassurés ; il a dit qu'elle avait eu une crise de panique mais, comme elle n'avait pas perdu connaissance, il lui fallait juste du repos et éviter d'être inquiète. Elle savait se reposer mais pas éviter l'inquiétude. Elle est angoissée comme maman…

Flore est désolée d'être si craintive ; elle voit bien que son émotivité pèse à ses parents : entre maman qui cherche à la rassurer, son père qui préfère la raisonner et son frère qu'elle agace, elle se sent un peu perdue et ne comprend pas ce qui lui arrive. Même quand elle réfléchit toute seule, elle se dit qu'à l'école la maîtresse l'aime bien, que fermer les yeux, c'est comme fermer la lumière ou que son grand-père est gentil parfois avec elle… Rien n'y fait. Elle n'arrive pas à avoir moins peur. Elle aimerait bien pourtant s'en débarrasser, être comme les copines qui ne pensent pas aux méchants ni au danger. Mais elle a peur de ne jamais y arriver.

« Il existe des moments où tu n'as pas peur du tout ?

– Pas du tout, du tout ?

– Oui, vraiment pas peur.

– Quand je suis sur les genoux de papa et qu'il me raconte une histoire jolie, quand je suis à la danse avec Sabrina, ma meilleure amie, quand je regarde un film d'aventures… Mais je ne sais pas si je n'ai pas peur du tout, peut-être est-ce que simplement je n'y pense pas mais qu'elle est quand même dans ma tête.

– As-tu des trucs pour avoir moins peur ?

– À la rentrée en septembre, papa s'est fâché et a interdit à maman de laisser la lumière allumée dans ma chambre. J'avais une veilleuse. On en avait parlé pendant l'été et ça me semblait loin : alors j'avais dit oui, que j'étais d'accord. Mais quand le soir est arrivé, je ne me sentais pas bien et je m'imaginais des choses terribles dans le noir, et même que maman allait mourir. Je l'ai appelée pour lui expliquer ce que j'avais dans la tête, elle est allée en parler à papa, mais il a tenu bon. Alors j'ai pris toutes mes peluches et je les ai mises autour de moi et même sur moi. J'étais dans un nid, tout entourée de mes peluches et là j'ai réussi à m'endormir. Maman m'a dit que papa n'avait pas été content de voir mon déménagement, mais il ne m'a rien dit. Depuis, chaque soir avant d'aller me coucher, je parle avec maman de ce que je vais faire pour ne pas avoir peur... En fait, j'ai toujours mes peluches mais je préférerais la lumière.

– Tu pourrais décrire la sensation de peur que tu as dans le ventre et qui parfois t'empêche de respirer ? Elle a une couleur, une forme ?

– C'est comme une boule qui me fait partir le ventre en avant, elle est toute noire avec des pics. Elle reste là et quand je respire mal, c'est parce que la boule me bloque partout, en haut pour parler et en bas pour aller au cabinet. On m'a dit que je me faisais toute seule des histoires dans la tête, mais moi je sais bien que je la ressens dans le ventre. Parfois aussi, j'ai mal à la tête en plus mais, ça, il suffit que j'aille au lit sans dîner et ça passe. C'est plus facile que la peur.

– Tu es toute seule à avoir peur dans la famille ?

– Non, mamy m'a dit que, petite, elle avait beaucoup de craintes comme moi. Papa dit de maman qu'elle est anxieuse mais je n'y crois pas parce que c'est toujours elle qui me rassure ; elle trouve toujours des solutions et des bonnes idées. Donc elle ne peut pas avoir peur. Mon frère, il se moque toujours de moi et, quand j'étais plus petite, il se cachait et s'amusait à me faire sursauter. Une fois, il a fait exprès de me laisser dans un bois toute seule. Je devais compter dix fois jusqu'à dix les yeux fermés et quand je les ai ouverts, il avait disparu. C'était horrible, j'ai hurlé, je m'en souviens !

– On va rêver ensemble. Qu'est-ce qu'il aurait fallu pour que tu n'aies pas peur en ne voyant pas ton frère ?

– Qu'il reste là, avec moi... Que j'aie des yeux pour voir à travers les arbres parce qu'en fait il s'était caché derrière... Que je sois plus forte que lui... Que je ne sois pas moi. »

J'ai envie d'être libre

Le « meilleur » moyen d'augmenter la sensation pénible de la peur est d'y ajouter des commentaires négatifs qui produisent alors la trop fameuse « peur de mes peurs ». Plus la sensation est vécue comme une tare, une entrave, voire une pathologie, plus est pressante l'envie de s'en débarrasser.

Or l'émotion n'est pas faite pour être éliminée mais écoutée dans son message. Sinon on s'expose au cercle infernal : plus forte est la pression pour réduire la peur, plus la résistance augmente et plus forte est la pression émotionnelle. Or le décodage de l'angoisse dont parle la petite Flore met en évidence l'objectif défensif, c'est-à-dire fuir. Fuir ce qui fait menace pour elle et en elle. À savoir pour recouvrer sa sécurité et sa liberté, autrement que comme elle les vit et comme son entourage les lui fait vivre.

« Imagine un lapin dans la campagne. Il a un bon terrier mais, chaque jour, il doit sortir de son logis pour aller manger, ramener des carottes à ses lapereaux, rencontrer d'autres lapins pour qu'ensemble ils jouent et se racontent des histoires. Il est bien dans son terrier, bien en sécurité ; l'entrée est un peu cachée et il a même une autre sortie au cas où le renard chercherait à l'attraper… Justement, le renard rôde dans les champs. Voilà notre lapin qui sent sa présence ! Il y a danger ! À ton avis que fait-il ?
– Il court rejoindre son terrier !
– Et si le renard est malheureusement entre lui et son abri ?
– Il va chercher une autre cachette, demander à d'autres lapins…
– Tu veux dire que, si jamais il ne fuit pas, le renard risque de l'attraper ?
– Bien sûr ! Il doit courir vite !
– Et que ressent le lapin ?
– Il a très peur que le renard l'attrape !… Peur comme moi, sauf que moi personne ne veut me manger, alors je n'ai pas besoin de fuir, n'est-ce pas ?
– Tu oublies ce que veut le lapin. Il cherche des solutions pour rester en vie, retrouver sa famille et son terrier, pouvoir continuer à grignoter des carottes. Son but est de survivre. Et pour survivre, le moyen pour le petit lapin, c'est de bouger vite et loin, et donc de fuir. C'est sa solution.
– Moi, je resterais plutôt dans le terrier pour éviter de rencontrer le renard. Sauf que je pourrais pas y rester tout le temps sinon je mourrais de faim… Mais, en sortant de mon abri, j'aurais très peur.
– Sauf si tu as confiance dans la vitesse de tes pattes, dans le flair de ton museau pour sentir la présence du renard, si tu as repéré les lieux et sais reconnaître les cachettes en cas de danger.
– Alors, si j'ai peur, c'est parce que… je ne sais pas que je peux fuir et que j'ai des moyens d'échapper au danger ! Je ne suis pourtant pas un lapin ! »

Cette idée la fait rire et Flore se détend. Elle a beau ne pas être un lapin, l'idée d'une fuite possible la rassure. Tel est le message du cerveau reptilien : nous forcer, par la peur, l'anxiété, l'angoisse, voire la panique, à prendre en compte nos besoins de sécurité et de liberté en cas de danger, ou plutôt de situations ressenties comme dangereuses. Et quand l'accès à notre liberté de penser notre sécurité est interdit, voire oublié, le crocodile n'a d'autre possibilité que d'augmenter la sensation douloureuse pour nous rappeler à notre besoin et aux possibilités que nous négligeons. Dans la logique de l'empêchement, ce qui est perçu et vécu avec force, voire violence, est la peur et l'insécurité. Et donc l'attente d'être rassuré. Or ce que Flore raconte, c'est que, malgré une maman sécurisante qui a l'art de lui trouver toutes sortes de solutions à ses soucis, la petite fille n'en est pas moins craintive.

Pis, rassurer un enfant en réaction de fuite inefficace, c'est lui transmettre l'information selon laquelle elle a des raisons d'avoir peur, qu'il y a bel et bien du danger et que face à ces menaces elle a besoin de l'autre, maman, papa, l'entourage, pour être en sécurité. Elle s'emprisonne ainsi encore plus dans le même processus. Attraper un enfant en fuite efficace, ou le sécuriser en fuite inefficace, c'est prendre le risque d'accroître sa crainte et de verrouiller sa conviction : être en danger d'être coincé pour l'un, d'être perdu pour l'autre.

Ce que Flore cherche à fuir, ce n'est bien sûr ni ses parents, ni son frère, ni l'école..., mais le « terrier », l'abri sûr que lui procure en excès son entourage dans lequel elle se sent « objet » des soins qui lui sont accordés et, à ce titre, privée de mouvements et de prises de risque. L'histoire que son papa lui raconte, la danse avec son amie Sabrina sont autant d'occasions de rêver, de bouger et donc de retrouver sa sensation de liberté.

Encore le déni de soi

Ce qui était dénié dans la réaction de fuite efficace était la représentation de soi limité, enfermé, touché par la peur, ainsi que l'aptitude à trouver la liberté autrement que dans l'agitation et la transgression des règles. Ici, ce qui est dénié est la représentation de soi libre, en mouvement et apte à trouver sa sécurité autrement que dans l'abri sûr procuré par l'entourage affectif ou encore dans les habitudes et le connu.

Ce recours à ce qui est connu et déjà expérimenté rassure : aucune (mauvaise) surprise ne nous guette et la reproduction des (mêmes) gestes accentue la sensation de sécurité. Loin d'être vécu comme limitatif, ce processus est au contraire tranquillisant par le nombre et la qualité des repères qui sont fournis.

En opposition, l'inconnu est source de peur : « Je ne peux pas, j'ai peur parce que je ne connais pas. » La phrase se suffit à elle-même pour justifier la résistance à expérimenter autre chose que ce qui est connu. Dans ce cadre, l'incertitude peut même devenir une phobie au point de déclencher des comportements destinés à la réduire. Ainsi les rituels, baptisés depuis peu les TOC (troubles obsessionnels compulsifs), sont destinés à réduire la peur et donc augmenter la sensation de sécurité. Cette peur de l'inconnu est d'autant plus paradoxale que lorsque la question est posée « Mais que crains-tu précisément de rencontrer dans cet inconnu ? » (qui par définition n'est pas connu avant d'en faire l'expérience), la réponse est riche en éléments déjà éprouvés dans d'autres circonstances : « Peur de me perdre, peur d'avoir mal, peur de ne pas aimer, peur d'être seul, peur de ne pas savoir… ». Soit autant de sensations douloureuses bien connues que l'évitement de l'inconnu – mais aussi de la liberté qui va avec – permet de ne pas subir.

La référence au connu favorise alors une dépendance et un attachement aux repères rassurants, qu'ils soient affectifs ou matériels – la famille, l'école, la maison… – censés être le cadre sûr et indispensable à sa sécurité, et par extension à sa vie ou sa survie.

La souffrance connue est préférable car elle fait moins peur que le chemin de guérison qui passe par l'inconnu. L'inconnu contient des éléments de risque, de surprise, et d'imprévu. Il demande une capacité d'adaptation afin que soit satisfait le besoin de sécurité et d'intégrité. Vivre lorsque l'espace et ses occupants sont inhabituels nécessite une aptitude à bouger, inventer, chercher, créer ce qui va être source de sécurité.

Par exemple, nous sommes dans le métro, bien stable sur nos deux pieds. Un passager nous heurte et nous déséquilibre. Nous sommes surpris ! C'est le cerveau reptilien qui envoie les commandes pour que nous bougions, changions de position et de place afin que nous retrouvions notre équilibre, autrement que dans la position initiale. Nous avons « fait avec » l'événement survenu malgré nous, inconnu et auquel nous ne nous attendions pas.

Cette aptitude indispensable est autant physique que psychique. S'en priver, la dénier, c'est déclencher la peur car, seule, elle peut nous mobiliser ! Ne dit-on pas que la peur donne des ailes ?

Le déni de sa capacité à prendre des risques non seulement limite l'enfant dans son expression et son mouvement, mais le contraint à n'attendre sa sécurité que de son entourage affectif ou matériel. Moins il se sent apte à s'adapter à la réalité à venir et non encore connue – la nuit qui arrive, le téléphone qui sonne à une heure inhabituelle, un bruit dans la maison, le retard de papa –, plus il a besoin de recevoir d'autres que de lui-même des points de repère rassurants ou des solutions. Sans lesquels tombent les commentaires : « Je suis perdu, je suis fichu, je ne vois pas ce que je peux faire d'autre (que fuir ma peur), c'est effrayant... »

Au nom de la sécurité, la notion de risque est synonyme de danger à éviter et non de possibilité de trouver d'autres repères. S'égarer en chemin signifie alors se perdre – définitivement ! – et non se mettre en état de chercher et de recevoir des repères ou des informations qui aideront cette part de soi qui a soif de créer de la sécurité hors du nid familial. La peur n'est pas une demande de réassurance !

J'ai peur donc j'existe !

Dans l'objectif du cerveau reptilien, la peur est censée éveiller l'aptitude à découvrir... ses aptitudes. Mais tant que le déni persiste, que l'entourage continue de rassurer ou de retenir l'enfant de toute prise de risque, ne reste que la sensation de peur qui devient alors un mode de survie. Le déni de soi oblige à trouver « hors de soi » la source de la satisfaction de son besoin : par la course en avant dans la fuite efficace, par la douleur dans la fuite inefficace et empêchée.

L'entourage lui-même est happé par ce processus d'insécurité : quelle tentation que de fournir à un enfant les mots et les gestes qui le rassurent quand il les réclame de toutes ses forces ! Comment résister à cet appel douloureux qui dit « j'ai peur ! » tout haut et « prends soin de moi, soulage-moi, libère-moi de ma douleur ! » tout bas, faute de savoir dire « donne-moi le courage d'être plus libre ».

L'habitude s'installe de regarder l'enfant comme un être peureux ou, plus douloureux encore, lâche : « T'es pas cap... » disent les enfants entre eux. « Ma fille, mon fils est angoissé(e) » disent les parents. « Il ne faut pas l'inquiéter » devient un mot d'ordre pour l'entourage qui isole encore plus l'enfant de toute prise de risque, bousculé parfois par un frère ou une sœur qui refuse de jouer ce jeu et, au contraire, abuse de la frayeur pour se sentir puissant. Parfois aussi un parent, un professeur tente de casser la protection de l'enfant anxieux et le met en situation d'instabilité, lui permettant ainsi de déployer, un temps, ses ailes… Malheureusement, le geste est souvent assorti d'agacement, voire de colère ou d'impatience, sans véritable suivi ni confiance. Ce que retient alors l'enfant est plus l'émotion du parent ou du professeur – « je vois bien que papa n'est pas content quand j'ai peur et que je réclame une histoire ou mes peluches » –, que sa propre aptitude à avoir changé d'attitude et trouvé d'autres solutions à son « problème ». La vie, celle de l'enfant, s'organise autour de cette évidence que représente la peur : ni bien avec, ni bien sans, mais qui procure une sensation d'existence qui rassure !

Et puis il y a maman (ou mamie, ou une tante, ou une fée) qui sait rassurer Flore, créant ainsi les bénéfices secondaires à la réaction de fuite inefficace : tant que j'ai peur, elle me rassure, elle me sécurise et donc j'existe pour elle, par elle. La sensation d'apaisement est de courte durée ? Tant pis, « je peux y retourner aussi souvent que j'ai besoin, elle sera toujours là… elle doit absolument être toujours là pour moi, pour que je ne sois pas toute seule, avec ma peur au ventre ! ». Toute séparation devient alors source d'angoisse.

Contre toute logique rationnelle qui voudrait que la souffrance incite à s'activer et à chercher des attitudes alternatives pour cesser de souffrir, la peur qui est ressentie comme une vraie douleur peut s'avérer préférable et biologiquement plus satisfaisante que le vide laissé par le déni de soi. À défaut de se vivre comme un être courageux, potentiellement et réellement libre, mieux vaut éprouver la peur jusqu'à l'angoisse et les crises de panique plutôt que… rien ! Lorsqu'un événement nous prive de la sensation de sécurité et de stabilité et que nous nous dénions la liberté de bouger et de penser autrement que dans le registre connu, la sensation d'angoisse vient – heureusement ! – remplir le vide. Et c'est en toute logique que nous nous attachons à ce que nous éprouvons : nous sommes comblés par cela même qui nous fait mal ! Nul masochisme dans ce comportement, mais une bio-logique implacable du cerveau reptilien qui met de la douleur dans l'espace « mort », celui de notre aptitude « désertée ». C'est un autre bénéfice au mécanisme : la peur ramène l'attention sur soi, sur son ressenti, sur son être, alors que la fuite en avant, efficace dans son objectif défensif, permet au contraire de s'éviter soi-même pour éviter le ressenti douloureux d'être limité. La conscience est ainsi aiguisée de la nécessité d'un soin de soi, d'une prise en compte de soi et de son besoin de sécurité et de liberté, autrement que dans la course en avant de l'évitement. Quand la peur est source de conscience et de souci de soi, elle se traduit volontiers par l'excès de soin apporté à sa sécurité, à son corps comme à son environnement : « J'ai peur et donc je fais très attention à ce qui pourrait me priver de repères et me déstabiliser… » Mécanisme à double tranchant comme toujours lorsqu'il s'agit de défense puisque la conscience de soi est alors parasitée par la peur de perdre ce qui est sécurisé.

« J'ai peur donc j'existe » : la sensation de peur, lorsque la fuite inefficace s'installe, comble le vide d'être et procure un vécu d'existence, mais au prix fort du mal-être. La réaction de défense trouve alors son bénéfice et peut donc perdurer car, intégrité oblige, mieux vaut être mal que ne pas être, être mal plutôt que risquer son être en étant sûr d'y laisser sa peau (tiens, voilà enfin une certitude).

Le corps comme lieu d'insécurité

En état de fuite inefficace, le corps n'est pas un espace sûr auquel on peut se fier, sur lequel on peut compter. Il devient un espace risqué, à commencer par le risque d'éprouver la peur qui fait mal et qui paralyse les sens. Et si c'était le contraire, si c'était notre propre déni de nos propres sens qui était à l'origine de notre paralysie et de notre résistance à déployer nos ailes ?

Le déni porte en effet sur la négation des informations que nos sens nous transmettent, qu'elles soient extérieures – celles reçues de l'ouïe, la vue, l'odorat, la peau ou le goût – ou intérieures, celles transmises par le système sensitif moteur du corps. Quand l'enfant « oublie » de se fier à ces informations et son ressenti, il se prive de leur sens et de leur valeur, ce qui déclenche automatiquement la peur. Il vit comme une évidence que sa sécurité ne passe pas par la perception de ses sens mais par la présence de son entourage, par la lumière de la veilleuse, par la troisième vérification de son cartable… Ses sens, son ressenti, ne sont pas fiables et le trompent : il ne peut leur faire confiance. Son corps n'est pas apte à saisir et interpréter les informations qu'il reçoit pour s'adapter à la réalité, et surtout à l'inconnu. À sa façon, chaque enfant refait l'expérience de Descartes qui constatait combien ses sens étaient source d'erreurs et de tromperie (ses yeux lui disaient que la tour vue de loin était petite et que la même, vue de près, était grande) et arrivait à la seule certitude acceptable : « Je pense donc je suis. » La pensée devient le refuge de la certitude et non le corps. La distinction entre le corps et l'esprit, indispensable au XVIIe siècle pour le développement des sciences exactes, a eu aussi comme effet d'entériner une méfiance défensive envers les informations fournies par le corps, spécifique à la réaction de fuite.

Ce déni des messages sensoriels transmis par le corps oriente le regard sur l'extérieur, et non sur soi et son aptitude à s'adapter librement : ainsi est privilégiée la question « Que dit l'autre ? » plutôt que « Qu'est-ce que j'entends ? ». De même « Qu'est-ce que c'est ? » plutôt que « Qu'est-ce que je vois ? », ou encore « Qu'est-ce que ça sent ? » et non « Qu'est-ce que je sens ? ». Questionnement centré sur l'extérieur de soi qui entretient la peur d'une menace générée par une pression à savoir ou comprendre plutôt que voir ou prendre pour adapter son attitude à l'information reçue par l'œil ou la main.

Car s'il est juste de considérer que l'œil nous trompe quant à la hauteur de la tour, la méfiance vis-à-vis de nos yeux conduit à multiplier les vérifications dans l'impossibilité de se fier à ce qu'ils nous transmettent ! Si l'argument philosophique a ouvert la porte aux sciences modernes, il peut aussi ouvrir celle de l'angoisse à celui qui dénie à ses sens toute fiabilité ! Heureusement qu'au volant d'une voiture l'adaptation de notre corps aux tournants de la route se fait rapidement de façon automatique et non par le raisonnement ! De même en cas de bousculade… Dans l'urgence, face à l'urgence à devoir s'adapter à la réalité d'un danger immédiat, le corps trouve rapidement le chemin de l'intégrité. Mais qu'une croyance lui dénie cette aptitude, voilà la peur qui s'installe et avec elle des comportements défensifs.

Le ressenti de peur qui entraîne la réaction de fuite bio-logique et de déni privilégie la réflexion et la pensée : « Pourquoi ai-je mal ? Qu'est-ce que j'ai fait, pas fait ou mal fait qui a entraîné la douleur ? Je ne sais pas comment arrêter la douleur ! Qui va me soigner ? Je dois lutter contre la douleur ! » Autant de questions et d'injonctions qui témoignent de l'« oubli » de soi et de sa difficulté à éprouver ses sensations et à croire ses propres yeux. Faute d'adhérer aux informations que reçoit son corps, voilà l'enfant mis dans l'obligation bio-logique d'éprouver la peur et la douleur qu'elle entraîne, simple inconfort ou crise de panique. Tant qu'aucun geste salvateur ne vient assurer autrement sa sécurité, le crocodile intensifie la sensation de pression, voire d'oppression.

Dans la logique du cerveau reptilien, l'image « objet de son entourage » que l'enfant a de lui-même ne déclenche plus la réaction efficace de l'agitation mais une passivité douloureuse : la seule réalité corporelle qui s'impose est celle de la peur sous toutes ses formes et dans toute son intensité, faute d'accéder à ce qui est interdit, à savoir éviter, bouger, échapper...

« Impossible ! » C'est par ce mot que l'enfant justifie son attitude. « J'y peux rien », dit-il pour expliquer à son entourage qu'il est prisonnier d'un vécu qui s'impose à lui malgré lui, le « y » s'adressant alors à la situation révélatrice de sa peur ainsi qu'à sa peur elle-même. Et ce qu'il dit est juste ! Car sa part de liberté se situe dans sa propre capacité à mobiliser son corps, et non à changer la situation pour annuler sa peur.

Enfin, puisque nous avons évoqué la difficulté de l'enfant à se fier à ses sens, à son ressenti, nous arrivons à cette notion si souvent utilisée dans les commentaires parentaux ou scolaires : la confiance en soi. Si en réaction de fuite efficace, l'enfant subit un excès de confiance en lui, pressé en avant par sa peur – elle-même déniée – et (se) raconte des histoires pour être, à coup sûr, sûr de lui, ici, l'enfant subit son défaut de confiance. Il est convaincu de ne pouvoir se fier à lui-même, à ses sens pas plus qu'à sa mémoire, sa concentration, son endurance. C'est-à-dire à ces gestes physiques et mentaux nécessaires à sa construction. « Il n'a pas confiance en lui... Manque de confiance en lui », dit son entourage. L'enfant ne le sait que trop et n'a aucune idée quant au moyen d'acquérir ce bien si précieux. « Si je savais où ça s'achète, la confiance, je casserais ma tirelire », disait un jeune garçon, avant de continuer : « sauf que je n'ai rien dedans parce que papa me dit que je ferais n'importe quoi de mes sous... La confiance règne ! » Tiens, revoilà la confiance, côté parent cette fois !

Constater un manque de confiance chez l'enfant, c'est comme constater une fièvre ! Ça n'a jamais aidé à la faire baisser mais le symptôme indique un déséquilibre dans le processus sécuritaire. Autrement dit, l'enfant réclame que son entourage prenne soin de lui autrement qu'en ajoutant des couvertures « au cas où le petit aurait pris froid... ».

Fuite inefficace : mode d'emploi

Discerner chez l'enfant une réaction de fuite inefficace s'avère plus aisé que son profil efficace car la peur est au cœur – ou plutôt au ventre – des mots et des comportements qu'il adopte. Son visage est altéré, sa voix est plus hésitante, son corps plus passif et il se plaint plus volontiers de ce qu'il éprouve.

Le mal au ventre est le symptôme le plus révélateur, surtout chez les plus jeunes, inquiétant parents et parfois médecins qui cherchent à faire la distinction entre stress fonctionnel (nécessitant quelques paroles rassurantes) et trouble organique à traiter par voie médicamenteuse, voire chirurgicale. Le mal au ventre émotionnel prend tout le bas-ventre, il serre, il pique, il va et vient, disparaît à une bonne nouvelle, réapparaît avec une mauvaise, plus fréquent avant d'aller dormir seul dans le noir, ou avant un contrôle à l'école.

Le nœud dans la gorge, l'oppression thoracique, la difficulté à trouver sa respiration, les spasmes digestifs et avec eux la constipation, la migraine, les troubles du sommeil, qu'ils soient d'endormissement ou de réveils en sursaut la nuit, les rêves durant lesquels l'enfant court et semble fuir le danger, le cœur qui bat la chamade, les infections urinaires à répétition… Autant de symptômes physiques qui parlent de peur et de fuite empêchée.

Le regard de l'enfant sur son quotidien reflète un choix des informations, spontané et automatique, selon ce qui est source d'inquiétude ou au contraire de réassurance. Nul doute que le journal télévisé de vingt heures et son lot de drames et de menaces imprime plus directement l'esprit et contribue à fixer l'insécurité et la peur. Après la guerre en Irak de 2003, un père me rapportait que sa fille de six ans « se faisait des nœuds dans le ventre à l'idée que Saddam Hussein ne vienne se réfugier en France avec des armes atomiques et ne fasse tout sauter ». La peur ne donne aucun recul vis-à-vis de l'événement, bien au contraire. Dans le déni de soi apte à se sauver, l'enfant colle à l'information et au danger qu'elle contient sans pouvoir s'en défaire. Cette habitude d'anticiper le pire, le drame, le risque, le danger à venir, est à comprendre comme un moyen de se préparer et de prévoir pour ne pas être pris au dépourvu… au cas où ! Le cerveau pourrait ainsi être sollicité dans sa capacité à inventer des solutions alternatives, sauf que lorsque ces solutions relèvent de la fuite, du mouvement ou du changement, elles ne sont pas reconnues comme possibles, alors se crée une tempête sous un crâne ! La pensée s'affole, se cogne aux dangers anticipés sans pour autant se fixer sur des choix qui soulageraient la tension.

L'enfant en fuite pense beaucoup, parfois beaucoup trop pour son équilibre émotionnel. Qu'il traduise ses pensées en mots pour échanger avec son entourage – qui souvent se sent « saoulé » par autant d'idées – ou qu'il les garde pour lui dans sa tête sans oser les exprimer, l'enfant se construit sur la richesse de sa pensée. Parfois organisée en histoires, souvent désorganisée autour du pire qui fait peur, la pensée contribue à emballer l'émotion.

Rien d'étonnant à voir cet enfant mal à l'aise, voire anxieux, vis-à-vis des surprises, des choix à faire (« et si je me trompe ? »), ou du manque de temps pour retrouver ses repères. Un appel inhabituel est traduit par « qu'est-ce qu'on me veut ? », un changement d'habitude par « je me sens perdu », un cadeau par une impatience inquiète à l'idée d'être déçu ou même étonné.

Comme les peluches de Flore, les rituels de sécurisation sont fréquents : vérifications du contenu du cartable, objets fétiches, ordre immuable pour telle ou telle activité, besoin de repères connus et inchangeables témoignent de l'attachement à ce qui, venant de l'extérieur de soi, rassure. En priver l'enfant relève parfois de la cruauté tant le vide qu'ils laissent peut être vécu comme une réelle menace de mort. Au-delà du « doudou » du tout-petit, objet de transition considéré comme utile voire nécessaire, en grandissant, l'enfant en réaction de fuite inefficace continue à jalonner sa vie de repères sécurisants qui peuvent prendre un caractère existentiel. Ils ont la même utilité que le doudou ou le pouce, la même fonction tant que l'enfant ne crée pas autrement et en lui sa propre source sécurisante.

Ses mots parlent de peur, d'enfermement, d'impossibilité, parfois même de mort. Le langage courant traduit la sensation et le danger éprouvé : « Je suis mort de peur ! » L'enfant s'habitue à ce ressenti, et même le recherche au travers de lectures « qui font peur ». La littérature enfantine s'est engouffrée dans cette veine et a multiplié les ouvrages où la terreur suscitée est un argument de vente. Cette recherche vient probablement éveiller chez l'enfant une capacité à réagir en cas de danger. L'assimilation au héros qui trouve *toujours* des solutions à l'horreur soulage l'enfant de son propre enfermement.

L'entourage, quant à lui, est très sollicité par l'enfant en fuite inefficace qui lui demande de le rassurer, encore et encore, et si possible de la même façon, avec les mêmes mots et les mêmes gestes, et donc d'être là dès que le besoin se fait ressentir. Tout changement ou indisponibilité est alors source d'angoisse. L'idée de liberté étant assimilée au vide, à l'abandon, à la solitude, au rejet, l'enfant éprouve le besoin d'être avec celui ou celle qui rassure… au cas où ! Plus la privation de liberté est fortement vécue, plus forte est la pression sur l'entourage, plus pressante est l'attente, plus l'exigence se fait culpabilisante. Ceux qui se sentent pris ainsi à parti ont bien du mal à résister et n'y parviennent le plus souvent que par lassitude ou agacement, dans l'émotion. L'engrenage se verrouille qui ne laisse apparemment aucune issue. Au choix :

– J'ai peur – on me rassure – je vérifie donc que j'ai des raisons d'avoir peur.

– J'ai peur – on me rabroue – je vérifie que, même là, je n'ai aucun moyen d'être en sécurité –, j'ai encore plus peur.

L'entourage peut se sentir ainsi manipulé par l'enfant angoissé. Ce qui est juste puisque la réaction de fuite inefficace a besoin de l'autre pour se rassurer faute de chercher librement sa propre sécurité. Ce qui n'est pas juste puisque l'enfant n'a aucune intention abusive à l'égard de son entourage, il ne le fait pas exprès ! Il ne sait pas, sur le moment, comment faire autrement. Comme le disait joliment Françoise Dolto « ce n'est pas de sa faute, c'est de son fait ».

Comment « fabriquer » la fuite inefficace chez l'enfant ?

En le restreignant à ce qu'il est – son enfant, son élève, son objet de fierté ou d'inquiétude – et en lui déniant ce qu'il peut et ce qu'il devient, l'entourage parental, familial ou scolaire participe à limiter dans l'esprit de l'enfant son champ de possibles. La peur, déclenchée par la limite imposée, raconte alors l'impossibilité de celui-ci à prendre le risque d'être libre de ses mouvements et de sa pensée sans déclencher des réactions douloureuses dans son entourage. Ce que l'enfant ne peut à aucun prix, sous peine d'insécurité ! Papa et maman ne voient pas – ou préfèrent ne pas voir – leur enfant grandir et changer ou, s'ils le voient, c'est avec inquiétude, ou tristesse, ou peut-être dépit. Il est leur petit. Celui-ci ne s'autorise à bouger que si ce qu'il devient gratifie suffisamment ses parents. Il imagine ainsi que ses parents seront rassurés et qu'ils lâcheront leur fantasme d'enfant « parfait », c'est-à-dire source pour eux de satisfaction totale, et ainsi le libéreront.

Le déni de l'enfant dans ses possibilités tient alors au déni parental de l'éduquer, c'est-à-dire de le conduire hors du nid. Éduquer, qui veut dire « guider hors de », est compris à contresens, comme « guider vers » : vers le nid familial, vers un statut social prédéfini ou vers une existence pensée par les autres et non, aussi, par l'enfant.

Parents et éducateurs ont ce comportement abusif qu'ils justifient pas les mots clés « c'est pour son bien, c'est pour lui que nous agissons ainsi, un jour il nous remerciera, il comprendra... ». Leur attitude n'est pas forcement étouffante, mais surtout limitante par excès : le cadre est étroit, trop proche de l'enfant, et ne lui permet pas suffisamment de tâtonner, se tromper, inventer, jouer, rire, lire, bavarder, penser... pour « rien ». Rien d'autre qu'être cet enfant qui goûte à la liberté de tâtonner, de se tromper et qui construit au fil des années les gestes dont il aura besoin lorsque ses parents ne seront plus auprès de lui pour dire « Attention, danger ! ».

Qui sont-ils ces éducateurs ? D'anciens enfants eux-mêmes qui ont éprouvé une éducation peut-être sans repères stables, ou une insécurité faite d'événements historiques douloureux, avec « trop » de bouleversements, qui les ont fragilisés. À moins qu'ils n'aient souffert d'avoir pris « trop » de risques dans une fuite en avant... Toujours est-il qu'ils transmettent à leurs enfants un cadre censé leur éviter les écueils qui les ont blessés. En toute bonne conscience et honnêteté, ils agissent ainsi dans un contre-modèle par rapport à celui qu'ils ont reçu. Et ainsi se créent des chaînes de générations où excès et défaut de liberté alternent et où le parent voit avec anxiété son enfant reproduire le comportement de son propre parent... En toute bio-logique.

Parfois au contraire, le parent éducateur, par fidélité vis-à-vis de ses propres parents, conserve le modèle, justifie ou bien nie sa propre souffrance passée et ne fait aucun lien entre l'éducation qu'il a reçue et le « caractère » angoissé qui est le sien maintenant que le voilà parent à son tour. La reproduction du même schéma émotionnel produit bien sûr les mêmes effets sur l'enfant, en y ajoutant un élément fondamental pourtant : la peur qui parasite la restriction de liberté crée un double langage. « Reste tranquille à la maison plutôt que sortir avec tes amis», «Tu devrais faire comme ça, c'est mieux»..., autant de messages transmis à l'enfant avec un autre «subliminal» comme «Libère-toi de mes recommandations comme moi je n'ai pas osé et pu le faire». Celui-ci ne se le fait pas dire deux fois car le parent, mal conscient de son ressenti d'enfant, guette son propre enfant, l'attendant peut-être à devenir ce que lui-même s'est dénié. L'adolescent va volontiers s'engouffrer dans cet espace entrebâillé de liberté, quitte à en abuser.

Un cadre «trop» proche peut faire éprouver à l'enfant la sensation de limites ou d'être limité :

• Limite physique : l'enfant se doit d'être sage, ne pas trop bouger, ne pas déranger, ne pas courir... Le voilà qui restreint ses mouvements.

• Limite émotionnelle : l'enfant se doit de rassurer son entourage au prix de l'expression de ses propres émotions, grâce à quoi il se vit en sécurité et gagne à être soigné et aimé.

• Limite intellectuelle : l'enfant se doit de limiter sa capacité à penser et à ne pas parler en dehors des sentiers battus et référencés comme intelligents par l'entourage.

Autant de limites qui ont l'avantage de proposer des cadres sécurisants... Sauf que cette sécurité-là satisfait la génération des parents et contribue à limiter celle des enfants qui s'habituent à nier leurs aptitudes à vivre autrement qu'à l'intérieur de ce cadre-là.

Quand l'entourage familial limite l'enfant à ce qu'il doit être – sujet à rassurer ou objet de la sécurité de ses parents –, en grandissant l'évidence s'impose à lui, automatique, selon laquelle son anxiété n'est qu'une recherche pour se rassurer – soi et l'autre – et non une aspiration à éprouver, librement, ses propres possibilités. Un contresens qui fait la part belle aux anxiolytiques !

Et Flore ?

Flore n'a pas pu être sur scène lors de son gala de danse. Ce soir-là, elle était au lit avec une gastro-entérite. Pour l'entourage, une certitude : «C'était le stress ! L'idée de ne plus savoir la chorégraphie et de se tromper la paralyse ! Elle s'est rendue malade», dit sa maman, habituée aux manifestations douloureuses ou fiévreuses de sa fille à la rentrée des classes (trois angines les trois dernières années) ou avant un contrôle.

«On n'arrêtait pas de lui dire qu'elle y arriverait, qu'elle ne se trom-

perait pas, qu'on lui faisait confiance ! Ce gala était tellement important pour elle (et pour eux ?)... Quel gâchis, s'être entraînée toute l'année pour ne pas le faire, tout ça à cause de son manque de confiance. C'est bien dommage ! » dit son père.
« J'avais trop peur, j'avais l'habitude de danser dans le studio mais, là, on était sur la scène du théâtre et j'avais peur que ça me change. » Le changement de décor a suffi à lui faire dénier ce qu'elle avait appris et acquis au fil des semaines. Elle ne « voit » plus que cet inconnu aux dépens de ce qu'elle connaît et en perd ses moyens.
« C'est pareil à l'école ! Quand je suis à la maison, je récite ma récitation ou mes leçons à maman et je les sais par cœur. Si la maîtresse m'interroge, je bafouille et j'en oublie la moitié. J'ai une mauvaise note et elle me dit que j'ai mal appris. Maman lui a expliqué que j'étais angoissée. Mais elle lui a répondu qu'elle ne pouvait pas s'occuper des peurs de chaque enfant et que je devais être capable de réciter sans erreur, que c'était important pour le collège de ne pas être trop fragile.
– Tu te sens fragile ?
– Maman dit que c'est depuis que j'ai été malade toute petite où j'ai failli mourir avec une grosse infection des poumons. Je ne peux plus respirer quand je suis angoissée. Ça vient peut-être de là. Depuis, maman me surveille et m'empêche de me fatiguer, ou de m'exciter ou de lire trop longtemps. Ça énerve papa qui préférerait que je sois plus forte. Quand il fait la grosse voix, ça me fait peur. Je préférerais qu'il soit plus gentil. Parfois, quand je me réveille la nuit, j'écoute les bruits pour être sûre que mes parents sont là et qu'ils ne m'ont pas laissée toute seule. Quand je serai grande, j'aimerai bien découvrir des pays lointains et comment y vivent les gens. Je prendrai plutôt des bateaux parce que j'aurai peut-être peur en avion. J'apprendrai leur langue et comme ça je pourrai voyager en comprenant ce que disent les habitants. Ce sera plus facile si je me perds. »

La mère de Flore est assistante sociale. Très dévouée à ses enfants et à sa famille, elle prend soin de sa fille qu'elle voit hyperémotive et constamment en attente d'être rassurée. Elle-même se dit assez anxieuse, née d'une famille qui a subi beaucoup de difficultés et de deuils : « J'ai moi-même perdu ma sœur d'une méningite lorsque j'avais dix ans et elle sept. » À cette évocation, les larmes perlent à ses yeux qu'elle essuie rapidement avec un doux sourire. « C'est peut-être pour ça que je veille autant sur Flore. Trop, me dit mon mari. » Le père regarde sa femme et sa fille avec inquiétude ! « Elles sont trop sensibles toutes les deux. Je comprends pour mon épouse qui a été très choquée quand elle était enfant ; mais Flore, il y a beaucoup de comédie ; elle se raconte des histoires et se fait peur toute seule. Elle a

besoin d'être poussée hors du nid avec vigueur ! Mais ma femme s'y oppose. Que pensez-vous de la faire partir en colonie de vacances ? »
Flore, elle, préfère ne pas penser à cette éventualité. La terre qui s'effondrerait ne lui ferait pas plus peur. « Ce serait la fin pour moi ! »
Entre sa mère qui prévient tout événement qui pourrait l'insécuriser, la privant ainsi de tous – petits – risques qui l'aideraient à prendre confiance en elle, et son père qui, avec autorité, la presse de se libérer de l'emprise maternelle, Flore s'attache à sa peur : elle lui garantit le soin de sa mère tout en lui permettant d'éviter la pression, par ailleurs inquiète, de son père.
Comment va grandir la petite Flore dans ce cadre étroit ? À l'inverse de la réaction de fuite efficace qui pousse à éviter ce qui contraint et limite – ou plutôt ce qui est vécu comme tel –, la réaction de fuite empêchée pousse l'enfant à éviter ce qui est sans limites et inconnu, la limite et le connu étant précisément sources de sécurité. Si l'une fait éviter la peur, l'autre fait éviter ce qui fait peur. Ainsi, l'un est poussé en avant quand l'autre demeure en arrière, en deçà de ses possibilités à oser et prendre le risque. Flore fait partie de ces enfants habitués à éprouver la sensation de peur, les crises d'angoisse et de panique, à « vivre avec » comme une donnée incontournable de leur vie. Ils s'organisent et prennent leurs décisions en fonction d'elle, quitte à se priver, quitte à entrer en conflit avec l'entourage.
La peur qui la paralyse prive Flore certains soirs de sa capacité à penser : elle ne comprend plus rien du livre d'histoire, ne retient que des bribes de la leçon et a autant peur de parler – car elle pourrait se tromper – que de se taire – car elle va se faire reprendre et disputer ! Elle cherche désespérément à se faire rassurer, non consciente de son besoin de se libérer de l'attention inquiète de ses parents. Elle n'a entendu que sa propre angoisse... L'angoisse ? Mais cela la perturbe encore plus ! Elle ne voit pas l'issue et resserre le nœud autour d'elle.
Si paradoxal que cela puisse paraître, Flore sait être une enfant rieuse et gaie à l'intérieur de son cadre. Ses amis, filles et garçons, l'apprécient pour sa bonne humeur. Mais elle se méfie « des autres, ceux qui s'amusent à lui faire peur et qu'elle n'aime pas ».
Ses parents eux s'inquiètent encore plus pour elle et pour son avenir : « Comment pourra-t-elle réussir dans la vie si elle a toujours peur de tout ? » Pas simple pour elle de découvrir le goût du risque et de la liberté dans ce cadre-là...

Le crocodile est un cerveau doué. Afin d'assurer l'intégrité de l'être, si la fuite est inefficace, impossible, et qu'apparaît l'angoisse, pour ne pas demeurer dans cette émotion très consommatrice d'énergie vitale et donc épuisante à long terme, il a un autre système de défense sous sa carapace : la lutte. Si on ne peut fuir le danger, alors il convient de l'affronter. Si on ne peut éviter le conflit avec son ennemi, extérieur à soi parce que aussi intérieur à soi, mieux vaut lui faire face et, alors, que le plus fort gagne ! La nécessité de se défendre, coûte que coûte, vient transformer le « pouvoir » compris comme une possibilité en un « pouvoir » offensif. Pouvoir qui va chercher à affirmer « qui je suis si je ne suis pas libre ».

4

LA RÉACTION DE LUTTE : « MAL AVEC MOI »

« Atroce contradiction de la colère,
née de l'amour et qui tue l'amour. »
Simone de Beauvoir

« Nécessité fait loi. » Tel est le mot d'ordre de l'état de lutte dans lequel peut basculer l'enfant lorsque la fuite ne lui suffit pas à conserver l'intégrité de son être. La lutte est en effet la suite biologique de la fuite. Face au danger, quand l'animal ne peut s'échapper, il fait face, s'oppose, se bat, agresse et cherche à sortir vainqueur de l'affrontement, à avoir raison de l'autre. Ainsi, ce qui était recherche de sécurité et de liberté devient recherche d'identité. Ce qui revenait au corps dans sa nécessité de pouvoir bouger et trouver des repères rassurants revient à la relation à l'autre, et au groupe, dans sa nécessité de pouvoir y occuper une place reconnue.

Ce besoin identitaire va conforter la vie : ne sommes-nous pas plus forts ensemble, en tribu, face à la menace ? Quand son seul corps physique ne suffit plus, nous avons recours aux autres, à la famille sur laquelle nous comptons et pour laquelle nous comptons. Le cerveau reptilien n'a pas changé dans son intention de survie et d'intégrité. Ce qui a changé, c'est la nature des événements et ce qui « fait menace » pour l'enfant dans son environnement. La réalité des besoins fondamentaux car bio-logiques demeure, dont la reconnaissance identitaire et l'aptitude à développer des affinités – l'amour ! – font partie. L'organisation relationnelle avec les autres est source d'intégrité et de cohérence. En d'autres termes, chaque enfant est indispensable au groupe autant que le groupe est indispensable à l'enfant.

Celui-ci, dans sa recherche d'intégrité, construit son identité dans ses tribus parentale, fraternelle, scolaire et sociale. Il apprend à y définir « qui il est » face aux autres membres. Il en fait partie et ainsi va vivre la sécurité de l'appartenance au groupe – il parle alors des «siens». Il va devoir aussi vivre sa différence – il parle alors en son nom à lui.

Construction identitaire qui comporte elle aussi des risques et d'abord celui de la non-reconnaissance comme membre du groupe avec le rejet, l'exclusion qui menace directement l'intégrité. Ici la fuite n'est pas la solution : seules la lutte et avec elle l'offensive, l'affirmation, voire l'agressivité et son émotion, la colère, sont susceptibles de pallier le manque d'identité.

La colère éclate lorsque l'enfant ne se sent pas reconnu et ne sait pas se faire reconnaître au sein de sa famille ou de tout autre environnement dont il a besoin parce que source, pour lui, d'identité. Faute de possibilité d'accéder à celle-ci ou faute de la recevoir des autres, il va chercher à prendre le pouvoir sur ceux dont il appréhende la frustration et surtout le rejet.

La colère éclate contre l'autre qui menace son appartenance, sa place, sa différence et sa distinction. Elle éclate aussi contre lui-même quand il rejette le «qui je suis» face à l'autre par mésestime ou dévalorisation, source alors de jalousie et de rancœur.

La colère de l'enfant est une recherche parfois désespérée de re-co-naissance, c'est-à-dire un désir de naître avec l'autre et non pour, par ou sans l'autre, non comme un objet qui servirait à identifier cet autre à ses dépens.

Dis-moi que tu m'aimes

Lucie a quatorze ans, un joli visage aux traits pourtant durs. À sa façon de marcher et de s'installer, on la sent pleine d'énergie et d'assurance, à l'aise et néanmoins tendue.

Ce sont ses parents qui parlent d'elle, et surtout sa mère :

« On n'a jamais eu de problèmes avec Lucie sauf depuis deux ans. Au début on croyait à une crise d'adolescence comme tous les enfants, mais, là, on ne la comprend plus et, surtout, on n'arrive plus à avoir de dialogue avec elle. Elle est devenue cassante et agressive, elle qui était si intelligente et mature, qui réussissait si bien ses études ! Aujourd'hui elle est intolérante ; personne ne trouve grâce à ses yeux, elle est impatiente et c'est tout juste si ce n'est pas elle qui nous dit ce que nous devons faire. Hein, Madame je sais tout ? Madame je régente tout... »

Lucie jette un regard noir sur ses parents. Elle leur en veut énormément de la décrire ainsi, et son visage trahit la colère qui l'envahit. Elle souffre mais sa bouche révèle pourtant un dédain et un mépris qui humilient sa mère et exaspèrent son père. Ils sont dépassés et ne reconnaissent plus la petite Lucie qui partait fièrement pour l'école le matin et ramenait, non moins fièrement, de bonnes notes. « On n'avait rien à lui demander, elle travaillait bien toute seule et nous on lui disait combien on l'aimait comme ça. Elle était assez exigeante dans son travail et perfectionniste pour tout. Elle a été très vite mature. Peut-être parce qu'elle était l'aînée. Rien à voir avec ses frères et sœurs. Aujourd'hui elle leur crie dessus et leur dit que ce sont des bons à rien. »

Lucie a peu d'amis. Avant elle avait un groupe de filles autour d'elle dont elle était le leader, mais c'est fini. « Leurs jeux ne m'intéressent plus », dit-elle. Ce qu'elle préfère aujourd'hui, c'est s'occuper le samedi après-midi dans une association de son quartier qui va visiter des mamies dans une maison de retraite ou parfois à l'hôpital. « On y va par deux ; elles sont gentilles les mamies, quoi qu'on dise. Elles sont contentes de nous voir. Elles nous racontent leurs histoires, nous parlent de leurs petits-enfants qui ne viennent pas souvent les voir. »

Lucie n'était pas d'accord pour venir consulter. Ses parents lui ont « fait la guerre », l'ont exigé. Elle a accepté à condition qu'ils restent avec elle pendant l'entretien. À mi-parcours, elle a bien voulu qu'ils sortent pour que je puisse l'écouter en dehors d'eux…

« Mais j'ai déjà pris ma décision. Je ne veux pas venir voir un psy. Ça n'a rien à voir avec vous, mais je ne suis pas malade. C'est eux qui me rendent malade.

– Alors malade, ou pas ?

– Non, enfin ce que je veux dire, c'est que si je suis aussi tendue, c'est de leur faute à eux. Ils ont toujours voulu que je sois forte en classe, que je montre l'exemple à mes frères et sœurs à la maison. Ils veulent que je sois une enfant modèle, d'ailleurs, c'est ce que maman disait de moi à ses amies. Je détestais qu'elle dise ça, mais elle avait raison. »

Lucie dira à ses parents que cet entretien était intéressant mais qu'elle ne reviendra pas me voir. « Ça n'est pas pour moi ! » leur affirma-t-elle.

Pourtant, deux ans plus tard, Lucie me téléphone. Elle est en échec scolaire et me demande d'intercéder auprès de ses parents pour qu'ils cessent de lui mettre la pression et de la culpabiliser d'avoir de mauvaises notes. Je lui propose de venir m'en parler, mais elle me dit qu'elle rappellera. Sans nouvelles d'elle après plusieurs semaines, je téléphone à ses parents qui tombent de haut :

« Lucie ne fait plus rien en classe ; elle ne s'intéresse plus à rien et nous avons rendez-vous avec un psychiatre pour qu'il lui donne des antidépresseurs et qu'elle redevienne elle-même.

– Vous voulez dire qu'en lançant cet appel de détresse, ce n'était pas elle ?

– Elle n'a aucune raison d'aller mal, vous comprenez. Elle est donc malade ! »

Plus tard, c'est sa grand-mère qui m'a téléphoné. Elle voulait me parler du « beau gâchis » : Lucie avait pris un traitement qui l'avait complètement changée. « Je ne la reconnais pas, elle semble aller bien mais elle est comme une coquille vide. Elle a passé son baccalauréat, sans mention. Elle est comme cassée, fragile et agressive à la fois, écorchée vive et toujours en conflit avec ses parents. Ces trois-là, ils ne sont bien ni ensemble ni séparés. Ça me fait beaucoup de peine. Lucie est une gentille jeune fille, mais je crois être la seule dans cette famille à m'en apercevoir. Je l'aime beaucoup, mais ça ne change rien au fond. C'est elle qui ne s'aime pas. Je le vois bien. »

Je me sens rejeté

Difficile pour l'enfant de mettre des mots sur le ressenti qui accompagne l'émotion, tellement la colère teinte d'hostilité le rapport à l'autre : il lui en veut plus de son comportement qu'il ne ressent la sensation de rejet qui déclenche le système de défense.

Comme le vilain petit canard du conte (pour enfants et adultes) l'enfant fait l'épreuve du danger de ce rejet qui le prive de la protection et surtout d'une place censée lui revenir. Le voilà menacé sous le regard des autres.

> « J'ai peine à imaginer que je puisse me sentir rejeté… Les parents n'arrêtent pas de me donner des conseils, de me dire des tas de trucs tout le temps sur ce qu'il faut que je fasse… Ils ne me rejettent pas du tout ! Pourtant, c'est vrai que, plus jeune, je me faisais tout un film dans ma tête en me racontant qu'ils n'étaient pas mes parents, que je ne pouvais pas être leur fils parce que, si c'était le cas, ils ne seraient pas autant sur mon dos. Je m'imaginais un père qui veuille bien jouer avec moi et… j'arrête parce que je sens que je vais me mettre à hurler ou à pleurer si je retourne dans ce rêve. » Pierre, quinze ans.

Ce que dit cet enfant est le point de vue des parents : je ne peux me sentir rejeté puisqu'ils ne me rejettent pas eux, mais son point de vue à lui est tout l'inverse car ce qu'il sent rejeté par eux concerne, en fait, ce qu'il est aussi : sa sensibilité, ses désirs, ses doutes, sa fragilité, ses refus, ses rêves, ses hésitations, ses échecs, son indépendance… Il ne s'autorise pas à les vivre ni à les exprimer face à ses parents qui ne « veulent » voir en lui que ses capacités, son courage, sa réussite et sa bonne santé... Alors il s'impose, il impose, il dicte sa loi, à lui-même comme à son entourage, anticipant ainsi tout reproche et tout risque d'être contredit.

Dans l'émotion de la lutte, quand la réaction est efficace et parvient à son objectif, c'est-à-dire « avoir raison », au besoin contre l'autre, le vilain petit canard devient le chef du clan. De celui de sa famille ou d'une autre, mais chef! Il a besoin de pouvoir pour annuler le danger d'être rejeté. Il lui faut faire la loi, faire le bonheur, faire la réussite, faire l'identité de ceux dont il craint le rejet. D'où ces comportements exigeants, parfois cassants, toujours autoritaires. Il a bien du mal à écouter l'autre autant qu'à s'écouter lui-même.

Ce que l'enfant reproche à son entourage, c'est à lui-même qu'il se le reproche, et ce père qui ne joue pas avec lui éveille sa propre frustration à s'accorder à lui-même le droit de jouer, le droit d'être un enfant joueur et non un (futur) adulte qui réussit ou celui qui comble ses parents... et qui ne peut être « rien d'autre ».

La « peur d'être rejeté » raconte donc la façon dont l'enfant rejette une part de lui-même au profit – croit-il – de son entourage.

> « À quoi jouait Lucie lorsqu'elle était petite ?
> – Elle faisait de la danse et du piano et elle aimait beaucoup. Elle a arrêté le piano parce qu'elle ne s'entendait pas avec le professeur qui la trouvait trop rebelle.
> – Je parle de jouer, non de cours de danse ou de piano...
> – Ah, jouer. Je ne sais pas... Comme toutes les petites filles je suppose ; elle jouait aux dames avec sa grand-mère. Mon mari et moi, nous ne sommes pas très joueurs... »

> « À quoi jouais-tu, Pierre ?
> – J'aimais pas jouer tout seul ; j'avais une bande de copains et c'est surtout moi qui disais ce qu'on allait faire. Et les bêtises de gosses, c'était plutôt moi ! Je crois que j'avais de l'ascendant sur eux. Un jour, deux garçons ont voulu déserter... mais j'ai maté la révolte !
> – Qu'est-ce qu'ils voulaient ?
> – C'est l'un des deux qui voulait ma place ; il voulait être calife à la place du calife ! Ça n'a pas marché. »

En lutte, on ne joue pas vraiment... on gagne. Il y a un enjeu, et parfois même un enjeu vital au cas où celui qui perd serait exclu. Et quand l'enfant râle ou trépigne de se voir ainsi sorti du jeu, et perdre, alors il est accusé d'être mauvais joueur. Se sentir exclu, accusé et incompris ne va pas l'aider à jouer mais au contraire va le pousser à s'exclure lui-même de la relation amicale, sans gagnant ni perdant, s'exclure de la sensation bienfaisante d'appartenir à un groupe sans avoir à prouver qu'on y est le meilleur et sans l'appréhension d'en être rejeté et mal aimé. Il est enfermé dans ce cercle vicieux : plus il est exclu, plus il affronte le danger pour ne pas l'être et cherche à contrôler la situation, plus il lutte et agresse... et plus il court le risque d'être et de se sentir exclu !

C'est l'histoire de Lucie : petite, elle a développé une identité selon l'attente de son entourage, confrontée par la reconnaissance accordée par parents et professeurs et sourde à ses besoins d'une identité différente de leurs désirs à eux. Grâce à cette attitude, elle a pris sur eux un véritable ascendant, au point qu'ils étaient convaincus lui avoir donné tout ce qu'elle désirait. Sa mère se sentait même « manipulée » par sa propre fille : « Elle était volontiers dominatrice... mais tellement courageuse et travailleuse. »

Mais lui auraient-ils donné encore et toujours plus de reconnaissance et d'amour, le besoin de Lucie n'en aurait pas été plus satisfait, car sa véritable soif la concerne elle, et elle seule. Quand elle en attend davantage d'eux – et qu'ils se révoltent à leur tour –, elle bascule dans l'agressivité, un cran de plus dans la prise de pouvoir pour être aimée telle qu'elle est et non telle qu'ils la veulent. Elle « aggrave » sa réaction de lutte, augmente la pression sur elle et eux sans entendre son propre besoin de se reconnaître et de se respecter... Respect qu'elle réclame de ses parents, des autres.

La construction de l'identité chez l'enfant se fait grâce à la relation entretenue entre soi et le groupe comme celle de la sécurité se fait entre soi et son corps. Dès qu'il y a regard de l'autre, jugement des autres, il y a conscience d'identité, de reconnaissance, d'appartenance à un groupe et recherche de différenciation. Les « On va me prendre pour une imbécile » ou « J'ai l'air de quoi ? » parlent du besoin d'être quelqu'un, une personne à part entière à l'intérieur de notre ou, plutôt, de nos tribus.

Naturellement et bio-logiquement, quand l'entourage donne à l'enfant des signes de reconnaissance pour tout bon comportement, celui-ci va l'intégrer comme bon pour lui et se construire avec eux. Celui-ci exprimera d'autant plus son identité qu'il recevra en retour ces signes d'amour, contribuant ainsi à créer de la cohésion dans la famille et au-delà, mais aussi en lui-même dans un donnant-donnant. Que ce soit l'exemple des parents, par leurs explications, ou encore par les systèmes récompenses-punitions, l'enfant apprend à (se) donner une « certaine image de lui-même » dans le groupe. Comme un musicien dans un orchestre, il joue sa partition et participe au travail de l'ensemble, chacun occupant sa place.

Mais que devient l'enfant quand ce qu'il est, ce qu'il fait vient perturber son entourage ? Qui est-il quand, bébé, ses cris irritent et inquiètent ? Qui est-il quand, enfant, la tache sur le pull, la mauvaise note, les larmes ou l'excès d'activités ou encore les questions exaspèrent ou fatiguent son entourage ? Que devient-il quand son parent insiste sur ce qu'« il n'est pas », quand la tache déclenche un « Tu l'as fait exprès, tu es méchant » ? Face à ce vide identitaire, cette reconnaissance par défaut, l'enfant n'a le choix qu'entre la lutte efficace dans laquelle il tente de prendre le pouvoir face à ce qu'il vit comme une injustice afin de restaurer son image, retrouver SA justice à lui et obtenir dans l'urgence une reconnaissance par la force de sa colère… Ou alors se soumettre au jugement et admettre qu'il est méchant.

Efficace dans le court terme, la prise de pouvoir ne modifie pas pour autant l'attente de l'enfant de recevoir la reconnaissance de l'autre. Il demeure comme un élu dépendant de ses électeurs, attendant leurs suffrages et, dans cet objectif, tenu de les satisfaire mais aussi de ne pas les désobliger ni les frustrer sous peine de rejet. La tache est devenue beaucoup plus qu'une tache dans le système identitaire : elle est un danger, une menace nécessitant de trouver un responsable autre que soi et donc d'accuser.

Et puis il y a celui qui se veut le meilleur, le plus aimé et recevoir de ses proches encore plus de signes de reconnaissance ! La codépendance devient alors rivalité et compétition pour être le premier. En classe, à la maison, à table près de maman, le premier à avoir terminé, à savoir répondre, à connaître tel et tel sujet, à être plus capable… L'enfant en lutte efficace n'en finit pas de devoir avoir raison des autres et de prouver qu'il est digne d'être aimé et méritant !

L'autre, celui dont son image gratifiante dépend, n'est plus un autre qu'il peut écouter, aimer ou contredire. Il est sa source et son danger à la fois. L'enfant a besoin de lui et en même temps lui en veut d'être capable de le frustrer. Il est dépendant et tout autant rejette la dépendance ! La seule issue défensive devient la prise de pouvoir sur l'autre par défaut de l'exercer sur soi, sur ses propres possibilités à s'accorder une juste estime. Ce que l'enfant, naturellement dépendant puis émotionnellement dépendant, est impuissant à faire sans déclencher une révolution dans son entourage. Comme Lucie lorsqu'elle a voulu s'émanciper de ses parents : faute de s'accorder à elle-même la reconnaissance, faute de s'autoriser à changer, s'opposer, grandir, devenir différente, elle accusait ses parents de l'en empêcher, reportant sur eux une faute incompréhensible pour eux. Lucie ajoutait en effet à son émancipation et ses changements naturels, la « fameuse » crise d'adolescence, une attitude agressive, fruit de sa propre dépendance à leur égard. C'était trop pour ses parents, encombrés par leurs propres émotions.

Lucie, la petite fille si mature et intelligente, ne sait comment, devenue adolescente, se différencier de l'image qui lui a fourni tant d'amour, de valorisation, de reconnaissance de la part de ses parents comme de son entourage scolaire. Pour y parvenir, dans l'urgence et la pression de son adolescence, elle est « prête » à sacrifier les bonnes relations qu'elle avait avec eux et même sa réussite scolaire, mais pas le lien, pas la codépendance source de son identité. Elle a besoin d'eux, trop besoin, autant qu'ils ont eu besoin d'elle, trop besoin. Mal identifiée, c'est plus confortable que pas identifiée du tout. Pas bien avec eux et encore moins bien sans eux !

Ce que ressent l'enfant

L'état de lutte est une histoire d'amour contrarié. On en veut à l'autre de ne pas nous aimer de façon inconditionnelle, tels que nous sommes, sans chercher à définir ce qui est aimable en soi. On n'arrive pas à l'aimer tel qu'il est, obnubilé par ce qu'il devrait être pour devenir aimable à nos yeux. C'est l'arbre qui cache la forêt.

Lucie voudrait des « vrais parents qui l'aimeraient pleinement, même quand elle est en échec » et elle les met au défi de le faire. Et elle ne parvient à les aimer tels qu'ils sont, tant qu'ils voient en elle l'enfant parfaite ! Chacun en veut à l'autre de ne pas être celui qu'il ou elle attend pour se sentir, enfin, reconnu et aimé : expression forte de la langue qui parle d'en « vouloir » à l'autre quand le ressenti émotionnel est de se vouloir soi tel qu'on est et non tel qu'on devrait être pour l'autre. Celui-ci devient l'écho du manque d'estime et d'identité que l'enfant s'accorde à lui-même, à distance de son entourage. Quelque chose comme « sans vous, je ne suis plus personne, c'est vous qui me dites qui je suis… mais c'est cela qui m'est insupportable et contre quoi je me révolte, quitte à me révolter contre vous dont j'ai tant besoin ! ».

La colère, l'agressivité, témoignent de la difficulté de l'enfant à dire non à ses parents pour pouvoir se dire oui à lui-même. Il crie, il s'affirme avec violence et opposition faute de savoir comment dire « Non je ne suis pas comme vous » (aimeriez que je sois), sans déclencher le rejet qu'il redoute. S'il crie, c'est pour combler le vide identitaire qu'il éprouve, celui qui le rend impuissant à exprimer un refus sans se sentir en danger d'être exclu. Il a expérimenté et accumulé des souvenirs au cours desquels son « non » occasionnait une fermeture de la part de l'autre qu'il a vécu comme une menace de rejet. Cette fermeture était le résultat de l'émotion de ses parents ou d'autres adultes. Mais cela, l'enfant ne le savait pas et il a conservé dans la mémoire de son cerveau émotionnel la trace de la menace.

Le non que le petit découvre vers trois ans, dont il se délecte et qu'il expérimente avec curiosité, est de même nature que celui de l'adolescence : c'est une façon de se poser face à l'autre qui n'est pas soi, de s'opposer et de découvrir le face-à-face. Il n'est pas destiné aux parents mais à l'enfant pour lui-même, pour se différencier et sortir du lien d'identité fusionnelle de ses débuts de vie. C'est l'introduction d'un oui à lui-même en tant que personne différente.

En réaction de lutte efficace, l'enfant cherche en effet à affronter le danger que constitue le fait de se différencier avec le risque de ne pas être accepté. Il ne sait pas encore, puisqu'il ne l'a pas expérimenté suffisamment, s'il peut survivre à cette distinction, cette distance entre lui et l'autre. Alors la colère, les cris, l'agressivité, tentent dans l'urgence de réunir les deux ingrédients : la présence et la reconnaissance de celui dont il cherche à se séparer et la revendication de son identité. Là aussi, il veut le beurre, l'argent du beurre et l'accord de papa maman. Même s'il n'aime pas être violent – au point d'en vouloir à son entourage censé le mettre en colère – il ne trouve pas d'autre voie pour exprimer son mal-être, son besoin de se séparer et de se différencier sans rien perdre de la reconnaissance et de l'amour de ses proches. Il en devient provocateur, parle avant les autres, les « cherche » pour ne pas être mis en situation dangereuse, celle du NON impossible à dire sans conflit, interne ou externe. Il défie l'entourage de l'aimer malgré son agressivité et sa violence. Et quand il est rejeté, il vérifie qu'il devra mieux assurer son pouvoir la prochaine fois, et donc mieux prouver sa valeur... Car toujours, en réaction de lutte, le doute le tenaille quant à sa propre estime.

C'est ce doute, cette épée de Damoclès au-dessus de son être, qui doit être maîtrisé coûte que coûte pour éviter le rejet. Un doute non conscient mais éprouvé et ancré dans la mémoire du corps et du cerveau et, ainsi, justifié au travers de multiples anecdotes qui le confirment. Habité émotionnellement par la nécessité existentielle de prouver sa valeur et son mérite, l'enfant vit la relation comme un conflit potentiel dans lequel il doit au mieux gagner l'estime de l'autre, et au moins ne pas perdre la face ! L'autre lui est autant nécessaire que dangereux en cas de refus.

L'enfant ne se sent satisfait que quand il reçoit des autres la valorisation dont il ressent le besoin et qu'il considère alors comme un dû. Le voilà soulagé, à court terme seulement tant que cette valeur ne prend pas corps en lui. C'est ce qui explique aussi la difficulté qu'il éprouve à remercier l'autre de la reconnaissance qui lui est donnée : puisqu'il s'agit d'un dû, d'une justice qui lui est enfin rendue et qui annule l'injustice que lui-même a ressentie, nul remerciement n'est dû. Ce n'est que trop juste !

En réaction de lutte efficace, une bonne part de l'énergie est consacrée à la maîtrise de soi et des autres, maîtrise au sens de se rendre maître et d'être considéré comme un maître : l'enfant peut se faire stratège pour obtenir des autres cette image positive et aimable que lui ne s'accorde pas. Même s'il paraît, aux yeux de ceux qui l'entourent, se vanter, se mettre en avant, ne penser qu'à lui. Justement, c'est bien parce qu'il en fait trop pour les autres qu'il montre sa fragilité pour lui-même. Et comme « il est trop », les autres, s'ils se laissent abuser un temps, finissent parfois par ne plus croire à son personnage, ce qui l'exaspère – autrement dit ce qui réveille sa peur du rejet – et l'oblige à en faire encore plus. C'est l'engrenage émotionnel, chargé de pallier le vide identitaire dans l'urgence.

Poussé par ce besoin fondamental, l'enfant poursuit sa construction identitaire, cherchant chez les autres les signes de reconnaissance tant qu'il n'a pas appris à faire autrement.

Comment repérer l'état de lutte efficace chez l'enfant ?

Quelques mots suffisent à reconnaître la réaction de lutte efficace car, contrairement à la réaction de fuite ou de repli sur soi, le champ d'expression de cette émotion est la relation à l'autre. C'est dire si chacun est concerné et donc plus à même de repérer les symptômes. Mise en tension du corps, exigences, affirmations péremptoires, cris, colères, dialectique efficace, souci de prouver, d'expliquer qu'il a raison, critiques, reproches, choix amicaux en fonction du niveau de reconnaissance accordée et rupture dès qu'il y a refus, orgueil, vantardise, prise de parole sans la lâcher, rancœur, recherche active du compliment, attitude de leader, besoin d'une « cour » autour de lui, goût pour la collectivité et les règles, surtout celles qu'il impose, sens de la hiérarchie, surtout quand il est en haut, respect des autres, surtout quand ceux-là le reconnaissent, esprit de décision, calcul, insolence... Autant de façons de parler du comportement de l'enfant en lutte, version efficace. L'essentiel chez lui c'est de gagner pour ne pas perdre la face.

Son corps trahit cette émotion qui l'habite par la dureté de son regard, des traits de son visage et notamment de sa bouche. La voix elle-même est plus dure, voire cassante, et monte volontiers dans les aigus quand il y a cris et colère. Si le corps en réaction de fuite efficace s'agite, en lutte, il se pose en face de l'autre de façon offensive, il s'oppose, « prêt à l'attaque ». Le regard ne fuit pas, il cherche à prouver, à convaincre et à dominer, attitude souvent perçue par les adultes comme arrogante.

> « On s'est disputé avec mon père à propos d'un samedi après-midi où je voulais aller jouer au foot avec mes copains et où mon père était contre à cause d'une sale note et de deux heures de colle dans la semaine. Ce n'est pas juste, ça me faisait une punition supplémentaire... Qu'est-ce que ça peut lui faire que j'aille jouer au foot ? Il veut toujours que je fasse du sport, et pour une fois que je veux en faire, il est contre. Je lui ai tenu tête et il n'arrêtait pas de me dire de baisser les yeux, d'arrêter de le regarder comme ça, que je le narguais. Et moi, je faisais exprès de le regarder ! » Thomas, douze ans.

Efficacité oblige, en réaction de lutte, l'enfant ne lâche pas – sa proie, son besoin d'identité, l'autre qui doit le reconnaître... Il tient bon et a une endurance qui lui tient lieu de valeur. « Il en veut ! » disent de lui les parents, mi-fiers, mi-troublés par une telle exigence : endurance scolaire, sportive, affective, amicale, est le « bon » côté de la réaction ; rancœur, dépit, mépris, dédain et rejet de l'autre sont les « mauvais » côtés de la même réaction. D'ailleurs, il s'énerve volontiers, un rien l'agace et il le manifeste par des mots qui touchent l'adversaire. La moquerie comme l'humiliation sont ses armes favorites, d'autant que l'enfant s'est convaincu que la meilleure défense, c'est l'attaque.

Parfois, un gant de velours entoure la main de fer de cette lutte vitale : stratégies de séduction, de persuasion, cadeaux, gestes d'affection, perdent en gratuité ce qu'ils gagnent en retour d'amour et de reconnaissance, avec en fond la peur de ne pas les recevoir, écho du doute à les mériter et du manque d'identité face à l'autre.

Dans cette même logique émotionnelle, l'enfant va tromper son monde et chercher à le manipuler pour obtenir de lui ce dont il éprouve le besoin. Ainsi mobiliser l'attention, raconter des histoires dont il reste le héros, occuper l'espace et le temps de son entourage, participent de cette stratégie de survie.

Spirale infernale selon le témoignage d'une mère : « À table, chacun veut placer son mot et accaparer la parole ! Et Sophie, à huit ans, n'est pas la dernière à s'imposer : elle commence une phrase et si ses frères l'interrompent, même pour demander le pain, elle hurle “Je parle !” et recommence la même phrase. Ses frères alors la provoquent et prennent un malin plaisir à la couper à nouveau… Quand son père ou moi l'aidons à finir son histoire, ses frères la traitent de “chouchou” et de “pourrie gâtée”, ce qui la fait enrager. Si nous ne disons rien, elle nous en veut et nous accuse de ne pas l'aider en faisant taire ses frères et ça peut se terminer par des pleurs. Bref, quoi que nous fassions nous avons tout faux ! » « Larmes de crocodile », disent ses frères qui se sentent manipulés par la petite Sophie. « Qu'elle se débrouille », dit son père qui se sent trahi dans l'aide et les solutions qu'il propose pour éviter les drames…

Sociologues, psychologues ou éducateurs qualifient certains comportements de lutte efficace de « délinquants » : ils ont comme points communs le conflit avec l'autorité, le besoin de prendre le pouvoir et d'affronter la loi et ses représentants. Réservé aux adolescents pendant longtemps, le terme s'applique à des enfants de plus en plus jeunes pour les mêmes raisons. Les jeux ambigus de la violence, les mots provocateurs, les coups, l'appartenance à une bande, les transgressions de la loi, le territoire... Autant d'indicateurs d'une recherche identitaire par la lutte et la loi du plus fort. En d'autres termes, il s'agit encore de se montrer fort pour ne pas éprouver la faiblesse et risquer le rejet. Visibles parce que, sous les scoops des journalistes dans les zones urbaines dites à risque, ces comportements relèvent de la même bio-logique que ceux d'enfants plus privilégiés qui éprouvent la même peine à se créer une identité différente face à l'autorité des adultes. Seuls les moyens changent et avec eux les conséquences sociales et... pénales ! Si étrange que cela puisse paraître, au niveau du cerveau émotionnel reptilien, Sophie et les délinquants partagent le même manque, éprouvent la même difficulté d'être et y pallient dans l'urgence de la même façon. Ce qui change, c'est le décor, le cadre et, bien sûr, surtout, les réponses qui leur sont données.

Le regard des parents : un amour au conditionnel

Les parents de l'enfant en lutte efficace sont eux-mêmes dans une souffrance d'identité : ils attendent de leur enfant qu'il les soulage, voire qu'il les guérisse. En retour ils sont prêts, le plus souvent, à accorder leur reconnaissance et leur amour. Toutefois, il faut que l'enfant réussisse !

C'est ainsi qu'un père avait fait cadeau à son fils de huit ans du beau texte de Rudyard Kipling « Tu seras un homme, mon fils » alors que lui-même ne parvenait pas à se remettre de son licenciement et oscillait entre rancœur et dépression... Ces parents attendent et exigent – car les deux font la paire – de leur enfant qu'il leur donne des preuves de sa réussite, de sa personnalité, de son savoir car eux en ont besoin pour satisfaire leur identité blessée. Leur reconnaissance, leur amour vis-à-vis de l'enfant peut se donner à cette condition. Un « je t'aime si... » parfois maquillé en « je t'aime quand... ». Faute de preuves – notes scolaires, bonne conduite, réussite sportive, projet professionnel, engagements, etc. – les parents souffrent et sont en manque de... leur enfant ! Celui-ci n'assure plus leur fierté, leur satisfaction et même leur orgueil, ce qui bien sûr déclenche chez le fils ou la fille un vécu de faute et de pression pour mieux correspondre à leurs attentes et leur faire plaisir. Pression sur lui-même, pression aussi sur l'entourage qui est aspiré par le conflit intérieur que vit l'enfant.

L'attente parentale se traduit par l'excès ou le vide, ni l'un ni l'autre n'étant «juste» par rapport aux actions de l'enfant. Par exemple, tout ce qu'il fait et qui concourt à leur satisfaction d'identité est fêté au-delà de la valeur même de la note ou de la réussite et, finalement, lorsque la bonne note devient un triomphe, cela sonne faux ! L'enfant se trouve dépossédé de sa propre identification au profit du parent qui s'en glorifie. Quand ce parent s'approprie la réussite de l'enfant, ce dernier n'a plus pour se satisfaire et se reconnaître que la fierté de son père ou de sa mère dont il devient dépendant. Sa note lui assure leur reconnaissance. Et s'il échoue ? Non, il luttera pour ne «jamais» échouer.

Mais il y a aussi l'attente qui se traduit par l'absence de fête et de compliment. Alors, ce que fait l'enfant est normal ; n'est-ce pas «le moins qu'il puisse faire» ? Les parents racontent volontiers au reste de la famille ou à leurs amis les prouesses de leur rejeton, mais il ne leur vient pas à l'idée de le féliciter, lui. Et parfois même, le besoin existentiel que le petit réussisse est tel qu'ils insistent sur ce qui est encore à améliorer. Ainsi, ils veulent garantir ce succès, car ils attendent mieux !

«Tant que je n'aurai pas 22 sur 20, de toute façon, elle ne sera pas contente !» disait Louis de sa mère, elle-même en grande souffrance de n'avoir pas fait d'études, parce que «toute l'attention était centrée sur mon frère, plus brillant que moi à l'école». L'enfant se sent devoir à ses parents sa propre identité. Se crée ainsi une codépendance autour du devoir : c'est à la fois grâce aux parents que l'enfant réussit et pour eux, pour les satisfaire. «Comme on t'aime beaucoup, tu nous dois beaucoup.» Ce que l'enfant peut traduire par : «Tu dois nous donner beaucoup pour que nous t'aimions et te reconnaissions beaucoup.»

Et si les résultats font défaut ? Alors que la blessure identitaire se trouve chez les parents avec l'émotion et la douleur, l'enfant lui a la sensation vraie qu'ils lui en veulent, qu'il doit se reprendre pour réussir, qu'ils ont besoin de lui pour survivre à leur blessure, augmentant ainsi pression, attente et exigence. L'enfant prend la faute sur ses épaules. Cette reconnaissance au conditionnel est un puits sans fond.

L'enfant a du mal à se définir, du mal à préciser à lui-même et aux autres qui il est, sans faire référence au plaisir de ses proches : «Je ne suis bien que s'ils sont satisfaits et fiers... quitte à ce que mon identité leur serve de nourriture.» Cercle vicieux puisque les signes de sa valeur donnés par l'enfant à ses parents encouragent ceux-ci à prolonger, sinon accentuer leur attente et leur exigence. Au point même pour certains parents de considérer cette belle satisfaction comme un dû… et s'offusquer en cas de manquement.

« On s'occupe plus de mon frère qui ramène des notes moyennes à la maison que de moi qui en ramène de bonnes ! À lui l'attention de maman, à moi l'obligation de travailler toujours mieux », racontait Laura, pleine de rage et de dépit, « très agressive avec son petit frère » d'après sa mère. « Il est mon œuvre », disait fièrement un père de son fils. Celui-ci le regardait avec autant de reconnaissance que de malaise.

Suridentifiés par nécessité d'être aimés et reconnus par les parents, ils demeurent en manque de leur propre définition et de leur distinction. Impuissants à se séparer de ceux qui l'identifient, ces enfants grandissent dans la tension et la crainte de les décevoir, autant que d'être déçus par eux.

Et Lucie ?

> « Il y a un an et demi, quand j'ai eu mes premières règles, j'ai senti que je n'étais plus la même pour mes parents. Ils ne m'ont plus regardée de la même façon. Quand ma mère m'a dit “te voilà femme”, elle était agacée. Quant à mon père, il a dit qu'il ne voulait pas savoir, que c'était des trucs de bonnes femmes et que pour lui je serais toujours sa petite fille préférée. Ça m'a fait pleurer et puis je me suis blottie dans ses bras. Mais, au fond, j'avais envie de lui demander s'il continuerait à m'aimer malgré ça ! Et je n'ai pas osé. Je m'en suis voulue d'avoir mes règles parce que j'étais sûre au fond qu'il m'aimerait moins puisque je n'étais plus sa petite fille. Je me suis promis, pour compenser, que je serais encore meilleure en classe. Chaque mois, j'appréhendais la date fatidique et j'étais furieuse, d'autant que j'avais mal au ventre. Une punition supplémentaire. Et plus mon corps se transformait, plus j'étais irritable, plus mes parents me reprochaient de ne pas leur faire plaisir. Ils me décrivaient la gentille petite fille que j'étais avant… Et mes efforts pour leur plaire ne me rapportaient plus rien ! Ce n'était jamais suffisant et je ne savais plus quoi faire d'autre. Je me détestais au fond. Quand je pense à la fierté de mes parents quand ils parlaient de moi à leurs amis, ça me fait mal au cœur… »

> « Maman s'est beaucoup occupée de ma grand-mère qui à la fin vivait à la maison. C'était dur parce que mamie régentait tout et avait beau-

coup d'autorité. Pas comme la mère de papa qui est très douce. Maman la supportait parce qu'elle était âgée et malade, mais moi je trouve qu'elle aurait dû être plus ferme. C'est moi qui la protégeais quand mamie était trop exigeante ! Elle m'écoutait et elle me disait qu'on était pareilles au fond, aussi têtue et forte l'une que l'autre. Ça me rassurait mais je ne l'aimais pas trop. Je me méfiais d'elle. »

« J'étais souvent le sujet de discussion de mes parents et très souvent l'objet de leurs disputes. Ils n'étaient pas d'accord sur un cadeau à me faire ou sur un vêtement à porter. Il s'agissait de moi mais je ne savais pas quoi dire et encore moins choisir parce que si je disais préférer l'un ou l'autre, j'avantageais l'un contre l'autre et je m'en voulais. Le seul moyen, c'était d'anticiper et dire moi-même ce que je voulais. Ils me félicitaient en me disant qu'au moins moi je savais ce que je voulais... Moi ce que je voulais c'était qu'ils ne se disputent pas pour moi ! »

Lucie a raté son envol au cours de son adolescence : le processus de lutte efficace chargé de pallier son manque d'identité l'a maintenue dans la codépendance avec sa famille. Ses parents n'ont pas su et pas pu lui permettre de construire sa propre identité, ni pour eux, ni contre eux, ni sans eux, mais pour elle-même avec eux. Lucie ne se reconnaissait plus en « gentille petite fille sérieuse et douée qui ferait la fierté de ses parents » et pas plus en « jeune fille agressive, trop sûre d'elle et finalement décevante » que lui renvoyait son entourage. Elle avait « tout faux », comme sa façon de se bâtir en force une identité pour exister malgré les attentes et les exigences parentales.

Pierre, lui, s'est éloigné de sa famille après un long conflit avec elle. D'ailleurs, il ne vient plus aux fêtes, « quand je peux faire autrement ». Il a tout misé sur les études et se bat pour réussir, dans un environnement qu'il vit comme hostile : « C'est la jungle maintenant, que le meilleur gagne et tant pis pour les autres ! Ça passe ou ça casse et moi je gagnerai. »

« Je sais que je ne vaux rien »

Quand la lutte a épuisé ses armes, ses stratégies, ou qu'elle a été empêchée, l'enfant perd sa bataille face à un plus fort et la fragile construction identitaire s'écroule : la lutte devient inefficace et douloureuse.

Quand la colère vis-à-vis de « l'adversaire » – celui dont on attend la reconnaissance et dont on se sent dépendant – est empêchée ou impossible, alors elle se retourne contre soi. « Je m'en veux d'être qui je suis », « Je ne me supporte pas » deviennent alors les leitmotive de cet état émotionnel. L'identité est « officiellement » en souffrance et verbalisée comme telle dans une mésestime de soi-même.

Autrui est vécu non comme un moyen de se prouver son propre pouvoir mais comme la preuve de sa propre impuissance : l'autre est, forcément, plus et mieux que soi. Cette dévalorisation peut devenir un véritable autosabotage dans une intime conviction. L'entourage parental, quant à lui, n'est pas prêt à reconnaître l'enfant tel qu'il est et ne pose pas même les conditions pour permettre sa valorisation. L'enfant est alors plus subi qu'aimé, mais pas « non aimé » pour autant. Il est plutôt « mal aimé » parce que différent, en trop, gênant, pas comme il faudrait... sans pour autant préciser ce qu'il faudrait qu'il soit pour satisfaire ses parents. Et ce regard se traduit plus souvent par des non-dits émotionnels que par des mots dits. Pour l'enfant, la construction et l'accès à son identité sont barrés par l'image de lui-même qu'il rejette puisqu'il se sent rejeté, même si les parents sont convaincus, en toute sincérité, d'avoir reconnu leur enfant. Ils auront beau tenter de l'en convaincre, lui ressent – et c'est donc vrai pour lui – qu'il n'est pas accueilli, aimé par eux tel qu'il est et il s'en veut à lui. Ainsi naît une sur-responsabilité que l'enfant endosse et qui l'écrase intérieurement alors qu'extérieurement il passe pour un enfant pénible, exigeant, jaloux et jamais content.

Marc, dix ans, a refusé d'ouvrir ses cadeaux le jour de son anniversaire. Fermé à toute question et tout encouragement, il a fini par quitter la pièce en disant à ses parents qu'il « savait bien qu'il n'était pas leur fils et qu'eux n'étaient pas ses parents ». Puis il a refusé d'ouvrir la porte de sa chambre dans laquelle il s'était enfermé à son père, qui a cherché à comprendre cette soudaine sortie.

« Soudaine ?

– Non, répond son frère. Ses propos font suite à des mois de comportements irritables, de provocations vis-à-vis de son frère aîné, d'agressivité à l'égard de ses camarades. Et même vis-à-vis de lui puisqu'un soir il s'est massacré les cheveux en voulant soi-disant améliorer sa coupe !

– Que se passe-t-il selon vous ?
– Il a toujours été assez jaloux de son frère qui a trois ans de plus que lui, mais ça devient de pire en pire. Il lui prend ses affaires et affirme que les siennes sont “pourries”. Quand l'aîné invite des copains, il veut être avec lui et refuse d'inviter ses amis à lui. Il rouspète et n'est jamais content. Quand sa mère a dû s'absenter pendant une semaine pour son travail, il lui a dit que c'était tant mieux et que de toute façon ça ne changerait rien pour lui. On ne peut rien lui dire sur sa conduite tant il cherche à se justifier pour avoir raison contre l'évidence et les faits eux-mêmes. On voudrait l'aider mais il ne supporte pas qu'on lui demande de nous expliquer ce qui ne va pas pour lui. La dernière fois il a ricané en disant que nous étions bien placés pour le savoir. Je suppose qu'il s'imaginait déjà ne pas être notre enfant ! Mais c'est absurde. C'est notre enfant et nous l'aimons comme son frère...
– Vraiment comme, ou faites-vous une différence ?
– Bien sûr, l'aîné fut une bénédiction, d'autant que j'avais eu du mal à être enceinte. Deux ans et différents médicaments, c'était très long et quand il est né, c'était comme un rêve qui s'accomplissait. Pour Marc, j'ai été plus vite enceinte. Ce n'était pas pareil, d'autant...
– D'autant ?
– Avant lui, j'avais été enceinte, mais j'ai eu un accouchement prématuré et la petite fille n'a pas vécu et ça été très dur. »
La maman pleure. Onze ans après ce triste événement, elle a encore mal aujourd'hui en en parlant.
« Marc est né quinze mois après. C'était un garçon, et bien sûr qu'on l'a aimé tout de suite.
– Mais c'est vrai que tu ne t'es jamais vraiment remise du départ de la petite fille, et tu le sais », dit le mari à sa femme.
Ils sont malheureux tous les deux et gênés, comme s'ils étaient en faute. D'ailleurs, le mot « mort » n'est pas prononcé au profit du mot « départ », plus doux, moins pénible à entendre.
« Marc le sait ?
– Pourquoi le saurait-il ? Il est né après et c'est inutile de rappeler les mauvais souvenirs. Je crois d'ailleurs que l'aîné a oublié toute cette triste histoire. Ne me dites pas que Marc a ressenti que, quand je m'occupais de lui petit, je ne pouvais m'empêcher de penser et d'imaginer ma petite fille ! C'est vrai que je l'appelais “ma petite souris”, c'était idiot ! Mais cela n'explique pas pourquoi Marc en ce moment s'imagine qu'il n'est pas notre enfant... »

Sans doute, cet événement à lui seul ne justifie pas l'attitude de Marc en lutte inefficace. Pourtant il l'éclaire et lui donne sens au travers de la difficulté à construire sa propre identité face au double regard que sa mère portait sur lui.

Devenir soi quand ses parents voient ou attendent un autre que soi s'avère un parcours de combattant dans lequel l'enfant ne peut gagner que frustration et colère contre lui-même : « Pour être aimé, je ne devrais pas être celui que je suis, ou bien mes parents ne sont pas mes vrais parents... » Un tel scénario dans l'esprit de Marc est un moyen défensif pour récupérer sa propre identité malgré le trouble qu'il ressent chez ses parents, et particulièrement chez sa mère. Faute de pouvoir se reconnaître dans son regard, il lui est « nécessaire » de s'imaginer une autre mère dont il serait vraiment, totalement, le fils. L'ambiguïté du regard de sa mère crée un doute et un manque qu'il comble dans l'urgence par ce fantasme, et alerte alors ses parents. Sa lutte pour son identité a commencé depuis longtemps, au travers d'une auto-accusation et d'un rejet de lui-même. Ses comportements témoignent profondément d'un besoin de reconnaissance, d'appartenance au sein de sa famille dont il a été amené à douter face aux non-dits familiaux, non-dits verbaux donc émotionnels.

Afin de ne pas ajouter à la tension de Marc, nous convenons avec ses parents que c'est sa mère qui fera le travail pour elle – et donc pour lui – de restauration identitaire, jusqu'à ce qu'elle parvienne à lui parler « à lui », tel qu'il est et non « à la petite souris » chargée de consoler sa mère. Restauration qui l'amènera à changer sa relation : elle pourra regarder son fils autrement, le libérant ainsi d'une identité qui n'était pas la sienne propre. Elle saura mieux l'écouter et exercer alors une autorité plus juste. Ces trois-là, quatre avec le frère aîné, avaient dix ans à réparer...

Dialogue entre Marc et son père.
« Ça changerait quoi pour toi si nous n'étions pas tes parents ?
– Laisse, papa, j'ai dit ça comme ça, je ne sais pas pourquoi, c'est bête...
– Dis-moi quand même. Ça changerait quoi ?
– Je ne sais pas. Vous êtes bizarres, comme si vous n'étiez jamais contents de moi, que j'avais fait quelque chose de mal. Je me dis que c'est peut-être parce que je ne suis pas votre fils et que vous m'en voulez, maman et toi.
– Tu dis cela parce qu'on te dispute.
– Oui et puis vous me regardez bizarrement, surtout maman. Ça me fait drôle.

– Et tu aimerais savoir pourquoi maman te regarde comme ça ?
– Pourquoi ? Il y a une raison ? Je ne suis pas votre fils ? Il faudrait mieux me le dire…
– Non, ce n'est pas la bonne réponse. On aurait dû sans doute t'en parler plus tôt, mais on ne savait pas que ça t'avait marqué. Voilà… »

La difficulté de Marc à se reconnaître est reliée à la difficulté de ses parents à le reconnaître lui dans son identité tant que leur regard est parasité par celle qui n'est pas lui et qui est décédée. Il ne peut s'identifier que s'il peut se détacher, se distinguer de cet autre qu'il ne connaît pas puisque ses parents ne lui en ont pas parlé.

Le processus de reconnaissance est long pour chaque enfant et ne se précise probablement qu'à l'adolescence. Auparavant, il y a eu l'épreuve du « NON » vers deux, trois ans, puis celle du « raisonnement » vers sept, huit ans, baptisé âge de raison et volontiers étiqueté de raisonnable par les parents. Vers dix, onze ans, l'enfant cherche à se reconnaître et donc à se différencier du milieu familial, ce qui ouvre d'autant sa curiosité vers les autres et, une fois parvenu à l'adolescence, l'incite à préciser ses choix à l'intérieur de sa « bande », sa tribu de référence. Pour que ce processus se déroule, il a besoin de la reconnaissance parentale, familiale, scolaire, amicale, etc., car c'est soutenu par elle qu'il apprend à s'apparenter pour parvenir à se différencier. À l'âge de la recherche, Marc lutte et agresse pour s'apparenter à ses propres parents dont l'amour est encore ambigu.

« Je n'ai pas de place »

Julie est en échec scolaire et vit dans la honte depuis qu'elle a entendu sa mère dire d'elle qu'elle est jalouse de sa sœur jumelle. Ce qu'elle dément avec véhémence, se limitant à décrire celle-ci « brillante, intelligente, comprenant tout ce que disent les professeurs et toutes les explications de papa quand il nous aide à faire nos devoirs, et plus jolie aussi… Elle a eu la bonne part du gâteau ! ». C'est bien ainsi qu'elle se voit et qu'elle explique son échec scolaire, logique et fatal compte tenu de son handicap.

« Une seule fois, en histoire, j'ai eu une super bonne note et Nathalie une très mauvaise. De retour à la maison, papa s'est lamenté, tout d'un coup inquiet pour elle, et n'a pas pensé à me féliciter, ou alors un mot en passant. Le soir à table, c'était la consternation et un déploiement d'explications pour la rassurer. Moi, quand j'ai une note en dessous de

la moyenne, personne ne pense à me consoler. De toute façon, dans la famille de mon père, il n'y a que la réussite qui compte et seuls comptent ceux qui réussissent.
– Et tu crois que tu ne fais pas partie du club ?
– Ma sœur oui, mais moi non, c'est un club très fermé et je suis trop cloche et ignorante. »
Les mots sont prononcés avec le sourire, comme une évidence que confirment les notes et les appréciations des professeurs « de la bonne volonté mais doit avoir plus de rigueur et de méthode ».
« Si c'est avec ça qu'ils croient m'encourager ! »
Julie est convaincue de bien se connaître… mais cette reconnaissance ne se fait qu'en négatif.
« Crois-tu, Julie, que regarder un négatif de photo soit équivalent à regarder la même photo sur papier brillant ou en grand sur un ordinateur ?
– Non, on voit moins bien, pas en couleurs. D'ailleurs, on ne la regarde pas du tout ; comme moi, on ne me voit pas…
– Peut-être parce que tu te vois en négatif justement ? »
À l'école, Julie est en grande souffrance : ses notes et son comportement réactif, jaloux, parfois provocant, font d'elle le « bouc émissaire » de l'exaspération de ses professeurs. En n'en faisant qu'à sa tête, elle est devenue leur « tête de Turc » ! C'est avec des tremblements de rage dans la gorge qu'elle raconte avoir pris deux heures de colle parce que sa règle était tombée pendant le cours de maths. Les professeurs, dans leur propre logique de respect du règlement et des consignes, ne lui laissent guère de chances d'améliorer son image. Elle-même endosse le rôle de victime avec fatalité :
« Quoi que je fasse, j'ai tout faux et ils me tombent dessus même si je n'ai rien fait… Ils sont sadiques.
– Que signifie "sadique" selon toi ?
– Eh bien, pire que méchant, qui aime être méchant.
– Et si, en parlant d'eux, c'est aussi de toi dont tu parles ? Et si c'est avec toi-même que tu es méchante, même sadique, avec cette habitude de te regarder comme une cloche qui rate tout ?
– Mais c'est vrai que je rate tout ! Regardez mes notes…
– Quel avantage tires-tu de cette triste image de toi ?
– Un avantage ? Mais aucun, il n'y a que des désavantages.
– Le cerveau est comme un animal domestiqué : il ne reproduit un comportement que quand il procure plus de bénéfices que de désagréments. Si tu as conservé cette habitude de te dévaloriser, il doit bien y avoir quelques avantages cachés…
– Ça me rappelle la fois où ma grand-mère m'avait offert une poupée plus jolie que celle qu'elle avait offerte à ma sœur. Je me suis sentie

triste pour elle. Je n'ai pas voulu y jouer, j'avais peur que ma jumelle m'en veuille. En fait, je ne supporte pas qu'elle ait quelque chose de moins bien que moi.
– Au point de saboter ton propre travail ?
– Peut-être, je ne sais pas.
– Faisons une hypothèse ! Et si c'était l'image négative de toi qui était aussi à l'origine de tes mauvaises notes ? Et si c'était à force de te voir pas douée, pas bonne, pas gentille, pas travailleuse, pas capable... que tu te mettais toi-même en situation d'échec ? Plutôt que de te dire « mes notes prouvent que je suis mauvaise », si tu te disais « quand je suis convaincue d'être mauvaise, je le deviens ». Qu'en penses-tu ?
– C'est la même chose dans l'autre sens. Ça change quoi ? Je ne pourrai jamais changer ce que je suis.
– Non, pas qui tu es, tu as raison. Il s'agit de te voir en positif pour montrer de toi une image positive et plus juste. Et pourquoi pas, passer de la tête de Turc à la tête de classe...
– Ce serait trop ! »

Pour se reconnaître, il convient déjà de se connaître, processus de naissance (naître) avec soi-même (co) et les autres, et donc être à l'écoute de sa propre nature. À défaut, Julie n'écoute et n'entend que ce que les autres, parents et éducateurs, attendent et exigent d'elle, ne voit que leurs craintes, voire leur dépit. Elle est d'autant plus attachée à cette image en négatif d'elle qu'elle y trouve un avantage dans sa relation avec sa sœur.

L'autoaccusation

À défaut d'un regard juste et valorisé sur lui-même, le processus identitaire passe par la « seule » voie défensive possible, celle de l'autodévalorisation et de ce fait de l'autoaccusation. La véritable nourriture ici est justement « l'auto », c'est-à-dire qu'il est plus vivant de se juger soi-même en mal que de ne pas se juger du tout, de ne pas avoir de valeur que pas d'existence. Ça fait mal, mais on survit. Le jugement négatif demeure un processus actif et donc maintient, certes au prix fort, la relation avec soi-même et les autres.

Le bénéfice de cette « autoaccusation » est d'être reconnu au moins comme « mauvais » puisque l'évidence s'est imposée de ne pas être suffisamment bon au regard des autres, des parents, de la fratrie ou des professeurs, et donc au sien. L'enfant est tiraillé entre ce qu'il devrait être pour être reconnu par son entourage et l'impuissance à le devenir. Il omet l'hypothèse, dans ce dilemme insoluble, d'être une valeur en tant que personne, sans autre justification que celle-là. Il en déduit une fatalité de « n'être que », image qui lui sert d'identité, et subit son sort avec rage, aigreur ou jalousie, comme une évidence. Cette perception n'est pas vécue comme une culpabilité, mais comme une injustice. Au tribunal de la vie, l'enfant se défend, avec violence parfois, d'être réduit à lui-même et se révolte contre une faute qui lui échappe mais à laquelle il se sent incapable d'échapper. Il se conduit comme un accusé parce qu'il se veut lui-même autre que ce qu'il est et il attend de son entourage la reconnaissance de la valeur intrinsèque qu'il ne s'accorde pas.

Ce vécu d'accusation lui fait repérer, dans des situations souvent banales et quotidiennes, des détails qui le « confirment » dans son image de lui-même. Arrive-t-il en retard de l'école qu'il s'empresse de se justifier en accusant le conducteur du bus ou le professeur de faire exprès de le retarder. En toutes circonstances, l'état de lutte inefficace a besoin d'un responsable pour porter ce vécu de faute. Que l'enfant tente de se débarrasser de ce poids sur un autre en l'accusant ou qu'il le mette sur ses épaules, demeure en lui cette évidence d'être mauvais, ou d'être le « bouc émissaire » de son entourage, jamais suffisamment à la hauteur. Imagine-t-il que, dans le cas du retard à la maison, il aurait dû conduire lui-même l'autobus, dégager la circulation ou obliger le professer à terminer son cours plus tôt ? S'il est seul responsable de ce retard, imagine-t-il tout simplement qu'il est en faute vis-à-vis de l'identité que son entourage attend de lui, selon lui ? Incapable d'assumer sa part de responsabilité, il l'a déléguée à d'autres. S'il la prend, elle devient écrasante et le transforme en accusé, impuissant à tout faire bien.

C'est au nom d'une perfection inhumaine et impossible à vivre que l'enfant s'inflige cette autoaccusation. Jamais innocent, il se sent face à un tribunal dont il attend le verdict avec déjà une révolte prête à surgir ou une jalousie qui l'isole des autres. Révolte qui l'isole d'abord de lui-même, de sa propre valeur qu'il ne s'autorise pas à reconnaître, sauf par l'intermédiaire d'une dévalorisation du professeur, du parent ou du conducteur de bus… Parfois encore plus violente que celle qu'il s'inflige. Au royaume des aveugles, les borgnes sont rois.

L'autoaccusation entraîne l'enfant dans une spirale conflictuelle avec son entourage et tout particulièrement avec sa fratrie : querelles, batailles, provocations, agressions voire coups, agressivité sur l'autre et/ou sur lui-même, expriment chez l'enfant l'envie de se « débarrasser » de ce qu'il est ou plutôt de ce qu'il voit de lui au filtre de ce qu'il imagine être l'intention de son entourage à son égard. Sa violence lui est renvoyée comme un boomerang et reprochée, ce qui renforce et justifie à ses yeux le mécanisme de dévalorisation.

C'est ainsi que les rapports entre Marc et son frère aîné s'étaient dégradés : le « petit » cherchait à sortir d'une relation dans laquelle le « grand », fort de son âge et de son autorité, témoignait à son cadet peu de douceur et de valeur – du moins dans les mots –, même si par ailleurs il n'aurait pas supporté que qui que ce soit parlât de son frère comme lui le faisait. Pour autant, leurs trois années d'écart avaient développé chez Marc un côté « souffre-douleur », « éternel second » ou « toujours perdant » qui lui collait à la peau. Et plus il se révoltait, plus l'aîné le traitait de « fou furieux », « jaloux » ou tout autre mot qui élargissait encore le fossé entre les deux frères. L'intention intelligente de prendre de la distance vis-à-vis des jugements pénibles de l'aîné était juste, sauf que cet éloignement défensif ne modifiait pas l'autoaccusation, le manque d'estime et l'image négative de Marc vis-à-vis de lui-même. Si la distance évitait d'aviver la plaie, elle ne permettait pas de la guérir.

Quand Julie et Marc accusent leur entourage, c'est eux-mêmes qu'ils accusent, à qui ils reprochent de n'être qu'« eux-mêmes », pas à la hauteur des attentes et des exigences de leurs parents, des autres. Le plus souvent ce « détour » dupe l'entourage qui entre alors dans un cercle vicieux de justification et… d'accusation qui ressemble à un tribunal !

S'il y a victime, il y a bourreau

Le ressenti intérieur de l'enfant en lutte inefficace est, en toute bio-logique, celui de l'injustice. Injustice à être maltraité, à recevoir une remarque, à un refus de sortie ou de télévision, à trop de devoirs à faire, à tout événement vécu dans un manque de reconnaissance. « On est injuste avec lui ! » « On » indéfini ou accusateur, ciblé sur une personne ou une situation qui le transforme en victime. S'il subit ce conflit et en sort perdant, c'est qu'on lui en veut, que l'autre, les autres et le destin lui en veulent. Par cette voie il tente de récupérer *in extremis* son identité. Il ne peut être perdant, accusé d'être mauvais que si l'autre a tort, que si l'autre se trompe et que lui-même est victime de cette erreur de jugement. Ainsi l'honneur est sauf, cette vertu liée à l'image identitaire et si proche de l'orgueil quand elle est vécue sur le mode défensif de la lutte.

Le vécu d'injustice est implicite avec le système victime-bourreau : la victime en veut au bourreau qui en veut à la victime qui… C'est l'histoire de la poule et de l'œuf, quant à déterminer qui a commencé entre l'un ou l'autre. Dans un conflit au sein d'une fratrie, chercher à savoir qui le premier a démarré les hostilités, qui est le bourreau et qui la victime amène rarement la paix, plus souvent ajoute à la confusion tant le système est imbriqué dans l'(auto)accusation des deux enfants, entre eux parce que en eux. En effet, victimes de leur propre mésestime d'eux-mêmes, ils se font bourreaux de leur entourage et contribuent ainsi à accentuer le processus à leur égard. De même, en s'autoaccusant et en devenant leur propre bourreau, ils se font les victimes de ce même entourage, « acceptant » des humiliations qui accentuent encore leur autodévalorisation.

Cette acceptation est « bio-logique » : l'absence de reconnaissance de l'enfant à son égard et le rejet qu'il s'inflige, puisqu'il est « mauvais », font menace sur son intégrité. En acceptant d'être victime, il espère encore trouver auprès de son bourreau un peu d'amour et de bienveillance. Même quelques miettes de la part de celui-ci auront un meilleur goût que le rejet de l'enfant par lui-même. Il serait déjà moins perdant, ce qui est déjà un soulagement. Ce lien étrangement intime entre victime et bourreau porte un nom en psychologie, le syndrome de Stockholm. Il évoque l'attachement de la victime à son bourreau, lien qui peut aller jusqu'à comprendre, voire prendre le défense de son agresseur. Cette association se manifeste entre ces deux êtres parce qu'elle existe à l'intérieur de chaque être vivant quand il est mobilisé par une émotion de lutte. Son image de lui-même en négatif le porte à devenir victime « consentante ».

Pour parvenir à garder son équilibre, cette homéostasie que réclame sa nature bio-logique, l'enfant devient le bourreau… des autres puisqu'il l'est de lui-même. L'un ne peut se vivre sans l'autre. En devenant bourreau, il tente de se rendre justice. Justice à court terme car vécue sur le mode défensif en urgence. À moyen et long terme, il aggrave l'image dévalorisée qu'il s'inflige et il s'en veut encore plus puisque son entourage lui reproche son agressivité et sa violence.

« Je n'ai aucune valeur, je ne vaux rien, je me trouve lamentable… et en plus je suis orgueilleux ! » racontait un jeune garçon de dix-sept ans. Mais comment pourrait-il ne pas être rempli d'orgueil avec une telle image de lui-même ? Sa vanité est en effet une bouée de sauvetage qui l'empêche de couler encore plus au fond. Pas étonnant à ce qu'il s'y accroche malgré les remarques des siens qui lui en veulent de sa vantardise.

Le système victime/bourreau fonctionne comme un balancier : tantôt Dr Jekill, tantôt Mr Hyde, l'enfant ne parvient pas à se définir de façon positive à ses yeux, continuant à chercher chez l'autre une reconnaissance et une valeur qu'il renie lui-même au nom d'une différence qu'il rejette, au nom d'une appartenance au groupe dont il se sent privé.

« Trop différente de ce que mes parents attendent de moi ! On ne pourra jamais s'entendre ! » disait cette jeune fille qui n'écoutait pas mieux sa valeur que ses parents n'écoutaient et ne respectaient sa différence et les choix qu'elle entraînait.

Comment repérer un état de lutte inefficace ?

« Il faut que je me batte… mais je suis perdant d'avance. » L'enfant en lutte inefficace est fermé, froid, peu sociable et plutôt sur la défensive, prêt à bondir s'il se sent mis en cause par l'attitude ou les propos de son entourage.

Il est plutôt solitaire mais, à l'intérieur d'un groupe, il ne se désolidarise pas et il évite de s'affirmer pour ne pas se confronter, toujours convaincu qu'il n'aura pas le dernier mot. Il n'est pas volontiers aimable avec les autres, est même plutôt renfrogné. Cette froideur se traduit par une voix dure, parfois cassante et un regard qui juge. Son corps aussi paraît lutter, même au repos ! Quand la confrontation s'avère ainsi perdue d'avance, alors tous les arguments sont « bons » pour s'affirmer quand même, de la séduction à la manipulation, de la démonstration à l'humiliation, du petit coup au coup de poing.

En reniant sa valeur, l'enfant développe un tempérament de jalousie : l'autre a toujours plus et mieux que lui. Il peut être intarissable quand il parle de la petite sœur préférée de maman ou du frère plus aimé de papa et muet quand il parle de lui… Ou bien il parle de lui en négatif au travers de « tout ce qu'il n'a pas ». Fin observateur du positif des autres, il en devient aveugle sur le sien qu'il renie et il leur accorde ce qu'il se refuse : ils sont beaux et aimés quand il se trouve moche et mal aimé. Il en est amer, dépité ou rancunier.

Quand la pression et le manque sont trop forts, l'enfant se fait hargneux et accusateur : agressif, violent, le voilà qui pince ses camarades, donne des coups de pied dans les portes ou parfois se tape lui-même. Il crie, hurle, se débat et en veut aux autres, à lui et à la terre entière. S'il apprend à se maîtriser en grandissant, c'est pour mieux exercer son verbe et ses arguments. La violence physique est devenue verbale et stratégique mais la même appréhension de perdre demeure et rend l'adolescent dangereux pour lui-même et les autres. Très réactif à défendre son identité qu'il vit comme menacée, il se méfie et s'assimile à une bande car il se sent plus fort et moins rejeté. Ensemble, les enfants constituent ce que les adultes nomment les délinquants. Fragiles individuellement, redoutés et redoutables en tribu, ils forment à eux tous une seule identité : même langage, mêmes vêtements, même histoire, mêmes convictions et mêmes peurs.

En lutte inefficace, l'enfant a besoin des autres pour se sentir exister. C'est un pseudo-solitaire qui aime agacer ses frères et sœurs, provoquer ses professeurs et participer au chahut en classe. Il semble chercher à se faire remarquer par des bêtises car il obtient là une reconnaissance qui est « mieux que rien ». Mais dès qu'il lui est demandé de s'affirmer, de parler de lui ou en son nom, le voilà qui s'énerve et envoie promener son interlocuteur.

Un professeur raconte son expérience avec un élève de quatorze ans en quatrième, agité et grand professionnel de la perturbation en classe : « Depuis des semaines, je tentais d'obtenir de lui qu'il change d'attitude, soit en parlant avec lui, soit en le réprimandant en classe, soit en le punissant. Il avait déjà accumulé plusieurs heures de colle les mercredis et j'avais l'impression que cela ne faisait qu'aggraver son comportement. Alors, un matin, en le voyant déclencher les hostilités dès les premières minutes du cours, je lui ai demandé de venir sur l'estrade nous faire son numéro et raconter devant toute la classe ce qui faisait tant rire ses camarades. J'ai dû insister pour qu'il déploie son mètre soixante-dix. C'était de ma part et en toute sincérité une occasion que je lui donnais de s'exprimer autrement que couvert par ses copains. Il a commencé à parler et à rire, mais le cœur n'y était pas et ses camarades n'ont pas suivi. Cette brusque "mise sur scène" les a tous mis mal à l'aise. Il lui était plus facile de jouer les provocateurs dans le groupe que d'assumer ce rôle sous le regard de tous. Il a demandé lui-même à revenir à sa place et n'a plus rien dit le reste du cours. Mais je le sentais mal dans sa peau et fermé. Aussi malheureux que revanchard. Sur le moment, j'avais l'impression qu'il ne me pardonnerait jamais de l'avoir mis en échec devant ses amis. Mais j'ai appris plus tard par un autre élève que c'est plus à lui qu'il en voulait de ne pas "avoir assuré" ce jour-là.

L'agressivité de la lutte inefficace est celle du mauvais perdant : perdre au jeu, c'est perdre la face et vérifier qu'on n'est pas capable de gagner et ça fait mal ; alors l'enfant triche, accuse les autres d'avoir triché au jeu ou d'être nuls, et envoie promener les cartes d'un grand coup de colère... Il part furieux, déçu de lui-même, une blessure d'orgueil supplémentaire à son actif.

Que l'entourage essaye de lui expliquer que ce n'est qu'un jeu et que, la fois prochaine, c'est peut-être lui qui gagnera et sa révolte redouble : « Vous me prenez pour un imbécile ? » L'entourage, non, mais lui-même se voit comme tel et s'en veut d'être tel qu'il est. Qu'un autre, enfant ou adulte, se moque de son échec et de son comportement de mauvais perdant, et il peut devenir agressif et violent : il met en pratique le système de défense dans lequel « la meilleure défense est l'attaque » et cherche à gagner par les poings ce qu'il a perdu au jeu. La rage l'habite, il peut vite perdre le contrôle de lui-même et devenir dangereux...

Comportements jaloux, agacés, sournois, agressifs, manipulateurs, provocateurs, méprisants, violents, pervers, harcelants, que de qualificatifs pour décrire la douleur de l'état de lutte inefficace, de l'identité en mal de reconnaissance, en mal d'appartenance au groupe ! Que de termes dévalorisants pour définir une image de soi dévalorisée. Telle est la bio-logique du système de défense, qui inscrit l'enfant dans un cercle vicieux.

« Qu'est-ce que j'ai fait au ciel pour avoir une fille aussi agaçante », se plaignait un père en poursuivant : « si au moins je savais pourquoi ! » Réponse : « Parce que je suis très agacée et c'est pour ça que j'agace. Alors demande-moi plutôt pourquoi je suis agacée et je te répondrai... peut-être ! »

Un cadre familial mal identifié

Un manque de reconnaissance familiale a été transmis à l'enfant en lutte inefficace. Par manque de reconnaissance entendons et ce qui lui a été donné et la souffrance familiale elle-même : les parents ne peuvent que transmettre ce dont ils sont porteurs en eux et c'est en toute évidence, en toute honnêteté, qu'ils éduquent leurs enfants avec des phrases trop souvent dévalorisantes et des mots de déception.

La souffrance identitaire donne volontiers aux parents des comportements non seulement impatients mais aussi abusifs. Ils ont alors bien du mal à se satisfaire des résultats de leurs enfants et aimeraient recevoir plus et mieux, officiellement pour le bien de l'enfant, et de façon plus occulte et pas forcément consciente, pour leur propre gloire. Être le père, la mère d'un enfant doué et qui réussit, voilà de quoi guérir leur propre blessure. Pour autant, transmise par un parent dont la peur de l'échec parasite toute satisfaction, cette exigence devient dure et vite teintée de déception. La reconnaissance est alors filtrée et n'est retenu que ce qui satisfait le parent. Tout le reste est normal, oublié ou « la moindre des choses ». Ce qui satisfait est le plus souvent scolaire, c'est-à-dire cet aspect de la vie sociale qui doit contribuer à la réussite, la reconnaissance, l'argent. Parfois il s'agit du sport ou de la culture. En tout état de cause, l'amour parental se monnaie et l'enfant développe son identité en fonction de la satisfaction parentale comme un objectif inaccessible : ce qu'il lit dans le regard de ses parents se nomme la déception, l'attente de mieux, l'anticipation d'un échec qui serait un drame, voire le rejet en cas d'échec. L'enfant se sent à l'origine de la frustration de son parent, faute d'entendre celui-ci s'approprier son ressenti. Le regard appartient en effet à l'adulte et le concerne, lui, dans sa propre histoire. Pourtant, c'est l'enfant qui se l'approprie, en hérite, croyant en toute évidence que ce regard parle de lui : il lui dit qu'il n'aura pas le droit d'être reconnu, aimé et d'appartenir à sa famille sauf à guérir la blessure identitaire de ceux qui lui ont fourni son identité. Mais surtout, et c'est ce qui accroît la dimension inefficace de la lutte, cet objectif est vécu comme impossible à atteindre. Le message parental est transmis sous forme de « Prouve-moi que tu es capable… mais j'ai bien peur que tu n'y arrives jamais » ou encore « Ce serait trop humiliant pour moi que tu réussisses car tu me prouverais que moi, ton parent, j'en ai été incapable».

Double langage caché de la part du cercle familial qui exige et en même temps rejette le développement identitaire de l'enfant. Voie sans issue pour l'enfant qui ne peut satisfaire son (ses) parent(s) :

– La blessure d'un individu ne peut être guérie que par lui-même, et aucune prouesse de l'enfant ne peut réellement soulager son parent.

– Si l'enfant réussit, non seulement la frustration identitaire parentale ne sera pas soulagée, mais il risque de déclencher chez son parent une jalousie, une aigreur et donc paradoxalement augmenter la douleur. Mieux vaut alors demeurer dans l'échec !

– S'il échoue, il demeure fidèle et adhérant à une partie du message qui lui dit qu'il n'y arrivera jamais. En échec... mais se sentant mieux appartenir au cercle familial.

– Le parent qui transmet le double message fait de son enfant l'héritier du conflit que lui-même a eu avec son propre parent, conflit non résolu par lui et transmis comme il l'a vécu, à savoir insoluble.

– Il est des objectifs qui ne sont pas faits pour être atteints – comme l'attente parentale qu'un enfant «en remplace» un autre décédé précocement par exemple, attente éprouvée dans le cerveau émotionnel, même si le cerveau rationnel dénie une telle absurdité.

– Il est tentant pour un parent, dans le court terme de son état de défense, d'utiliser son enfant comme un médicament pour alléger sa propre frustration. Et il est des états de défense qui deviennent des habitudes et des secondes natures... Celles-ci sont fondées sur l'évidence du parent qui croit bien faire en imposant à l'enfant l'image de ce qu'il devrait être (plutôt que ce qu'il est) tout en lui rendant la tâche impossible.

Parents toxiques parce que mal identifiés eux-mêmes. Parents abusifs dans leurs mots, à commencer par le «Tu me déçois, je n'aurais jamais cru ça de toi !», parce que déçus d'eux-mêmes. Parents croyant bien faire en privant leurs enfants de devenir ce qu'ils sont parce qu'eux-mêmes en ont été privés, parce que cela ne leur a «pas trop mal» réussi, parce qu'il n'y a pas de raison pour que l'enfant bénéficie d'une reconnaissance qu'eux-mêmes ne s'accordent pas… Pensant donner une règle, le parent dresse un mur sur lequel l'enfant se cogne.

«Pour aller à l'école, il faudrait que je sois motivé, disait Benoît. Et comme je ne le suis pas, ça ne marche pas.
– Qui dit qu'il faut être motivé pour aller à l'école?
– Papa et maman répètent la même chose.
– C'est quoi être motivé?
– Avoir envie, se lever le matin content et à cinq heures, goûter et aller dans sa chambre faire mes devoirs sans hésiter.
– Quand tu regardes tes parents le matin, comment sont-ils? Détendus, contents d'aller au travail?»
Benoît éclate de rire:
«Papa est pressé, et comme il nous dépose à l'école, il a peur qu'on le mette en retard et de se faire mal voir. Je l'ai entendu le dire à maman. Et maman, elle est fatiguée. Elle dit que c'est à cause de moi qu'elle dort mal et aussi que son travail l'épuise.
– Alors, tu ne les trouves pas motivés selon ta définition?
– Non.
– À ton avis, il y a autre chose qui les fait chaque jour aller au travail, autre que la motivation telle que tu la vois?
– Peut-être. Je peux chercher ou leur demander.»

Une règle est ce sur quoi l'enfant peut s'appuyer pour être et faire. Les parents de Benoît ne donnent pas de règle ici, mais définissent un état interne qui devrait être ressenti – et qui ne l'est pas –, ce que l'enfant vit comme un manque et une faute. Faute de quoi, la mobilisation ne se fait pas. Parents et enfant demeurent dans leurs frustrations.

Manque de «père» et manque d'identité

Dans les propos échangés entre parents, entre éducateurs et responsables des enfants, il circule volontiers cette idée selon laquelle le manque d'autorité serait largement à l'origine des débordements des adolescents, mais aussi des plus jeunes.

Cette autorité est traditionnellement assumée par le père de famille. On parle de démission du père, de son absence pour raison de travail excessivement absorbant ou de divorce, mais aussi d'une évolution culturelle qui a féminisé le cadre familial. Il est reconnu comme nécessaire et juste que la mère et le père se chargent de l'exercice de cette autorité vis-à-vis de l'enfant, au point qu'elle est aujourd'hui validée par la loi.

Et pourtant, l'identité demeure une valeur masculine et donc reliée, dans nos représentations mentales, au père. La notion de « Père manquant, fils manqué » pour reprendre les mots de Guy Corneau est vécue comme une évidence. Que ce manque soit affectif, physique en tant que présence, intellectuel ou même spirituel, il vient résonner sur une identité en souffrance, en mal de communication qui serait source de reconnaissance, pour le père comme pour l'enfant. Celui-ci n'est pas uniquement fils, une fille a autant besoin de cette identification par le regard, les mots et les gestes de son père, mais autrement que son frère.

Cette notion dépasse néanmoins la réalité de l'individu incarnant le père pour rejoindre celle de la puissance masculine et virile qui entre en équilibre avec la puissance féminine et maternante. Rappelons qu'à elles deux elles forment l'individu dans sa réalité d'être, nourri de sécurité et d'identité.

Le « manque de père » vient donc « affamer » ce besoin de reconnaissance et déclencher le palliatif de la lutte, efficace ou inefficace selon l'accès à l'objectif défensif. Le manque d'autorité se lit comme un manque d'auteur : le livre qui existe, auquel on a donné vie demeure pourtant anonyme ! Le livre a beau avoir été écrit, l'enfant a beau être né, exister et être bien vivant, quand l'auteur de ses jours ne se nomme pas en faisant preuve d'autorité avec lui, quand il ne se définit pas comme son père, l'identité est en souffrance, amenant l'enfant à fabriquer des palliatifs défensifs.

Le manque se traduit autant par l'absence que par l'excès. L'abus d'autorité, qu'il se traduise par des mots ou plus encore par la violence physique, fonde la reconnaissance non sur le respect mais sur la peur. C'est dire que la construction identitaire sera, elle, élaborée sur la peur du manque de reconnaissance et donc sur la lutte pour satisfaire celle-ci. Un père peu convaincu du bien-fondé de son image et de son autorité est bio-logiquement dans un conflit intérieur, tiraillé entre laxisme et autoritarisme, en accord ni avec l'un ni avec l'autre. À la façon d'une Cocotte-Minute, il peut accumuler longtemps le laisser-faire et en sortir brutalement dans une explosion de colère. Quant à l'enfant, il oscille lui aussi entre la tentation de profiter du laxisme de son père et la peur du rejet au moment de la crise. Dur, dur de se créer alors une identité clairement définie.

Un père manquant, probablement lui-même fils manqué comme nous le verrons plus loin, éduque son enfant avec sa blessure et sa souffrance auxquelles celui-ci va répondre par une provocation. Il le met au défi de s'affirmer « en vrai », de faire autorité pour lui-même plutôt que de mal exercer son autorité. Il cherche à se battre avec lui. Difficile pour les autres membres de la famille de démêler qui a tort de qui a raison et les causes du conflit se perdent dans la réactivité des deux protagonistes. Cette provocation du père par l'enfant peut être lue dans l'étymologie même du mot : l'enfant parle (*vocare* en latin) devant, à la place de (*pro*), puisque son père est en deçà de sa propre identité. C'est pour l'enfant une question de survie dans une urgence émotionnelle.

Et Marc ?

La révélation des parents quant au décès de leur petite fille à la naissance, quelques mois avant la naissance de Marc, n'agit pas comme un enchantement. Marc lui-même, guettant une information magique qui aurait eu le pouvoir de *tout* changer pour lui, fut étonné et un peu déçu de ne recevoir *que ça* ! Pourtant, cet éclairage fut l'occasion d'exprimer sa colère vis-à-vis de sa mère qui dans son amour maternel avait tu la réalité et généré ainsi la confusion. Cela lui permit de se poser des questions et surtout d'introduire l'« autre » dans ses pensées et son écoute, plus uniquement comme un bourreau, mais comme un autre, avec sa vie, ses douleurs et ses chocs. Lui, ainsi, sortait de la confusion d'avec sa mère grâce au discours vrai de son père. Il apprit à renoncer à l'image fantasmée de papa et maman, censés pourvoir à son identité pour devenir ceux avec lesquels construire la sienne. La « solution » trouvée, en se croyant l'enfant d'autres parents, il n'avait plus besoin d'être pour se distinguer d'eux.

Quant à Julie, elle eut à expérimenter sa propre valeur, quitte à envisager le « pire » : ne pas recevoir d'éloges de son père et, surtout, grignoter de l'estime sur le territoire de sa sœur. Car, derrière sa chronique d'un échec assuré, se cachait la crainte de faire de l'ombre à son aînée et de déclencher la panique de celle-ci, ce qui aurait, pensait-elle, entraîné celle de ses parents. En lutte inefficace, elle protégeait sa tribu, à ses dépens. Apprenant à focaliser son attention sur son savoir et à l'apprécier à sa juste valeur, elle osa mieux donner son avis à table sur des sujets de grands et perçut, avec contentement, un signe de reconnaissance, certes muet, dans le regard étonné et admiratif de son père.

Marc et Julie ont trouvé, sur leur chemin, des adultes pour assurer leur progression. À défaut, le système reptilien ne lâche pas son objectif, celui de maintenir l'intégrité, coûte que coûte, même au prix fort d'une autre attitude défensive : le repli sur soi. Dans ce monde matériel insécure, face aux grands qui prennent toute la place, l'enfant se prend à n'imaginer sa survie que dans une position de soumission. Il se sent impuissant à se faire entendre et reconnaître ; les autres ont « plus raison » que lui ! Il leur abandonne son identité et tente de trouver sa tranquillité dans son monde intérieur.

5

LE REPLI SUR SOI : « MAL DANS MA VIE »

« … un monde où l'action n'est pas
la sœur du rêve. »
Charles Baudelaire

Le processus de survie du cerveau crocodile a plus de deux réactions de défense dans sa besace : le repli sur soi, autrement nommé par Henri Laborit qui parle d'inhibition de l'action, témoigne quant à lui d'une intelligence à survivre à la menace que constitue le manque d'être. Quand, malgré la liberté de bouger, la sécurité n'est pas satisfaite, quand, malgré la différence, la reconnaissance identitaire demeure en souffrance, reste le repli sur soi, cet état qui fige l'enfant sur lui-même en préservant l'essentiel aux dépens du mouvement et de l'expression. Comme un petit animal qui se fond avec la nature pour passer inaperçu du prédateur menaçant, allant jusqu'à prendre la couleur de la feuille ou de l'écorce de l'arbre, l'enfant diminue, parfois même cesse de vivre sa propre vie. Au profit de ce que l'on attend de lui, croit-il. Au profit de sa propre survie certainement.

Tel est l'objectif du mécanisme défensif du repli sur soi : passer inaperçu en réduisant l'expansion naturelle de son être, de son talent, de son désir et de sa volonté. L'enfant y éprouve la peur de déranger, la culpabilité à exister même. Il vit une « petite mort » car coupé de son champ de vie personnel. L'essentiel de son être se trouve alors à l'intérieur, dans un mental, un intellect qui questionne, doute, cherche, analyse et veut comprendre désespérément le pourquoi de la vie. La réaction du crocodile prend un tour métaphysique quand le corps et la relation sont en souffrance, une métaphysique devenue existentielle comme un dernier refuge avant le néant. Car le risque du système de défense est que l'enfant réponde « Rien » à la question « À quoi bon vivre ? ». Comment oublier que le manque de réalité d'être, quand il est ressenti irréparable, est à l'origine du suicide, première cause de mortalité chez les adolescents après les accidents de la route ?

La sensation de culpabilité du repli sur soi et l'évidence d'être coupable imprègnent ce système de défense comme la peur imprègne la fuite et la colère, la lutte. À ce stade de survie la personne ne peut conserver son intégrité sans se couper d'une part d'elle-même, d'une « part de vie ». Être coupable n'a rien de moral ni d'affectif mais relève d'une sensation physique, énergétique et bio-logique, celle d'une coupure entre « soi et moi » : la vie, celle qui s'épanouit, celle qui se réalise en soi est coupée par le vécu de menace qui domine l'être. Le soi se retire et avec lui l'initiative, la créativité, le désir, l'envie, l'intérêt. Seul demeure le moi frileux et coupable d'être là, qui hésite entre la vie et la mort, et se satisfait à court terme d'un silence pénible mais pas dérangeant pour l'entourage.

Le repli sur soi de l'enfant atteint – ou non – son objectif de survie et à ce titre, est efficace ou non. S'il l'est, l'enfant est gentil, passe inaperçu et ne dérange pas son monde. S'il ne l'est pas, si le repli ne parvient même pas à donner du sens à sa vie, l'enfant s'enfonce dans un état de fatigue physiologique et mentale jusqu'à la dépression. Cette dernière n'étant jamais que la réaction inverse à la pression que l'enfant éprouve et vit comme une fatalité.

Au-delà du besoin de sécurité et d'identité existe en chacun de nous un besoin de réalité d'être, de se réaliser, d'être éveillé. Ce désir est parfois « tout » ce qui reste à l'enfant lorsqu'il a la sensation d'être en insécurité affective, d'être mal ou pas aimé, mal ou pas respecté. Alors il s'accroche à cette envie de l'intérieur, d'autant plus qu'il ne trouve pas à l'extérieur des signes qui lui confirmeraient qu'il est désiré tel qu'il est. La vie se retranche à l'intérieur dans une solitude plutôt vécue comme un isolement : l'enfant se sent plus esseulé que seul.

Quand le repli sur soi est efficace…

Antoine est un gentil garçon et ne posait pas de problème jusqu'à ce que les professeurs se plaignent de son manque de concentration et de motivation.

> « On a l'impression qu'il n'est pas là, qu'il a la tête ailleurs. Ses camarades ne se moquent pas trop de lui car là il peut même devenir très

émotif. Cela nous inquiète, le plus souvent il fait de la présence en cours. »

Alors, Antoine, l'enfant sans problème, en devient un pour son entourage.

Il est le troisième d'une fratrie de trois, celui qu'on n'attendait pas « vraiment » et « qui est arrivé un peu en trop » reconnaît sa mère. « On était un peu serré et les deux premiers m'occupaient déjà beaucoup. Il a fallu déménager et j'ai dû arrêter de travailler pour m'occuper d'eux. J'ai eu un peu de mal au début. Et puis Antoine a été dès sa naissance un bébé adorable. Il a été souvent malade, mais sans gravité, sauf un eczéma long à traiter. Il ne se plaignait jamais de rien. Pour aller à l'école, au début, il a beaucoup pleuré puis c'est passé. Il suivait gentiment de classe en classe, dans la bonne moyenne. Mais là en sixième, rien ne va plus. »

Antoine semble écouter ce que dit sa mère mais ne paraît pas concerné par ce portrait qu'elle trace de lui. Dès qu'elle s'adresse à lui, il sourit. Le sourire s'efface quand elle détourne son regard. On le sent plein de bonne volonté et soucieux d'aller bien. C'est d'ailleurs ce qu'il annonce comme une priorité.

« Je ne vois pas pourquoi maman m'a emmené vous voir ! Je vais bien. Je n'ai pas de problème, sauf un peu en classe, mais c'est normal en sixième. Moi ça va, vraiment », dit-il dans un semi-rire.

Difficile de dire qui Antoine cherche à convaincre avec ces mots apaisants, lui-même, sa mère ou le thérapeute. Son regard signifie surtout « laissez-moi tranquille ».

Quand il raconte sa vie, ses souvenirs de petit garçon de onze ans, il parle surtout… des autres : on apprend beaucoup sur ses grands-parents maternels et paternels, surtout mamie, avec laquelle il passait les mercredis, si calme et qui l'encourageait à lire et regarder des cassettes de film.

Antoine évoque les disputes de son frère avec sa sœur : aucun détail ne lui a échappé et il semble intarissable sur le sujet. Il décrit son père discret qui fait une collection de timbres. Tous les samedis et dimanches, celui-ci va au marché aux timbres. Petit, Antoine allait avec lui mais cela ne l'intéresse plus. Et sa mère, toujours active même le week-end, qui ne s'assied jamais et est toujours sur son dos.

– Enfin non, pas sur mon dos, elle veut m'aider à travailler et que je me concentre plus. Elle a sans doute raison.
– Tu aimes qu'elle t'aide à travailler ?
– Pas trop, non, enfin je ne sais pas.
– Qu'est-ce que tu comprends quand les professeurs et tes parents te disent que tu n'es pas assez concentré ?
– Je ne sais pas… Pas assez attentif ou que je ne réfléchis pas assez. Pourtant j'ai l'impression que je fais attention et même beaucoup, surtout à la maison quand je fais mes devoirs. Mais je ne comprends pas ce qui se passe, mes notes ne sont pas terribles. Enfin ça va quand même !
– À quoi t'intéresses-tu ?
– Un peu à tout.
– Peux-tu préciser ?
– Oui, non, je ne sais pas… J'aime bien certaines histoires dans les livres avec de la magie, qui font un peu peur et des héros qui arrivent à faire des choses extraordinaires. Cela me fait rêver. Maman me dit que je ne suis pas fait pour ce monde, que j'en ai un autre dans la tête et que je suis pas concentré parce que je pars dans mon monde à moi plutôt que d'écouter les professeurs et de travailler dur. Je n'aime pas ce qui est dur et compliqué. »

J'ai envie d'avoir MA *place dans l'orchestre*

« Je n'ai pas envie. » Tels sont les mots qui reviennent le plus fréquemment dans la bouche de l'enfant replié sur lui-même. Pas envie, pas besoin, pas intéressant, inutile… Autant d'évocations qui témoignent de ce système de défense qui consiste à se dégager de toute prise d'initiative et d'actions qui pourraient déranger.

La métaphore de l'orchestre permet à l'enfant de saisir son importance dans le monde – et pas uniquement dans le sien, celui qu'il s'est construit en retrait :

« Imagine un orchestre : plusieurs violons, des violoncelles, des hautbois, des clarinettes, des flûtes, des cymbales… Mets-toi à la place d'un violoniste : te voilà assis entre tes camarades de l'orchestre, bien posé sur ton siège, un œil sur la partition, un autre sur le chef d'orchestre. Tous les violonistes autour de toi jouent la même partition que toi. Ce soir-là, tu n'as pas envie de jouer. Que fais-tu ?

– Il faut bien que je joue pour les autres.
– Tu veux dire que c'est la seule raison pour laquelle tu joueras ?
– Oui, je n'en vois pas d'autres.
– Cela te fait plaisir de jouer pour les autres, uniquement parce que les autres attendent que tu joues et que tu les gênerais en ne jouant pas ?
– Je ne sais pas... Je me sentirais mal si je ne le faisais pas, ils m'en voudraient. Ce ne serait pas bien.
– Tu manquerais à la symphonie ?
– Je ne sais pas ! Non, l'orchestre n'a pas vraiment besoin de moi, un violon de plus ou de moins, cela ne s'entend pas trop. Non, c'est moi : je me sentirais coupable de ne pas jouer et même de ne pas avoir envie de jouer.
– Et toi, quant tu n'as pas envie, tu as besoin de quoi ?
– Rien, qu'on me laisse tranquille. Comme en classe, que le professeur m'oublie.
– Comme toi tu oublies pourquoi tu es en classe ou pourquoi tu es assis dans l'orchestre avec ton violon ?
– J'y suis parce qu'il le faut.
– Comment te sens-tu quand tu penses cela ?
– Fatigué, j'en ai marre.
– Une autre raison de ta présence dans l'orchestre ?
– (Silence) Je ne sais pas ! Parce que cela me plaît de jouer du violon ! Mais ça me plaît moyen d'aller en classe.
– Tu veux dire que tu as une place dans l'orchestre parce que tu aimes la musique et que tu aimes ton instrument.
– Oui, sinon je n'y serais pas.
– Et comment te sens-tu quand tu penses cela ?
– L'idée d'occuper une place parce que j'aime jouer du violon ? Plutôt sympa, mais...
– Et si l'ennui et le manque de concentration en classe étaient dus au fait que tu n'occupes pas en vrai ta place dans l'école, que tu penses trop au fait que tu y es parce qu'il le faut et surtout pas assez au fait que tu y es pour y vivre quelque chose de sympa, qui peut te plaire et que faute de te poser les “bonnes” questions, tu donnes toujours les mêmes réponses qui te fatiguent.
– Je ne vois pas ce qui peut me plaire à l'école.
– Ou pas encore. Peut-être que tu ne vois pas encore où est ta place. Comme un violoniste qui oublierait qu'il aime jouer de son violon. Car s'il l'oublie, qu'il ne joue pas ou qu'il joue mal parce qu'il n'est pas concentré, il sera encore plus triste et encore moins motivé pour rejoindre ses camarades le lendemain. Sa seule raison sera les autres pour lesquels il accepte de jouer de son mieux. Mais cela ne lui fera pas retrouver le sourire et le désir.

– Pourquoi oublierait-il qu'il aime jouer du violon ?
– Peut-être à force de jouer pour faire plaisir aux autres au lieu de prendre du plaisir à jouer. À force de donner aux autres en négligeant sa propre envie à lui, son propre désir.
– Je vois. En pensant trop aux autres, il est moins concentré sur lui.
– Et moins il est concentré, moins il occupe sa vraie place dans l'orchestre et moins il a envie de jouer !
– C'est comme moi alors.
– Oui, chaque personne est le centre de SON monde. En occupant vraiment ce centre, tu apprends à te concentrer et tu deviens attentif aux autres, à toi et à ce que tu vois et entends. En classe notamment. En revanche, dès que tu es excentré, comme en dehors de toi-même, c'est là que commencent tes difficultés.
– Mais si je suis autant attentif à moi, je suis égoïste. C'est ce que me dit ma mère, que je ne pense qu'à moi.
– Et tu te sens comment quand elle te dit cela ?
– Mal, enfin comme si je faisais quelque chose de pas gentil pour elle, quelque chose de mal.
– Mal pour elle ou pour toi ?
– Pour elle… et pour moi aussi alors.
– Disons que lorsque, enfin, tu te concentres en toi, tu le fais avec une appréhension teintée d'une culpabilité qui te rend exigeant, et pressant pour une fois. »

Antoine sourit. Il évoque ces rares moments d'égoïsme, encombré à l'idée de déranger ses parents avec ses désirs au point que, s'il devine la moindre désapprobation chez eux, il fait marche arrière au nom de « ce n'est pas si important, je peux faire sans, je me débrouillerai bien tout seul… », gentiment, sans faire trop de vagues.

La culpabilité

La culpabilité vient du mot latin « *culpa* » qui signifie « la faute ». Être coupable renvoie à se sentir en faute, comme inculpé pour une faute. Le vieux français utilisait d'ailleurs le terme d'« encouper » pour « inculper » ; nous restituant ce que la sonorité du mot nous indique déjà, c'est-à-dire l'idée d'une coupure, d'un coup venu interrompre une continuité, voire une intégrité. Nous pouvons même user du jeu de mots : la coulpe – la faute – défait le couple, ce qui est attaché et uni. L'inversion du « l » et du « p » crée une coupure dans ce qui était antérieurement lié.

Les mots de l'enfant habité de culpabilité viennent en effet confirmer cette sensation de rupture en lui. Le tiraillement, l'écartement entre ce que l'enfant devrait être et ce qu'il se sent être ouvre sur une faille, une faute, une culpabilité parfois insondable. Devenue auto-accusation, la dévalorisation et le rejet de soi dans sa version inefficace aboutissent à la condamnation pour faute.

L'enfant est déclaré coupable et ressent cela comme une évidence. Pour se soulager de cette épée de Damoclès, il se coupe de son désir personnel, de l'envie d'être pour et par lui-même. Il s'en prive comme le mulot dans la plaine se prive d'être un mulot agissant et désirant pour conserver la vie face au prédateur qui fait peser une menace sur lui : il ne peut plus assurer sa vie en bougeant son corps, en se sauvant, il ne peut plus exister en tant que mulot, membre actif d'une communauté avec d'autres mulots et en relation avec eux ; il se tapit sur le sol comme s'il voulait s'y enfoncer, se fondre dans le paysage, devenir arbuste, pierre ou racine et ainsi passer inaperçu… pour survivre. Son corps et sa relation aux autres s'effacent et sont « sacrifiés » pour conserver une existence qui n'est plus que mentale, et encore, le moins possible : ne plus penser, ne plus bouger, ne plus avoir de relation que limitée au moindre coût et au moindre effet.

Mais coupable de quoi ? De quelle faute ?

À ces questions, les réponses vont du plus vide au plus débordant, du rien au tout, sans apporter d'éclairage pour autant. Coupable de rien de défini, d'exister, d'avoir des envies qui dérangent, qui ne se font pas, d'être là présent comme si cela suffisait à justifier le vécu de culpabilité. Coupable de tout, du temps qui passe qui inquiète la mère car elle se sent vieillir, de la contrariété du père, du mauvais climat qui règne à la maison, du laxisme de ses professeurs, des vacances trop longues ou trop courtes, de tout ce qui est vécu par son entourage comme source d'émotion, de peur, d'agacement ou de fatigue. La culpabilité fait alors suite à l'évidence vécue par l'enfant qu'il a « forcément » quelque chose à faire et à être qui soulagerait l'entourage de sa tension, et qu'il est coupable de ne pas faire. Coupable de sa propre impuissance à arrêter le temps et changer la nature même de la vie ! Excentré de lui-même et de son besoin à réaliser sa propre existence, le voilà aspiré dans le devoir être pour l'autre qui mobilise son énergie au point qu'il s'oublie. Sa gentillesse, « faire plaisir à l'autre », sont les seules réponses émotionnelles qui le soulagent, un temps, de sa culpabilité. Un temps car il suffit que maman s'énerve – parfois pour une tout autre raison que lui-même – ou que papa soit muet pour que la sensation revienne comme une fidèle compagne.

La culpabilité vient combler le manque d'être comme le ressentiment venait combler le manque identitaire. Faut-il rappeler que la nature a horreur du vide ? Mieux vaut, au regard de la bio-logique, se sentir coupable que vide.

Le vécu émotionnel de cette faute n'est qu'un symptôme. Aller à la recherche du « quoi » dont l'enfant se sent coupable, lui démontrer qu'il n'est pas le coupable qu'il se croit être, ne peut pas mieux soulager l'enfant que l'explication à un individu, grelottant et bouillant, de l'origine virale de sa grippe ne fera baisser sa fièvre. La température comme la culpabilité sont les palliatifs nécessaires et bio-logiques au vide d'être. Manque de résistance immunitaire face au virus pour l'un, vide d'en-vie, de désir à l'origine de sa réalisation pour l'autre. Coupés d'une part vivante, ils réagissent dans la fièvre et la toux ou dans la culpabilité. Notons du reste que les deux processus sont souvent liés : tout repli sur soi et désaffection émotionnelle se manifestent par une baisse de résistance immunitaire et donc par des symptômes physiques, la maladie pouvant alors être à l'origine d'une culpabilité à ainsi inquiéter son entourage ou encore manquer l'école. Cercle vicieux émotionnel oblige.

S'il est inutile de se poser la question du « coupable de quoi », il est en revanche bio-logique de se poser celle du « pour quoi », dans quel objectif de vie la culpabilité s'impose-t-elle à nous ? Est-ce pour que l'enfant soit encore plus gentil et adapté aux besoins et attentes de son entourage comme il le croit si souvent ? Ainsi le petit Antoine qui, vers six ans, se promettait tous les soirs avant de s'endormir d'être encore plus attentif à ce que lui demandaient ses parents et de mieux deviner ce qui leur ferait plaisir. Il échafaudait des projets, imaginait des cadeaux qui, forcément, enchanteraient sa mère et son père et leur éviteraient d'être malheureux ou de se disputer, et tout cela grâce à lui ! Vœux pieux et vains puisque la culpabilité signale la faute pour que nous la réparions, certes, mais la faute faite à soi-même et non à l'autre, la faute de se priver de sa part désirante et douée de libre arbitre, source de vie et de réalité d'être.

L'enfant en réaction éprouve une sensation de faute et une pression à « retirer de la vie à son existence ». Comme pour « s'excuser d'être là », termes volontiers repris par les adolescents quand ils ont du mal à donner sens et réalité à leur propre existence face à leurs parents excessivement pourvoyeurs de sens et de projets pour eux.

Dans ce vécu de faute existe souvent cette évidence de tromper son entourage ou d'usurper son amour si l'enfant n'est pas conforme à l'attente et l'exigence parentale, scolaire ou sociale. Pour ne pas faillir à ce devoir, il se coupe d'une part de lui-même qu'il comble par une excessive disponibilité vis-à-vis d'autrui. Il s'excentre, c'est-à-dire mobilise son action et ses initiatives par rapport à ce qu'on attend de lui, à ce qui fait plaisir aux autres et non, forcément, à lui-même. Ce faisant, il développe intérieurement un monde à lui, hermétique et inaccessible aux autres, dans lequel il peut – enfin – être le héros. Rêve par définition irréalisable et sans vraie vie ailleurs que dans sa tête, dans lequel l'enfant se sent seul ou plutôt esseulé. « Tout seul mais peinard », comme le disait Léo Ferré.

Le ressenti intérieur

Pouvons-nous imaginer ce que ressent l'enfant dans son effort émotionnel de survie, en mal de sécurité, d'identité et trouvant encore dans le repli sur lui-même l'énergie pour exister… quand même ? En toute bio-logique, c'est un état de fatigue intérieure qui domine, fatigue mentale, lassitude qui charge le regard sur la vie et l'action d'un sentiment de complexité.

La vie paraît dure et compliquée à vivre, ce qui incite l'enfant à idéaliser une harmonie parfaite dans laquelle « tout » irait bien et où il serait – enfin – tranquille. Il ne comprend pas ce qu'on lui demande d'être tout en cherchant à faire de son mieux, encore pour faire plaisir aux autres. S'il ne comprend pas, c'est aussi parce qu'il se sent incompris de son entourage : incompréhension qui devient douloureuse dès que l'enfant se décourage et cesse d'obtenir de ses proches les bénéfices du sacrifice de sa part désirante. Autrement dit dès que son comportement ne satisfait plus ses proches. Tant que ce vécu d'incompréhension l'incite et le mobilise à faire ce que l'on attend de lui, le repli sur lui-même demeure efficace au sens où il se sent exister pour les autres. Et donc « ça va bien ».

Fatigue et sensation d'incompréhension incitent l'enfant à éviter les conflits et toutes situations dans lesquelles il se verrait contraint d'affronter une réalité complexe à ses yeux, ou bien dans laquelle il devrait se dévoiler et se mettre en avant : donner son avis, recevoir un cadeau, être le point de mire peut s'avérer aussi difficile que demander son chemin ou refuser une proposition.

La sensation d'être « seul au monde » domine comme une fatalité à laquelle l'enfant ne peut échapper avec parfois la certitude pénible que personne ne peut l'aider. Solitude subie et non désirée, même si l'enfant est convaincu et sincère en affirmant qu'il est mieux « tout seul ». Car cette solitude n'est pas aimée et n'est que la conséquence de la sensation d'isolement et d'incompréhension. Il s'agit plutôt de survivre à l'esseulement dans lequel il va chercher à se débrouiller, faute de mieux.

Mot si souvent employé que cette « débrouillardise » ! Comme si l'enfant cherchait à sortir d'un brouillard intérieur et extérieur, à trouver une clarté qui lui permette de comprendre et de donner un sens à sa vie.

Occupé à faire plaisir et à passer inaperçu, à ne pas être à l'origine de conflits avec son entourage, l'enfant réduit les initiatives et les actions personnelles qui lui permettraient de construire SA vie à lui. Quand il se résout à passer à l'acte, c'est pour l'autre et le résultat doit être parfait, évidemment sans faute.

L'erreur n'a pas de place parce que l'enfant se sent lui-même « erreur ». « Je suis une erreur de jeunesse de mes parents », disait un jeune garçon de onze ans, partagé entre la fierté d'être le confident de ses parents et la tristesse de n'être que « ça ».

Le repli sur soi est empreint de tristesse : le manque de désir en est à l'origine. Triste de n'être pas plus et mieux, de ne pas être aussi bien qu'on le devrait, de « n'être que ». Dur, dur de trouver sa motivation, son avenir et son envie d'agir dans cette demi-teinte incompréhensible et coupable.

« Je ne suis pas de ce monde », disait une petite fille nourrie de contes de fées dont elle ne retenait que les bonnes en occultant les Carabosse. Elle se racontait de belles histoires et arrêtait ses lectures avant la fin quand elle devinait que « cela pouvait mal se terminer ». Elle voulait un monde sans méchants et demandait à son père de ne pas regarder les informations de vingt heures à la télévision. En racontant ainsi son histoire, elle n'était que sourire et gaieté, guettant les signes redoutables qui pourraient la sortir de son monde merveilleux. C'est qu'en effet la tristesse n'était pas loin, dès qu'elle évoquait sa propre méchanceté à elle et qui faisait « gronder sa maman ».

Enfin, le repli sur soi lié au retrait de sa part désirante est à l'origine de la sensation d'abandon, d'autant plus incompréhensible quand, dans l'histoire de l'enfant, il n'a pas été vécu de « vrai » abandon, au sens familial ou social du terme. Peur d'être abandonné fondée sur une peur, et surtout une culpabilité d'abandonner son entourage. Un tel projet n'est envisageable que si l'enfant acquiert la certitude qu'il a *tout* fait pour satisfaire ses parents et mobiliser *toute* son énergie pour eux, palliant son propre manque de réalité par la réalisation de ceux qui l'aiment et attendent *tout* de lui.

Reconnaître l'enfant en repli efficace

Trop gentil, silencieux, absent, peu ou pas motivé, sans problème, fragile, discret, pas difficile, facilement malade de ces « petites maladies pas graves » mais chroniques, un peu lent à comprendre ce qu'on lui dit, sans envie personnelle, trop réservé. Autant de signes qui pendant longtemps n'inquiètent guère les parents. Enfin, qui inquiètent moins que l'angoisse ou l'agressivité ! Pour autant, ces symptômes devraient les alerter car ils signalent que l'enfant est en repli efficace sur sa vie, dans une sensation de culpabilité. Encore ces signes-là peuvent-ils interpeller parents et professeurs, mais que dire des enfants trop dévoués aux autres, trop obéissants, trop enjoués, trop bons en classe ? Ce « trop » fait écho à un mélange paradoxal : l'enfant semble aller bien et pourtant il émane de lui un fond de tristesse incompréhensible et apparemment sans raison, du moins de l'avis parental.

> « Le divorce avec mon mari s'est bien passé, nous avons maintenant des rapports distants certes, mais courtois. Je ne vois pas pourquoi Mathilde serait triste », raconte une mère en toute sincérité. Mathilde, elle, officiellement va bien ; elle a de bonnes notes en classe et aide le soir sa petite sœur à faire ses devoirs. Elle sourit dès que quelqu'un lui adresse la parole. Ce sourire physique comme psychique est-il réellement le signe d'un bien-être ou bien est-il une demande implicite pour qu'on la laisse tranquille et qu'on ne lui demande rien de plus ?

Le repli sur soi se reconnaît quand l'enfant semble étranger à lui-même, comme peu ou pas sensible apparemment aux événements qui pourraient – devraient – le toucher. Insensibilité d'autoprotection qui témoigne que cet événement peut paraître une goutte d'eau dans l'océan de tristesse dans lequel vit l'enfant, tout à l'intérieur de lui et dont il ne laisse rien filtrer. Ou si peu et uniquement par ces symptômes chargés de pallier le manque de réalité d'être.

En repli, l'enfant bouge peu, ne s'agite guère, est plutôt obéissant, silencieux jusqu'à être buté et ne pas répondre aux sollicitations de ses proches qui aimeraient le faire parler, qu'il leur dise ce qu'il ressent ou ce qu'il pense. Pression qui « au mieux » accentue son silence, « au pis » déclenche ses larmes et l'émotion parentale, ce qui ne soulage personne et même verrouille encore plus le système défensif du repli sur soi. Faire encore des efforts pour parler à ses parents, lui qui a déjà la sensation de faire tant d'efforts pour leur faire plaisir, c'est au-delà de ses possibilités ! Alors, il s'enferme au fond de sa caverne et se met aux abonnés absents. Comprenne qui peut, en tous les cas, lui s'y refuse. Il sortira de sa caverne quand les autres auront le dos tourné, sans risque alors de recevoir une autre attente que celle qu'il s'impose lui-même.

Effacé, poli, serviable, tolérant... Autant de valeurs morales positives qui lui sont accordées et qui font si souvent de lui quelqu'un de bien aux yeux de son entourage, un enfant qui est volontiers montré en exemple par les adultes. En classe, ses petits camarades en font plutôt leur victime, car ils repèrent chez lui l'absence de « répondant ». Certains vont chercher à en abuser et exploitent la bonne volonté de l'enfant par du racket ou, pire, par une exigence de soumission jusqu'aux abus et harcèlements moraux ou sexuels. Ce comportement de « victime désignée » renforce bien sûr l'évidence émotionnelle de l'incompréhension et de l'abandon.

La tolérance devient, sous l'influence du repli, une hypertolérance naïve, crédule et dangereuse. Sans aller jusqu'à ces comportements extrêmes – mais pas rares – s'installe volontiers une dépendance vis-à-vis des autres qui « font faire ». Ce lien n'est pas tant affectif, au sens d'un lien d'amitié ou d'affinité, que justificatif de ses propres actions : « C'est grâce à lui que je me suis inscrit au football ; je n'y serais pas allé tout seul ! » L'autre est là pour donner du sens et une valeur au passage à l'acte et à la prise d'initiative. Il couvre et justifie le choix qui a été fait et permet à l'enfant de « passer inaperçu », de ne pas se sentir coupable de son désir. L'enfant en repli sur lui-même n'aime rien tant que se référer à ces autres, mais aussi au hasard, à la chance, au copain, bref à tout autre que lui-même.

Cette vie en retrait de soi, comme étranger dans ses propres activités, laisse de la place pour toutes sortes de maladies – symptômes – chargées de témoigner de la tristesse et du vide intérieur. Maladies infectieuses chroniques et récidivantes, maladies de peau – cette zone de contact entre soi et l'extérieur –, troubles intestinaux font ainsi parler le corps.

Y a-t-il un bénéfice à être ainsi malade ? On parle de ces bénéfices secondaires que l'enfant identifie volontiers quand il s'agit pour lui de dire que, « grâce à ses bronchites, il rate la classe et le contrôle » comme s'il s'agissait là d'une bonne blague faite aux professeurs. Plus complexe est l'accès à la réponse quand la question devient « et si la bronchite du petit garçon racontait une histoire triste, quelle serait-elle ? ».

Pour reconnaître l'état interne d'un enfant en repli sur lui-même, il faut observer le regard – celui-ci ne sait pas mentir – et écouter les messages corporels qui parlent – indirectement – de la tristesse de l'enfant, tout seul dans son monde dans lequel il est pourtant moins mal que dans le nôtre, trop compliqué pour lui.

Parents gênés, enfants gênants

Entre enfant et parents circule une gêne. Contrairement à la colère de l'état de lutte, le parent n'en veut pas à son enfant qui n'en veut pas à son parent. Le vécu est au-delà. L'état de repli sur soi se passe après la bataille, au moment où s'installe la soumission indispensable à la survie. Reste le malaise qu'instaure cette relation dans laquelle la vie est tue (si ce n'est tuée) au profit de principes de vie à respecter.

Le parent auréolé et qui incarne l'autorité transmet à l'enfant non ce qu'est la vie, mais ce qu'elle doit ou devrait être pour que « tout » aille bien, rétrécissant alors d'autant la place dont il a besoin pour se réaliser. Sauf que la transmission de principe n'a jamais permis à un enfant d'entrer en contact avec la réalité de la « vraie » vie, celle qui contient du beau et du laid, du bon et du mauvais, du bien et du mal et que le parent de principe est moins humain qu'un parent de chair et d'os. En effet, n'est plus considéré alors que ce que l'enfant fait de « bien » au nom du principe, pas forcément au nom de son propre apprentissage, de son talent, de son goût ou de son désir.

Mais que pèse le désir de l'enfant face aux principes parentaux quand ceux-là sont l'expression plus de l'émotion et de ses systèmes de défense que d'une réalité vivante ? Qui sont ces parents qui, le plus souvent au nom du développement et de l'épanouissement de leurs enfants, adoptent des attitudes qui, paradoxalement, contribuent à leur inhibition ? N'ont-ils pas eux-mêmes sacrifié leur part désirante ?

> « Quand je pense aux choix que j'ai faits, aux sacrifices consentis pour que tu puisses aller dans cette excellente école ! J'ai pris cet appartement qui était tout à côté, j'ai refusé ma mutation qui m'aurait permis de gagner plus d'argent avec une promotion à la clef ! Et toi, tu es là à me narguer avec ton envie de quitter l'école ? Je n'en peux plus, je suis épuisée et furieuse, déçue », disait cette mère qui revisitait avec dépit ses propres « choix » dictés non en toute liberté, mais parce que ses parents à elle « s'étaient toujours foutus de la scolarité de leurs enfants ! ». Gênée de son propre parcours, honteuse même d'être « si peu » socialement, elle avait chargé son fils de sa propre réussite et de son épanouissement. Pendant des années, le système avait bien fonctionné jusqu'à ce que le repli sur lui-même de l'enfant et la démotivation n'entraînent une orientation en fin de troisième... comme sa mère ! Mais « pas dans les mêmes conditions : moi, mon père ne m'a pas laissé le choix ! Lui, il a tout eu pour continuer à bien travailler ! ». *Tout*, sauf probablement la dimension personnelle et vivante du travail scolaire.

Parents en attente abusive et existentielle de la réalisation de leur enfant, mais aussi parents absents, laxistes, centrés sur leur propre évolution à eux et « abandonnant » leur enfant à ses responsabilités.

Les uns se substituent à la vie réelle dans une surenchère de présence, de conseils, de soutiens et de règles. Les autres attendent que la vie apprenne à leurs enfants ce qu'eux-mêmes ne transmettent pas. Excessivement présents ou excessivement absents, les uns et les autres n'accompagnent pas la réalisation progressive de l'enfant dans sa vie, ne donnant pas d'éclairage et de sens aux pas à pas et aux écarts de conduite nécessaires à ce développement de l'être en devenir qu'il est. Dans les deux situations, l'enfant ne se sent pas considéré en tant que personne : pour les uns, il n'est pas intéressant, sauf à ce qu'il devienne ce que les parents attendent ; chez les autres, il ne trouve pas de répondant.

Trop d'attention ou manque d'attention, sensation d'être chargé d'une trop lourde responsabilité sans pouvoir la partager, ou d'être en trop, d'être, enfant, un problème pour les parents ou le contraire… Entre l'enfant et le parent, une distance se crée : si les adultes ne parlent pas de leurs vies, de leurs envies, de leurs désirs et de leurs peines avec leurs enfants, ceux-ci les réservent à l'intérieur d'eux-mêmes, comme si « cela » ne faisait pas partie intégrante de la vie et de la relation, comme si « cela » n'était pas acceptable. Les parents gênés de leur propre vie peuvent-ils transmettre autre chose que la gêne qui alors crée chez l'enfant la sensation d'être gênant et le devoir de tout faire pour ne pas gêner ?

La mère d'Antoine raconte que lorsque son fils avait cinq ans, avant de l'admettre en classe préparatoire (avant donc l'âge autorisé de six ans), l'école lui avait demandé de lui faire effectuer des tests auprès d'une psychologue. Celle-ci avait écouté l'enfant, pris des notes, l'avait fait jouer et dessiner sa famille. Était apparue alors une maman énorme – bien différente de la réalité physique de la maman – et pas de père. À la question de la psychologue, Antoine avait répondu en souriant « Papa arrive toujours en retard, il n'est jamais à table en même temps que nous ». Puis il avait repris sa feuille et avait dessiné son père de la même taille que les enfants. La mère d'Antoine avait alors expliqué à la psychologue que son mari était quelqu'un de très autonome, qui avait une activité sans horaires, qu'il aimait beaucoup ses enfants mais ne s'en occupait guère. C'était d'ailleurs aussi pour ces raisons qu'elle avait été très gênée d'avoir un troisième enfant et se sentait coupable aujourd'hui d'avoir aussi peu désiré Antoine.

Quand le repli sur soi est inefficace

C'est l'histoire d'un enfant esseulé, c'est-à-dire qui se sent abandonné, et qui de ce fait abandonne sa propre réalité d'être vivant. Ultime tentative du cerveau reptilien pour garantir l'existence, le repli de l'enfant sur lui-même, quand il est inefficace dans son objectif défensif, lui permet toutefois de survivre à moindre coût relationnel entre lui et les autres mais aux dépens de son désir d'être. Il a beau essayer de passer inaperçu, on va quand même lui reprocher d'être là et d'exister comme il est.

« J'ai beau essayer de tout faire bien, il y a toujours quelque chose qui ne convient pas et ce quelque chose, c'est moi. J'ai rien à faire dans ce monde », disait Laurène, une jolie jeune fille au visage si triste quand elle évoquait sa difficulté à vivre.

Cette version inefficace du repli sur soi est souvent assimilée à un état dépressif : plus de goût à rien, plus de motivation, de moteur pour donner l'envie d'agir. Une lassitude qui pèse sur les épaules et qui fait porter un regard épuisé sur soi, les autres et le monde, avant même de commencer à penser. Un état qui peut être passager et réactif à un événement venu révéler le manque d'être mais parfois aussi un état qui s'installe au long cours et laisse présager des passages à l'acte graves quand l'enfant, ou plutôt le grand adolescent, a la possibilité de tirer les conséquences de son vide intérieur.

« Plutôt mourir qu'exister comme ça... », disait-elle.
L'histoire de Laurène commençait entre deux parents qui se fatiguaient l'un l'autre, chacun reprochant à l'autre ce qu'il aurait dû être pour devenir un bon père ou une bonne mère. Un même besoin d'idéal les réunissait, et leur perfectionnisme avait fait de Laurène l'objet de leur aspiration. Elle avait ainsi grandi dans un interdit absolu : les décevoir. Cette idée n'était même pas pensable :
« Ma mère en était malade à chaque fois que je ratais une compétition d'équitation, tout en me disant que je devais faire du cheval pour me détendre. Il faut dire que grand-père était bon cavalier et qu'il disait que maman montait comme un sac de patates. Du coup, c'était à moi de devenir une parfaite cavalière. Ce qui est idiot, c'est que j'aimais le cheval, mais elle m'en a dégoûté avec ses trophées exposés sur la cheminée. J'avais l'impression que c'est moi qui étais un objet exposé. Mais quel intérêt de raconter tout ça !
– Ses trophées ou bien vos trophées à vous ?
– J'ai dit ses trophées ? Eh bien, oui. En définitive, ils étaient devenus plus les siens que les miens. »
La jeune fille a ainsi en mémoire beaucoup de souvenirs de ses activités, scolaires ou extrascolaires, avec comme dénominateur commun une solitude énorme : aucun souvenir heureux avec ses parents ne vient éclairer son visage, mais au contraire des disputes, beaucoup de disputes au cours desquelles elle était à la fois l'enjeu et l'arbitre.
« Pour un résultat nul : ils ont fini par se séparer quand j'avais seize ans, après mon bac. Je crois que ça a été la goutte d'eau qui a fait déborder le vase. Toutes ces années où je ne pensais qu'à ne pas les

décevoir, tout ça pour en arriver là, pour rien ! Stop, j'ai envie de tout arrêter. »

En s'écoutant raconter son histoire, Laurène découvrait nombre d'abandons de sa part, de situations dans lesquelles elle s'était gommée, était devenue transparente alors même qu'elle était l'objet de tous les désirs de ses parents. Un objet disputé et bientôt déchiré entre deux anciens enfants qui n'en avaient pas fini avec leur propre enfance.

« Ça a été terrible quand ils m'ont dit qu'ils allaient divorcer. Je me suis dit qu'ils n'en avaient plus rien à faire de moi. Mais surtout c'est comme si je découvrais avec horreur qu'ils n'en avaient jamais rien eu à faire ! Jamais ils ne m'ont regardée comme j'étais. J'étais leur chose. J'ai pleuré pendant des jours entiers et ma mère a fini par me secouer et me dire d'arrêter de me conduire comme une gamine trop gâtée et qu'elle avait suffisamment sacrifié sa vie de femme pour moi, que je devais comprendre que, maintenant, elle avait envie de vivre pour elle. C'est après cette discussion, si on peut appeler ça une discussion, que j'ai avalé des comprimés. J'avais envie de dormir très, très longtemps. »

Ma vie se fait sans moi

Les mots de l'état de repli inefficace sont pauvres et volontiers vides de sens. « Rien, inutile, sans intérêt, fatigant, trop compliqué », autant de termes qui expriment une sensation de manque qui se substitue au désir même de vivre. Tant que Laurène éprouve ce que Baudelaire nommait le spleen, elle survit ! Mais cette sensation se retourne contre elle-même puisqu'elle ne déclenche plus la motivation de faire quelque chose qui fasse plaisir à ses parents. Le divorce de ses parents est venu interrompre un processus défensif qui fonctionnait de façon efficace tant que son dévouement lui était « payé » par le maintien du couple parental. Quand on s'adresse à elle, la jeune fille semble être dérangée dans une tour d'ivoire à l'intérieur de laquelle elle dit préférer s'enfermer. « À quoi bon ? » semble-t-elle dire à chaque question ou proposition qui lui est faite.

La vie de Laurène s'est déroulée sans elle. Sans sécurité affective qui pourrait lui donner confiance en elle et sans identité pour elle-même, elle ne parvient pas à créer ses projets personnels indépendamment des réactions et des désirs de son entourage. Sans conscience de ses besoins propres, elle ne se comprend qu'au travers de ce que ses parents disent et veulent d'elle. Tant qu'il lui semble les satisfaire, elle va bien. Qu'ils prennent une décision qui casse son monde et elle s'écroule et découvre la vacuité de ses actions et de ses désirs. Son repli sur elle n'a plus de sens, d'utilité, puisque ses parents ne sont plus demandeurs de son sacrifice. Son émotion défensive se retourne alors contre elle.

– Que ressens-tu, Laurène ?
– Fatiguée, mais je n'arrive pas à dormir le soir. Le matin, je n'arrive pas à me lever.
– Que fais-tu de tes journées ?
– Ça dépend. Quand je suis seule, je ne fais rien. Ça va mieux quand j'ai quelque chose d'obligé à faire, quand je n'ai pas le choix, quand je suis avec des gens gentils.
– Tu veux dire que tu ne fais rien par désir mais tout par devoir ?
– C'est ça. Je n'ai pas d'envies.
– Tu comprends ce que tu éprouves ?
– Non, mais je n'ai plus envie non plus de comprendre. Ça fait des années que j'essaie de comprendre mes parents, pourquoi ils sont comme ils sont et ce que je peux faire pour qu'ils aillent bien. Alors comprendre pourquoi je suis mal dans ma peau, ça ne m'intéresse pas. Et ça ne servirait à rien. Ce n'est pas ça qui va les faire revenir ensemble.
– Tu espères qu'ils vont se retrouver ?
– Non, je m'en fiche.
– C'est ce qui te rend si triste à ton avis ?
– Oui ! »
Les larmes coulent et le silence s'installe.
– Et si tes larmes avaient une autre signification ?
– Je ne vois pas. Je pleure quand je pense à mes parents et à leur divorce, à leurs disputes. Je pleure aussi quand je suis seule et que je pense à eux et que je me sens toute seule sans eux. Je ne sais plus quoi faire.
– Peut-être que tu pleures pour arriver enfin à ressentir une sensation, un sentiment à toi quand tes propres désirs sont bloqués par ceux de tes parents, quand tu oublies de ressentir ce que ton corps éprouve, de penser ce que ton esprit pense et de dire ce que tu aimes. Ta vie se fait sans toi et c'est ça qui te fait du mal.
– Je ne sais pas faire autrement.
– Avant de faire quoi que ce soit de plus ou d'autre, pourrais-tu déjà prendre cette idée avec toi ?
– Ça veut dire quoi prendre une idée avec moi ?
– Prendre une idée, c'est t'associer avec elle, ne pas la négliger, la prendre en considération, faire ce que tes parents n'ont pas fait avec toi dans ces moments où ils désiraient à ta place et que tu les laissais faire, faute de savoir comment faire autrement.
– L'idée, c'est que je pleure non pas à cause d'eux mais pour arriver à

ressentir quelque chose de vraiment à moi ? Mes pleurs auraient ce sens-là ? Je ne sais pas si c'est vrai mais ça me fait quelque chose de me dire cela, ça me donne des frissons dans le corps. »
Laurène pleure quand il ne lui reste plus que les larmes pour se sentir exister dans sa vie à elle. Elle est encore dans l'orchestre, pour reprendre l'image utilisée pour Antoine, mais a laissé tomber son violon et sa partition. Elle ne s'exprime plus que dans des sanglots, mais au moins elle s'exprime, elle, avec sa tristesse.

Autosabotage

Quand la culpabilité ne mobilise plus d'énergie pour faire du bien à l'autre, elle déclenche alors un autosabotage : le système reptilien se retourne contre soi et déploie des processus d'autodestruction, source de pathologies le plus souvent chroniques. Le système bio-logique de défense tend à pallier le vide de soi par des symptômes et du tissu chargés de le remplir. La maladie devient alors un moyen d'aller bien, faute de mieux ! Telle est la logique de la dépression : laissez-moi me sentir mal, au moins je ressens quelque chose qui me donne la sensation de vivre. Mal, certes, mais c'est mieux que rien.

L'autosabotage prend des formes variées et c'est ainsi que les médecins parlent de formes mineures ou cachées de la dépression. Échouer près du but, se refuser tout plaisir, maigrir et ne s'autoriser aucune forme généreuse qui « déborde », se mettre dans un coin, ne pas participer, accumuler les erreurs, cultiver l'échec, se taire et taire ce pour quoi on se tait, pousser les autres en avant, s'abriter derrière eux, se sacrifier pour ne prendre que les mauvaises places, etc. On n'en finirait pas d'énumérer ces comportements qui témoignent d'un « faites comme si je n'existais pas ! ». La culpabilité a fini par avoir raison de la sensation d'être vivant et de l'aptitude à donner du sens à sa vie, d'être venu au monde pour y vivre quelque chose de « bien ». Reste cette façon de vivre *a minima* à laquelle on arrive même à s'habituer et à donner un « intérêt », celui du sacrifice qui vient remplacer la valeur sacrée de la vie. Et, comme pour aggraver le mécanisme, celui qui souffre dans ce repli inefficace se trouve souvent en relation avec son contraire, c'est-à-dire avec un autre enfant qui le harcèle. L'école est souvent le lieu de ces couples infernaux où celui qui subit semble « encourager » celui qui l'humilie pendant que ce dernier s'ingénie à inventer des moyens de l'écraser. Dans ce duo chacun vérifie, l'un son impuissance et l'autre sa puissance, l'un sa faiblesse et l'autre une force facile et à peu de frais. Une force qui ne le satisfait qu'à court terme et qu'il renchérit sans trouver de limite. Le harcèlement produit un effet d'usure, comme la sensation d'être rongé par quelqu'un qui nous en veut, ou plutôt qui nous veut nous. Si le comportement est connu et dénoncé en milieu scolaire et dans les entreprises, il l'est moins dans le milieu familial où, évidemment, il existe. Harcèlement de toute nature : pour les résultats scolaires, pour les tâches ménagères, pour prendre soin des plus petits, pour ne pas faire d'histoires, pour satisfaire en fait les besoins, tous les besoins des parents. Et pas avec les moyens les plus respectueux bien sûr : humiliation, inceste, vexation, dévalorisation, rivalisent avec des comportements fusionnels tout autant destructeurs. Un vol d'âme qui laisse l'enfant vidé de sa propre substance désirante et qui le rend impuissant à la restaurer. Car le mécanisme défensif entretient le piège : Laurène attend sa survie de ses parents, ceux-là mêmes qui, de façon non consciente, la privent de ses désirs personnels. Ses parents sont-ils des monstres ? Non, puisque eux-mêmes sans doute se sont fait voler leur âme par leurs parents. Oui, puisqu'ils ont en eux la capacité de s'interroger, d'écouter et d'ouvrir les yeux sur leur fille. Celle-ci saura-t-elle, parvenue à l'âge adulte et devenant mère à son tour, ne pas harceler ses enfants ? Pas si sûr... La tentation est forte de reproduire ce que l'on connaît ou, au contraire, de se contenter d'adopter le contre-modèle sans passer par la case « conscience ».

Par ailleurs, cet autosabotage de soi permet à la jeune fille de rester en deçà, en dessous de ses parents et de les maintenir sur un piédestal, probablement à la suite d'une demande implicite, mais néanmoins réelle, de leur part. Exister pour elle-même reviendrait à accéder à une égalité avec eux en tant que personne et donc à les « défaire », à les déconstruire et transgresser ainsi un interdit qu'elle a intégré et auquel elle a adhéré. Le repli avec son sacrifice annoncé est devenu la seule voie possible qui rend compatible la coexistence de ses parents et d'elle-même.

> « Vous ne pouvez pas comprendre. Ma mère n'a que moi. Elle me disait que j'étais sa seule joie au monde, qu'elle vivait pour me voir heureuse, que mon père avait placé tous ses espoirs en ma réussite, que tous les parents devraient être aussi présents et vigilants qu'eux et que,

s'ils ne le sont pas, ce sont de mauvais parents. J'ai cru à ses mots et ils me rendaient exigeante avec moi-même. C'était dur. Parfois j'avais l'impression qu'elle me dévorait et je m'en voulais d'avoir ces idées-là. Un jour, une amie de ma mère lui a dit qu'elle m'étouffait. J'ai entendu maman lui répondre qu'elle ne comprenait rien, qu'elle n'était pas un bon exemple pour moi et on ne l'a plus vue à la maison. Et maintenant, elle m'abandonne ! Je ne comprends rien. Je n'y arriverai jamais. »

En repli inefficace, le harcèlement est devenu un mode de survie et quand il s'arrête, il manque : il s'est substitué à la motivation personnelle.

Le ressenti intérieur

Le vécu émotionnel de cette « ultime » réaction de défense est celui d'un poids qui tire vers le bas, souvent raconté comme un vide. Mais comment ressentir un vide si ce n'est par opposition à un désir d'être plein de vie, de sens, de soi ? Ce poids lourd entraîne la sensation de fatigue caractéristique du repli sur soi : fatigue physique dès le matin et même après une nuit de sommeil, fatigue morale bien sûr et fatigue mentale avec son lot d'idées négatives qui aggravent l'impression d'impuissance.

Surtout, ce ressenti est dominé par une évidence de fatalité. L'enfant peut se sentir écrasé par un destin qui lui échappe et sur lequel il est convaincu de n'avoir aucune prise. Faute de vivre sa propre vie, avec l'évidence que celle-ci fusionne avec celles de ses parents, que c'est eux, toujours eux qui vont lui donner vie, l'enfant se sent sous le coup d'un destin qui le prive de tout libre arbitre : les parents énoncent pour lui ce qu'il a à être et il ne lui reste plus qu'à exécuter et ne pas décevoir. Ses désirs personnels lui ont échappé, d'ailleurs il peut ne pas se souvenir avoir jamais eu de désir personnel.

Ce vide, quand il se prolonge, quand il n'est pas qu'une réaction ponctuelle à un événement triste, fait vivre un danger à l'enfant. Le mécanisme fonctionne en effet comme chez un animal qui, une corde autour du cou, cesse de s'alimenter comme prévenu par son instinct qu'un cou plus maigre n'en glissera que mieux et qu'il pourra s'échapper. Il prend pour sa survie des risques sur sa vie. L'enfant peut, de façon automatique et non consciente, arriver à cette même conclusion : se vider de la substance qui le lie à son entourage pour… retrouver le sens de *sa* vie ! Il peut ainsi « choisir » l'échec, l'autosabotage déjà évoqué pour devenir plus lui-même, poursuivant ainsi une logique qu'il est seul à percevoir et qui augmente sa sensation d'être incompris.

Laissé pour compte, inutile, abandonné, en trop sur terre, stérile : « À quoi je sers si je ne peux pas empêcher mes parents de se disputer ? »

« J'ai pas été gentille un matin au petit déjeuner et mon papa a eu un accident de voiture. C'est de ma faute, je le sais bien. Maman me dit que je me trompe, mais c'est elle qui se trompe. Papa était triste à cause de moi et il ne faut pas conduire quand on est triste à cause des risques d'accident. »

Deux phrases d'enfants qui témoignent d'un manque de réalité d'être, d'une résistance voire d'un interdit à se concevoir seul, relié mais non lié (pieds et poings) à l'autre. La peine immense qui les accompagne témoigne de la souffrance à ne pouvoir accéder à sa propre vie.

Car tel est le ressenti qui domine l'état de repli inefficace, une tristesse insondable qui écrase le thorax parfois et qui même, selon les ostéopathes et les médecins énergéticiens, le creuse comme s'il avait reçu un coup de poing. Tristesse qui parfois se maquille d'un rire ricanant ou d'un sourire de façade, familialement correct, à moins qu'il ne vienne témoigner du soulagement de la peur. L'enfant, l'adolescent peut avoir dépassé en effet la crainte d'être abandonné puisqu'il se sent abandonné de fait. Il sait, il subit cette sensation de « petite mort » et regarde parfois son entourage avec l'effronterie de celui qui traverse de grandes souffrances et connaît l'absurdité de la vie, avec fatalité.

Douloureux tableau qu'offre cette réaction de défense. Parfois, elle s'installe violemment, plus souvent elle se manifeste de façon plus pernicieuse, évoluant dans le temps après que l'enfant a épuisé d'autres types de défense. Il n'arrive à cet état de repli que de guerre lasse, avec la certitude d'avoir « tout » essayé pour satisfaire son entourage, seul moyen d'exister selon lui.

Reconnaître l'enfant en repli inefficace

La tristesse et la gentillesse ont fait place au désintérêt, au « bofisme », terme créé à partir du « bof » employé en réponse à des questions gênantes. La démotivation laisse l'enfant et ses parents démunis. Toute proposition, tout conseil, toute aide extérieure semble ne pas adhérer sur cette attitude désespérante parce que désespérée. C'est en effet l'absence d'espoir qui signe cet état émotionnel. « À quoi bon ? » sert de leitmotiv et de réponse à un entourage qui s'inquiète et ne sait pas par quel bout prendre l'enfant. L'épuisement de la politesse fait apparaître une réactivité à fleur de peau.

> « Il est intouchable, on ne peut rien lui dire… On ne peut quand même pas le laisser dans cet état ! À peine lui pose-t-on la question "Comment vas-tu ?" qu'il a les larmes aux yeux et se ferme comme une huître. C'est fatigant pour nous » disent les parents, inquiets à juste titre de l'absence d'être chez leur enfant.
> « J'ai senti quelque chose craquer à l'intérieur de moi, comme si j'avais tenu bon jusque-là avec ce que me demandait la famille. Mais là, avec cette goutte d'eau supplémentaire, la coupe déborde et je ne suis plus capable d'y arriver.
> – Arriver à quoi ?
> – À continuer comme avant. »

L'enfant se traîne, rit peu, semble vivre à côté de lui-même, en étranger. Il peut ne pas faire de vagues et c'est justement là son problème, l'absence de vagues alors qu'il est dans le bain de la vie. Il s'excuse d'être là, se sent désolé à l'idée de manifester le moindre désir ou le moindre intérêt personnel, s'occupant plus de la façon dont l'entourage va réagir que du plaisir qu'il pourrait en tirer. Du reste, il n'en est plus au souci de contenter l'autre mais à la certitude de l'avoir mécontenté et déçu. L'heure n'est plus aux angoisses ou à l'agressivité, même si de tels sursauts lui accordent paradoxalement un sursis par rapport à la sensation de fatalité qui l'habite.

> « On a l'impression que la présence de son petit frère le réveille de sa morosité parce qu'il a quelqu'un à enquiquiner ! C'est un comble ! Il lui cherche querelle, joue au gros dur, et peut même se montrer méchant. Quand je le lui dis avec mille précautions pour qu'il ne se sente pas accusé, il se renferme et je ne peux plus lui tirer un mot de la bouche. »

Son corps trahit sa fatigue et son abandon : les traits du visage sont tirés vers le bas, la bouche « tombe », les yeux sont gonflés comme s'ils contenaient des larmes, la voix est basse voire faible, le sourire est pauvre et il traîne les pieds pour bouger. Faute de se sentir pris en main par un autre, il lâche prise... mais ne trouve prise sur rien en lui et il se voûte. À le regarder, l'enfant semble « vieux » prématurément, vieilli par des épreuves qu'il est seul à comprendre. Cet état d'inhibition d'action l'isole des autres autant que de son propre potentiel. Il se prive autant qu'il se sent privé et c'est en toute sincérité qu'il réduit ainsi ses aptitudes devenues inutiles pour lui puisque inutiles pour les autres.

L'enfant cherche un cadre dans lequel il a la sensation qu'il aura la paix, qu'on ne viendra pas le chercher, qu'on ne lui demandera rien, qu'il sera anonyme : près du radiateur du fond de la classe, dans sa chambre, plongé dans un livre qui lui permet de vivre par procuration, dans une église ou un temple, dans une solitude qui le soulage, à court terme, d'avoir à être pour les autres.

Ainsi le piège, ce cercle vicieux spécifique des mécanismes défensifs, se retourne-t-il sur lui : plus il attend des autres sa propre existence et plus il s'en éloigne. Plus son cerveau reptilien l'inhibe, afin qu'il trouve en lui, et non hors de lui, son désir d'être vivant.

Parents gênants, enfants gênés

« Mon père et ma mère, ils sont trop !
– Trop quoi ?
– Trop tout, trop savants, trop confiants, trop... je ne sais quoi, mais ils ont toujours quelque chose à dire sur n'importe quel sujet, des idées sur tout, des envies de plein de choses. Ils s'occupent de milliards de choses importantes. Même quand ils ne savent pas, leur attitude me fait penser que s'ils avaient eu le temps de penser au sujet, ils auraient quelque chose d'intelligent à en dire. Peut-être qu'ils sont trop intelligents. Et moi, je suis une nouille. D'ailleurs, un jour où je disais à mon père que bien sûr, lui, il sait toujours tout, il m'a répondu qu'apparemment l'intelligence familiale avait sauté une génération ! Prends ça dans les dents, je me suis dit... »

L'histoire des parents est de celle qui occupe excessivement le territoire : il n'y en a « que » pour eux, leurs soucis, leur passé, leur savoir, leurs expériences, leurs projets, leurs choix, leurs goûts, leurs envies, leur amour pour leur enfant. Et celui-ci a la sensation qu'il n'y a pas de place pour son territoire à lui, pour ses désirs à lui. Trop vivants les parents ? Par crainte de perdre un morceau de leur vie, sans doute, puisque le « trop » n'est que la réponse du « pas assez ». En remontant à la génération du dessus, on trouverait probablement beaucoup de sacrifices et d'abandons qui ont enclenché des réactions de survie efficaces et... encombrantes pour la génération des enfants.

> « Ma mère a énormément souffert quand elle était jeune ; elle a eu une enfance triste, sa mère avait eu un accident et était restée handicapée à la charge de la famille. Je ne l'ai jamais connue mais ma mère m'en parle souvent avec émotion. Avant moi, elle a eu deux fausses couches et mes parents ont eu très peur de ne pas pouvoir avoir d'enfants. Finalement, on est trois ! Elle parle souvent de sa vie quand elle était enfant pour nous expliquer que nous avons beaucoup de chance d'être en bonne santé et que nos parents le soient aussi. Parfois, ça me rend très triste à l'idée qu'elle puisse, elle aussi, tomber malade et nous abandonner. Quand je pense à tout ce qu'elle a vécu, je me dis que ma vie est idiote, que je n'arriverai jamais à faire aussi bien qu'elle. »

Contrairement à celui dont l'enfant est en repli, version efficace, ici le parent ne semble pas gêné de ses propres désirs d'être : il les justifie, il les impose et culpabilise l'enfant de ne pas les satisfaire. Si celui-ci s'y refuse, il devient le « méchant », celui qui fait de la peine. Le parent défend son désir et le fait voir à l'enfant comme étant indispensable à sa survie. Comment celui-ci pourrait-il le lui refuser, quitte à ce que la satisfaction du parent se fasse à ses dépens à lui ?

Logique défensive qui donne un éclairage sur des comportements de type harcèlement : de l'abus de pensée – ces parents qui ne cessent de penser à leurs enfants au point de penser à leur place – à l'abus sexuel – ceux qui puisent leur satisfaction dans l'intimité même de leur enfant –, c'est l'impuissance de l'adulte à reconnaître son désir à l'intérieur de lui-même qui est à l'origine du mécanisme et de ses conséquences parfois dramatiques. Impuissance non consciente, automatique par survie et néanmoins réelle. Pour reprendre les mots de Françoise Dolto « ce n'est pas de leur faute, c'est de leur fait ». À ce titre, il y a responsabilité.

> « C'est plus fort que moi », disait une mère d'un enfant de douze ans. « Quand mon fils revient du collège et se met à jouer plutôt que de se

mettre à ses devoirs, j'arrête tout ce que je fais et je m'y mets avec lui. On peut y passer deux à trois heures, on en sort épuisés l'un et l'autre mais au moins je suis sûre qu'il a travaillé. Je ne comprends pas pourquoi il a des résultats aussi moyens… Je ne vois pas ce que je pourrais faire de plus ! » Et faire autrement ? Cette mère excessivement dévouée ne voyait pas non plus. Alors elle faisait soit « plus de la même chose » le week-end, soit plus rien du tout, abandonnant son fils à lui-même, ce qui se traduisait par un effondrement et de l'enfant et des notes. L'abus peut se nicher dans les meilleures bonnes volontés…

Et Laurène ?

Ses parents allaient divorcer, sa mère songeait à sa vie propre : voilà pour Laurène l'opportunité de penser à elle, à ce qu'elle désirait faire de sa vie à elle, et la première difficulté. Désespérément attachée à ce qu'auraient dû être ses projets si rien n'avait changé dans la famille, elle commença par se fermer à toute écoute qui pouvait mettre en question ses parents : seule était audible sa propre culpabilité et, à défaut, la fatalité et l'absurdité de la vie en général. Ce n'est que par l'évocation, de petites touches en petites touches, de situations qui avaient révélé son désir d'être heureuse par et pour elle-même, de façon « égoïste », que Laurène parvint à considérer qu'existait en chacun un « égoïsme sacré » plus fort que le sacrifice. Petit à petit, elle s'identifia à cette dimension qui porte chaque individu vers la réalisation de sa vie.

La première épreuve fut de parler à sa mère, lui faire part de sa décision de « voir quelqu'un » pour lui venir en aide parce qu'elle se sentait en détresse et lui faire entendre que son état était lié à son absence de « projet personnel », selon la formule devenue classique. Classique, presque banale et parfois tournée en dérision bien à tort quand elle fait écho, non à un choix parmi d'autres, mais au choix même de vivre sa vie.

Pourtant, cet échange fut aussi l'occasion d'écouter sa mère lui raconter ce qu'elle n'avait jamais osé lui raconter d'elle, de ses années d'enfance en pension, toute seule, à ne voir ses parents que le dimanche dans un cérémonial gêné et de sa promesse à ne pas faire subir à sa fille ce qu'elle avait vécu. Ainsi prenait vie une chaîne générationnelle dans laquelle Laurène pouvait s'inscrire en toute conscience. Le reste fut affaire d'entraînement, le théâtre venant ancrer dans la voix et le corps une réalité que son entourage familial n'avait pas permise.

« Je ne serai jamais comme les autres filles ; c'est comme si on m'avait volé mes années d'enfance. Entre ma mère qui m'étouffait et mon père qui ne voyait rien et me montrait plus souvent sa déception que sa satisfaction, je me demande comment j'ai survécu. Finalement, il m'a fallu avoir du cœur au ventre pour y arriver sans trop de dégâts. » Du cœur au ventre et un crocodile qui, au plus profond du repli sur elle-même, veillait en « attendant » son réveil.

Le repli sur soi fait osciller l'enfant entre le besoin de conserver l'harmonie existante, tant au sein de son environnement qu'en soi-même, et celui de se réaliser à titre personnel, dans la solitude et au risque de déranger l'ordre initial. L'enfant en repli est tiraillé par ces deux pôles du besoin de réalité d'être et va de l'un à l'autre. Bonne volonté, gentillesse, efforts pour se plier aux attentes parentales, alternent avec des moments d'abattement, construisant le chemin d'une réalisation de *sa* vie avec les autres. Entre la dépendance vis-à-vis de l'entourage et l'indépendance au sein d'une « bulle intérieure », l'enfant se cogne contre le besoin de l'autre pour garantir l'harmonie rassurante et contre son isolement pour fabriquer son propre espace. Il veut naturellement les deux tout de suite, ou se désole de n'avoir ni l'un ni l'autre. Il veut qu'on s'intéresse à lui et qu'on le prenne en considération, mais craint d'être abandonné à chaque manque. En même temps, il réclame sa solitude car il ne veut pas se sentir envahi… Il veut se réaliser et ne comprend pas ce que cela signifie !

6

COMMENT COMMUNIQUER DANS L'URGENCE ?

> « Qui parle sème,
> Qui écoute récolte. »
>
> Proverbe persan

Comment agir avec l'enfant « habité et enfermé » dans un état émotionnel ? Comment créer avec lui une communication alors même qu'il est dans la tourmente d'un besoin non satisfait et en manque d'être ? Il attend, exige, presse l'entourage de le rassurer, de le libérer, de le reconnaître, de le désirer, et, dans le même temps, il redoute cette ingérence de l'autre sur sa vie ! Dans cette confusion que crée l'émotion, quelle attitude va aider le parent et l'enfant à se rencontrer sans se cogner, sans se faire mal ? Il y a urgence, le crocodile réclame « à manger », réclame son dû, et l'enfant ne trouve pas spontanément comment répondre à cette exigence, retenu par des peurs et des croyances qui limitent son expression.

Au risque de décevoir l'impatience du lecteur, ce chapitre est à lire dans sa version : « parent, adulte, sans trop de parasites émotionnels ». En effet, si celui-ci est lui-même enfermé et non à l'écoute, la relation ne sera qu'un double monologue, l'enfant devenant un étranger pour le parent et *vice versa*. C'est dire si l'intérêt du parent est d'utiliser au plus tôt ce guide relationnel, avant d'être lui-même envahi par ses propres émotions. À défaut, si l'émotion est déjà là, mieux vaut surseoir à la discussion et revenir un peu plus tard. Le silence et la proposition de différer dans le temps l'échange relèvent alors d'un plus grand courage que de vouloir intervenir à tout prix !

À retenir avant d'intervenir

– L'émotion appartient à l'enfant : c'est son problème à lui, son histoire à lui !

– Sa réaction défensive a un objectif intelligent : recouvrer sa sécurité, son identité, sa réalité d'être, se libérer, trouver ses repères, s'affirmer, être reconnu, se reconnaître, se réapproprier son savoir et ses désirs personnels…

– Et un objectif reptilien : être rassuré, s'échapper, avoir raison, s'opposer, ne pas être rejeté, être désiré ou passer inaperçu.

– Dans l'urgence du moment, l'émotion est le « meilleur » moyen qu'il a trouvé pour y parvenir, meilleur au sens bio-logique du terme, même si, à moyen et long terme, il risque de vérifier ce qu'il craint ; sa réaction est donc écologique à court terme !

– Ses mots reflètent la pression et la souffrance dans lesquelles il se trouve, et non ce qu'il pense de ses parents hors de l'urgence défensive.

– Son angoisse, sa colère, sa tristesse, lui permettent d'expulser, de rejeter une image de lui-même décevante et mauvaise ; c'est la raison pour laquelle les parents se sentent touchés et même choqués par ces comportements.

Ce préalable leur permet de ne pas s'approprier la pression qui s'empare de l'enfant, de différencier le contenu – utile pour comprendre ce qui se passe – du contenant – la violence de l'état. Distinguer la part qui appartient à l'événement révélateur, qui peut inclure le comportement du parent, de la part qui appartient à l'enfant, c'est-à-dire l'écho émotionnel, permet de traiter le conflit dans son ensemble.

D'abord faire de la place à l'émotion : l'écoute

Il n'est guère d'attitude qui paraisse plus simple et qui ne soit, en réalité, plus difficile à incarner. Au point que nous aurions pu écrire : prendre le risque d'écouter. Car la tendance automatique est plutôt de se protéger que de s'ouvrir à ces flots de mal-être par crainte d'être soi-même emporté par les vagues d'émotion qui submergent l'enfant. Celui-ci se cherche : il est en quête de lui-même et, ne se trouvant pas, il s'émeut, et son entourage se sent aspiré par l'épreuve qu'il traverse. Le parent le voit osciller entre des solutions extrêmement efficaces et d'autres extrêmement inefficaces pour satisfaire des besoins que l'enfant ne parvient pas même à nommer ! Il s'agite, en quête d'une liberté absolue, avant de s'angoisser et de réclamer qu'on le rassure. Il se révolte et s'insurge contre le point de vue des adultes en affirmant le sien haut et fort, avant de réclamer qu'on soit d'accord avec lui pour ne pas se sentir exclu. Il fait tout pour faire plaisir avant de réclamer, entre deux torrents de larmes, qu'on s'intéresse enfin à lui… Pour le parent, c'est parfois à n'y rien comprendre. L'écoute est là, précisément, pour aider à ce que l'enfant et le parent puissent s'entendre, préambule indispensable pour parvenir à se comprendre. À condition de ne pas prendre des vessies pour des lanternes et des symptômes pour des vérités… Si paradoxal que cela puisse paraître, l'écoute demande au parent de « coller » à ce que dit l'enfant pour y déceler le besoin caché et de ne pas « adhérer », à titre personnel, aux mots employés. Dans l'émotion, l'enfant se parle plus qu'il ne s'adresse à son entourage ; pour autant, il a besoin que celui-ci fasse écho à son expression. C'est l'objectif de l'écoute.

L'écoute est le premier temps indispensable à la relation : elle permet de prendre en considération, voir, sentir, entendre l'enfant dans sa réactivité, dans l'urgence de son émotion. Déjà cette prise en compte rassure et donne une reconnaissance. Il ne s'agit pas, par l'écoute, d'être d'accord avec ce que l'enfant vit et dit, mais de lui accorder un temps, un espace dans lequel il va pouvoir s'exprimer. C'est du reste ce que demande l'enfant dans son intelligence.

Écouter n'est ni intervenir, ni s'opposer, ni chercher à comprendre, ni contrarier, ni donner son avis, ni douter, ni relativiser, ni s'expliquer, ni subir, ni questionner, ni chercher des solutions, ni plaindre… Écouter, c'est être présent dans un état de concentration en soi, attentif à ce que dit l'enfant. C'est être posé face à lui sans faire éponge, sans s'abstraire et sans s'opposer. C'est s'asseoir à ses côtés et regarder dans la même direction que lui, celle de son besoin…

Écouter permet à l'enfant non seulement de se sentir entendu mais aussi qu'il s'entende lui-même. Il a besoin de ressentir ce passage de tension en lui pour accéder à ses propres besoins dans l'urgence du moment. En écoutant son émotion dans sa traduction tant corporelle que verbale, le parent investit sur la construction à l'œuvre chez l'enfant. En lui donnant la place, en temps et en espace, pour s'exprimer lui-même, le parent se pose comme adulte qui connaît le processus défensif, qui n'en est pas dupe et ne le juge pas car il en décode le sens.

La restitution après écoute

Restituer, c'est rendre à l'enfant ce qui lui appartient, c'est-à-dire son émotion et sa légitimité à la ressentir. Il a en effet ses propres raisons d'éprouver ce qu'il éprouve et ce qu'il ressent est légitimement vrai pour lui. Cette reconnaissance permet à l'enfant de... se reconnaître comme ayant (des) raison(s) de vivre ce qu'il vit.

Restituer ne signifie pas pour le parent être en accord avec les raisons de l'enfant et encore moins d'avoir lui-même tort ! Cela signifie distinguer – et faire distinguer à l'enfant – la part qui lui appartient. Puisque sa réaction de défense est inhérente au rejet d'une part de lui-même, autant l'aider à la découvrir.

La restitution redonne à l'enfant le droit d'être ému pour lui-même (et non contre le parent ou contre un quelconque événement). Ce droit accordé provoque de lui-même un apaisement de la température émotionnelle : dès qu'il se sent entendu dans ce qu'il éprouve, dans ce qui fait épreuve pour lui, l'enfant se sent déjà – un peu – soulagé. Le deuxième pas est fait.

> Idéalement, la phrase de la restitution commencerait par des mots contenant le vécu émotionnel de l'enfant : « Ce que tu veux dire, c'est... »
> – Face à une réaction de fuite : « Tu es inquiet, tu crains de ne pas te sortir de tes révisions, tu te sens coincé par l'échéance de ton contrôle et tu te sens mal de la pression que je te mets ? »
> – Face à une réaction de lutte : « Tu es furieux, tu penses que je te prends pour un imbécile et un incapable et c'est pour cela que tu m'accuses d'être méchant ? »
> – Face à une réaction de repli sur soi : « Tu es triste et fatigué ; tu as la sensation que ce que je te demande est trop compliqué et tu as envie que je te laisse tranquille ? »

Ainsi est redonnée à l'enfant une logique émotionnelle qui fait entrer du sens dans son brouillard. Cette restitution permet par ailleurs de le responsabiliser dans son ressenti : son émotion lui appartient et elle est légitime pour lui... pour lui seul peut-être. Cela est à la fois une bonne et une mauvaise nouvelle. Bonne puisqu'elle ôte une accusation et une faute de sur ses épaules et mauvaise puisque c'est à lui de penser, d'exprimer, d'agir autrement que dans la violence de l'émotion pour retrouver son équilibre, et ce, dans l'événement révélateur du manque.

En d'autres termes : « Quelle chance tu as d'être touché par l'émotion ! Grâce à elle, tu connais ton manque d'être et tu vas pouvoir agir en connaissance de cause ! »

Un regard juste et conscient

Faire le tri dans le chaos de l'émotion et mettre en valeur ce qui est juste, c'est donner à l'enfant une bouée de sauvetage, un repère sur lequel s'appuyer. Il se sent extrait d'un « tout ou rien » au profit d'une information précise, concrète ou sensée sur laquelle se fonder. Car le système défensif fonctionne dans le cercle vicieux qui fait passer du pire au meilleur, du vide absolu au fantasme de la plénitude définitive :

« Si je n'ai pas tout juste, j'ai tout faux » ;

« Si je ne fais pas tout seul, c'est comme si je n'avais rien fait » ;

« Si je ne sais pas tout, je ne sais plus rien » ;

« Il faudrait que j'aie totalement confiance en moi pour faire ça ! » ;

« Si je ne fais pas un sans-faute, je suis fautif et on va m'attraper, me rejeter, m'abandonner. »

Valoriser ce qui est juste aide l'enfant à s'approprier ce qu'il sait précisément, ni plus ni moins. Valoriser trop ou de façon systématique tue la réelle valeur et fait douter l'enfant de l'authenticité du propos. Au bout d'un moment, il n'y croit plus quand le parent en fait trop. Quand celui-ci s'émerveille pour une note de 9 sur 10, l'enfant se tortille, plutôt gêné de l'excès de langage auquel il lui est difficile d'accorder du crédit. Si cette note est merveilleuse, alors que dire de ceux qui ont 10 ? Dévaloriser produit l'effet inverse : si la même note déclenche un « et pourquoi n'as-tu pas eu 10, qu'est-ce que tu as fait comme faute ? », l'enfant n'est plus à même d'apprécier l'ensemble de son contrôle, obnubilé par l'erreur, voire furieux de la non-reconnaissance du reste de sa copie. Ni l'un ni l'autre ne lui apprennent à donner une juste estimation de son travail et de ses actes.

Le parent est celui qui peut transmettre une vision globale de la réalité parce qu'il la regarde dans une dynamique et non figée dans le temps, non restreinte par le tout bon ou le tout mauvais. Une réalité en mouvement. À propos du résultat, il s'exprime à la fois sur le présent (la note à propos de cet exercice-là), sur le passé (ce qui a contribué à cette note) et sur le futur (quelle évolution possible ?). À propos de l'enfant, le parent peut être conscient que ce résultat a une place dans sa construction et que, bien plus qu'une note, il participe, avec beaucoup d'autres événements bien sûr, à un processus vital. Le résultat scolaire est devenu un événement révélateur d'un manque d'être, et l'écoute est d'autant plus nécessaire que se joue un enjeu individuel. Celui du passage dangereux entre le « parfait » qui annulerait toute trace de faute, mais maintiendrait l'enfant dans son lien étroit au parent, et le « défectueux » qui déclencherait l'émotion chez le parent et le mettrait en péril : avec un tel résultat, suis-je encore en sécurité affective, reconnu par les miens, capable de réaliser ma vie ? Question que ne se pose pas officiellement l'enfant sous cette forme verbalisée. Mais que son cerveau reptilien pose pour lui dans le langage émotionnel. Avec ce résultat, le voilà propulsé dans un enjeu existentiel, sans le savoir ! Seule la conscience du parent peut l'aider à passer, à propos de cet événement-là, d'une rive à une autre, de celle sur laquelle règnent sûreté, appartenance et harmonie, garanties d'existence, à celle qui contient de la liberté de choisir, de la différence par rapport à ce que les autres attendent et de la solitude… sans autre garantie que celle de grandir !

Qui dit émotion, dit besoin…

Mais besoin en manque de satisfaction. Quand l'émotion cède en intensité sans encore faire place à une ouverture et un dialogue, l'heure est venue de questionner le besoin réel, celui qui se cachait derrière la réaction : la sécurité derrière la fuite, l'identité derrière la colère et la réalité d'être derrière le repli sur soi.

Cette étape propose de soulager l'enfant de son conflit avec lui-même entre ce qu'il est et ce qu'il devrait être pour se sentir intègre, en état d'amour avec son entourage.

« De quoi as-tu vraiment besoin ? » Inutile d'attendre de l'enfant qu'il soit concis et clair dans ses réponses puisque sa souffrance vient du fait que son être se crispe et se révolte dans un vécu de manque. Les premières réponses seront donc imprégnées du tout ou rien émotionnel.

Version rien, celle dans laquelle l'enfant attend tout de l'entourage et se sent accablé et impuissant : « Je n'ai besoin de rien moi... ; c'est à toi de comprendre... ; ce sont les professeurs qui sont pénibles... ; c'est un copain qui m'énerve... ; c'est toi qui paniques... »

Version tout, celle dans laquelle l'enfant prend sur lui l'intégralité de la responsabilité de l'événement : « Je veux décider de ma vie... ; j'assure grave... ; je sais ce que j'ai à faire et vous n'avez pas le droit de me dire quoi que ce soit... ; je n'en ai rien à faire des profs... ; je ne vois pas pourquoi tu me demandes ce dont j'ai besoin... ; je me débrouille tout seul... »

Surtout ne pas se laisser abuser par ces premiers mots empreints de réactivité et poursuivre tranquillement la sollicitation. « Oui, en ce qui concerne les autres, les copains, les professeurs, je vois bien, mais toi, de quoi as-tu besoin, toi ? »

Plus l'enfant fait des propositions, surtout si elles sont concrètes et réalistes, plus il se réfère à lui, à ce qu'il est et ce qu'il peut, plus sa voix va trouver un timbre clair et, petit à petit, affirmé. Le besoin commence à être satisfait dès que l'enfant évoque par lui-même et pour lui ce qui est susceptible de le sécuriser et de le libérer, de l'identifier, de témoigner de son appartenance comme de sa différence ou de lui donner la sensation de sa propre existence. Quand l'enfant nomme qui il est et ce dont il a réellement besoin, il nourrit sa conscience de lui-même et cesse de crier famine.

Peu importe que ses premières propositions soient confuses et idéalisées ou même violentes et expéditives. À son parent de lui accorder le temps et l'espace dont il a besoin pour que son imagination et sa créativité l'amènent à inventer des moyens concrets pour satisfaire ses besoins. Après tout, si l'enfant était capable dès les premiers mots de préciser ce dont il a besoin, il n'aurait pas à se mettre en colère ou à s'agiter. Après quoi, il pourra déterminer ce qui lui convient le mieux parmi ses propres propositions et sera alors mieux en capacité d'écouter son parent faire la même démarche, c'est-à-dire exprimer son propre besoin à lui.

L'essentiel est en effet dans cet échange et dans cette reconnaissance mutuelle de besoins, entre le parent et l'enfant, entre le grand et le petit, sans que l'un perde par rapport à l'autre. Dans ce dialogue, écoute et affirmations se succèdent, l'enfant apprend à s'assurer et à se distinguer à l'intérieur de l'attente de son parent ou parfois de ce qu'il imagine être son attente. Cette construction, nécessaire et naturelle, se fait progressivement en réglant de « petites » situations conflictuelles. En effet, puisque l'enfant fait toute une histoire pour une barrette dans les cheveux, un pull à enfiler ou une émission à regarder, autant que le parent utilise ce « prétexte » pour lui transmettre l'art du bon usage des émotions en l'appliquant concrètement avec lui. Ces échanges à propos de peur, de colère ou de tristesse, à propos des petites choses quotidiennes, sont bien utiles car ils permettent d'habituer l'enfant à cet échange de besoins et à le mettre en place, ce qui oblige l'un et l'autre au respect de ses propres valeurs, passage obligatoire pour respecter autrui. Le processus donnant-donnant semble en effet être naturel et bio-logique.

Pour être soulagé, l'enfant a besoin d'un regard, d'une écoute et d'une présence qui lui accordent ce que lui-même ne s'accorde pas. S'il se l'accordait, il n'aurait pas besoin d'être ému ! L'écoute, associée à l'affirmation claire des besoins du parent, le lui procure. Cette attitude ne signifie en rien « être d'accord » avec lui : un désaccord assumé de part et d'autre est source de respect mutuel et satisfait les besoins des deux : les deux « adversaires » deviennent alors deux partenaires. Lorsqu'il a pu reconnaître et faire reconnaître son point de vue au parent, l'enfant est plus volontiers obéissant. Lorsque son opinion n'est pas écoutée, lorsque son émotion n'est pas considérée comme vraie et chargée de sens pour lui, sa réaction défensive ne peut que s'accentuer.

L'écoute permet de frustrer un enfant sans pour autant déclencher de douleur car, à partir d'elle, peut être inventée une autre solution, une solution plus réaliste, plus personnelle et autre que celle de l'urgence émotionnelle pour satisfaire un besoin. Comme dans un jeu, c'est celui qui a les arguments les plus solides qui gagne sans que l'autre en soit dévalorisé. Celui-ci, bon joueur, sait que cette réalité du moment peut lui être utile et qu'en s'entraînant, il apprendra à améliorer ses arguments pour faire de plus en plus le poids. Cette frustration de la solution fantasmée de l'émotion ouvre sur d'autres solutions possibles dès lors que n'est pas annulé le besoin contenu dans la réaction défensive. C'est le cadeau de l'écoute.

Voici un exemple de dialogue qui tend à produire une relation sans perdant lors d'un conflit entre frères, « arbitré » par le père des garçons.
« Il l'a fait exprès, il est rentré dans ma chambre et a bousculé ma maquette. Maintenant le mât est cassé. Je suis sûr qu'il est content.
– C'est pas vrai. Je l'avais pas vue ta maquette. Tu es un menteur. Et puis ton mât ne tenait pas et ta maquette, elle était nulle. »
Les enfants sont allés vers leur père pour régler le conflit. Celui-ci cesse de lire son magazine et se tourne vers eux :
« OK, je pose mon livre et j'écoute la colère de Jérôme puis la colère de Thierry. Je vous rappelle la règle : pendant que l'un parle, l'autre se tait absolument, j'y tiens beaucoup et je serai strict sur ce point. Vas-y, Jérôme. » Et chaque enfant s'en donne à cœur joie dans sa rancœur.
« À présent, je voudrais les faits, seulement les faits. À toi Thierry, puis ce sera à toi, Jérôme. » En cours d'écoute, le père s'attache à recueillir au plus juste les circonstances du conflit dans lequel il apparaît que Thierry est entré dans la chambre de son frère en trombe pour prendre la colle et a voulu fouiller dans sa trousse. Jérôme l'a repoussé puis lui a « balancé » le tube en l'insultant ; son frère furieux a heurté la maquette qui est tombée, cassant son mât.
À Jérôme : « Tu es furieux ?
– Oui, il rentre dans ma chambre sans demander, fouille mes affaires et abîme ma maquette... (La voix se casse.) J'ai mis des heures pour la fabriquer et il n'a même pas cherché à la réparer.
– Tu y avais passé beaucoup de temps. Ta maquette a de la valeur pour toi ?
– Oui et lui s'en fout complètement... »
À Thierry : « Toi aussi, tu es furieux ?
– Oui, j'étais pressé. Je voulais juste coller ma carte de géographie avant de partir au judo et ce fou furieux me donne un grand coup, m'insulte et me jette la colle à la figure. Je n'ai rien compris quand la maquette est tombée.
– Tu avais besoin de terminer tes devoirs rapidement ? Tu craignais de ne pas avoir le temps ?
– Ben oui. Cela fait deux fois que j'arrive en retard et mon professeur va me crier dessus si ça recommence ! »
Le ton des garçons a baissé. Chacun s'exprime et écoute l'autre grâce à l'intervention du père qui leur permet de mieux s'entendre... La pré-

cision du besoin est implicite : Jérôme demande, en défendant son territoire, du respect de la part de son frère, et Thierry, dans son urgence et sa peur de ne pas avoir le temps de terminer son travail, veut, pour se rassurer, être libre de ses mouvements. En restituant à chacun sa part, en commençant par le besoin en cause, le père peut ainsi responsabiliser l'un et l'autre de l'attitude adoptée (agressivité, menace, déni ou toute autre réaction de défense). Sans le soin apporté au besoin, sans le respect et l'estime de la part juste et intelligente contenue dans l'émotion, toute évocation du comportement est reçue comme un reproche et une injustice et alors repoussée comme une nouvelle menace !

« Non seulement, il me casse ma maquette après être entré en trombe dans ma chambre et, en plus, c'est moi qui ai tort parce que je râle », penserait l'un… « Je perds du temps avec cette histoire et je ne vois pas pourquoi je me fais disputer alors que je n'ai rien fait », penserait l'autre.

Redonnons la parole au père à l'écoute de ses garçons et qui profite de la querelle pour transmettre l'art d'être en relation avec respect personnel et mutuel :

« Jérôme, pour que le territoire de ta chambre soit respecté, comment peux-tu t'y prendre ? Fais des propositions puisque c'est ce que tu souhaites mais uniquement des propositions qui sont applicables par toi-même. » Après avoir suggéré des changements… de la part de son frère (refusés par son père) et quelques idées farfelues (comme un droit d'entrée payant), il se décida pour mettre une pancarte sur laquelle chacun pourrait lire : MERCI DE FRAPPER AVANT D'ENTRER.

« À toi, Thierry ! Comment peux-tu t'assurer quant à ton travail ? » Même déroulement pour le garçon qui, lui, aboutit à faire une liste de ce dont il a besoin pour travailler car c'est trop souvent qu'il se fait punir en raison d'affaires scolaires oubliées ou absentes.

Les enfants, centrés sur eux-mêmes plutôt que sur l'autre, se séparent. Le père lui, garant de l'autorité et de la justice, a la sensation agréable d'avoir fait son travail.

La tentation est forte pour des adultes de s'inquiéter du risque que, selon eux, l'écoute fait courir pour l'enfant comme pour le parent. Et cette résistance alors s'énonce par des pensées ou des mots tels que :

« On n'a pas fini si on se met à l'écoute. On n'a pas que cela à faire, ça prend du temps. »

« Il va se croire tout permis s'il n'y a pas une autorité qui lui dit "stop" ou qui lui fait entendre que ses mots n'ont aucune valeur ou qu'il se trompe ! On ne peut pas laisser l'enfant s'égarer ! »

« Il va s'imaginer qu'il a raison ! »
« Il nous manque de respect à crier comme ça ! »
« Moi cela me fatigue un gamin qui fait la tête tout le temps. »
« C'est un manque de politesse… »
« Je ne peux pas le laisser se raconter des histoires ! »
« Il ment comme un arracheur de dents ! Il faut que ça cesse. »

Alors, dans cette logique réactive, le parent est tenté d'utiliser la manière forte, dissuasive ou persuasive, celle de la punition. Au fait, qu'est-ce qui est puni ? Le comportement défensif ou l'enfant dans son attitude ?

Et que devient le besoin dans l'histoire ?

Punir… pour satisfaire le crocodile !

En ôtant à l'enfant ce qu'il aime, après un comportement jugé inopportun ou inadmissible, le parent fait l'hypothèse que celui-ci fera le lien et que la prochaine fois, pour s'éviter la punition, l'enfant adoptera une attitude adaptée à son attente. Cela est la version idéale : souvent efficace quand l'enfant est petit, et encore pas toujours, la punition le devient de moins en moins quand il grandit et qu'il se « blinde » vis-à-vis de décisions qu'il vit comme arbitraires… et qui le sont la plupart du temps pour deux raisons : parce que réactionnelles aussi de la part du parent et qu'en ne répondant qu'à la forme et aux symptômes émotionnels, aucune réponse n'est inventée quant au fond et à la réalité du besoin. Privé de télé, de jeux vidéo, de sorties, d'argent de poche, de l'histoire du soir, de câlin, d'explications… Autant de privations qui risquent fort de faire écho au manque d'être à l'origine du comportement dérangeant. Et ainsi de doubler la mise ! Dans la logique du vivant, l'émotion n'est présente que comme palliatif pour combler un vide de pensée, de parole ou d'action. Ajouter du vide ne va pas aider l'enfant à se restaurer. Et si le parent inventait une autre forme de punition et que celle-ci devienne intelligente et vivante ?

« Punition », le mot a la même origine que « peine, rançon », autrement dit un dédommagement qui fait suite à un mal, une réparation qui annule la dette contractée avec une attitude offensante. Dans le mécanisme défensif bio-logique, celui qui est en souffrance est celui qui est ému, celui qui, parce qu'il se sent offensé, offense l'autre, son parent, sa fratrie ou son entourage. Pour qu'il cesse d'être enfermé dans ce mécanisme, il est logique de lui faire effectuer un travail de réparation… de lui-même. C'est ainsi qu'il pourra au mieux cesser d'éclabousser son entourage de ses peines.

Les parents de Thierry et de Jérôme ont reçu des plaintes de la part des voisins du dessous : « Trop de bruit, musique trop forte… Jusque-là on ne disait rien parce que ce sont des enfants et nous aussi, on a eu des enfants turbulents. Mais maintenant ils jouent au ballon dans le couloir et ce n'est plus possible ! » Les parents sont furieux, ennuyés aussi car ils aiment bien leurs gentils voisins, des gens âgés qui ne demandent qu'à être agréables aux autres. S'ensuivent des explications auprès des garçons, du genre « prise de conscience de leur responsabilité ». Puis, devant les récidives, privation du ballon, puis privation de la balle de tennis qui l'avait remplacé, puis confiscation des jeux vidéo pendant dix jours, l'ensemble assorti de colères et de leçons sur le respect. Face au résultat décevant et au comportement provocateur de Thierry, le père trouve la punition adaptée : un acte de réparation vis-à-vis de ses voisins :

« Y a-t-il une raison pour que vous cherchiez à ennuyer les Fillon ?

– Ben… non !

– Pourtant vous vous rendez compte que votre attitude les gêne ?

– …

– Oui ou non ?

– Oui.

– Vous les aimez bien, non ?

– Évidemment, ils sont sympas.

– Eh bien, j'ai pensé que pour réparer le désagrément que vous leur avez infligé en jouant dans la maison, vous allez leur rendre un grand service. M. Fillon a des travaux à faire dans son garage et Mme Fillon voudrait nettoyer les murs de sa cuisine. Je leur en ai parlé. Au début, ils étaient étonnés et presque gênés, puis ils ont trouvé que votre aide serait justice et qu'ainsi vous seriez quittes.

– Et on pourra continuer à jouer au ballon dans le couloir ? »

Le père réprime une bouffée d'agacement face à la question de son fils et prend le temps de le regarder avant de répondre. Il voit son œil pétillant de malice qui guette son père comme s'il le mettait au défi de tenir bon dans son choix de punition utile. Il se contente alors de lui rendre son sourire et se contente d'un « commencez par définir qui fait quoi ». Après les travaux, les garçons passaient volontiers du temps chez « leurs petits vieux » ainsi qu'ils les avaient baptisés entre eux et il n'était plus question de les déranger par le bruit du ballon.

À quand les punitions réparatrices et solidaires pour que chacun soit gagnant ?

Récompenser pour frustrer le crocodile

Face à un comportement défensif inefficace, au contraire du précédent, le vide d'être est manifeste et se tourne contre l'enfant lui-même. C'est dire si toute idée de punition est ici inenvisageable pour les parents, même si leur réactivité peut être forte vis-à-vis de l'enfant angoissé, jaloux ou qui se sent abandonné. La tentation est plutôt de secouer l'enfant, de le tirer en avant, de lui démontrer par a + b qu'il est des plus malheureux que lui… Bref, de faire à sa place ce qu'il n'ose pas faire pour lui. La logique parentale est ici que, si l'enfant voit faire son parent, qu'il entend sa pensée et suit son raisonnement, il aura envie de le faire pour et par lui-même. Sauf que nombre de parents s'épuisent dans cette logique qui aboutit à ce que l'enfant en fasse encore moins puisque son parent s'en charge ! Là aussi, suivons la logique du reptile…

Tant que le vide et la difficulté de l'enfant émeuvent son parent qui cherche alors à compenser son manque, il ne peut mobiliser en lui ses propres ressources, ce qui pourtant est son aspiration vitale. Alors plutôt que de compenser, le parent ne pourrait-il pas récompenser l'enfant ? Mais de quoi ? De son impuissance, de son insécurité, voire de sa jalousie ? Dans sa signification première, la ré-com-pense est le retour en arrière d'une pensée ou d'un poids avec l'événement qui est en cause. Ainsi le geste est-il venu ajouter une pensée, un cadeau à une réussite, doublant là encore la mise initiale : en plus de la réussite, il y a la récompense. Et pour l'anxieux, le jaloux et le déçu ? Rien ? Dommage, c'est lui qui a besoin de ce retour en arrière de sa pensée à propos de l'événement qu'il ressent comme une menace alors que dans l'automatisme de sa réaction il n'a de cesse que d'attendre de son entourage son soulagement. Or son parent peut et doit être celui qui sait, qui reconnaît la capacité de son enfant : un savoir, une confiance qui se passe de preuve parce que fondés sur son amour pour lui. Ce regard de reconnaissance de la part de son parent est précisément ce que guette l'enfant dans son intelligence.

D'où cette bio-logique : pour que ce regard de confiance se traduise en acte, il vaut mieux frustrer l'enfant de l'aide qu'il cherche désespérément, geste qui peut être vécu comme une torture supplémentaire ! Quelle récompense ! Comment peut-on laisser un enfant se noyer dans sa peur, son dépit ou son désespoir alors qu'il suffit de le prendre par la main pour le soulager à court terme. Bien sûr que cette attitude-là, empreinte de bienveillance, a aussi sa place dans certains cas. Mais que dire des urgences qui s'installent au long cours et enferment l'enfant dans une attitude dans laquelle il se prive de son potentiel ? C'est évidemment à ce potentiel que s'adresse la frustration nécessaire et pas à l'urgence véritable. Pour mieux comprendre la nature de cette récompense, rappelons la sagesse chinoise : « Quand un homme vient frapper à ta porte parce qu'il a faim, le premier jour donne-lui à manger ; quand il revient le lendemain, emmène-le et apprends-lui à pêcher ; le troisième jour, s'il revient, ferme-lui ta porte. » Ainsi l'homme est-il récompensé, parce que reconnu dans son aptitude à choisir ce qui est juste et bon pour lui et à agir en connaissance de cause.

Louis est un enfant gai et séduisant qui amuse son entourage. « Mais qu'est-ce qu'il peut être dans la lune, c'est incroyable ! » dit de lui sa mère qui passe régulièrement derrière lui pour vérifier qu'il n'oublie rien le matin. « Un jour je l'ai vu partir en chaussons à l'école ! Heureusement que je m'en suis aperçue à temps. » Heureusement ? Est-ce bien sûr ? Louis compte sur son entourage pour combler son absence de vigilance et de soin de ses affaires. Il sait que s'il ne s'en tenait qu'à lui, il aurait trop peur d'oublier quelque chose. En ne pensant à « rien », il évite et la peur et l'organisation nécessaire pour ses activités. Constatant que c'est elle à présent qui stresse à l'idée d'oublier, la mère décide de mettre le holà, et prévient son fils qu'elle va cesser de s'impliquer et de se poser des questions à sa place. Comme c'était la dixième fois qu'elle l'en menaçait, Louis ne s'inquiéta pas… sauf que cette fois sa maman tint bon ! Oubli d'un devoir, oubli de faire signer le cahier de correspondance, oubli du livre sur lequel travaillent les élèves en français, oubli de sa ceinture de judo… jusqu'à l'oubli de trop, celui des clefs qui força l'enfant à attendre dehors le retour de sa mère. Celle-ci lui proposa de l'aider à s'organiser, avant de faire marche arrière en voyant Louis sauter sur l'occasion de déléguer sa responsabilité. Elle s'obligea à tenir bon, sans évoquer le sujet autrement qu'en s'émerveillant avec sincérité de la capacité de son fils à… oublier. Responsabilisé dans les conséquences de ses actes, reconnu dans son comportement, libéré de l'investissement de sa mère, Louis s'organisa petit à petit : listes de ce qu'il avait à prendre, vérification de ses affaires, coup d'œil sur lui pour être sûr d'avoir pris le nécessaire contribuèrent à donner à l'enfant le sentiment qu'il pouvait compter sur lui !

Il s'agit donc là d'une récompense inhabituelle qui va au cœur du mécanisme bio-logique et vient l'écouter dans son intimité. Exercice d'équilibre délicat mais nettement plus rentable que la compensation ou l'inhibition du parent.

La relation avec l'enfant dans l'urgence émotionnelle réclame de la part des adultes une inventivité, une vigilance et une bienveillance qui concordent mal parfois avec la pression des parents : « Écouter prend du temps. L'enfant peut s'imaginer avoir raison. Son comportement défensif, voire offensif, n'est pas juste envers son environnement, il réclame beaucoup. On ne peut pas être toujours dans cette disposition d'esprit ! » Autant de « bonnes » raisons de ne pas investir dans cet échange.

Pour faire pousser des végétaux dans une terre sèche, il y a deux voies : l'une consiste à arroser par-dessus et largement toute la surface plantée ; elle est très consommatrice d'eau. L'autre consiste à faire courir un tuyau le long des plantations et faire couler un peu d'eau par un petit trou au pied des racines ; cela consomme peu et donne de meilleurs résultats. Prendre le temps de l'écoute et investir sur le besoin réel de l'enfant est rentable et durable. La relation devient écologique ! L'enfant en manque a besoin de recevoir l'attention des siens, de se fier à eux, de se valoriser auprès d'eux et de devenir vrai avec eux. L'écoute et la restitution de sa part intelligente constituent les réponses « attendues » dans l'urgence par l'enfant enfermé dans sa blessure. Car il y a urgence à nourrir le crocodile quand il est ému, sous peine de violence ou de désespoir. « Ventre affamé n'a point d'oreilles » dit le proverbe. Il est donc bio-logique de satisfaire, grâce à l'écoute de l'émotion et du besoin caché, le cerveau émotionnel qui crie famine, faute d'être nourri, faute de savoir se nourrir.

Et lorsque cette écoute s'avère difficile, voire impossible, c'est que le parent est redevenu… l'enfant qu'il était !

Troisième partie

METS-TOI À TA PLACE !

« Mets-toi à ta place ! » pourrait dire l'enfant à son parent… « Alors tu m'écouteras, moi qui suis de toi et différent de toi et tu m'aideras à devenir un adulte, ce que toi et moi désirons au fond de nous. Mets-toi à ta place et non à la mienne. La tienne est celle du parent, riche de sa mémoire et de ses expériences ; la mienne est celle d'un enfant qui aspire à s'enrichir avec ses expériences. Occupe vraiment ta place, toute ta place et rien que ta place. Ainsi, nous pourrons échanger d'individu à individu, toi ancien enfant et nouveau parent, et moi nouvel enfant, futur adulte et peut-être futur parent. Nous avons des dénominateurs communs avec lesquels nous pouvons nous entendre. Si tu n'es que parent ou que enfant, nous n'y arriverons pas ! Sache mieux être qui tu es pour ne pas me faire porter des attentes qui sont issues de tes frustrations, des peurs qui t'appartiennent, des devoirs qui viennent de ton histoire. Cessons de jouer à "fais ce que je te dis et non ce que je fais". Je ne te demande pas de TOUT savoir ni d'être parfait, mais de reconnaître ta part de vie, ta place à toi, parfois face à moi, parfois loin de moi et parfois à mes côtés. »

Ces mots que les enfants retiennent faute d'oser ou de savoir les prononcer, prenons-les au pied de la lettre dans toutes leurs implications.

Conscient du dialogue entre le cerveau qui réagit – celui des besoins fondamentaux et du langage émotionnel en cas de manque – et le cerveau qui agit et décide du comment satisfaire ces besoins, nous voici face à une question : en quoi ce décodage peut-il guider les parents dans leur rôle auprès de leurs enfants ? Nous avons en effet développé l'attitude utile face à l'enfant lorsque celui-ci est envahi par l'émotion et ce dans l'urgence de la relation. Il s'agissait de répondre au mieux, en tout cas moins mal, à la violence intérieure et extérieure, parfois exprimée dans des symptômes en forme d'appel au secours. Étaient les premiers soins, en supposant à chaque fois que le parent n'était pas – ou peu – en réaction de défense. Au clair avec lui-même, il pouvait donc écouter, prendre en considération l'enfant dans l'épreuve traversée par lui et l'accompagner dans la reconnaissance de son émotion et de son besoin.

Pour autant, le statut de parent n'a jamais « débranché » personne de son cerveau émotionnel. Bien au contraire, l'arrivée d'un enfant s'avère souvent un événement révélateur de peurs et de pressions d'autant plus urgentes qu'elles se font au nom du petit être innocent ! Ainsi la fonction parentale favorise-t-elle de « petits arrangements avec soi-même » faits de justifications altruistes. « Ce n'est pas pour moi que j'ai peur…, c'est pour mon fils, pour ma fille, et cela, c'est légitime et vous ne pouvez pas me le reprocher ! » Ces arrangements sont des réponses automatiques du crocodile, des réponses dictées par l'émotion et la peur du manque et qui font courir à la relation parent-enfant le risque de bien des incompréhensions. En effet, ils sont plus une solution au besoin du parent qu'à celui de l'enfant. Quand un père s'insurge de la mauvaise note de son fils, sa colère et le besoin de reconnaissance qu'elle cache sont une « solution » pour retrouver son identité. Mais qu'en est-il du besoin de l'enfant en faute d'avoir contrarié son père et déclenché son émotion ?

Ce sont ces « arrangements avec soi-même » que ces chapitres abordent pour renouveler le questionnement parental hors des réponses automatiques et pleines de bonne volonté et pour ouvrir sur des propositions éducatives plus proches de la nature même de l'être vivant, plus bio-logiques. Un père, qui « avait des problèmes avec son fils » et cherchait dans un groupe de parents à améliorer sa communication avec lui, fit ainsi une découverte : « À vous écouter reformuler ce que je dis de mon fils (difficulté à se mettre au travail, faire le pitre en classe, mal répondre à sa mère…) j'ai l'impression que vous parlez de moi. C'est incroyable, je n'avais jamais réalisé que ses attitudes étaient à ce point proches des miennes lorsque j'étais enfant. » Cette révélation à la fois l'enchantait et le déconcertait. L'enchantait du fait d'un lien existant entre eux et le déconcertait car il était venu trouver une solution pour son fils et allait repartir de la réunion avec une question sur lui-même, ex-enfant.

Nous allons donc au fil des chapitres qui suivent questionner cette relation si particulière entre un parent et son enfant, entre un enfant devenu parent et un enfant encore enfant pour y découvrir des histoires d'héritages, d'auteurs, d'articulation, de miroirs et de coopération. Les messages du cerveau reptilien dans le dialogue des deux cerveaux vont ainsi mettre chacun à sa vraie place, au cœur de ses besoins fondamentaux et responsable dans son histoire.

7

LA CONSCIENCE DE L'HÉRITIER

> « Un secret, ce n'est pas quelque chose
> qui se raconte, mais c'est une chose
> qu'on se raconte à voix basse et séparément. »
>
> Marcel Pagnol

La sagesse traditionnelle nous enseigne ceci : « Ne te demande pas ce que tes parents t'ont donné mais ce que tu fais de ce qu'ils t'ont donné. » Encore est-il bien utile d'être conscient de ce qu'ils nous ont donné pour faire librement. À défaut, le choix se résumerait entre la reproduction et l'opposition.

Nous sommes tous, malgré nous, les héritiers de nos parents. L'héritage est ce qui est reçu de façon passive, c'est-à-dire que nous n'avons pas directement œuvré pour l'obtenir. Il est ce que nos parents nous transmettent sans que nous, enfants, ayons à faire plus qu'aller chez le notaire recevoir ce legs, simplement parce que la loi nous reconnaît cette légitimité. La même loi nous autorise à le refuser sans avoir à nous justifier. Il est bien sûr un autre héritage que nous recevons de façon encore plus passive, celui-là génétique et qui imprègne chacune de nos cellules. Nous ne pouvons refuser notre héritage génétique sans attenter à nos jours. Entre le droit de dire non et la soumission aux gènes existent d'autres sortes d'héritages dont il est nécessaire de prendre connaissance, ne serait-ce que pour en être conscient, et donc pas dupe.

Pourquoi parler d'héritage et d'héritier ?

Pour permettre au parent et à l'enfant de s'inscrire dans l'Histoire et pas uniquement dans leur histoire personnelle comme si chacun recommençait à lui tout seul toute l'histoire. Pour permettre à chacun d'articuler *son* histoire avec celles des autres et particulièrement de ses parents. La « mode » aujourd'hui pour la psychogénéalogie raconte mieux que toute autre explication combien les personnes ont besoin de se reconnaître existant dans la chaîne des générations qui les ont précédées. Il s'agit de s'inscrire soi dans cette histoire, c'est-à-dire de renoncer à se vouloir seul à l'origine de toute notre histoire et tout autant de renoncer à se croire fabriqué à partir de l'histoire des autres. Il s'agit aussi pour l'ancien enfant de poser des questions « innocentes » :

« Mon prénom est-il le mien ou celui de l'oncle mort quelques mois avant ma naissance et que j'aurais remplacé ? »

« Mon sexe est-il le mien ou ce qui doit permettre de transmettre le nom de ma famille ? »

« Mon nom de famille est-il le mien ou celui de ma mère par défaut de père identifié ? »

Questionner l'héritage ne permet pas toujours d'avoir des réponses sûres et claires, mais permet toujours d'être l'auteur des questions posées. Lorsqu'un participant à un stage justifiait son comportement par celui de l'un de ses parents, un animateur aussi provocateur que bienveillant lui répondit ceci : « Et c'est parce que ta grand-mère faisait du vélo que tu arrives en retard les matins du stage ? »

Si, en faisant une volte-face de 180°, la personne se prive de tout héritage pour devenir elle toute seule, toute responsable – coupable ? – de son retard, elle se surcharge autant qu'elle s'était déchargée sur ses parents. Aucun bienfait n'est à attendre par la décharge ou la surcharge. La charge juste est la part héritée à partir de laquelle l'ancien enfant devenu adulte – et parent – peut révéler sa propre part et participer à satisfaire son besoin en s'organisant pour arriver à l'heure, si tel est son choix.

Sont héritiers l'enfant de ses parents et les parents de leurs propres parents. Ainsi se remonte la chaîne des générations avec la passation des héritages de l'une à l'autre. En trois générations, sept individus sont déjà concernés ! Autour du berceau du nouveau-né, six adultes et autant de relations plus ou moins éclaircies. Sans compter la fratrie, les oncles et tantes, les enfants adultérins, les secrets de famille… La psychogénéalogie procure parfois un soulagement par la prise de conscience de conflits de famille ou de traumatismes cachés dont l'enfant, devenu adulte, s'est trouvé être le dépositaire. Ces découvertes ne sont pour autant pas magiques et ne répondent pas à la question « Que faire de ce que j'ai reçu ? ». La responsabilité demeure et le secret de famille ne doit pas devenir l'arbre qui cache la forêt. L'essentiel étant que cette conscience de l'arbre et de la personne à qui il appartient favorise l'occupation de sa propre forêt.

Mais qu'est-ce qui, au juste, est transmis de génération en génération ?

Du visible autant que de l'invisible. Du « éducationnellement » correct et officiel, et de l'impalpable dans le non-dit. Du positif et du négatif, de la lumière et de l'ombre, ce dont le parent est fier et ce dont il a honte, ses réussites et ses échecs, ce qu'il dit et ce qu'il tait. Comment hériter de ce qui est invisible et tu ? La bio-logique des émotions nous a montré que ce qui est en manque déclenche des réactions émotionnelles qui pallient ce vide dans l'urgence, mais aussi dans le temps, dans une organisation défensive qui exprime et pseudo-satisfait les besoins. L'héritage de ce qui est caché et non-dit se fait donc par les messages émotionnels, par la réactivité du parent. L'enfant reçoit du parent des informations codées qui « disent, sans dire », exprimant la souffrance du parent, ses manques et ses besoins sans aucune autre traduction qu'émotionnelle pour les décoder.

L'enfant hérite du plein, du nommable et du reconnu mais aussi du vide, du non-nommable et du non-reconnu par l'intermédiaire de ce qui remplit dans l'urgence le manque d'être, c'est-à-dire le déni et le mensonge de la fuite, l'agressivité et l'accusation de la lutte, l'abandon et le chaos du repli sur soi.

> « Je peux parler de tout avec ma mère, des faits de société, de mes professeurs, d'elle, de mon père…, sauf de mes relations avec les garçons. Elle me répond que ça ne la regarde pas, que c'est mon jardin secret, mais je trouve cela étrange », disait une jeune fille. Elle insista donc auprès de sa mère pour comprendre le pourquoi de son attitude et finit par apprendre, après beaucoup de dénis, que sa mère ne supportait pas l'idée que sa fille soit malheureuse un jour parce qu'un garçon la quitterait. Ce qu'elle prit au début comme une marque d'amour de la part de sa mère – le souci qu'elle avait de son bonheur – lui laissa pourtant un goût d'inachevé. « Trop d'émotion pour me dire un truc aussi simple », se disait-elle. Et elle retourna voir sa mère. Celle-ci entre-temps avait réfléchi et pu confier à sa fille que sa résistance était liée à sa propre mère qui toute sa vie avait porté le deuil de son premier grand amour avec lequel elle avait été fiancée et qui était décédé à la guerre.

« Mais ce n'est pas ton histoire, maman !
– Il faut croire que si puisque ça m'est revenu en parlant avec toi alors que je n'y avais pas pensé depuis des lustres ! Ce n'est pas faute d'avoir entendu ta grand-mère m'en parler ! Toute petite j'étais la confidente de cet amour brisé et j'en étais fière. Je me demande si ce n'était pas trop lourd pour moi, finalement. »

Héritière d'un deuil qui ne la concernait pas directement et qui pourtant générait un évitement d'écoute auprès de sa propre fille, justifié par « ce sont tes histoires » puis par « j'ai peur que tu ne sois malheureuse ».

L'héritage nommé

Il est comme un bien que l'on peut utiliser et vis-à-vis duquel l'enfant a une relative liberté de choix, à commencer par le choix de l'accepter ou non. Il concerne l'ensemble de ce qui a été exprimé, donné par le parent de façon factuelle et surtout hors réaction de défense. Autrement dit lorsque le parent était en cohérence avec lui-même dans sa transmission. Cet état « sans » émotion ne signifie pas que le parent n'avait aucun sentiment, mais qu'il ne cherchait pas à se protéger, à se défendre, à convaincre, à cacher, à se sauver lui ou son enfant. Un état de justesse intérieure qui donne, pour celui qui l'écoute, une crédibilité et une assurance qui génère de la confiance. Quel que soit ce qui est évoqué, y compris des événements difficiles et douloureux, le ton est juste et chacun est à sa place.

Le parent fait ainsi de son héritier le légataire d'expériences, de règles de vie, de valeurs, de « choses qui se font et d'autres qui ne se font pas », les unes explicitées, les autres vécues et transmises par référence au modèle parental. Nombre d'interdits sont ainsi assimilés sans provoquer d'émotion ou de trouble chez l'enfant tant qu'ils participent à une cohérence familiale dont l'enfant tire bénéfice. On parle alors de structure, de points de repère sur lesquels l'enfant peut se fonder car ils sont solides. Les limites, les frustrations, trouvent du sens, compensées par les satisfactions.

Fait héritage aussi l'ensemble de ce dont l'enfant a été témoin malgré lui, parce que présent au moment des faits auxquels il a participé directement ou non. Comme ce garçon qui avait assisté à la dispute de son père et son oncle – frère de son père – parce que lui-même s'était chamaillé avec son cousin : « Mon père est devenu rouge de colère. Il hurlait tel père tel fils, aussi « chiant » et bagarreur, qu'il ne laisserait pas son fils se faire maltraiter comme il l'avait été par lui. C'était terrible. » Il était resté sans voix, impuissant devant ce conflit qui avait dégénéré : « Depuis on ne les a plus vus. Pourtant je les aimais bien. » Bien sûr le conflit entre ces adultes datait de leur propre enfance. « J'ai rien compris, c'était juste une dispute de gosses parce qu'on voulait jouer avec le même camion. » Souvenir et sensation qui se sont imprimés mais qui laissent au jeune homme le choix et la capacité d'agir autrement pour s'éviter et éviter à son entourage de telles situations.

Héritage encore qu'est la version parentale des souvenirs de famille, de ceux que l'enfant ne peut vérifier mais qui lui ont été racontés, parfois « améliorés » de mots, de situations pour « faire plus riche et plus intéressant ».

> « Je ne supporte pas quand ma mère parle de mon enfance. À la fois je sais que c'est moi, mais je l'ai surprise à modifier des détails pour faire rire les gens. Quand je le lui dis, elle me répond que je fais des histoires pour rien, qu'elle ne se souvient plus exactement, mais que l'esprit y est. Son esprit à elle c'est sûr, car elle a beaucoup d'humour, mais moi ces souvenirs-là me sont étrangers, ce ne sont pas les miens. »

Héritage des histoires de famille qui sont racontées d'une génération à l'autre, celle de l'arrière-grand-père pendant la guerre de 1870 dont le cheval fut tué sous lui et qui en réchappa, de la tante Angèle qui quitta son village avec son balluchon, partit pour l'Amérique du Sud « sans qu'on sache vraiment ce qui lui est arrivé ». Ou encore de l'aïeule dont le portrait trône au salon et qui, dit-on, « avait la cuisse légère... ».

Quand l'enfant est héritier de ces informations parlées, racontées, certaines entendues et d'autres vues comme spectateur et témoin, il peut conserver une certaine distance vis-à-vis de celui ou de celle qui les lui a transmises. Il a, selon l'expression habituelle, du recul. Son adhésion à l'héritage et à l'histoire peut être questionnée. S'ensuit la construction d'autres repères, surtout d'autres interprétations. Il règne dans cette mémoire une liberté à éprouver et à penser autrement que le parent. L'enfant peut ainsi devenir un héritier actif et doué de libre arbitre face à des situations réputées douloureuses et même traumatisantes, pour peu que cet héritage soit nommé et assumé par le parent comme lui appartenant en propre : alors il cesse d'être tributaire des dettes parentales et ancestrales puisqu'elles appartiennent aux parents et aux ancêtres.

Louis avait ainsi pu faire la différence entre deux souvenirs qui racontaient le même désamour et pour finir la même réalité : son père lui avait annoncé la décision prise de divorcer par ces mots : « Je ne m'entends plus du tout avec ta maman, en tout cas plus assez pour vivre harmonieusement avec elle. Je suis triste de cette rupture et de ce qu'elle va entraîner pour nous tous et je suis venu t'en parler. » Le choc fut rude, mais moins qu'il ne l'avait imaginé dans ses pires scénarios. Un peu plus tard, sa mère lui « annonça » la nouvelle par ces mots : « Ton père nous quitte, il nous abandonne, je ne sais pas comment nous allons nous en sortir. » Louis se souvient d'une sensation de coup de poignard dans le ventre que déclencha l'émotion de sa mère et la panique qui s'empara de lui. Recevoir la décision de la séparation lui était difficile mais possible ; recevoir la souffrance et le déni de sa mère de sa part de responsabilité lui était impossible. D'où sa réaction de défense.

Ces héritages-là compliquent la vie de l'héritier.

L'héritage innommable

C'est celui transmis dans l'émotion et par les symptômes de l'émotion. L'innommable n'est en rien un qualitatif qui juge pour des raisons contraires à un code moral ou social, l'innommable n'est pas forcément un secret de famille bien lourd et plus ou moins bien caché. Le non-nommable est beaucoup plus banal, quotidien et fait partie de ce que le parent n'ose pas montrer de lui-même, dont il éprouve une gêne, une honte ou une culpabilité qui le privent de sa parole. L'innommable est parfois même du non-pensable et évidemment de l'infaisable. Il traduit un manque d'être que pallie la réaction de défense dans un court terme qui dure.

Ce dont hérite l'enfant alors, c'est un vide, un silence accompagné d'un excès d'émotion qui fait paraître le parent trompeur, agressif ou même faux.

« Il me fait régulièrement le coup de la patate chaude, vous savez, celle qui brûle tellement les mains que le seul moyen de ne pas être brûlé, c'est de la lancer à quelqu'un d'autre », confie un jeune garçon en parlant de son père. « Je vois bien qu'il n'aime pas parler de ses bêtises quand il est parti de chez mes grands-parents. Il y a un truc qu'il ne dit pas et, tout de suite, il s'énerve et me tombe dessus parce que je n'ai pas rangé ma parka ou mis mes chaussons. Il ne garde pas la patate et c'est moi qui me fais disputer. »

L'enfant hérite d'une colère qu'il reçoit comme injuste, incompréhensible et mal adaptée à l'oubli de la parka. Il a deviné en grandissant que son père évitait certains sujets et est devenu plus distancié vis-à-vis de ce comportement. Pour autant demeurent des souvenirs très douloureux de son enfance : son père pouvait entrer dans des colères noires et le taper rudement lorsqu'il avait fait une bêtise. L'évocation des coups reçus injustement et l'affolement de sa mère à l'idée que son mari n'apprenne la bêtise du petit lui font venir les larmes aux yeux. Âgé de quinze ans, il ne se voit pas demander à son père ce qui s'est passé quand celui-ci était jeune : « Pas envie de réveiller une eau qui dort ! C'est une expression de ma grand-mère. Elle doit savoir de quoi elle parle parce que le grand-père, il n'était pas drôle non plus ! »

À trente-cinq ans, une femme se désespère de ne pas avoir d'enfant. Le couple a déjà fait trois fécondations *in vitro* sans succès.
« Vous avez des frères et sœurs ?
– Deux sœurs et un frère ; enfin, ce sont des demi-frères et sœurs. La première femme de mon père est morte en laissant trois enfants et mon père s'est remarié avec maman. C'est elle qui a voulu un autre enfant, moi. Lui nous disait souvent de profiter de la vie et à ses filles de ne pas faire d'enfants. En ce qui me concerne, il ne croyait pas si bien dire ! C'est comme si je lui obéissais.
– À votre avis, pourquoi disait-il cela ?
– Je n'en sais rien, pour que nous restions près de lui, peut-être ; mais cela m'étonnerait, il nous a toujours encouragés à faire de longues études, à voyager et à être autonomes. Du reste, une de mes sœurs est partie vivre en Australie avec son mari ; elle a quatre enfants.
– Comment est morte sa première femme ?
– Je n'en sais rien… de maladie, je crois. Il n'aime pas parler d'elle, même à mes frères et sœurs. Je pourrais demander à ma mère. »
Ce qu'elle fit. C'est ainsi qu'elle apprit que cette jeune mère était morte en couches, en mettant au monde son troisième enfant. Le père

ne s'en était pas remis, d'autant que sa propre mère était décédée dans des circonstances analogues. La phrase, entendue comme bienveillante, incitant ses filles à vivre pour elles cachait une douleur non dite que cette jeune femme n'avait jamais pensé à interroger. Être enceinte, c'était réveiller la souffrance de son père, autant dire quelque chose de totalement interdit.

Le non-dit, le non-reconnu par le parent se révèle donc par les symptômes émotionnels dont hérite l'enfant. Héritage lourd, parfois même violent, reçu sans le mode d'emploi. L'enfant subit le déni, le rejet, l'accusation, le jugement, le mutisme ou la culpabilité tant que personne, son père ou sa mère, ne se pose en face de lui et porte la responsabilité de son histoire et de son émotion. Car le manque d'être accompagne le système de défense : l'enfant perçoit donc à la fois le manque d'histoire et l'excès émotif. Sans décodage, il reçoit cet héritage comme une pression, une attente ou une exigence de soulagement, voire de guérison. « Répare ma blessure ou au moins ne la rouvre pas ! » Telle est l'attente transmise à l'enfant sans explication, comme une évidence sans commentaire. Sans parent pour porter et reconnaître l'histoire, l'enfant en devient le support. Il reçoit et prend ce qui lui est « jeté comme une patate chaude ». Et il la prend d'autant plus qu'il aime et a besoin de son parent pour vivre !

Mais pourquoi ce dernier transmet-il du vide, du non-nommable à son enfant ? Quelle autre raison que sa propre enfance durant laquelle il a lui-même reçu des non-dits identiques ou différents et dont il ne s'est pas libéré ? et ainsi de suite en remontant les chaînes de générations. Nous voici renvoyés, passage obligé, aux mots bibliques qui font porter la faute, le manque, jusqu'à « la troisième et la quatrième génération » (Livre de la Genèse).

L'enfant aux prises avec l'émotion de son parent devient témoin malgré lui et otage d'une histoire qui n'est pas directement la sienne mais le devient puisqu'il n'y a « personne d'autre » pour la porter, la verbaliser et la prendre à son compte. Héritage par les mots et les gestes qui deviennent abusifs et écrasants pour l'enfant dès lors qu'ils ne s'arrêtent pas au parent, faute pour lui d'en assumer l'histoire.

Que de maux pour raconter, sans la raconter tout en la racontant, l'histoire vécue – subie – par le parent à son enfant ! Ces « trous » pleins de peur, de colère et de tristesse vont être supportés par l'enfant, faute de véritable propriétaire. C'est ainsi que le manque d'être survit de génération en génération… jusqu'à ce que quelqu'un se charge du nettoyage, et accepte de verbaliser le non-dit ou de penser le non-pensable.

L'héritage symbolique

Dans la plupart des traditions culturelles qui remontent loin dans le temps, les hommes ont défini ce qui relève de la fonction féminine et de la fonction masculine selon une lecture bio-logique : la mère assume les premières années de la sécurité de l'enfant et le père introduit celui-ci dans le groupe social qui lui accorde son identité. Ainsi sont déterminées les fonctions féminine et masculine.

Côté féminin, la mère et les lignées de grand-mères transmettent les valeurs qui assurent la sécurité matérielle et affective, et avec elles, celle de la liberté sans laquelle nulle sûreté ne serait possible. Côté masculin, le père et les lignées de grands-pères transmettent l'identité des individus du clan, ses signes de reconnaissance et son énergie combative. L'enfant, lui, réalise l'union de ces deux fonctions dans son existence. Ces valeurs ont permis à l'espèce humaine de vivre et de survivre. Elles garantissent la pérennité du groupe comme celle de chaque individu en respectant les besoins fondamentaux. Rien d'étonnant à ce que nous les retrouvions au carrefour de la culture, de la spiritualité et de la psychologie.

À partir de ces données, la tentation est forte de plaquer sur soi ou sur l'enfant, comme une fatalité, le déficit de sécurité quand la lignée féminine a été défaillante ou celui d'identité quand celle de la lignée masculine a été défaillante. Pour autant, il semble que ces fonctions « dépassent » l'individu mère ou père et que l'enfant cherche naturellement chez l'autre parent ou même en dehors du cercle familial la dimension symbolique dont le prive le manque, la « faute » de ses géniteurs. Cette quête participe à le construire, sans pour autant annuler le trouble lié à la faille : elle agit comme un cal sur une fracture, une cicatrice sur une plaie. Il n'y a pas fatalité à subir la faute de sécurité ou d'identité, il y a une logique à ce que les lignées féminine et masculine participent à construire l'enfant dans son expression.

À ce titre, ces symboles peuvent être source de questions qui aideront à préciser l'héritage reçu :

– Comment ma mère, mes grand-mères, témoignaient-elles de leur confiance en elles, dans leurs enfants, dans leur mari, dans la vie ? Avaient-elles peur et de quoi ? Se sentaient-elles libres de s'exprimer et comment ? Si ma mère était insécure, quelle était la réaction de son entourage ? Celle de mon père ?

– Comment mon père témoignait-il de son identité ? Quelle estime avait-il de lui-même, de ses enfants, de ma mère, de son entourage ? Si mon père manquait d'autorité, quelle était la réaction de ma mère ? Cherchait-elle à pallier son déficit ?

Autant de questions qui permettent de nommer la part héritée de ceux qui nous ont précédés afin d'être plus au clair quant à la part qu'ils nous ont transmise et de dépasser cet héritage : il s'agit en effet de se relier à une fonction symbolique issue du besoin fondamental et non de subir le comportement et l'émotion de ceux qui les ont incarnés.

Carine est une adolescente qui s'ennuie avec les garçons de son âge. Elle leur préfère la compagnie des amis de ses parents et rêve de fréquenter l'un de ses professeurs. Elle décrit son père comme un « brave type, un enfant qui n'a jamais grandi ». Ce qui l'amusait autrefois la déconcerte aujourd'hui et parfois l'énerve. Elle cherche à s'identifier auprès d'autres hommes, et attend d'eux ce que, naturellement, elle a attendu de son père. Quitte à prendre le risque d'une confusion entre paternité et attirance amoureuse. Elle guette chez eux un regard d'amour, quitte à le confondre avec un regard de désir. Pour apprécier la compagnie des garçons de son âge, Carine devra passer par son manque de père, par celui de son père aussi, orphelin trop tôt et élevé par deux femmes, et guérir cette absence par le développement d'une juste estime d'elle-même.

L'héritage n'est ni une justification ni une punition ! Il est une mémoire à connaître pour pouvoir, librement, en faire « quelque chose ». Ainsi ce jeune garçon plein d'humour qui justifiait son comportement par celui de son grand-père : « Ma grand-mère tenait un bistro et les mauvaises langues disent que son mari a bu le fonds de commerce… pas étonnant que je fume des petits joints, j'ai de qui tenir ! Mon père, lui, n'a jamais bu une goutte d'alcool. Il ne supporte pas, ça le rend malade. » Habile utilisation défensive pour justifier une attitude de fuite, ce déni est aussi une façon de se charger d'une mémoire, celle de son grand-père. Une blessure est à traiter. Encore faut-il que le petit-fils n'emploie pas la même solution défensive que celle de son grand-père, la fuite, ou que celle de son père, le rejet.

La fonction bio-logique de l'héritage

Cette notion d'héritage, et surtout celle d'héritier, pourrait se substituer utilement à celle d'analyse. Le premier est une réalité fondée sur la génétique autant que sur l'histoire, la « sociologie » de l'enfant et de sa famille. La seconde est une méthode, un moyen pour effectuer le bilan du premier. Il arrive que des patients, après avoir vécu une longue analyse, se sentent frustrés que celle-ci ne leur ait pas permis de se sentir plus libres ni plus déterminés dans leur vie. Ils reconnaissaient savoir beaucoup de choses concernant leur famille et leurs propres réactions, mais cela ne les aidait pas à trancher, à passer à l'acte ou simplement à se sentir détendus. Ils se disent « tourner en rond ». Une jeune mère s'était même surprise à utiliser cette masse de connaissances pour la faire peser sur son enfant : « Tu ne sais pas tout ce que j'ai enduré avec ta grand-mère. Tu as de la chance de m'avoir comme maman et tu pourrais être un peu plus aimable avec moi ! » En s'entendant prononcer ces mots, elle prit conscience qu'elle était en train de refaire ce chantage affectif dont elle-même avait tant souffert.

Si l'analyse trouve sa limite quand elle ne permet pas la libération souhaitée, comment la notion d'héritage peut-elle aider ? S'il y a héritage, il y a héritier. C'est lui qui, seul ou accompagné d'un ami ou d'un professionnel, peut faire le bilan de ce qui lui a été transmis par ses parents, sa fratrie, son entourage. Il l'a reçu de l'extérieur et s'y est adapté de façon la plus écologique possible. Ce bilan peut être traduit en mots et pourquoi pas, comme dans la finance, en recettes et dépenses, en avoirs et en dettes, en bénéfices et déficits. L'objectif étant bien sûr de tendre vers l'équilibre des comptes, sans chercher à frauder. Frauder, ce serait nier les manques, accuser les parents d'avoir fait des fautes, refuser tout en bloc, ou subir avec fatalisme ce bilan. Ce serait rester dans les symptômes émotionnels et les réponses automatiques. Or l'héritage est là pour permettre des questions ouvertes et non limiter ou enfermer sur des évidences.

La première de ces questions concerne bien sûr la qualité de l'héritage : Quoi et qui me l'a transmis ? À partir de ce bilan, en positif et négatif, commence la seconde partie du questionnement et non la moindre : l'interprétation de ce bilan, le fameux : « Qu'est ce que je fais de cet héritage ? » Ici commence la responsabilité du parent, celle de sa propre histoire, qui lui appartient et qu'il a à assumer afin de ne pas en charger son enfant. Il s'agit pour l'adulte de commenter ce qu'il a reçu, de le raconter, de tâtonner entre des versions différentes, non de l'héritage, mais de la traduction qu'il en fait… afin de recouvrer la sensation de libre arbitre, source de sécurité et d'identité.

> « J'ai perdu ma mère dans un accident de voiture quand j'avais un an et j'ai été élevée par mon père et ma grand-mère. Je n'y peux rien ! Voilà ce dont j'ai hérité, une absence et une photo sur ma table de nuit. Alors je m'accroche à ma fille et j'ai la hantise de prendre seule la voiture, au cas où j'aurais moi aussi un accident. L'idée de la laisser seule m'est insupportable. »

Ces mots répétés auprès d'amis, de médecins et de thérapeutes n'ouvrent sur aucun questionnement. L'héritage est subi et les « réponses » automatiques ne renvoient qu'à l'absente et non à la personne. Analyser tout ce qui lui a manqué et uniquement cela ne peut aider celle-ci à trouver le soulagement.

En évoquant la notion d'héritage bio-logique, c'est-à-dire qui répond à la logique de la vie, et non de la mort, il est possible de mobiliser l'action : « De quoi ai-je hérité avec la mort de ma mère si tôt dans ma vie ? Qu'est-ce que m'apporte ce deuil ? Qu'est-ce que j'obtiens de bon pour moi en ne terminant pas ce deuil ?… » Questions étranges, dérangeantes parfois, qui ont comme point commun la logique de vie : tout comportement, même le plus douloureux, contient une intention vivante de l'être, une réponse à un besoin fondamental à court terme.

Cette mère répondant à la mort de sa mère par sa propre « mort » à elle, effrayée à l'idée qu'il lui arrive quelque chose de grave, était dépressive depuis que sa fille était née. Ce qu'elle « obtenait de bon » était l'image d'elle fidèle à la mémoire de sa mère, « seule à être fidèle puisque mon père s'est remarié quand j'avais quinze ans et que ma grand-mère qui m'a élevée m'a séparée de la famille de ma mère avec laquelle elle ne s'entendait pas ». Cette fidélité était sa seule façon de garder vivante la mémoire de sa mère et il n'était pas question de l'en priver ! Elle obtint un grand soulagement à imaginer et choisir d'autres formes de fidélité à sa mère, ce qui l'aida à libérer la relation fusionnelle qu'elle entretenait avec sa fille.

Ou encore ce père qui se souvenait avec tristesse des mots qu'il avait prononcés penché sur le berceau de son fils, comme son père l'avait fait au-dessus du sien au dire de sa mère : « Je ferai de toi un homme ! » Son fils avait fait de son mieux pour être le digne héritier de ce père et de ce grand-père jusqu'à ce qu'il craque, la veille d'un concours. « Tétanisé » au fond de son lit, il n'avait plus pu se lever, ses jambes avaient refusé de le porter. L'injonction n'arrivait plus à couvrir la petite voix intérieure qui lui soufflait « tu es libre » ! Drôle de liberté achetée au prix d'une immobilité physique ! Mais le crocodile n'a pas la réputation d'être subtil ni délicat dans ses messages.

La question de l'héritage mérite d'être posée à chaque fois qu'une attitude émotionnelle prive le parent de son libre arbitre : Qu'en est-il de ce que j'ai reçu ? Ai-je ma liberté de penser dans cette situation ? Est-ce que je parle en mon nom ou bien au nom de l'enfant que j'ai été ou encore au nom de mes parents comme s'ils me jugeaient ?

Ainsi se développe une conscience d'héritier et une liberté à faire bon usage de cet héritage, quel qu'il soit.

8

FACE-À-FACE

> «Don de soi, ou partage de soi.»
> Daniel Sibony

La rencontre dans un face-à-face entre un enfant et un adulte est toujours un moment marquant, pour les deux. Ce «parler vrai» vient bien souvent guérir nombre d'incompréhensions et de conflits. Comme si l'un et l'autre avaient laissé tomber les masques et réussi à s'entendre.

Mais s'agit-il de masque à faire tomber ou bien de miroir? Pour parler à l'autre, à l'enfant en particulier, abritons-nous nos visages derrière un domino ou un déguisement, ou bien guettons-nous chez lui les signes qui vont nous rassurer, l'utilisant alors comme un miroir, à la manière de la marâtre de Blanche-Neige?

Le regard révélateur

«Miroir, ô miroir, dis-moi, suis-je la plus belle du royaume?» demandait la reine à son miroir. Et celui-ci, chaque jour, l'assurait qu'elle était effectivement la plus belle... jusqu'à ce que sa jolie belle-fille la détrône de ce titre! On connaît la suite. Ce miroir, n'est-ce pas le regard de l'autre dans lequel chacun vient chercher une confirmation de ce qu'il veut être, de ce qu'il se dit qu'il doit être pour plaire ou être aimé? Un regard qui rassurerait. Un regard censé ne pas tromper et ne pas décevoir. Mais cette vérité pressentie et guettée dans le regard miroir peut échapper et voilà que l'attente et la peur d'être frustré se confirment. L'émotion «efficace» se transforme en «inefficace»: l'angoisse, la jalousie ou l'abattement s'impose. Comme la marâtre trahie dans son attente d'être rassurée et confirmée.

En état d'émotion, quand le parent regarde son enfant, le regarde-t-il ou cherche-t-il dans ses yeux la sécurité, l'identité ou la sensation d'exister qui lui fait défaut? Que vient-il y saisir? Ce qu'exprime l'enfant ou l'attestation d'être un bon parent? Quand le parent cherche à être rassuré, notamment sous le coup de l'émotion, la relation miroir parent-enfant risque de devenir une relation éprouvante dans laquelle il devient plus important de prouver que l'on aime ou se prouver que l'on est aimé... que d'aimer! Avant même tout échange verbal, l'émotion transforme le face-à-face en une expérience narcissique potentielle.

Côté parent

« Je t'interdis de me regarder dans les yeux pour me narguer ! »

« Baisse les yeux quand je te parle ! »

« Regarde-moi quand je te parle, c'est le moindre des respects ! »

Le regard de l'enfant est à ce point important qu'un parent peut y lire, selon son état émotionnel, une mauvaise nouvelle ou, au contraire, une reconnaissance. Les yeux se cherchent, se détournent, s'accrochent, s'affrontent ou se voilent, autant de symptômes qui disent implicitement ce que chacun attend de l'autre. Ce miroir que tend l'enfant à son parent – ou au contraire lui ôte – au travers de son regard devient pour le parent une provocation. « Il me cherche », dit-il alors, « et il va me trouver si ça continue ! »

Effectivement, il y a provocation. Mais la lecture bio-logique et étymologique nous apprend que ce regard cherche une rencontre palpable et nommable sur laquelle s'appuyer, et pas un faux-semblant, c'est-à-dire un palliatif émotionnel.

Pro-vocare signifie en latin « parler devant, à la place de ». L'enfant parle-t-il à la place de son parent parce que celui-ci tait une part de lui-même, qu'il entend cette part manquante et muette et met la pression, la provocation pour s'en protéger, ou pour la convoquer dans l'échange ?

S'ils se cherchent du regard, au travers de querelles, ne serait-ce pas parce que l'un d'eux se cache? L'enfant ou le parent? Qui cache quoi ? Le parent, qui voit l'enfant gêné et inquiet, a l'autorité nécessaire pour en savoir plus et peut interroger : « Toi, tu me caches quelque chose... que s'est-il passé ? Tu as un souci, tu as eu une mauvaise nouvelle, quelque chose t'inquiète?» Questions ouvertes prêtes à accueillir n'importe quelle réponse... ou questions « interrogatoires », fermées parce qu'en attente d'une réponse orientée ? L'enfant, en revanche, n'a pas l'autorisation de questionner son parent : c'est une histoire d'adulte à laquelle il n'a pas accès. Se donnerait-il la liberté d'interpeller son parent sur ce qu'il ressent que celui-ci pourrait se sentir en défaut et se défendre.

> « Qu'est-ce que tu as à me regarder comme ça ? Va dans ta chambre, tu m'agaces avec tes yeux de chien battu. » C'est par ces mots que le jeune garçon avait compris que la menace de licenciement qui planait sur son père depuis quelques mois était tombée. Il aurait aimé une confirmation pour pouvoir en parler avec lui, poser des questions sur ce qui allait changer dans leur vie de famille. La réaction de son père était incompréhensible car tellement inhabituelle. Sa mère était elle aussi dans tous ses états. Pourtant, elle non plus ne parlait pas de ça… Au point que l'enfant se mit à douter de lui et il reprit espoir, pour peu de temps, jusqu'à ce que sa sœur aînée lui confirme que sa perception était la bonne. Sur le moment il s'était senti content d'avoir vu juste, avant de s'inquiéter à nouveau pour leur avenir.
>
> Le père se souvenait de ce soir-là. Il n'avait pas eu le courage d'en parler à son fils d'autant que, pendant les derniers mois, il avait entretenu – ou du moins tenté d'entretenir – l'espoir que la situation allait s'améliorer. Quand il avait rencontré le regard inquiet de son fils qui reflétait sa propre inquiétude, il n'avait pas supporté et l'avait bousculé. « Je ne pouvais pas lui dire, comme ça, le soir même. Je crois que je me serais mis à pleurer devant lui, et j'aurais eu honte. Il valait mieux qu'il ait l'image d'un père râleur qu'un père pleurnichard. »
>
> Le père avait « choisi » d'ignorer dans l'urgence l'insécurité, la sienne comme celle de son fils. Marché de dupes pour les deux qui les privait d'une rencontre « d'homme à homme » au nom de ce que doit être un père pour son fils.

En cherchant, on trouverait probablement un écho d'une situation similaire à la génération du dessus. Plus le parent cache, et souvent sans savoir même ce qu'il cache, plus l'enfant le cherche et réclame la part cachée du parent. Ce savoir, celui-ci ne peut en prendre conscience que grâce à l'émotion, aux symptômes qui le renseignent sur ses propres besoins, sur sa propre histoire. Le crocodile est parfois son seul et son meilleur guide.

« J'ai l'impression de me voir dans ma fille !

– Et vous en ressentez quoi ?

– Difficile à dire, du malaise, de la culpabilité ; ça m'agace aussi. Je me dis que si elle fait les mêmes erreurs et passe par les mêmes galères, elle n'a pas fini de souffrir. Je crois que ça me fait peur. Je l'aurais voulu plus vaillante, plus affirmée. Là, c'est raté. »

Quelle confiance en soi bâtir quand on est ainsi regardé comme un échec voué aux galères ? Que cherche le parent dans le regard miroir de ses enfants ? À être rassuré sur sa fonction de bon père ou de bonne mère, à être reconnu et valorisé, à se sentir utile. Autrement dit à nourrir ses besoins personnels par la satisfaction, le bonheur ou la réussite de l'enfant. Le miroir devient magique alors quand le parent puise ce dont il a besoin dans ce qu'il voit chez son enfant : il se sent encouragé et confirmé dans son rôle. À l'inverse, le miroir peut s'avérer cruel quand le regard ne répond pas à cette attente, c'est-à-dire quand l'enfant est sous l'emprise de sa frustration. Alors il ne satisfait pas le parent, ne le sécurise pas, ne le reconnaît pas et même le culpabilise de n'être « que ça ». Regard à fuir alors, à violenter, mais qui, tel l'œil de Caïn, peut poursuivre le parent comme une ombre, écho à sa propre part manquante. Alors le parent peut rejeter chez son enfant ce qu'il rejette de lui-même, « seule » solution trouvée dans l'urgence de sa survie.

Rejeter son enfant, ou lui ôter sa part d'humanité qui le transforme en « objet » de satisfaction, s'en servir, le punir pour ne pas se punir lui-même. Les comportements incestueux sont de cet ordre-là. Comme cette jeune fille qui se souvenait que son père lui faisait mettre un bandeau sur les yeux, avant d'abuser d'elle. Elle avait cru que ce geste lui était destiné à elle, pour qu'elle ne voie pas son père accomplissant son viol, et se souvenait qu'elle lui en avait même été reconnaissante. Elle découvrait que le bandeau avait aussi comme fonction de le protéger, de fuir le regard de sa fille sur lui. Dans les camps de prisonniers, interdiction leur est faite de regarder leurs geôliers dans les yeux, pour protéger ces derniers sans doute de ce qu'ils pourraient lire dans le regard de ceux qui souffrent et sont privés d'humanité. Situation extrême et encore trop vraie.

Ainsi l'enfant peut-il devenir un miroir épreuve pour son parent. Au proverbe qui dit que la vérité sort de la bouche des enfants, on pourrait substituer qu'elle sort de leur regard. Pour autant, celui-ci ne sait pas la vérité comme un savoir reconnu et nommable. Il la cherche, il éprouve le manque parental et ne s'en satisfait pas, alors il provoque, ou baisse les yeux, frustré de la rencontre. Le parent qui accepte l'épreuve du regard, du miroir, est inévitablement ramené à son propre héritage, à sa propre enfance au cours de laquelle il a construit sa confiance, sa liberté, son identité et sa propre réalité d'être sous le regard ou sans le regard de ses parents. Sans les paroles qui lui auraient permis de se nommer, de se reconnaître avec ses yeux, il a laissé des pages en blanc et ce sont celles-là que son enfant vient interpeller. L'épreuve a donc simplement été différée dans le temps : son enfant lui propose de se mettre au clair avec sa propre histoire, son héritage, pour ne pas avoir à hériter lui, enfant, de cette part tue. Simple proposition, parfois insistante en cas de conflit, ou de crise identitaire comme lors de l'adolescence, que le parent peut négliger ou différer encore.

> « J'ai reçu une claque morale quand mon fils âgé de quinze ans, en pleine effervescence d'ado, réclamant de pouvoir décider de sa vie et de ses sorties, m'a dit un soir : "De toute façon, papa, tes explications ne valent pas un clou. Tu es jaloux parce que tu n'as jamais osé t'opposer à papy et que tu as toujours adopté un profil bas face à lui. D'ailleurs ça continue ! Quand on va le voir, on n'a le droit de rien dire et rien faire qui puisse le contrarier. Tu es jaloux et tu ne veux pas l'admettre !" Je me suis moqué de lui et de sa prétendue psychologie à deux sous, mais je me sentais touché parce qu'il avait raison. J'étais jaloux de constater qu'il faisait avec moi ce que je n'avais pas fait avec mon père. Celui-ci avait été trop dur avec moi et j'en avais souffert. Du coup, je ne savais pas trop comment m'y prendre avec mon fils. Ça a été difficile. J'avais accumulé plus de colère contre mon père que je ne l'imaginais et c'est mon fils qui écopait. »

Le regard miroir de l'enfant est une épreuve à vivre pour peu que le parent ne s'arrête pas à la surface de la provocation mais pénètre dans le processus qui consiste à occuper chacun son propre territoire. Et pour ce faire, renoncer à ne chercher dans ce miroir enfantin que la reconnaissance et l'amour. Car le miroir peut aussi renvoyer de la crainte, du dépit, du désespoir ou de la violence. Ce serait dommage de ne pas les regarder et de ne pas leur accorder du sens.

Côté enfant

Dès la naissance, le décor est posé – parents, fratrie, grands-parents – mais aussi l'ambiance – tendresse, amour, rire, joie, tout comme attentes, peurs, déception, dépression, soulagement, impatience ou abandon… L'enfant, lui, s'adapte à la situation, reçoit et s'exerce à donner. Il est le petit et va le rester longtemps et parfois si longtemps que, même après la disparition de ses parents, une part de lui demeure « petite ». Ces derniers veillent sur lui et même le surveillent sur son propre territoire. Normal, sans ce regard parental, sa propre vie ne serait tout simplement pas possible. Alors l'habitude se crée d'une longue dépendance aux adultes qui l'élèvent, au point de conserver en lui cette présence installée de ceux qui l'ont (sur)veillé. Sa croissance va faire évoluer ce rapport à son entourage, tout auréolé, au départ de sa vie, de puissance, de pouvoir et d'idéal. L'enfant lui aussi va utiliser le regard miroir de ses parents pour savoir où il en est.

Pour s'adapter au mieux de la satisfaction de ses besoins, l'enfant met au point ses propres stratégies de défense en cas de manque. Quand la mère est anxieuse (est-ce que je le nourris assez, est-ce qu'il dort trop, est-il assez couvert ?) et qu'elle prend son bébé dans les bras, sa fébrilité est immédiatement éprouvée par lui et source d'insécurité. Voilà le petit inquiet à son tour. Il pleure ! Et voilà la mère encore plus anxieuse (pourquoi pleure-t-il, j'ai dû mal m'y prendre !) et, histoire d'aggraver la situation, elle se culpabilise. Ce qui n'arrange pas les besoins du petit bonhomme, mais au moins ses pleurs l'ont-ils soulagé de sa propre tension… Et si sa maman avait pu écouter le message « je pleure parce que je me sens en insécurité et non parce que tu t'y prends mal avec moi », le processus émotionnel eût été plus adéquat !

Plus tard, ce bébé devenu adolescent pourra-t-il répondre à sa mère, lui exprimant son inquiétude vis-à-vis de ses fréquentations : « Maman, occupe-toi de tes angoisses, je m'occupe de mes amis » ?

Dans sa dépendance, l'enfant cherche chez son parent la solidité sur laquelle s'appuyer, c'est-à-dire une terre, un territoire réellement occupé. Il cherche quelqu'un qui puisse répondre « en vrai » afin de construire, en face, sa propre assurance et son identité, et élaborer son monde avec lui. Il cherche l'autre membre de la relation, solide, sur lequel s'appuyer et qui lui est indispensable les premiers temps de sa vie.

Quand cette présence nécessaire, installée sur son territoire, devient terrain conquis et ne songe plus à partir au fil des années, il y a abus. Quand, faute d'être solide, l'enfant manque d'appui fiable et identifié, il y a laxisme et fragilité. Et c'est dans le regard miroir que se lit l'état intérieur du parent : en face, l'enfant apprend à se protéger, à se défendre de ce qui fait menace sur ses besoins. En cas d'abus, d'intrusion ou de possession, il érige une carapace faite d'évitement, d'agressivité et de soumission. Carapace qui lui fait une seconde peau. En cas de confusion, de fusion et de fragilité de l'adulte, l'enfant est tenté de sauver son parent, de le soulager, de prendre sur lui ce qu'il n'assume pas et de se responsabiliser au-delà de ses besoins propres. Enfant sauveur de son parent ! Le monde et l'histoire à l'envers. La bio-logique confirme pourtant que l'intérêt de l'enfant est de devenir sauveur pour restaurer – si faire se peut – la sécurité ou l'identité de son parent pour recréer le face-à-face, pour que JE ait un vrai TU en face de lui et qu'enfin il puisse s'appuyer dessus, s'y fier.

Mais le revers de la stratégie adoptée pour répondre à une urgence qui s'installe dans le temps prive vite l'enfant de sa liberté et du processus d'identification hors de ce rôle de sauveur. D'autant que tant que le parent compte sur son enfant pour pallier son propre manque, il n'a aucun besoin de se mobiliser lui-même et de se mettre au clair. Quand l'enfant part et s'éloigne des siens, s'il y parvient, le drame éclate : « Comment peut-il nous abandonner, pensent les parents, *lui qui est tout pour nous* ? » ; ou autre version : « Comment peut-il nous faire ça, nous qui avons tout fait pour lui ? » C'est là que réside le manque d'être.

Relation en miroir plus tard, lorsque l'enfant se cherche lui-même et a besoin d'éprouver sa propre solidité face à ses parents : leur approbation devient son soutien, leur déception, leur désapprobation, leur peur ou leur colère deviennent source de mal-être. Le parent demeure longtemps celui qui a l'autorité, celui qui pense, qui sait et qui fait mieux que l'enfant. Un regard suffit à rappeler à l'enfant qu'il n'est qu'un gosse.

> « Quand mon père me regarde, encore aujourd'hui j'ai la sensation d'être en jupette et chaussettes courtes, qu'il va me dire que ce sont des conversations pour grands et que je devrais aller aider ma mère à la

cuisine! J'ai trente-cinq ans et suis mère de deux enfants, j'ai une équipe de dix personnes sous ma responsabilité! Mais ses yeux continuent de m'impressionner. Petite, j'en rêvais!» Cette jeune femme eut de la peine à imaginer que le regard dur de son père cachait probablement une vieille colère mal maîtrisée vis-à-vis de son parent. Puis en y réfléchissant, elle partit d'un grand rire: «C'est vrai que grand-mère était terrible, mon père a dû en baver avec elle, et sans jamais rien en dire!»

Plus petit... donc moins bien! Telle est l'évidence qui s'est inscrite le plus souvent dans l'image de l'enfant et qui s'est agrandie avec lui. Moins fiable, moins expérimenté, moins savant, un «moins» humiliant qui pousse l'enfant à chercher désespérément l'approbation, la valorisation dans le regard du parent, et plus tard du plus diplômé, du plus impressionnant, du plus affirmé. Recherche qui peut se mêler de révolte ou de soumission. Est-ce l'enfant qui est à l'origine de cette confusion entre celui qui éduque et celui qui juge ou, plus logiquement, est-ce l'héritage mal digéré qui passe de génération en génération et qui maintient ce statut de cour de justice et de tribunal au sein de la famille? La psychanalyse a nommé ce mécanisme: le sur-moi, celui qui surveille et qui dit pour et à la place de l'enfant. Avec le leitmotiv que ce comportement est adopté pour son plus grand bien, car telle est l'habile justification du parent qui «pense l'enfant» plutôt que se penser lui-même. Face à une telle affirmation, présentée avec tous les signes extérieurs de l'abnégation, l'enfant se sent le plus souvent privé de réponse. Comment pourrait-il refuser ce qui est censé lui faire du bien? L'enfant constate que la décision parentale fait du bien au parent, surtout quand lui, l'enfant, l'accepte et remercie. Et un parent heureux peut être un parent solide; même si celui-ci déborde et abuse, l'enfant s'en arrange car il a besoin de lui.

«J'ai survécu à mon enfance et je n'en suis pas peu fière», disait une jeune fille. On la sentait sortie cabossée mais apaisée après une longue épreuve, et forte de ce qu'elle en avait appris. Le processus de résilience, cher à Boris Cyrulnik, était à l'œuvre. Une question pourtant réapparaissait: «Comment peut-on faire ça à une enfant? De quel droit m'ont-ils infligé ça? Quand je n'y pense pas, ça va vraiment bien. Mais quand j'y pense, ça me donne envie de hurler et de pleurer! C'est d'ailleurs ce que je fais, un grand coup et ça va mieux!» Humiliée dans un environnement familial fragile et abusif, la construction de sa personnalité ne peut se faire qu'en demeurant fidèle à son propre regard, celui qui dévisage ses parents « droit dans les yeux » dans le face-à-face que ceux-là lui refusaient. À chaque fois qu'elle se met à la place de ses parents pour les comprendre, pour trouver une explication à leurs comportements, elle n'est plus dans son regard, mais dans le leur. Avec une bouffée de colère et une violente incompréhension.

« J'aurais préféré un vrai gros traumatisme dans mon enfance », évoquait une autre jeune femme. « J'aurais pu m'en emparer pour le parler et le traiter ! Alors que, là, c'est à l'usure qu'ils m'ont eue, à force d'avoir peur pour moi. Je lisais tous les jours dans leurs yeux leur anxiété à me voir partir en bus scolaire, et leur soulagement quand je revenais. J'ai fait ma première crise de spasmophilie à douze ans, j'étouffais ! Ça n'a fait que les inquiéter un peu plus ! »

Ce que lit l'enfant dans le regard de ses parents, est-ce lui ou l'image que ceux-ci ont de lui ? Ce qu'il prend pour un miroir fidèle et vrai n'est-il pas déformé par l'émotion – la peur, la colère ou la tristesse – révélée sans doute par son comportement mais née bien avant sa naissance, dans un autre face-à-face ?

Épreuve donc pour l'enfant que ce passage obligé au travers de l'histoire de ses parents : mélange d'amour et de dettes dans lequel les sentiments ressemblent à des devoirs et les émotions pallient le manque de présence. Chaque adulte se souvient : les uns grâce à la précision de leurs souvenirs, les autres par l'intermédiaire des symptômes toujours présents et encore à vif. Rares pour autant sont ceux qui dénient et rejettent leurs parents. « Après tout, ce sont les miens ! » dit la jeune femme humiliée. « C'est quand même ma maman », dit cet enfant que sa mère a quitté, le laissant à ses propres parents pour aller vivre sa vie loin de lui.

Comme si chacun savait, au fond, que ce temps passé à être élevé par plus grand que soi était une façon d'être initié à la vie, la vraie, celle qui se vit sans les parents pour protéger, reconnaître et aider.

« Miroir, ô miroir, dis-moi... » Chacun projette sur l'autre selon ses besoins et attend la satisfaction de celui pour lequel « on fait tant ». Chacun vit aussi le renoncement nécessaire quand la projection était une utilisation de l'autre à des fins personnelles de restauration, de palliatif de ses propres manques. L'effet miroir s'arrête là. Il n'a pas d'intention et ne sert que de révélateur pour le parent comme pour l'enfant dans la construction de l'un et de l'autre, pas à pas. La douleur survient lorsqu'une attente de réponse prédéfinie et rassurante est demandée au miroir. Celui-ci, comme tout regard, ne peut mentir : les yeux sont directement branchés sur le système reptilien ! Se chercher dans l'autre ou se détourner du face-à-face ne procure qu'un sursis de court ou moyen terme et consomme beaucoup d'énergie.

Alors pour éduquer un enfant, il est préférable d'utiliser le miroir comme le révélateur de l'âme. Le regard de l'enfant parle… de l'enfant, de ce qu'il éprouve dans son cœur et son crocodile, comme le regard du parent parle du parent. Cette fenêtre sur l'extérieur ne peut exprimer que ce qui se passe à l'intérieur de l'être et ne dit rien de l'autre. Quand l'enfant se sent écrasé par le regard de son père, il y a deux problèmes en miroir : l'enfant qui s'écrase et le père qui, pour ne pas être écrasé, écrase. Le miroir réfléchit donc chacun dans son territoire…

Articuler les territoires

Une interrogation est commune à nombre de groupes de parents qui réfléchissent ou se forment à des techniques afin de mieux communiquer avec leurs enfants : « Pourquoi et comment se fait-il que l'amour que je porte à mes enfants ne rende pas la relation plus facile mais semble, au contraire, la compliquer ? » Question qui ouvre sur une autre : l'émotion viendrait-elle parasiter l'amour naturel entre le parent et l'enfant ? « *Je croyais qu'il suffisait de t'aimer* », titre d'un ouvrage de Jacques Salomé, introduit l'idée qu'aimer est insuffisant pour que la relation soit favorable au bon développement de l'enfant et à la satisfaction du parent. Cette idée, choquante pour bien des adultes, génère souvent une culpabilité et une recrudescence de gestes aimants. Des comportements qui procurent encore plus de résistances de la part de l'enfant. D'autres se forcent à en faire moins avec des résultats mitigés, suscitant plus d'incompréhension que de bénéfices. Aimer ne suffit-il pas ? Ou bien est-ce la nature de l'amour qui change sous l'impact de l'émotion ?

Pour illustrer notre propos, nous allons considérer la relation affective parent-enfant comme une articulation entre deux membres. Cette image nous permettra de mieux comprendre le renoncement nécessaire au désir de l'autre. Désir d'être contenté, rempli par l'autre, ou désir de contenter, de remplir l'autre, contenu dans l'amour-émotion et spécifique des systèmes de défense.

Quels sont les enjeux des échanges entre deux héritiers ? Quelles sont les conditions nécessaires pour que coexistent à la fois une liberté de mouvement et un lien ?

Dans le corps, l'espace articulaire se fait entre deux membres dont il importe peu que l'un soit grand et l'autre petit. Il est constitué d'un cadre (ligamentaire), de l'extrémité des deux os et d'un fin espace vide qui les sépare l'un de l'autre. Le cadre maintient le face-à-face dans un alignement rigoureux. Il garantit la sécurité et la solidité du jeu articulaire tout en en limitant les possibilités. Le cadre relationnel se nomme la famille, biologique et affective, l'école, la classe, le club de foot, le quartier, la ville, la nation ou l'humanité. Il est donc l'ensemble des éléments qui entourent le face-à-face, lui donne sens et valeur sans pour autant intervenir directement sur ces échanges. Ce cadre forme autant une contrainte « il faut bien faire avec ! » – qu'un lieu sûr vers lequel chacun souhaite pouvoir revenir un jour ou l'autre, pour y trouver la paix.

Les membres de l'articulation sont la partie solide qui confirme l'idée qu'on ne peut prendre appui que sur ce qui résiste. « Pour que Je sois, Tu dois être », selon la belle formule de la psychanalyse. On imagine aisément que l'émotion de l'un et ou de l'autre modifie la résistance en trop – abus de pouvoir – ou en manque – fragilité excessive.

Enfin il ne peut exister de mobilité articulaire sans vide, sans un espace entre les surfaces osseuses. Il permet le jeu et est la véritable interface du face-à-face. De même la relation a besoin de vide pour exister, vide de mots, d'idées et d'actions pour ne pas s'ankyloser dans des habitudes qui rassurent. L'espace mince mais réel garantit la vie et le mouvement des deux membres. La séparation « symbolique » est en effet indispensable pour que la relation se fasse. Faute de quoi les symptômes émotionnels apparaissent.

Je tu(e) nous

Merci à la langue française de nous permettre ce jeu de mots. Quand le JE se défend et devient cet ego si souvent décrié avant même de chercher à en comprendre l'intelligence vitale, il tue la possibilité d'une relation équilibrée et respectueuse. Il tue le NOUS qui, pour exister, a besoin que les deux membres soient à égalité de valeur, à défaut d'égalité d'âge ou d'expériences. Le JE ne s'exprime pas forcément sous la forme habituelle du « Je sais tout et suis mieux que toi ». Le JE peut prendre l'apparence du TU, quand ce TU doit à JE de satisfaire ses besoins fondamentaux avant d'exister pour lui-même.

Le décor anatomique est posé comme le décor de la relation entre le parent et l'enfant, deux membres d'une même communauté, chacun occupant un « territoire » face au territoire occupé par l'autre, chacun comptant sur l'autre, voire projetant sur lui une intégrité qu'il se dénie. C'est alors que souffre l'articulation...

Quelle que soit la maladie articulaire, c'est l'espace vide qui en est altéré et donc la mobilité. Le mouvement devient douloureux, limité, impossible ou au contraire trop lâche. La maladie relationnelle se manifeste, elle, par ce qu'on nomme aujourd'hui les problèmes de communication. Mais chez qui est le problème ? Dans la communication ? Chez les membres de la relation ou encore dans l'espace dans lequel a lieu la relation ?

Parfois le cadre est mal défini : l'intrusion excessive de l'école à la maison ou l'inverse peut créer une confusion d'espace chez l'enfant et troubler ses repères. Qui parle ? Est-ce l'enseignant ou le parent ? Quelle reconnaissance accorde l'enfant à son parent qui lui « fait faire ses devoirs » ? Est-ce, pour lui, la même personne avec laquelle il fait sauter les crêpes le soir ou va jouer une partie de football ? Quand l'enseignant, en classe, se fait parent vis-à-vis de ses élèves et module son autorité dans un souci de maternage peu compatible avec certaines situations de conflit, quelle reconnaissance l'enfant lui accorde-t-il ? Cette confusion de cadre est dénoncée parfois par les enfants qui réclament à leurs parents de n'être « que » parents et aux enseignants « que » enseignants. Autrement dit, d'être plus clairs et plus solides. Ces entorses faites au cadre relationnel permettent aux enfants de jouer à un jeu dans lequel ils risquent d'être les premiers perdants.

Le père d'un enfant de huit ans a envoyé pour la première fois son fils en colonie de vacances et attend la première lettre avec impatience. Elle arrive enfin et la narration du voyage et des premiers jours s'avère « bourrée de fautes d'orthographe ». La joie s'en trouve atténuée et il ne peut s'empêcher de raconter l'agacement qu'il ressent à la lecture.

« C'est idiot, quelle importance ! L'essentiel est qu'il soit heureux là-bas... » Idiot ? Le souvenir est pourtant vif des cartes postales qu'il adressait jeune homme à ses parents et qui lui revenaient corrigées au stylo rouge. Son propre père, instituteur, ne pouvait pas s'en empêcher, certainement agacé lui aussi par les fautes de ce fils qui, devenu père, n'ose pas renvoyer les lettres à son propre fils mais a hérité du même agacement. « Je n'ai jamais osé lui dire que je me sentais humilié ! D'ailleurs, je n'ai jamais pu me fier à lui, ni me confier. Il a toujours une opinion sur tout et n'a jamais pris le temps de m'écouter. Lui, il enseigne ! »

Quand l'émotion de l'un des membres envahit le vide articulaire de la relation, elle affecte inévitablement l'autre qui ne peut demeurer insensible face à la souffrance exprimée sous forme de peur, de colère ou de tristesse. Nettoyer l'espace articulaire est utile et nécessaire dans l'urgence de l'émotion, mais rien ne remplace le soin du tissu osseux lui-même, le membre en défaut d'intégrité. En se contentant de traiter le symptôme et non la cause, les interventions devront se succéder, sans guérison possible. Les tissus sains auront beau pallier le déficit pour permettre le maintien de l'intégrité de l'ensemble de l'organisme, le tissu malade n'en reste pas moins malade. Pis, plus le palliatif est efficace et moins le membre atteint développe les moyens de s'autoguérir.

Quand un parent évoque qu'il a un problème avec son enfant, c'est le parent qui est en difficulté, c'est lui qui vit une épreuve face à son enfant dont le comportement est venu, en miroir, révéler une part manquante ; il a probablement besoin de retrouver son intégrité face à son enfance. Quand un enfant raconte « qu'il a mal à son père » pour reprendre le mot d'un jeune garçon, évoqué par Françoise Dolto, c'est l'enfant qui souffre et qui a besoin d'aide pour restaurer son intégrité face à ce père-là. Dans ce face-à-face entre deux JE – celui du parent et celui de l'enfant – qui se défendent l'un de l'autre, l'articulation fait mal et grince. Chacun s'arc-boute sur son besoin, le protège et attend de l'autre la satisfaction qu'il se refuse.

Ces JE défensifs bloquent l'apparition d'un TU libre et différent de celui qui est attendu. Et quand TU, c'est-à-dire autrui, n'est pas reconnu dans sa réalité, le NOUS ne peut se réaliser et se développer. Ces JE-là tuent le NOUS, et reprochent à l'autre d'en être l'assassin !

JE et TU ont des territoires distincts ; ce sont deux membres qui ont entre eux une interface constituée de vide à respecter qui garantit la qualité de l'articulation. Quand cet espace est envahi par l'émotion de l'un, la tentation est forte chez l'autre d'envahir le territoire relationnel et de pallier son défaut, ou au contraire de se renfrogner dans son coin et de baisser les bras. Mais, dans une relation, il vaut mieux que les deux soient présents et, chronologie oblige, que le parent soit particulièrement là, prêt à articuler son être avec celui de l'enfant. Articuler comme on articule quand on parle distinctement, pour s'entendre et être entendu d'autrui.

À chacun son territoire !

L'émotion procède de la peur : peur d'être empêché, d'être écrasé, d'être abandonné, peur de perdre ce qui est vécu comme indispensable pour survivre. Son traitement d'urgence par le cerveau crocodile contient un ingrédient particulièrement toxique pour la relation parent-enfant : le désir de l'autre comme solution à son besoin. Ce désir vient troubler l'amour. Car il ne suffit pas d'aimer l'autre, faut-il encore s'aimer soi-même. Pour le parent, c'est aimer ce JE, ancien enfant et nouveau parent qui se définit au fur et à mesure que l'enfant se développe. Aimer articuler sa parole face à celui qui apprend à parler en son nom. Aimer son territoire tel qu'il est et non tel qu'il devrait être, aimer son histoire telle qu'elle est.

S'aimer soi est le garde-fou du désir de l'autre, du désir de « consommer » l'autre, de se substituer à sa parole sous prétexte de mieux savoir ou de mieux pouvoir. Le plus souvent, sous prétexte d'amour. S'aimer soi, c'est aimer ces émotions qui nous animent et qui nous parlent de nous et de notre besoin, de mieux nous croire et nous estimer, bref, de mieux nous aimer !

Le désir, ce cocktail détonant, mélange d'impatience, d'exigence et d'attente, est symptomatique non de l'amour parental mais de la peur de ne pas obtenir de l'enfant le dû qui satisferait le besoin d'être rassuré, d'être reconnu. La confusion chez le parent ne peut que générer la confusion chez l'enfant. « Suis-je aimé pour moi, pour qui je suis, ou bien pour ce que je donne à mes parents ? » Doute cruel qui peut conduire l'enfant à abandonner tout don, toute expression de lui-même, pour échapper à une réponse trop douloureuse ou pour faire une expérience dangereuse : « Si je me mets en échec, et qu'ils m'aiment encore, alors je serai enfin sûr qu'ils m'aiment pour moi ! »

Le parent, lui, va au-devant de la déception, inconscient que son désir à propos de son enfant est un indicateur qui le concerne et une incitation pour se « désirer » lui-même, pour retrouver un désir d'être à l'origine de sa vie et de sa motivation. Déception, puisque son enfant deviendrait-il le héros fantasmé, sa réussite ne pourrait pas réparer le manque parental.

Inutile de rêver : pour que la relation existe chacun devra occuper son territoire plutôt que (s')occuper (de) celui de l'autre, sous couvert d'amour ou de soin. Plus le JE parental se révèle, plus le TU enfantin prend forme. Plus le parent se révèle, plus l'enfant prend forme. Plus le parent s'inquiète, moins l'enfant parle en son nom, n'ayant d'autre possibilité d'expression que l'émotion, ce qui relance l'inquiétude ou la colère de son parent.

Ces territoires, du parent et de l'enfant, ne sont jamais définis une fois pour toutes mais appellent à des redéfinitions au fur et à mesure que grandit l'enfant. Pour autant, ce qui ne change pas, c'est la présence du parent « chez lui » pour que l'enfant soit « chez lui ».

De cette occupation dépend la qualité de la relation et de la transmission des messages. Quand l'un des membres n'occupe pas sa place, l'autre en face, pour compenser cette « absence », tend naturellement à occuper l'espace laissé « vacant », c'est-à-dire non occupé. L'articulation relationnelle se déplace en fonction de l'espace occupé – ou non – par le membre qui fait face. L'espace vide, celui que nous avons précisé comme nécessaire à l'échange lui-même, ne peut être agrandi ni rétréci sans provoquer une rupture et de ce fait annuler même la relation. « Loin des yeux, loin du cœur », comme dit la chanson.

Voici comment peut être schématisée cette articulation.

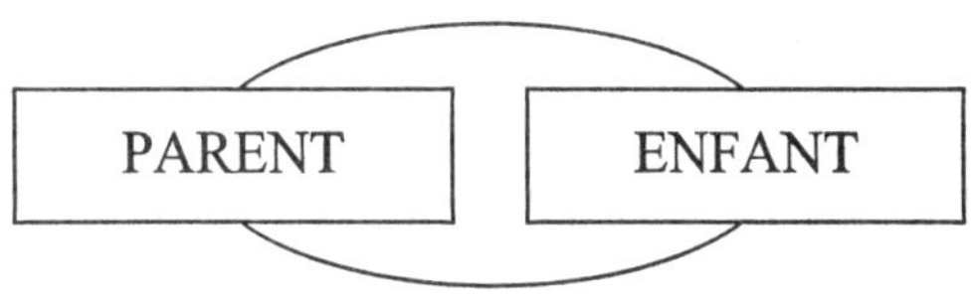

Chacun, enfant ou parent, occupe son territoire face à l'autre, parent ou enfant, qui occupe le sien. Les échanges se font à l'intérieur du cadre familial, et peu importe la taille des territoires respectifs. Ce qui compte en est l'occupation et non la superficie. L'enfant est certes moins pourvu d'histoire et d'expérience. Il possède un savoir moindre que celui de son parent. Pour autant le conflit n'est que la conséquence du manque d'occupation de son propre savoir face à l'autre.

Et quand l'un occupe mal son espace, quand l'émotion et ses symptômes l'amènent à exprimer la peur, la colère ou la tristesse, semant le trouble et la confusion dans l'esprit de l'autre, la relation fait mal. Un parent agité, hyperactif, boulimique de travail ou de sport, un enfant qui joue au caïd, colérique, exigeant et capricieux, un adolescent qui garde un profil bas face à l'autorité et se contente de ne pas poser de problème pendant que son parent garde le contrôle de ses faits et gestes… et voilà les relations mal aimantes qui font leur apparition. L'articulation change de forme.

Pour l'Un, parent ou enfant, celui qui fait face est devenu l'Autre !

1. L'agitation de l'un des membres de la relation pourrait s'illustrer par la laxité excessive du cadre articulaire, comme si l'enfant ou le parent n'avait de cesse de sortir du face-à-face quitte à provoquer une entorse ! Un « courage, fuyons » qui fait alterner angoisse inefficace et revendication de liberté.

L'émotion de la fuite, du déni de soi ou de l'angoisse pousse à échapper à ce qui, dans la relation, fait peur et à déployer des comportements stratégiques pour éviter le face-à-face. Quand ces comportements sont efficaces, l'Un sort du cadre, il est « hors sujet ». Le tête-à-tête articulaire est désaxé. C'est l'entorse !

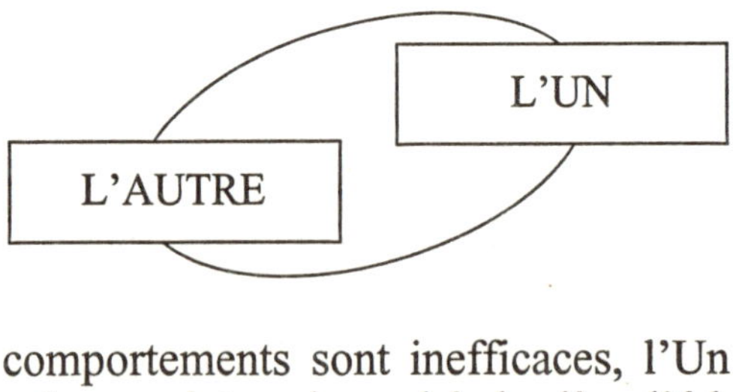

Quand les comportements sont inefficaces, l'Un reste dans le cadre, toujours hors sujet mais caché derrière l'édredon de l'angoisse. L'articulation ne tient pas : elle est trop distendue.

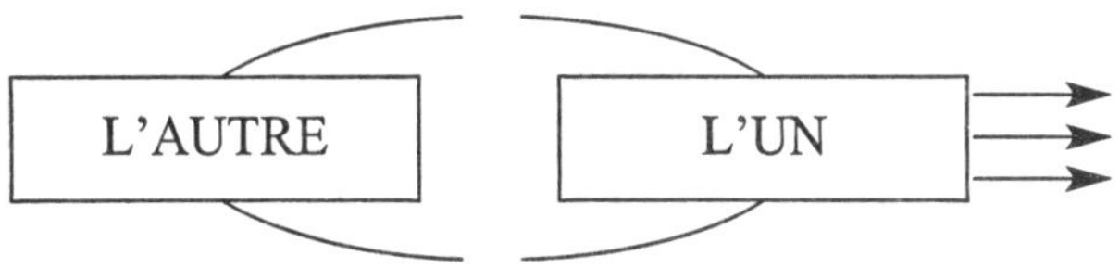

2. L'agressivité pourrait s'illustrer par l'inflammation articulaire. Ça chauffe ! Comme si le membre avait besoin d'occuper plus d'espace pour être reconnu, au risque de provoquer arthrite et œdème.

L'émotion de la lutte, de l'accusation de soi ou de l'autre, tend à faire peur pour maîtriser ce qui dans la relation fait offense. L'Un déploie des comportements stratégiques pour s'imposer dans le face-à-face. Quand ces comportements sont efficaces, l'Un envahit l'espace interrelationnel. Il est excessivement sujet : le tête-à-tête est enflammé.

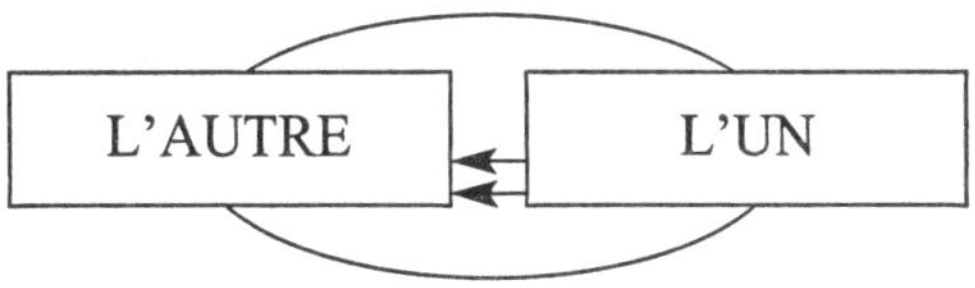

Quand les comportements sont inefficaces, l'Un reste dans son territoire après une brève tentative pour s'imposer et ses flèches se retournent contre lui. Il s'autoaccuse comme dans une pathologie auto-immune : c'est l'immunité qui « ronge » elle-même la surface articulaire.

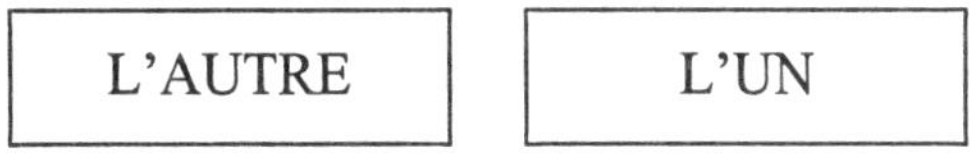

3. La fatigue du repli pourrait s'illustrer par la déminéralisation osseuse, comme si occuper son espace était gênant, au risque de provoquer un tassement.

L'émotion de la culpabilité de soi ou de l'autre tend à subir la peur pour exister malgré ce qui épuise dans la relation. L'Un déploie des comportements stratégiques pour amadouer l'autre et passer inaperçu dans ce face-à-face forcé. Quand ces comportements sont efficaces, l'Un perd de sa substance, se déminéralise. Il est insuffisamment sujet : le tête-à-tête est pauvre.

Quand les comportements sont inefficaces, l'Un se recroqueville dans son territoire, s'effondre sur lui-même et s'abandonne, ne laissant dans l'interface relationnelle que des ponts d'arthrose.

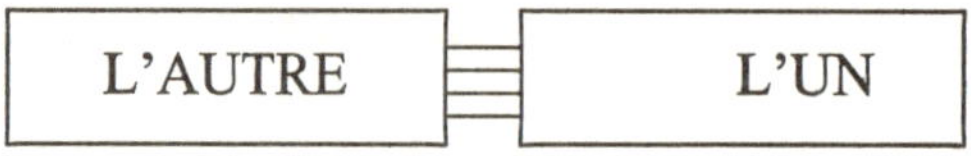

À l'usage, une conséquence est certaine : l'articulation s'use et se fixe dans un état de moindre douleur. Au moins, elle ne bougera plus !

Et que devient l'Autre, face aux réactions de l'Un. Il réagit, frustré d'une réaction à laquelle il tient, ou sur laquelle il tient. Il part à sa recherche pour maintenir coûte que coûte la relation et prend des risques relationnels : il interroge, questionne, affronte, court après, veut savoir, se contrarie, s'inquiète…

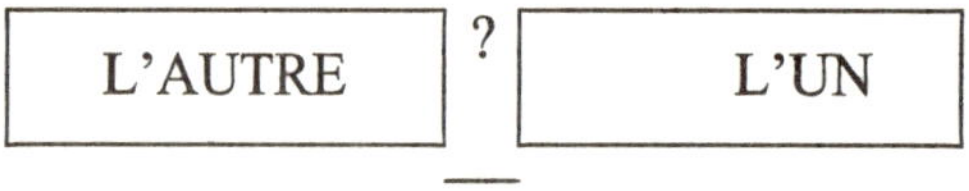

Tout ceci accentue chez l'Un le besoin impérieux de :

– Fuir : « Mais je l'ai pas fait exprès. »
– Lutter : « Mais tu m'énerves. »
– Se replier : « Mais on va pas se fâcher pour ça ! »

Évidemment l'autre s'émeut et fait à son tour l'épreuve des réactions de défense. Il participe alors activement à compromettre la relation. Dialogue de sourds et monologues, fermés sur l'autodéfense mutuelle, font office de pseudo-communication.

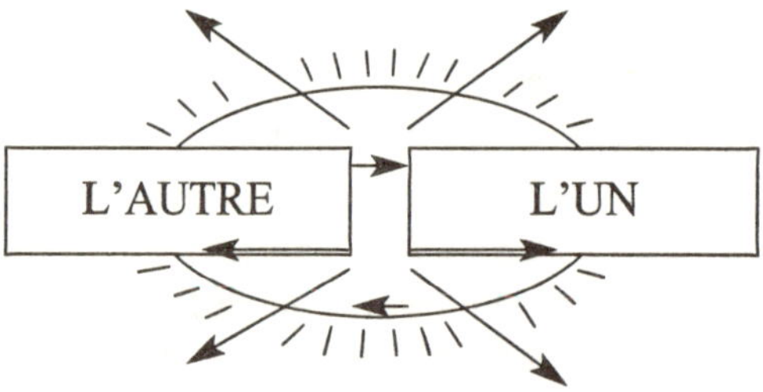

La relation part dans « tous les sens ». Partons du comportement de l'enfant qui se défend pour pallier son vide d'être ; il est ému. Il occupe mal son territoire, ce qui génère une pseudo-occupation par l'agitation de la fuite, par l'agressivité de la lutte ou par la gentillesse culpabilisante car la nature a horreur du vide. Ce parent, automatiquement interpellé, cherche à entrer en contact avec son enfant. S'il réagit, c'est que l'émotion de celui-ci fait écho à une blessure personnelle. Il s'agite, agresse ou donne des signes de fatigue sur son territoire. Dans l'urgence de la satisfaction d'un besoin fondamental, l'un et l'autre ont envahi le vide articulaire et, aïe ! ça fait mal... Les mécanismes défensifs de l'enfant se heurtent à ceux du parent..., ce qui ne peut qu'accentuer la peur de l'enfant et la frustration de son parent !

Mais l'enfant n'a pas dit son dernier mot et réagit d'autant plus fort que son parent s'inquiète, s'agace ou s'épuise. Au point de ne pas hésiter pour survivre à, lui aussi, envahir encore plus l'espace relationnel pour le contraindre à le lâcher, le laisser tranquille ou pour lui prouver qu'il a raison. Bien sûr, il justifie son comportement par l'émotion visible de son parent. La relation est devenue un enjeu vital et l'articulation est fixée par la douleur ! Les deux membres de la relation n'arrivent pas à s'entendre.

Le parent s'insurge ! Il était venu pour aider son enfant qui visiblement n'allait pas bien et voilà comment celui-ci le récompense ! La prochaine fois, qu'il se débrouille. Décidément, les relations humaines sont bien compliquées et décevantes...

Quand le parent est en deçà de sa propre expression, de son savoir à lui, qu'il peine à s'assumer, alors l'enfant perçoit le vide et est tenté de s'y engouffrer, voire est aspiré sur le territoire du parent. Il va le chercher sur son terrain, il le provoque : il exige de son parent d'être libéré, sécurisé, reconnu ou distingué. Il attend de lui son existence. Quand l'enfant s'amuse à l'anguille, ment et joue à « pas vu pas pris », quand il s'irrite ou boude dans son coin, son parent est tenté d'aller le chercher pour lui « tirer les vers du nez » dans l'objectif avouable de l'aider... En cas de résistance « adverse », il risque d'être envahi à son tour par sa colère, son anxiété ou sa fatigue. Quant à l'enfant, il se sent envahi, agressé, pressé, voire harcelé. Il étouffe et traduit son émotion par une souffrance physique et/ou mentale, en recherchant dans l'urgence des solutions pour que l'autre le lâche, sans imaginer que lui-même a des solutions pour occuper son territoire de façon plus intégrale.

À l'enfant qui racontait à quel point il lui était pénible de voir ses parents l'impliquer dans leurs disputes, un de ses copains suggéra la solution que lui-même avait adoptée : « Moi, quand ça chauffe, je leur dis de régler leurs comptes tous les deux sans moi, et je vais dans ma chambre. Un jour je suis même parti chez la voisine. Je leur avais laissé un mot sur le bureau de ma chambre, mais ils ont mis du temps à le trouver. Tu imagines la panique ! Depuis, ils font gaffe à ne pas m'embarquer dans leurs histoires ! » Le jeune garçon n'en était pas revenu ! Ainsi, il pouvait ne pas rester là à essayer d'arbitrer, en vain, le conflit de ses parents ! « Ce fut comme si l'horizon se dégageait... » Dans cet exemple, l'enfant est revenu « chez lui ».

Duel ou duo ?

Le duel relationnel pourrait se résumer en « victime » de l'intrusion et « bourreau » maléfique, à ceci près que la logique du système met en évidence que les deux partenaires sont susceptibles de tirer parti de ce pseudo-dialogue. En deçà de son territoire, « à l'abri » dans ses émotions, si pénibles soient-elles, l'enfant continue à être mobilisé par des besoins fondamentaux et des frustrations. Sa tentation est alors d'attendre de son parent des satisfactions qu'il ne s'accorde pas lui-même, ou encore de trouver dans le comportement abusif de celui-ci des justifications à ses propres peurs. Dans les deux cas, le parent est déjà présent dans la logique de l'enfant et se sent d'autant plus concerné qu'il pourrait lui aussi recevoir un bénéfice en terme de reconnaissance à en être le sauveur.

Moins l'un se mobilise, plus l'autre se fait envahisseur, jusqu'à ce que l'un ou l'autre étouffe dans cette relation : l'enfant parce qu'il voudrait voler de ses propres ailes et restaurer sa légitimité sans le recours de son parent, et celui-ci parce que tant qu'il est le sauveur ou le tuteur, il n'habite pas chez lui et se sent contraint de devoir toujours trouver des solutions. Les deux parties ont donc des bénéfices secondaires inhérents aux objectifs défensifs. La seule différence, de taille, est que l'un demeure dans des processus inefficaces, infantilisants et douloureux, et l'autre dans des processus efficaces survalorisants. En terme de satisfaction, il n'y a pas photo : la survalorisation est préférable à la douleur de la dévalorisation. À ceci près que le parent prend le risque qu'un jour ou l'autre, souvent au moment de l'adolescence, l'enfant cherche un système défensif plus valorisant. Il reste qu'aucun des deux n'a mobilisé ses ressources pour satisfaire ses besoins fondamentaux.

Dans la relation parent-enfant, celui qui possède le savoir, qui a la liberté et l'expérience, c'est le parent. Que ce territoire soit mal occupé et le voilà qui déborde « pour le plus grand bien » de l'enfant. Ah, ces parents qui s'abritent derrière les besoins de leurs enfants ! L'alibi est tentant et en écho leurs enfants se privent de leur parole… « pour leurs parents ». Le bien-être de l'enfant vient alors justifier la peur et la confiscation de sa parole, souvent traduites par ces mots : « J'ai peur pour lui, j'ai peur pour elle. »

L'intrusion sur le territoire de l'enfant se fait au nom de l'évidence : « C'est pour lui/elle que je fais ça »… et c'est vrai. Il y a à coup sûr une intention altruiste dans ce comportement et elle mérite une juste reconnaissance. Le parent voit bien que l'enfant n'est pas bien dans sa peau, dans son être. Il a entendu, même sans mot ni demande explicite, un appel au secours de la part du crocodile, auquel il a répondu dans l'urgence. Ce parent mérite de la reconnaissance pour son intervention et sa présence. Celle-ci est bien sûr justifiée quand il y a une vraie urgence, une vraie menace physique ou mentale. À l'hôpital, ce service où l'intervention est impérative existe (les Urgences) : il faut agir car la personne n'est pas ou plus en état de réagir par elle-même.

Mais pour une situation extrême de ce type, il en est mille autres qui se trouvent justifiées par l'émotion du parent et non par la détresse réelle de l'enfant ! Est-il sûr, ce parent, que son enfant avait besoin de cette aide envahissante ? Donner par peur de perdre l'amour de son enfant, par culpabilité à son égard, par indifférence ou pour avoir la paix, par intérêt pour un retour sur investissement, c'est donner une émotion qui altère le don et fera dire un jour à l'enfant : « Je ne t'avais rien demandé ! » Ce qui n'avait pas été demandé mais qui avait été reçu est la charge émotionnelle, celle qui passe les frontières de l'articulation.

Valider son comportement par le bien que l'on fait subir à l'autre a un goût amer pour les deux partenaires en relation. Pour l'envahisseur qui prend des risques en territoire étranger – parler et faire au nom d'un autre que soi – et pour l'occupé qui se sent privé de liberté et d'espace vital. Certes, l'enfant est renfrogné dans son coin et au fond de sa caverne, faute de s'accorder à lui-même la liberté et l'espace vital dont il avait besoin, et de cela il est responsable. Pour autant, en quoi cela est-il un problème pour le parent ?

Qu'est-ce que le parent ne supporte pas dans l'attitude de son enfant… si ce n'est l'écho de sa propre histoire ? Un envahisseur, même et surtout plein de sollicitude, ne fait que lui compliquer la tâche ! Il est en effet plus aisé de se révolter contre un occupant « officiel » que contre un occupant qui fait croire, pour en être convaincu lui-même, être là pour aider. La révolte prend des allures culpabilisantes qui rend la tâche de l'adolescent singulièrement plus difficile. Un jour, le mot tombe comme un couperet : « ingrat ». Ce qui peut aussi servir à mobiliser la réaction défensive de l'enfant.

> « Je rentre dans sa chambre pour prendre les vêtements sales puisque mademoiselle ne les met pas elle-même dans le panier et je me fais rejeter par ma propre fille qui me dit que je n'ai rien à faire chez elle ! D'abord, je lui signale qu'elle n'est pas chez elle, mais chez nous, que si elle n'y est pas contente, elle n'a qu'à partir et subvenir à ses propres besoins ! Là-dessus, elle se met à hurler de plus belle… »

Chez l'un, chez l'autre, le conflit est parti pour durer. Tant que l'un et l'autre ne se contentent pas d'occuper leur territoire respectif, pas moins et pas plus. Ainsi l'articulation retrouverait son point d'équilibre et de mobilité.

Quand le conflit dure, l'articulation est réduite à sa plus simple expression. Mais pouvons-nous encore parler d'articulation, tant la raideur et l'ankylose la bloquent. Pour survivre, les deux membres de la relation n'ont que deux possibilités :

– soit se séparer définitivement et ne plus avoir d'échange, ce qui a « l'avantage » de réduire la douleur :

– « Relations ? Quelles relations ? » fut la réponse d'un adolescent à la question des relations avec son père.

– soit ne plus se lâcher : couple fusionnel au point d'installer une relation qui sans être incestueuse dans sa signification sexuelle réduit, voire interdit, tout mouvement de l'un sans l'autre. Au point que tout changement et éloignement de l'un devient une menace et une épreuve pour l'autre. Si l'intimité du corps de l'enfant n'a pas été physiquement abusée, il n'en reste pas moins que le vécu sensoriel est celui d'un abus de la part du parent. Par des mots, des gestes, celui-ci n'a pas respecté la juste distance entre l'enfant et lui, abolissant chez celui-ci la sensation d'être un individu individualisé, intègre, sans l'autre.

Laure avait vécu cette grande proximité avec sa mère jusqu'à ce qu'elle doive partir en internat au lycée. « C'était comme un manque physique, l'une ou l'autre allait en tomber malade, c'était sûr, je le sentais ! Et c'est moi qui ai craqué. J'ai fait une mononucléose avec 40° de fièvre pendant des jours. Mon médecin de famille m'a dit que le nom de la maladie était donné à cause de certains globules blancs à un seul noyau. Ça m'a fait penser à la relation entre ma mère et moi ! On ne formait qu'un seul noyau alors qu'on était deux personnes ! 40° de fièvre et des semaines de fatigue pour le comprendre. Ça en valait la peine. »

La distinction de l'un par rapport à l'autre ouvre la porte vers la construction de sa liberté, de son identité et de sa créativité que certains nomment son projet de vie. La distinction du parent vis-à-vis de son enfant est nécessaire pour aider l'enfant à se distinguer de son parent. « Pour que JE soit, TU doit être. » La perception de ces deux territoires distincts se heurte au maternage et au paternage, se heurte à l'idée même des besoins de l'enfant – de soutien, de sécurité et de stabilité – ou encore à la sensation de dette – celle du parent vis-à-vis de l'enfant – puis très vite, le sens s'inverse. Et pourtant le message du crocodile, fidèle à la logique de vie, est clair : chaque individu, qu'il soit grand ou petit, est un être à part entière, à territoire entier, face à autrui. Ce qui est à partager n'est pas tant un territoire commun illusoire, mais la façon dont chacun occupe le sien. Ainsi, l'enfant peut-il se former auprès de ceux qui l'informent. À défaut, l'amour prend la forme du désir, fruit de la peur.

Désir ou amour ?

« Je désire ce qu'il y a de mieux pour mon enfant et cela personne ne peut me le reprocher. Après tout, c'est notre devoir de parent. On nous a dit grand bien de votre établissement et nous venons vérifier sur place. » Telle est l'entrée en matière d'un père dans le bureau d'une directrice d'établissement scolaire. Ébahie, celle-ci commence à vanter les vertus du projet scolaire, avant de réaliser l'énorme malaise des parents. La mère baisse les yeux et le père affiche un sourire crispé. Elle change alors de tactique :
« Parlez-moi de votre fille.
– Elle est brillante, très brillante même, mais manque un peu de confiance en elle ; c'est tout.

– Ce sont ses professeurs qui l'ont remarqué ou vous ?
– Ses professeurs ne la comprennent pas et voudraient la faire redoubler. Vous comprenez bien que c'est hors de question. Dès qu'Élisa aura maîtrisé son problème de confiance, elle suivra la voie de la famille. »
Le ton a beau être affirmé, la directrice perçoit toute l'inquiétude de ces parents qui voient chez leur fille les premiers signes de l'échec, seule solution d'urgence trouvée par elle pour se libérer du poids familial et de la contrainte à réussir. Elle étudie le bulletin scolaire et les remarques des professeurs, pose encore quelques questions. L'entretien se termine.
« Aimez-vous votre enfant ?
– Plus que tout. »
Cette fois, c'est la mère qui prend la parole ; son regard hésite entre le besoin d'être rassurée sur l'avenir de sa fille, et celui d'être considérée comme une bonne mère, malgré le drame qui couve à la maison et les reproches de son mari à propos de l'éducation molle qu'elle a donnée à Élisa.
« C'est beaucoup d'amour et beaucoup d'attente sur le dos d'un seul enfant. Je vous propose de prendre votre fille dans mon établissement, en maintenant le redoublement. Ce sera une année pour acquérir cette fameuse confiance en elle dont vous me parliez. » Le père est blême et la mère garde les yeux baissés.
« Ce n'est pas possible, madame, tous mes désirs sont sur Élisa. Son redoublement serait mon propre échec.
– N'avez-vous jamais échoué, monsieur ?
– Pas elle. »

Ces propos, rapportés par la directrice au cours d'une réunion de parents et de professeurs, furent l'occasion pour le groupe de parents présents de réfléchir à la distinction entre l'amour porté à l'enfant et le désir légitime de les voir réussir leur vie. Cette différence correspond à celle évoquée à propos des territoires : Amour + Émotion = Désir… et risque d'envahissement, de comportement abusif. Car le besoin de l'enfant n'est plus pris en considération comme moteur pour l'enfant dans sa construction mais comme occasion pour le parent de manifester et de satisfaire son propre besoin par enfant interposé, sans le risque d'être accusé d'égoïste.

Le terme « désir » contient, dans son étymologie, l'essence de cette déviation : le mot est dérivé de celui de « sidérer », c'est-à-dire soumis à l'influence funeste d'un astre. Pour sortir de cet état de sidération qui annihile le choix, le mot s'inverse : de « si-dé-rer », il devient « dé-si-rer ». Désirer, c'est être hors de, privé de cette sidération qui annihile le choix. Désirer, c'est donc recouvrer l'appétit. C'est sortir de l'état de réaction de défense inefficace et basculer vers un état efficace, celui que l'enfant vient justifier.

Le désir est intimement lié à la peur d'être séparé, d'être privé ou de perdre, lui-même lié aux premières expériences vécues par l'enfant, dans son contact intime avec sa mère ou ceux de la famille qui permettaient la sécurité. Quand le processus de séparation de la mère d'avec la sienne a été source de douleur et jamais réparé, comment ne pas transmettre à l'enfant l'écho de cette première rupture ? Plutôt « manger » cet enfant que revivre la souffrance ! Le désir est aussi intimement lié à la peur de se différencier, tant dans sa sexualité que dans ses goûts. De même, quand le processus de différenciation est en souffrance chez le parent, comment ne pas transmettre la confusion à son enfant ?

La tradition, très récente, de la psychanalyse, fait porter à l'enfant la responsabilité de ce désir d'union avec la mère ou avec le père, au travers du mythe d'Œdipe. Mais Œdipe lui-même a une histoire : abandonné par ses parents et destiné à être tué, le héros est d'abord un enfant abandonné par ses parents et que son père, Laïos, condamne à mort par peur d'être un jour tué par lui. Retour du balancier de la peur, Œdipe connaît le désir pour ses parents, le père dans le conflit et la mère, dans l'union. La peur de Laïos trouverait-elle son origine dans son ascendance ? Le désir est histoire d'individu et non d'âge, et sachant qu'il n'y a pas de fumée sans feu, il n'y a pas de désir ni de peur chez un enfant sans désir et peur chez le parent.

L'état d'amour est un état sans peur, le désir est imprégné d'une urgence de satisfaction ou d'une anticipation de privation.

> « La première fois que j'ai mis un haut de maillot de bain, c'est quand j'ai vu le regard de mon père posé sur mes seins. Je suis devenue toute rouge alors que c'est lui qui aurait dû avoir honte. D'ailleurs, il a dû s'en rendre compte, parce qu'il a eu besoin de se justifier en me disant qu'il me trouvait très belle. Ça a été encore pire ; j'ai eu l'impression qu'il cherchait à me séduire. Je me suis retournée sur le ventre pour ne plus qu'il voie mes seins et le lendemain, j'avais le haut. Il n'a rien dit ! C'est bien la preuve qu'il n'était pas clair. Je déteste repenser à ce moment. »

> « La honte de ma vie quand à quatorze ans ma mère a voulu que je vienne sur ses genoux. Je lui ai dit que j'étais trop lourd et que j'allais l'écraser, mais elle a ri et m'a répondu qu'elle adorait être écrasée par moi. J'ai eu envie de la gifler. C'était horrible. Je me suis assis sur elle et j'étais dépossédé de ma volonté. Je n'ai plus eu qu'une idée : quitter la maison et, en attendant, éviter de me retrouver seule avec elle. »

La confusion entre aimer et désirer bénéficie des mêmes justifications que les réactions émotionnelles. Puisque je t'aime, alors je te veux ; puisque tu m'aimes, alors tu me veux. En suivant la biologique, cette confusion commence par celle qu'entretient le parent avec lui-même. À défaut de s'aimer, de s'estimer, de se considérer avec bienveillance et d'être honnête dans sa propre histoire, il pallie ce manque par l'émotion du désir. Celui-ci est censé le mobiliser vers un réconciliation avec lui-même, à s'incarner dans un désir d'être qui il est. Faute de quoi, c'est le désir de l'autre qui se manifeste, le désir d'avoir l'autre pour soi, à soi. Le désir témoigne du manque de soi, non du manque de l'autre, et passer par l'enfant pour combler ce vide, c'est abuser de lui.

Le désir relève de l'union, non de la relation. Il ne permet pas d'articuler les territoires face à face. Il prive l'un et l'autre, le parent et l'enfant d'articuler une parole qui interrompe cette union qui n'a pas besoin d'être charnelle pour être irrespectueuse.

Le face-à-face, jeu de miroir et d'articulation de territoires entre héritiers, est un moment privilégié pour se définir et devenir soi, grâce à autrui, avec lui et non par, contre ou pour lui. Une occasion de devenir auteur de soi.

9

S'AUTORISER

« Je suis l'auteur de mes jours ! »
Une femme que cette découverte réjouit

L'enfant accède à sa propre parole lorsque le parent accède à la sienne. L'enfant devient capable de parler en son nom lorsque le parent lui-même parle en son propre nom. Cette logique ne suppose pas que le parent parle *toujours juste et bien*, mais que, quel que soit l'état émotionnel, il soit capable de se reconnaître face à son enfant, de reconnaître quand ses réactions défensives altèrent son jugement et son comportement. Cette attitude parentale sera davantage source de sécurité et d'identité pour lui que le déni ou la pression dont il ne peut décoder l'origine. Ainsi le parent a-t-il à s'autoriser à être qui il est et là où il en est dans son cheminement d'être humain.

S'autoriser, c'est non seulement se permettre de s'exprimer, mais aussi devenir l'auteur de lui-même, prendre ce risque face à celui qui démarre sa vie et attend tout de lui avant, dix ou quinze ans plus tard, de se confronter pour mieux voler de ses propres ailes.

« Août », dans son origine indo-européenne, « *aweg* », signifie « croître » et de ce terme dérivent les mots heur, celui du bonheur et du malheur, mais aussi augmenter et enfin, auteur, autorité, autorisation. Des termes qui concernent l'intention parentale. Mais qui va croître dans la relation parent-enfant ? L'enfant tout seul ? Celui qui, par sa taille, va passer de l'état de petit à l'état de grand ? Ou l'enfant et le parent qui, l'un avec l'autre, peuvent accéder à une co-naissance mutuelle, chacun dans son histoire et ensemble dans leur histoire ? Alors il s'agit pour le parent de croître lui aussi dans la relation, grâce à la relation avec l'enfant, mais pas aux dépens de celui-ci.

Cet objectif passe par sa responsabilisation et par l'exercice de son autorité. Comment l'utilisation de la logique émotionnelle peut-elle aider ?

Le poids de la responsabilité

En conflit avec son fils, conflit dans lequel elle se sentait tantôt excessive et dominante, tantôt en défaut et dominée, une mère racontait comment son fils lui avait « donné une leçon ». Rentrant un soir plus tard qu'à l'habitude de son travail, elle bute sur les baskets de son garçon au milieu de l'entrée, manque de tomber et se met à interpeller celui-ci sur sa négligence. Celui-ci arrive, se défend en râlant et accuse son père de, lui aussi, laisser ses chaussures traîner dans l'entrée. Prise de court, la mère, encore plus énervée, accuse son fils d'insolence et l'envoie réfléchir dans sa chambre jusqu'au dîner, puis se met elle-même à se poser des questions : Qui a parlé en elle ? La fille de sa mère qui ne manquait pas une occasion de fouiller dans sa chambre, jamais assez bien rangée selon elle ? La fille de son père qui la regardait comme une « fille, malheureusement, tout juste bonne à devenir une ménagère comme sa propre femme » ? L'épouse de son mari, encore angoissée à l'idée de contrarier « son seigneur et maître » ainsi qu'il aimait lui-même à se présenter en riant ? Sauf qu'elle n'en riait plus depuis longtemps.
Force lui fut d'admettre que sa colère, sa réactivité face la négligence incontestable de son fils, l'avait surprise et la mettait mal à l'aise : « C'était moi sans être moi… ou, plutôt, c'étaient plusieurs moi, mais aucun de ceux-là n'était capable d'obtenir de mon fils le respect d'une consigne aussi simple sans entrer en conflit » avec elle-même, donc avec lui !
Elle alla donc le retrouver dans sa chambre le soir après dîner et lui raconta en quelques mots que la phrase « Papa aussi a laissé ses chaussures traîner » l'avait secouée et que sa colère n'était pas adaptée à lui : « "En te criant dessus, j'avais l'impression d'entendre mes propres parents me crier dessus, et je n'en ai pas de bons souvenirs ! Surtout ma propre mère qui voulait absolument que je range mes affaires avant que mon père ne revienne à la maison car elle avait peur de ses réflexions. Je ne veux pas te faire vivre la même chose, pour autant, j'ai failli tomber en me heurtant à tes chaussures.
– Excuse-moi, maman, je n'ai pas fait attention pour les chaussures et papa… Enfin c'est ton problème. Je me rends compte que ça n'a pas

dû être drôle tous les jours avec papy et mamie. C'est sympa d'être venue m'en parler."
« Tout d'un coup, d'entendre mon fils me dire que j'avais pu avoir mal parfois, petite fille, avec mes propres parents, cela nous a rapprochés. Ce n'était pas simplement moi qui le savais toute seule dans mon coin, c'était aussi lui qui me le restituait. »

Dénouement heureux, mais avant, qui a parlé ? Est-ce le parent pré-occupé ? Quand cette part pré-occupée et néanmoins en charge de l'enfant prend la parole, alors il y a risque relationnel.

« Tu m'énerves ! Tu me fais peur ! Tu me provoques ! Tu me fatigues... » Faute de JE (je suis énervé) voilà que s'installe la confusion entre JE et TU. TU, l'enfant, est chargé d'être à l'origine de l'énervement, de la peur, de la provocation ou de la fatigue de son parent. Comme il n'y est pas « pour rien », lui-même ayant sa part (les chaussures au milieu de l'entrée), le voilà qui se charge de « tout », de n'être pas bon, pas bien, mauvais ou nul. L'image en négatif déclenche la réaction de défense et le voilà dans le déni de la fuite, dans l'accusation de la lutte ou l'isolement du repli sur soi. Telle est la logique du parent roi/enfant fautif.

À l'inverse, quand le parent prend trop sur lui sa part pré-occupée et s'en charge intégralement en se demandant encore plus de perfection, alors l'enfant se trouve allégé de sa propre part et réagit alors pour récupérer sa part de responsabilité. L'énervement, la peur, la provocation ou la fatigue se retournent contre le parent lui-même. Déculpabilisé certes, mais pas dans le face-à-face pour autant, l'enfant se met en quête de la relation en cherchant à sauver son parent de ce qui le mine, ou en le lui reprochant. C'est la logique du parent fautif/enfant roi.

En résumé, voilà un parent pré-occupé par sa propre histoire et par un héritage dont il résiste à hériter, qui n'a que deux « solutions » défensives face à son enfant : le dominer, abuser, envahir son territoire avec ses attentes, ses injonctions, ses exigences, ses émotions et créer chez lui des attitudes de dominé, ou être dominé par lui, se laisser abuser, envahir, avec ses attentes, ses désirs, ses exigences et ses émotions à lui, et créer chez cet enfant des attitudes de dominant.

Entre s'en vouloir de tout et n'y être pour rien, il y a de la place pour l'individu et sa propre histoire, celle dont il est responsable. Il existe une « vieille » querelle entre coupable et responsable, sans doute aussi vieille que le dialogue entre cerveau reptilien et néocortex. Plutôt que de se renvoyer à chacun la faute, mieux vaut reconnaître que dans cet entre-deux figurent la légitimité et la loi, nécessaires pour établir la relation.

Responsabilité : le mot vient d'une racine indo-européenne «*spend*» qui signifie « faire une libation, une offrande rituelle aux dieux » et a donné en latin *sponsare*, c'est-à-dire épouser, s'engager solennellement, répondre de. C'est dire si le terme responsable correspond à l'occupation de son territoire, de son être, avec ses pleins et ses manques. Mais de quel engagement s'agit-il et vis-à-vis de qui ? Devant qui répondre de quoi ? De quelle loi s'agit-il ? La loi divine qui, dans la Bible, fait porter la faute sur plusieurs générations ? La loi telle que les hommes l'écrivent pour régir les interdits et juger des sanctions ? La loi morale qui codifie les bonnes conduites, fustige les mauvaises et évolue avec les mœurs ? Ou bien faut-il voir dans la loi bio-logique celle qui unit les précédentes, dans laquelle parents et enfants seraient égaux, également légitimes et responsables ?

La responsabilité reviendrait-elle à reconnaître la nature de la loi dans laquelle nous sommes engagés selon que nous sommes ou non en réaction de défense émotionnelle ?

Qui n'a entendu ou prononcé lui-même ce dialogue de sourds ?

« Je suis ta mère – ou ton père – tout de même !

– Et alors ?

– Alors tu me dois le respect !

– Toi aussi tu me dois le respect !

– Mais enfin c'est grâce à moi que tu es là ! Tu nous dois la vie à ton père et à moi !

– Je n'ai pas demandé à naître ! Fallait pas me faire ! »

Échange de douleurs qui se cognent l'une sur l'autre sans parvenir à s'entendre et qui dénient la légitimité de l'un et de l'autre à éprouver ce que chacun éprouve : le parent son besoin de respect et d'identité et l'enfant le sien.

Il est légitime pour chaque individu de reconnaître comme vrai et important pour lui d'éprouver son émotion pour s'en servir, pour en faire quelque chose d'utile pour lui-même. Le déni, le rejet ou la soumission de son émotion ne viennent que colmater dans l'urgence la brèche du manque.

« Quand tu sors le soir et rentre après minuit, ça m'inquiète », dit un parent à son enfant. Sa peur est légitime ! Bio-logiquement, elle est légitime pour lui-même et son propre vécu d'insécurité à lui. Cette légitimité est fondée sur sa propre histoire et l'héritage qui lui a été transmis. Son inquiétude est une incitation à découvrir en lui sa source de confiance et d'assurance, d'inventer des solutions, des points de repère qui seront pour lui sécurisants. À défaut, imaginons les réponses de son fils :

Rassurante : « T'inquiète pas, il n'y a pas de problème », réponse qui n'engage personne et tend à éviter l'inquiétude exprimée ; le parent n'est ni rassuré ni reconnu. À l'inverse, l'enfant peut se soumettre à l'attente du parent d'être rassuré par son fils.

Soumis : « OK, pour que tu ne paniques pas, je serai là avant minuit. »

Énervé : « Avec toi, je ne sortirais jamais, ce n'est plus une maison ici, c'est une prison ! Les copains vont se moquer de moi si je rentre avant minuit ! »

La légitime peur du parent est alors devenue une injonction pour l'enfant : surtout éviter les peurs de l'autre ou devoir limiter sa propre liberté au nom de la peur de l'autre.

La légitimité est ainsi une histoire trop personnelle pour venir justifier nos attitudes vis-à-vis de l'autre. En d'autres termes, l'émotion du parent ne légitime pas ses choix éducatifs et les limites qu'il impose à son enfant. Pour celui-ci, les interdits et les demandes demeurent abstraits et infondés. Ils n'ont pas de sens. S'il obéit et respecte, c'est par peur, prolongeant ainsi l'enchaînement intergénérationnel de ses émotions. L'enfant peut ainsi perdre sa liberté pour garantir sa sécurité et son appartenance au groupe parental dont il a besoin pour survivre.

Cette loi bio-logique de l'émotion est celle du JE, et uniquement celle-là. Projeté sur l'autre « l'autre me doit ou je dois à l'autre », il y a risque d'abus : la relation devient un système dominant/dominé ou bourreau/victime. Quand la loi du JE, loi biologique et légitime, prend l'autre en otage, elle le « mange ». Et il en est ainsi pour l'adulte comme pour l'enfant : il est des parents qui abusent de leurs enfants et des enfants qui abusent de leurs parents et pour les mêmes raisons défensives. À ce titre-là, parent = enfant.

Pour autant, la responsabilité dans son sens étymologique parle d'offrandes faites aux dieux, d'engagement. Il s'agit de répondre à une situation donnée, et d'y amener du répondant, c'est-à-dire être.

Et pas n'importe quel être : un responsable, qui peut répondre de ses choix et à ce titre de ses actes.

Or il semble que le tout premier choix qui se pose à l'individu et qui l'engage est précisément ce qu'il fait de ce qu'il ressent, de ce qu'il éprouve, des symptômes qui lui signalent son émotion. Va-t-il nier, rejeter ou se soumettre à cette épreuve que représente le manque d'être ? Pour le parent, cette question se traduit concrètement par : va-t-il projeter son émotion sur l'enfant, et ainsi « le manger ou être mangé par lui » ? Quand cela arrive, le parent a raté une occasion de se responsabiliser, c'est-à-dire d'épouser ce qui l'anime, le met en mouvement grâce à son émotion, de s'engager dans sa propre histoire, dans son propre choix, de faire l'épreuve de son héritage sans le faire basculer sur ses enfants. Occasion qui se représentera probablement le jour même ou un autre jour.

Ce « choix » premier conditionne la façon dont le parent s'adresse à l'enfant : s'il choisit de ne pas écouter le message de l'émotion, alors il s'embarque dans un système de défense qui lui est destiné, avec les conséquences de ce processus reptilien. En revanche, s'il s'entend lui-même, quitte à différer temporairement l'échange, il peut alors se responsabiliser, occuper sa part, s'engager dans son histoire et la partager, peut-être, avec son enfant, et non l'en charger ou attendre de lui une solution pour satisfaire son besoin.

Être responsable revient donc à s'engager dans son être, celui qui sait, qui peut, qui veut et… qui manque et en souffre.

Mais alors que signifie être responsable de son enfant, qui a sa propre histoire, reliée à celle de ses parents et différente d'elle ? La responsabilité ne s'exporte pas : même face au plus petit, elle demeure une attitude d'incarnation en soi pour nourrir, soigner, élever celui qui en a besoin. Dans les mots « faire pour l'enfant », la responsabilité porte sur le « faire » et sur l'intention réelle contenue dans cette action : pour satisfaire pour quoi ? La sécurité et l'identité du parent ou celles de l'enfant ? Car plus le parent « fait pour », plus l'enfant est privé de « son faire », de la responsabilité de son action et des conséquences de celle-ci.

La restauration de la responsabilité, passage obligé au soulagement de la culpabilité, contient en effet cet autre paramètre : l'engagement dans les effets de la parole et de l'acte exprimés. Il ne s'agit pas uniquement d'avoir de « bonnes » intentions, il convient aussi de répondre des conséquences des comportements générés par l'émotion. Ainsi est née la formule « le poids des responsabilités », image qui induit une sensation d'écrasement ou de survalorisation, selon l'interprétation du crocodile. Entre ces deux vécus, il y a place pour une plus juste considération du « poids » : de la famille étymologique de « pendre », le poids est cousin autant avec la pesée qu'avec la pensée ! La responsabilité permet en effet de donner de la gravité à la pensée par les conséquences concrètes qui s'ensuivent, et ces conséquences permettent d'adapter le choix de l'action suivante. Encore faut-il que ce poids soit « épousé » par le parent pour que l'enfant découvre, par effet miroir, la vertu de cette logique.

« Quand tu oublies de prendre les clés, tu te retrouves à la porte. Que fais-tu de cette conséquence ? » est une question source de responsabilité plus probante qu'une quelconque émotion.

Car ce processus est vertueux et produit, pour celui qui le met en œuvre, plus de fruits qu'une quelconque stratégie éducative, si parfaite soit-elle. Surtout, il permet d'accéder à l'exercice d'une autorité fondée.

L'exercice de l'autorité

Autorité ! Le mot fait recette si l'on en croit le nombre d'ouvrages qui lui sont consacrés depuis quelques années. Mai 68 a vu l'apothéose des idées développées depuis les années cinquante selon lesquelles l'autorité était source d'abus, comme si l'autorité n'était que l'expression d'une lutte pour le pouvoir, avec un gagnant et un perdant, un dominant et un dominé. Alors, on expliquait qu'un tel comportement était source de frustrations, et donc générateur de violence. Puis on a observé que l'interdit comme le conflit avaient aussi leur nécessité pour aider l'enfant à se structurer. Aujourd'hui, on fait le procès des idées de 68 et on pointe du doigt le danger à délégitimer la parole de l'adulte, à le priver de son autorité vis-à-vis de l'enfant. « Retour de balancier » disent beaucoup : excès, insuffisance… et bientôt retour de l'excès ?

Comment comprendre l'exercice de l'autorité à la lumière des mécanismes de défense ? S'agirait-il donc pour le parent d'exercer, de s'exercer à l'autorité, de s'entraîner à un art, une discipline, un sport ? L'autorité se travaillerait-elle et, comme une pratique, ne se développerait-elle qu'à l'usage ? Autant dire qu'en la matière rien n'est jamais définitivement acquis…

L'autorité qui, rappelons-le, contient une intention de « croître » et partage son origine avec le mot « auteur », doit donc permettre au parent et à l'enfant de s'élever ensemble. Elle doit conduire le plus jeune à devenir auteur de sa parole et de ses choix, face au plus grand qui va apprendre, lui, à être auteur face à celui qui attend « tout » de lui. S'exercer à l'autorité, c'est entraîner une aptitude responsable qui permette à l'enfant et à son parent de s'élever, de s'accroître.

Sous l'effet de l'émotion, l'enfant reste sous l'autorité de son parent, quelle que soit sa forme : soumis à une autorité abusive ou, en miroir, abusant du laxisme parental. Le parent pré-occupé a, quant à lui, le « choix » entre élever en soulevant ou tirant son enfant, ou bien ne pas l'élever, abandonnant l'éducation à d'autres responsables, comme l'école, la société, l'armée ou, encore, la vie. Choix non conscient puisque dicté par l'urgence de la réaction de défense et la peur d'être auteur de sa propre parole.

Et pourtant, « on ne fait pas pousser les radis en tirant dessus ! ». C'est par cette expression imagée et réaliste qu'un animateur interpellait des parents quand ceux-ci cherchaient désespérément des solutions à la place de leur enfant plutôt que de s'interroger sur leurs propres possibilités ! Arguments, explications, menaces, chantage, manipulation, preuves par a+b, culpabilisation, affirmations, écoute sans prise en compte, autant d'attitudes qui, soutenues par l'émotion et la volonté sincère de tout faire pour lui, transforment l'enfant en radis sur lequel tire le parent pour le faire grandir. Ainsi, les activités culturelles s'enchaînent-elles aux activités sportives qui ne doivent pas empiéter sur le temps de travail scolaire, tout en laissant des moments de jeux, de rencontres avec les petits amis ainsi que des loisirs pour échanger avec les parents et apprendre, apprendre… Ces parents qui « font tout » pour leurs enfants, qui les « aiment tant » et sont prêts à « tout sacrifier pour eux » pour les élever, n'oublient-ils pas leurs aspirations, leur identité d'homme et de femme au profit de celle de père et de mère, ne dénient-ils pas leur propre liberté au profit de l'élévation de l'enfant ? Ils auront tout fait à la perfection, personne ne pourra rien leur reprocher et surtout pas leur propre enfant ! Néanmoins, cette autorité-là, vécue dans l'émotion et l'attente de la réussite parfaite de l'enfant – réussite sociale, bonheur – aura été exercée sans auteur. L'enfant est élevé, ou plutôt tiré vers le haut ou encore soulevé et tenu à bout de bras. Le parent est épuisé et l'enfant privé de parole.

Mais la nature biologique est ainsi faite que cette autorité-là génère des résistances : à chaque pression se créent des contre-pressions.

La jeune Marie, fille unique de deux parents scientifiques, en fit les frais : elle était réfractaire aux mathématiques et ce n'était pourtant pas faute d'avoir reçu de ses parents et en petits cours particuliers toutes sortes d'explications et de méthodes pédagogiques pour l'aider. À croire, comme le disait son père, que « l'intelligence avait sauté une génération ».
Pourquoi cette autorité écrasante vis-à-vis de Marie ? Pourquoi, si ce n'est la peur de ce père d'être écrasé lui-même ? Peut-être que derrière cette attitude vivait encore dans la mémoire de cet homme un autre père, le sien, auquel il fallait prouver sa valeur…

« La vie, c'est de la merde ! » Tel était le message transmis par un autre à ses enfants. L'image était assortie d'arguments censés prouver ses dires et la leçon se terminait par la nécessité pour eux d'apprendre à se « démerder ». Logique ! Du reste, lui-même avait dû apprendre à ses dépens cette dure réalité, éternellement redevable à son propre père et incapable de lui dire « merde ». Afin que cet enseignement soit acquis au mieux, il s'était fait lui-même professeur et s'ingéniait à mettre les enfants en situation difficile « pour les former » : humiliation, dévalorisation, gifles, cahiers scolaires jetés étaient destinés à leur apprendre à vivre et les obliger à sortir leurs tripes. Après un long séjour en hôpital psychiatrique, l'un a pris un aller simple pour « le plus loin possible », et l'autre est devenu éducateur pour aider des gamins à survivre à leur enfance.

La situation extrême qui est ici décrite – et tout écoutant de métier a recueilli des histoires pleines de violence et de douleur – demeure fidèle à la bio-logique des émotions. L'autorité n'est abusive que parce que celui qui la transmet a lui-même été abusé, avant, dans sa propre enfance. Alors il ne connaît que ce mode de défense, abuseur/abusé, dominant/dominé. L'autorité devient autoritarisme, et on sait que les mots qui se terminent par « isme » sont bien souvent imprégnés de drames.

Et pourtant, cet usage de l'autorité semblait, lui aussi, provenir d'un bon sentiment puisque ce père avait le souci d'apprendre à ses enfants à se sortir de situations hostiles, comme lui. Encore un complexe du sauveur ! Car l'abus d'autorité est le plus souvent animé d'une réelle pression à devoir sauver l'autre, seule solution alternative trouvée, faute de pouvoir ou de savoir se sauver soi, faute même d'y songer en conscience. L'autre est alors utilisé pour pallier son propre sauvetage. Si ce père sauve ses enfants de la vie hostile, pour autant, au niveau reptilien, se croit-il sauvé ?

Sous sa forme laxiste, l'autorité se fait peureuse et n'est vécue que comme un danger : peur d'abuser, peur du retour de bâton, peur du conflit, peur de faire mal, sont les mots qui viennent justifier le refus de la confrontation. Car alors l'autorité n'est vue que sous la forme d'une opposition violente dans laquelle avoir le dessus paraît impossible et avoir le dessous, trop pénible pour tenter même l'expérience. L'argument le plus courant donné pour expliquer cette attitude est le souci de comprendre l'autre. Cette compréhension, symptomatique de l'occupation du territoire de l'enfant, permet d'éviter le face-à-face.

À la caisse du supermarché, les confiseries sont placées pour susciter l'envie des petits et des grands. Une maman tentait désespérément de calmer sa fille qui réclamait, en hurlant, quelques bonbons. Entre explications et menaces inaudibles par l'enfant, elle cherchait auprès des autres clients un appui pour asseoir son autorité : « Vous comprenez, c'est trop tentant, ces confiseries, on devrait interdire une telle pratique. Les enfants ne peuvent pas résister et voilà ce qui se passe. » Mais personne ne semblait bien comprendre autour d'elle. Gênée par les cris de sa fille et la honte de l'effet produit dans le magasin, elle essaya une autre tactique : « Bon, je veux bien acheter un bonbon, mais c'est la dernière fois ! » et en se tournant vers les clients, avec un pauvre sourire : « C'est dur pour les enfants et pour les parents de résister ! » D'épisode en épisode, cette maman lâche du terrain, laissant sa fille l'envahir afin de rentrer en contact, sécurisant et identifiant, avec celle dont elle a besoin pour croître.

L'autorité, qui renaît petit à petit de ses cendres, saura-t-elle se garder de la tentation du « trop », maquillée par l'habituelle justification : « On les a trop laissés faire et voilà le résultat ! Il est temps de reprendre en main nos gamins… » Justification qui oublie que les dits enfants ont, eux aussi, pâti de l'attitude laxiste des parents et qui semble induire que ce sont les enfants eux-mêmes qui ont délibérément cherché à abuser de leurs parents. Quelle forme prendra ce trop ? Peut-être une forme déconcertante de bonne volonté comme : « Je ne veux que son bonheur ! » Rien que ça ?

Hors du parasite émotionnel, l'autorité devient l'expression claire et précise de son auteur. Elle se retrouve dans l'expression « faire autorité » car elle inclut alors une action et celui qui l'accomplit, une parole et celui qui l'émet.

> À un groupe d'enfants d'une dizaine d'années qui débattaient à propos de l'autorité, un maître demanda de dire une anecdote qui en illustrerait la signification. La plupart évoquèrent un conflit, mais l'un d'eux raconta la première fois qu'il était allé à la pêche avec son père : « J'avais entendu un de ses amis dire de lui qu'il était une autorité en matière de pêche. Il sait choisir le bon coin, préparer l'appât, monter les lignes, chercher le bon asticot et l'enfiler sur l'hameçon, lancer et attendre. » Étonné, le maître lui demande pourquoi ce souvenir lui fait penser à l'autorité. L'enfant est décontenancé par la question, puis, tout heureux, s'explique : « Parce que je le crois quand il me parle de pêche. » Pour ce garçon, autorité est synonyme d'authenticité et de congruence. En d'autres termes, le père occupe son territoire. L'histoire se prolonge car le maître, touché par l'anecdote de son élève, demanda à la classe de dire une situation dans laquelle ils avaient eu de l'autorité. Sans surprise et avec bonheur, il entendit le même enfant raconter comment il avait emmené son copain à la pêche…

Tel est le mécanisme intime de l'autorité juste : être crédible dans sa parole et son comportement. Ce qui ne signifie pas devoir avoir tout juste, tout le temps, mais savoir être juste en se trompant aussi, en étant emporté par l'émotion, hors de la duperie qui rend l'enfant coupable. L'autorité n'est pas le fait d'un parent parfait qui ne s'énerverait jamais, aurait toujours confiance et ne serait jamais fatigué, mais le fait d'un parent qui sait se questionner sur ce qui lui arrive, en profiter pour s'ajuster et en faire profiter son enfant. Ce souci de perfection est un bien mauvais exemple pour celui qui apprend, en tâtonnant, à « croître » : il pourrait faire croire qu'il lui faut, lui aussi, être parfait, ce qui génère la peur et la culpabilité de ne pas l'être. Un jour, il en voudra à ses parents de l'avoir berné…

Dans l'exercice de l'autorité est contenue l'idée d'autoriser, et de s'autoriser. Terme à double entrée : celle de l'émotion qui parle d'une permission qui est accordée, ou non, par un autre qui aurait l'autorité ; celle de la responsabilité qui renvoie à l'auteur de l'acte, à celui qui prend le risque de s'exprimer et en assume les effets. Sa pratique est donc pour l'enfant et son parent un temps précieux dans lequel l'un et l'autre peuvent accroître leurs savoirs mutuels, exercer leurs paroles, l'éprouver pour en découvrir les forces et les faiblesses, et remédier en cas de besoin.

L'autorité est un exercice au quotidien et n'attend pas de grands enjeux pour se pratiquer. Au contraire, elle se développe mieux sur des moments dénués, si possible, de risque de dérapage émotionnel. Elle devient plus facile à utiliser, tant pour l'auteur-parent que pour l'enfant. Comme un entraînement sportif, elle permet d'aborder les épreuves plus difficiles et inévitables de la vie, et notamment les frustrations, les injustices, les chagrins et les incertitudes à venir.

Finalement, le « test » pour valider la nature de l'autorité est, une fois de plus, l'état interne du parent, la résonance émotionnelle de l'acte autoritaire. Agrémenté de peur, de rancœur ou de culpabilité, son exercice révèle le conflit du parent avec lui-même, conflit dont l'enfant fait les frais tant que le parent ne prend pas en considération son émotion, ne se pose pas les premières questions qui vont l'aider et le responsabiliser : « Qui parle ? Le parent ou l'ancien enfant ? Qui est l'auteur de mes paroles ? »

Ces questions permettent d'entrer dans une autre relation avec l'enfant, dans laquelle chacun serait à même de jouer son JE, de prendre le risque de l'exposer et de bénéficier, en miroir, du regard de celui qui lui fait face.

Coopérer pour éduquer

Mauvaise nouvelle : le parent est responsable de ses réactions vis-à-vis de son enfant ; le voilà donc chargé de son histoire et de ce qu'il en fait ! Bonne nouvelle : c'est grâce à cette responsabilité qu'il va pouvoir l'éduquer plus en conscience, et ainsi s'élever avec lui, croître avec lui et s'autoriser avec lui à devenir auteur de sa parole ! Aidé par le décodage de ses émotions, il peut expérimenter, risquer ce passage qui va du désir de l'autre à l'amour de l'autre et accueillir comme bénéfique le comportement provocateur de son enfant. Car par lui il est convoqué à s'exprimer « pour de vrai », comme disent les petits.

Ce passage consiste à cesser de jouer avec l'enfant à un jeu de dupes, un jeu naïf, dans lequel chacun, sous le coup de l'émotion, fait semblant d'être sûr de lui, pour accéder à un jeu révélateur de son JE et de ses potentiels. Jouer avec l'enfant se limite le plus souvent aux quelques activités ludiques des premières années de sa vie, et encore, récemment a été inventé le terme de jeux d'éveil ou éducatifs. Comme si le principe du jeu lui-même ne suffisait pas à éveiller l'enfant. Il est vrai que si le jeu consiste à aider l'enfant à trouver ou alors à lui éviter de perdre par crainte que cela ne le contrarie, cela ne lui permet pas de grandir et rapidement lasse le parent qui profitera des premiers apprentissages scolaires pour passer « aux choses sérieuses ».

Pierre est père de trois enfants : les deux aînés sont très consciencieux et travailleurs et réussissent de bonnes études mais le dernier « fait désordre » et ne fournit aucun effort. Les résultats médiocres et un redoublement en vue le rendent de plus en plus exigeant et agressif avec son fils cadet.

« Je crois que je ne le supporte plus, je m'en rends compte et ça m'inquiète. Certains jours, quand je le vois affalé devant la télévision ou un jeu vidéo, il me vient des envies de le frapper. Chez nous, on n'a jamais été paresseux, on a toujours beaucoup travaillé. Le dimanche, mon père me sortait du lit à sept heures, une demi-heure de grasse matinée parce que c'était le jour du Seigneur. Son père à lui était de la même trempe !

– Et vous, ça vous faisait quoi ce rythme ?

– Je n'avais pas le choix. Avec mon père, c'était marche droit ou…

– Ou quoi ?

– Ou crève… Mais ce que je dis est idiot.

– C'est peut-être ainsi que vous l'avez ressenti ?

– Peut-être. Ça me fait froid d'évoquer ça. Mais c'est loin.

– Et si ce malaise était encore d'actualité puisque son évocation vous fait froid encore aujourd'hui ?

– … Écoutez, je ne suis pas venu pour parler de moi, mais du problème de mon fils ; moi, ça va, j'ai fait ma vie et j'en suis plutôt fier. À mon fils de faire la sienne, et, là, il est en train de la rater. Alors vos bonnes paroles sur mon père sont hors propos et je préférerais ne plus aborder ce sujet ! »

Le cadet, lui, n'était pas dupe.

« C'est un sujet à éviter à la maison, sous peine de déclencher le refrain habituel de papa ; et, à ce propos, mon frère me dit qu'il est nostalgique du bon vieux temps et maman me dit que, même si papa ne l'avoue jamais, il craignait son père et a souffert de sa dureté. Pour moi, les deux ont raison : il en a bavé avec lui, mais il est nostalgique de la fierté de son père quand il ramenait des bonnes notes. Il n'avait pas le choix s'il voulait recevoir un peu de reconnaissance. Un peu, parce

> que, pour le grand-père, c'était distribué au compte-gouttes. C'est peut-être ça qui coince chez lui. »
> Exemple d'un jeu de naïf, dans lequel le plus dupe des deux n'est pas forcément celui qu'on croit. Pour autant, si le fils cadet a décodé où « ça coince chez son père », il n'en reste pas moins dupe de là où ça coince aussi chez lui.

Dans un jeu de naïf, le regard est placé sur le JE de l'autre : ses attitudes, ses manques, son émotion, les risques qu'il prend, son histoire, ses soucis, ses incapacités ou ses talents gâchés. Regard qui, de ce fait, est vidé du contenu de celui qui regarde, ce qui engendre l'émotion. Séparé de sa propre histoire et des informations qui lui arrivent sous forme d'émotion, le parent est mobilisé par ses réactions de défense. Le jeu de dupes peut commencer. Comme un jeu de cartes dans lequel chacun ne ferait que réagir aux cartes abattues par l'autre joueur, sans chercher à tirer parti de son propre jeu, ou, *a contrario*, dans lequel l'un des joueurs abattrait ses cartes sans tenir compte du jeu adverse. L'enjeu du jeu n'est pas dans les cartes, mais dans les joueurs qui jouent gros quand ils ont à satisfaire, dans l'urgence, des besoins fondamentaux.

Le temps consacré à ces échanges naïfs et douloureux pourrait paraître de la complaisance si l'on perd de vue qu'existe un véritable attachement à ces habitudes comportementales, dès lors qu'elles contiennent des bénéfices cachés, des satisfactions efficaces et gratifiantes, même au prix fort de la violence émotionnelle. Bénéfices à demeurer naïf et dupe qui chargent la relation et l'entraînent dans la spirale infernale. Tant que le parent demeure dans cette naïveté, il demeure un naïf, c'est-à-dire un natif de ses propres parents et évite une séparation, une autonomie qu'il redoute, au nom de sa propre peur ou celle de ses parents. « Ça leur ferait de la peine, ils seraient déçus, à quoi bon, je suis loin aujourd'hui. » Bien des mots pour éluder une distinction qui ne parvient pas à se faire vraiment, ou n'en finit pas de mal se faire. Ce lien maintenu de façon non consciente, en tout cas non dite, permet de maintenir un état « enfantin » de sécurité, d'appartenance ou d'harmonie. Naïf donc pas coupable, déjà excusé parce que petit. À l'abri des reproches et d'une responsabilité qui a probablement été vécue comme une culpabilité. Ce lien rassurant peut, du reste, ne pas être heureux. Mais il est connu et à ce titre moins risqué que la responsabilité solitaire et inconnue. Cette naïveté se traduit volontiers par des mots désolés ou agressifs, comme «je ne sais pas faire autrement», venant justifier la reproduction des mêmes comportements. L'absence de questionnement sur le véritable besoin, inhérent à l'émotion et, ainsi, de recherche d'autres solutions pour le satisfaire verrouille le système et accentue la naïveté. Le parent se trompe lui-même et trompe son enfant en conséquence.

Celui-ci supporte alors un poids, qui n'est pas le sien à l'origine mais qui le devient à l'usage, faute de pouvoir être restitué au parent sous forme de reproche, par exemple. Car il n'est guère en usage de la part d'un adulte d'accueillir le reproche d'un enfant ! Au mieux, il s'en amuse, ou bien il le renvoie sous forme d'accusation et de culpabilisation, au pis, il s'en accable.

«Qui es-tu pour me reprocher quoi que ce soit, toi le petit qui ne connaît rien de la vie ! Tais-toi !» Et le petit se tait, quitte à décharger son émotion sur quelque objet, ou personne de substitution, et pourquoi pas un plus petit que lui, ce qui ne le soulagera qu'un temps du poids que son parent lui fait porter, faute de le porter lui-même. Quant au parent, il pourra se justifier à ses propres yeux par le fait que lui-même porte la charge de ses propres parents.

Dans la famille de Pierre, la loi de la survie est passée par le langage de l'émotion à chaque génération jusqu'au cadet de la famille qui lui, à sa façon, résiste à l'évidence de l'héritage («Chez nous, il n'y a pas de paresseux»), quitte à se mettre en danger par l'échec scolaire annoncé. Alors, les échanges entre ce père et ce fils deviennent un marché de dupes : plus l'aîné exige, justifie, punit, accuse, plus le cadet résiste, faiblit, rejette, évite et échoue. Ni l'un ni l'autre n'occupe son vrai territoire : le père, sa valeur d'homme travailleur ET son malaise à s'être senti maltraité par son propre père ; le fils, son mal-être à se sentir écrasé par son père ET sa valeur d'enfant qui aspire à réussir sa scolarité, autrement que selon les normes de son père. Faute de reconnaître l'offense qui lui a été faite, le père reporte celle-ci sur son fils et se sent alors offensé par lui. Et chacun se défend face à ces offenses qui n'en finissent pas d'être passées de génération en génération. Chacun se trompe et est trompé, chacun «mange» l'autre qui «mange» l'un, s'abusant mutuellement à coups de justification et de «parce qu'il... » :
« Il ne fait rien, parce qu'il ment, parce qu'il passe son temps à me provoquer, parce qu'il se fout de son travail et que, moins il en fait,

mieux il se porte, parce que ses professeurs n'en peuvent plus de le voir s'endormir en classe… »
« Il ne fait que me crier dessus, parce qu'il fait peur avec son regard méchant, parce qu'il n'y en a que pour le travail, parce qu'il ne me parle que pour connaître mes notes, parce qu'il est tout le temps stressé, parce je n'ai aucun souvenir d'avoir joué avec lui petit, parce qu'il a fait pleurer ma sœur quand elle est revenue avec un 12 en maths et qu'il trouvait ça nul. »

Le jeu de naïfs se nourrit du devoir vis-à-vis de l'autre ou de l'autre vis-à-vis de nous. Une phrase aussi courante dans la bouche d'un parent que « j'ai peur pour mon enfant » raconte en peu de mots toute la duperie de la relation : justifiée par le besoin de sécurité de l'enfant, le parent met l'accent sur celui-ci et ne fait rien de sa propre peur, n'utilise pas son ressenti pour lui-même augmenter sa propre sécurité en face de son enfant qui, sans doute, prend des risques afin de mesurer ses capacités personnelles. Le « j'ai peur » prend sens grâce à l'enfant qui en devient le porteur, alors que le message est destiné au parent dans sa propre histoire, dans sa façon à lui d'avoir bâti sa sécurité face à des parents anxieux peut-être ou absents. De même, les « il m'énerve » ou les « il me fatigue » qui peuvent prendre l'allure d'un « si je ne mets pas la pression, il ne fait pas ses devoirs ! » ou « je suis fatigué d'avoir à te répéter les mêmes choses ! ».

Être dupe de soi, et en conséquence susciter un marché de dupes avec l'enfant, c'est rester sourd à sa peur, son énervement, sa pression ou sa fatigue, et, faute de cette écoute, ne pas agir dans le sens de son besoin propre et attendre de l'enfant qu'il le satisfasse en rassurant, en étant très autonome ou en devenant adulte, tout en demeurant enfant. En somme, en étant parfait aux yeux du parent, c'est-à-dire en ne venant pas révéler la part d'ombre qui habite celui-ci. Telle est la dette de l'enfant vis-à-vis de son parent sourd à son histoire et son vécu émotionnel.

Il est un autre jeu que nous avons baptisé « révélateur ». Il utilise le miroir, l'articulation relationnelle, l'occupation de son histoire pour que parent et enfant grandissent ensemble.

Les règles du jeu révélateur

Un jeu révélateur pourrait fonctionner comme un bain de photographe, du temps où celui-ci s'enfermait dans la chambre noire, trempait ses plaques dans un liquide qui, ô miracle, faisait apparaître l'image ! Un jeu qui utiliserait la coopération plutôt que la compétition entre le petit et le grand, sans d'ailleurs toujours savoir qui est qui.

Il y a quelques années un professeur de philosophie nommé Robert Axelrod a présenté une passionnante théorie du jeu : après des milliers de parties de jeux de société jouées par des centaines d'étudiants, de plus en plus informatisés au fil des années, il s'est avéré qu'un seul type de comportement l'emporte systématiquement *sur le long terme*, c'est celui qu'Axelrod et d'autres nomment le « gagnant-gagnant ». Sous le titre *Comment réussir dans un monde d'égoïstes*, ce professeur d'université a raconté l'ensemble de son travail et en a tiré des conclusions devenues à ce jour une source d'inspiration tant pour le milieu des entreprises que celui de la relation. Avec une conclusion qui en dit long et nous ramène à notre propos : le meilleur moyen pour sortir d'un conflit et développer du tissu relationnel par une stratégie « gagnant-gagnant » est de revenir aux besoins de chacun *avant* de chercher des solutions… et de coopérer.

La coopération semble contraire aux lois de la nature telles qu'elles nous ont été enseignées et selon lesquelles celui qui gagne est toujours le plus fort. Forte de cette évidence, chaque génération a encouragé la suivante à être plus forte et à développer la compétition avec soi et les autres, ou plutôt contre soi et les autres, et pour cela à étouffer le message émotionnel, voire l'émotion elle-même, en réprimant sa parole ou celle de l'autre ou en soumettant son corps ou celui de l'autre. Avec les résultats que l'on connaît. Or, en regardant la nature, et notamment le comportement animalier, on constate que la fameuse « loi de la jungle » ne correspond pas à la réalité. Si tel était le cas, il y a longtemps que la vie aurait disparu sur terre. En fait, la vie fonctionne plus sur le monde de la coopération sur le long terme que sur celui de la domination, celle-ci n'étant que sporadique et à court terme. À force de voir que le loup mange la chèvre, nous avons occulté que, s'il existe encore des loups ET des chèvres dans la nature, c'est qu'une symbiose s'est créée au-delà de la compétition et des besoins à court terme. Sinon, il n'y aurait plus de chèvres et plus de loups non plus ! La logique du vivant donne la parole à un ensemble d'échanges et d'interactivités coopérantes en contradiction avec le discours très parental de la « dure réalité des choses ».

Pouvons-nous appliquer cette règle du jeu dans la relation parent-enfant, redécouverte mais aussi vieille que la vie sur terre, compte tenu de ce que nous savons du cerveau émotionnel, ce qui reviendrait à dire qu'éduquer c'est coopérer ? Si l'on tient compte des conséquences à demeurer dans la « loi de la jungle » et du crocodile dont on n'écoute pas le message, il y a lieu de penser que le jeu en vaut la chandelle, sans jeu de mots bien sûr ! Mais la théorie d'Axelrod met en évidence que certaines règles doivent être appliquées pour que les deux partenaires soient gagnants et vivent leur « échec » éventuel dans l'esprit du sportif de Pierre de Coubertin, à savoir « l'essentiel est de participer ». Essentiel, c'est-à-dire relatif à la nature intime de l'être, celle qui aspire à être.

Ces règles sont les suivantes :

– Être bienveillant au départ : n'est-ce pas l'attitude innée des parents ?

– Être réciproque : quand l'enfant cesse de coopérer, le parent en fait autant, comme dans la formule « œil pour œil, dent pour dent ».

– Être indulgent : dès que l'enfant coopère à nouveau, le parent reprend la bienveillance.

– Chercher à ne pas tromper : « bluffer » n'est pas jouer.

Quatre règles fondamentales ! La théorie du jeu apparaît simpliste !

« Ah ! s'il suffisait de… ! » sont tentés de répondre bien des adultes à cette proposition, avant même de l'expérimenter ! Car une telle attitude engage chacun des partenaires de la relation. Comme l'écoute, le jeu révélateur permet en réalité à l'un et l'autre d'être « chez lui ».

Bien que n'ayant pas évoqué d'autres points relevés par le chercheur, notamment que le nombre d'échanges doit rester inconnu, ce qui est le cas dans la relation parent-enfant, et que chaque échange repart de zéro, ces règles suffisent à entamer une partie gagnant-gagnant. Elles sont simples, comme le langage du crocodile est simple quand il est vraiment écouté. Elles sont efficaces quand elles sont vraiment appliquées.

La théorie du jeu a de quoi séduire les parents, les adultes les plus récalcitrants et surtout ceux qui sont venus au bout de leurs stratégies défensives, à ceux qui ont « tout » tenté et qui cherchent encore l'attitude juste qui va pouvoir les aider à résoudre leurs conflits avec leur enfant. Dans ce « tout tenté », ils ont laissé parler leurs réactions de fuite (dédramatiser, fournir des solutions, éluder le problème, s'angoisser, etc.), de lutte (maîtriser la situation, imposer des règles, piquer de grosses colères, surveiller, punir, etc.) ou de repli sur soi (laisser faire, expliquer, culpabiliser, comprendre, déprimer, etc.). Et ils ont constaté que rien ne marche sur le long terme. Et pour cause, l'attitude reptilienne n'est faite que pour le court terme et correspond à une attitude d'urgence.

La coopération, elle, bénéficie du temps qui passe et profite du fait que nul ne sait quand s'arrête l'échange entre un parent et un enfant.

Mais revenons aux trois dernières règles :

• *Être réciproque :* La réciprocité ne signifie pas faire la même chose, il s'agirait en effet de similitude ! Il s'agit d'un « échange de valeur équivalente entre deux personnes », c'est-à-dire d'égale valeur. Égale mais pas identique.

Ainsi, être réciproque ne signifie pas hurler face à l'enfant qui hurle, bouder face à l'enfant qui boude ou dédramatiser face à un enfant qui dédramatise, ce qui reviendrait à une attitude identique. Être réciproque ne signifie pas non plus faire la même chose à l'envers, comme se soumettre à l'enfant qui hurle, aller chercher et faire le gentil avec l'enfant qui boude ou rassurer l'enfant qui s'inquiète.

Être réciproque s'apparente d'une autre attitude qui tient compte du comportement défensif de l'enfant et des conséquences qu'il entraîne et qui, en même temps, répond au besoin d'intégrité du parent. L'art du sabre est une belle démonstration de la théorie du jeu et de la réciprocité. Imaginez deux combattants, sabre en main tendu vers l'autre. Le premier attaquant lève son sabre pour porter son attaque : une attitude de fuite consisterait à chercher à l'éviter en s'éloignant constamment, la peur au ventre d'être rattrapé, coincé et battu ; une attitude de lutte consisterait à contre-attaquer plus fort pour gagner et, enfin, une attitude de repli consisterait, elle, à se recroqueviller dans un coin en espérant que le danger s'éloigne. La réciprocité tient compte en même temps de la réalité et du besoin fondamental d'intégrité. Que se passe-t-il alors ? La lame du sabre va s'abattre sur la tête de notre deuxième combattant s'il ne fait rien, le danger est bien réel. L'attitude de réciprocité va consister à entrer dans l'attaque, soit en coupant et en acceptant le risque d'être coupé, soit en se mettant à l'abri aux côtés du premier attaquant, c'est-à-dire hors de portée de la lame. Notre deuxième combattant a ainsi trouvé un abri paradoxalement plus sûr en étant au plus près du premier, sans pour autant chercher à le menacer : ainsi celui-ci ne pourra pas l'atteindre ! Ce geste prend en compte le besoin d'être en sécurité dans une liberté à bouger, tout en demeurant dans la relation, non plus face à face, mais côte à côte, et donc avec le même « point de vue ».

La théorie du jeu « gagnant-gagnant » propose donc de choisir un geste qui tienne compte de cette offense faite par la réaction de l'autre, du besoin de préserver son intégrité, et qui y ajoute un ingrédient d'égale valeur, sans pour autant provenir du même cerveau : la réciprocité propose de remplacer l'émotion défensive par le sentiment coopératif. En se déplaçant vers son agresseur, le second combattant répond à ces propositions : il est sauf, il n'est pas dupe, ni sourd ni aveugle quant à l'attitude offensive qui lui arrive dessus et coopère à ce que le premier apprenne une leçon de vie : la force défensive est un risque pour celui qui l'emploie, n'est pas destinée à l'autre mais est un message pour soi-même.

Et, dans la vie quotidienne, que signifie être réciproque ?

> La petite fille fait une colère : elle refuse catégoriquement de mettre les chaussures rouges qu'elle a achetées la veille avec sa maman et va les jeter à la poubelle. Celle-ci n'y comprend rien, s'affole car l'heure tourne et elles risquent d'arriver en retard, l'une à l'école et l'autre au bureau. Puis elle s'énerve et menace : « Puisque c'est comme ça et que tu es une méchante fille, tu iras seule en classe. Ah, je ne suis pas près de te racheter des chaussures ! » Elle sent les larmes lui monter aux yeux de fatigue. Réciprocité ? « Je vois que tu es contrariée par ces chaussures. Maintenant que je les regarde à nouveau, peut-être ai-je fait une erreur en te les achetant. Elles me semblaient jolies sur le moment. Je te propose de retourner chez le marchand et de t'expliquer avec lui. Ne les mets pas aujourd'hui pour ne pas les abîmer et donne-moi ta réponse ce soir et surtout, réfléchis à ce que tu diras à la vendeuse. Moi, je ne saurais pas quoi dire. » La colère de la petite fille a une raison que sa mère

ne connaît pas. En ne prenant pas sur elle les motifs de la peur de celle-ci, cette maman permet à chacune de rester sur son territoire. Elle regarde à partir du même point de vue, sans pour autant voir la même chose et s'affirme, décidée à ce que sa fille joue « son jeu émotionnel jusque dans ses conséquences ». Elle-même se donne du temps pour comprendre et en reparler avec sa fille, de façon plus posée.

Un petit garçon pleure et s'accroche à la jupe de sa mère, regardant la classe et les petits camarades, désespéré à l'idée que sa mère ne l'abandonne ! Pourtant, il lui avait promis d'être courageux. Il est vrai qu'alors il était sur ses genoux et prêt à promettre tout ce qu'elle voulait. La maman ne sait plus que faire, confuse et vaguement honteuse des pleurs de son petit. Réciprocité ?
« Je suis inquiète quand je te vois dans ces larmes. Et je me sens perdue, car je te crois quand tu dis être courageux. Je vais réfléchir si je ne me suis pas trompée. »
Les mots, sans reproche, renvoient l'enfant à son comportement et responsabilité. Il n'a plus en face de lui sa mère affectueuse et attendrie, prête à le consoler, mais un adulte affecté par son attitude et qui se retire du jeu initial.

Réciprocité sans similitude. Le sentiment d'inquiétude active de la mère, fondé sur ses sentiments et non sur sa peur, permet à l'enfant d'émerger de sa tristesse d'abandon réactionnelle : il peut suffire que sa mère soit là, face à lui, authentique avec sa propre interrogation, pour qu'il s'ouvre à sa solitude devenue vivable, alors que l'esseulement dû à son départ ne l'était pas. L'enfant s'est rendu compte ou plutôt s'est pris en compte grâce au mouvement que sa mère a opéré, mouvement qui prenait en considération le vécu émotionnel du petit sans aucun jugement. La mère a tiré une conséquence de l'émotion de l'enfant. Elle s'est fondée sur ce qu'elle ressentait, sans se perdre dans le chagrin de son fils, sans le nier non plus. Dans leur face-à-face, ils étaient à égalité en tant que personne. Le petit ne parvenait pas à jouer le jeu de l'école avec ses règles et tentait d'y substituer celles plus rassurantes de la maison. Sa mère n'a pas été dupe et, sans lui rappeler le règlement de l'école, a, elle aussi, changé sa façon de jouer.

Quand le parent est à court d'imagination d'un geste réciproque, il peut puiser dans le discours de l'enfant et se laisser inspirer par lui car il suffit souvent d'aller un peu plus loin dans les conséquences concrètes de la réaction émotionnelle pour que le jeu devienne révélateur. Il ne s'agit pas de caricaturer la solution trouvée dans l'urgence par l'enfant, pas plus que de la nier ou la subir ! Il s'agit pour le parent courageux de s'aventurer un peu plus loin, de courir le risque de prendre au mot l'enfant et d'en tirer des effets logiques. Celui-ci, considéré dans son propos et donc dans sa personne, entend et voit sa solution réactive envisagée comme possible, comme une de ses possibilités pour résoudre son problème, son manque d'être. Le parent, non pas objet, mais sujet, participe à cette recherche de solution en s'impliquant lui-même dans le processus : « Je vois bien que mon enfant s'égare. Je prends le risque en conscience de le suivre et de m'égarer afin de l'accompagner dans l'exploration des effets de sa peur et la recherche de possibilités alternatives. »

La réciprocité sera d'autant plus authentique et active que le parent osera s'appuyer sur ses propres ressentis et impliquer l'enfant dans les conséquences de son attitude.

• *Être indulgent :* Bienvenue au club universel des êtres humains émus ! Les Évangiles déjà le rappelaient : « Que celui qui n'a jamais péché jette la première pierre ! »

Indulgence, pardon, humilité, autant de vertus que chaque parent souhaite transmettre à ses enfants. Autant commencer par incarner cette attitude en revenant à une coopération bienveillante dès que l'enfant a retrouvé ses marques.

Être indulgent n'est pas synonyme de céder, pas plus que récompenser : il est suffisant de renoncer à punir l'enfant d'avoir adopté, faute de mieux, une réaction émotionnelle, geste d'autant plus naturel que le parent, lui aussi, sait ce que sont des mouvements de crocodile !

Mais l'indulgence va plus loin : elle concerne non seulement l'enfant, celui qui dans sa peur, sa colère ou sa tristesse a fait un « coup fourré » à son interlocuteur, mais aussi le parent. Il apprend à devenir indulgent avec lui-même et, pour ce faire, apprend à renoncer à s'en vouloir.

Et d'abord renoncer à être parfait et, ce qui va de pair, renoncer à ce que les enfants le soient. Cette évidence intellectuelle selon laquelle « nul n'est parfait » n'a jamais consolé quiconque de ne pas l'être et de n'avoir pas d'enfants parfaits. Cette pression perfectionniste est un symptôme clef de l'état émotionnel : être sans reproche et sans peur, tel qu'est décrit le chevalier Bayard, est un fantasme universellement partagé qui entretient la sensation de faute et de manque mais ne les soulage ni ne les guérit. Il s'agit d'incarner ses manques – non de les nier, s'en vouloir ou les subir – afin d'y trouver une stimulation pour inventer d'autres pensées, d'autres comportements, d'autres gestes.

Renoncer n'est pas subir ni baisser les bras, écrasé par une fatalité : se reconnaître faillible est une voie pour progresser, non pour s'excuser de n'être que « ça », de n'être que… humain ! Ce vécu est symptomatique d'une réaction de repli sur soi, de la tristesse douloureuse du désenchantement et de la privation de sens, spécifique de cet état de défense.

Renoncer à l'obligation d'être parfait et à l'attente de la perfection de l'autre, de son parent comme de son enfant, c'est au contraire s'ouvrir à son humanité, ni moins ni plus, et à ce titre à la richesse de son potentiel. C'est accueillir avec humilité et simplicité ce qui peut être plutôt que ce qui doit être pour être rempli et rassasié de sécurité, d'identité et de réalité d'être. C'est comprendre que le remplissage défensif est une illusion et un fantasme, un court terme. Comme pourrait l'être celui de se nourrir définitivement d'un bon repas : chaque jour le besoin de manger est à satisfaire et la liberté ne se résume pas à « manger ou non », mais aussi dans le choix de ce que l'on mange. La perfection, cet état sans reproche possible, vient en réalité priver l'être de sa liberté et de sa différence possibles. Y renoncer, être indulgent avec soi et l'autre, c'est pouvoir faire alliance avec soi et avec l'autre, s'allier avec sa propre nature, telle qu'elle est et non telle qu'elle devrait être.

C'est s'ouvrir à l'idée que la petite fille qui aime ses chaussures rouges peut aussi avoir peur que ses amies ne les aiment pas et se moquent d'elle et ne voit comme solution que « ne pas les porter », quitte à affronter sa mère. Cela ne nous est-il pas arrivé à nous adultes ?

Quant à l'enfant en pleurs, c'est accueillir l'idée que s'il s'accroche à sa mère, c'est par abandon de sa propre réalité d'être quelqu'un sans elle, sûr qu'elle va lui manquer pour se sentir entier. Qui n'a pas vécu cette épreuve ? Si l'enfant sent que sa mère la traverse comme lui, et non comme un être parfait et inaccessible, alors il s'apprêtera à la vivre lui-même.

• *Chercher à ne pas tromper :* Tromper l'ennemi ! Là encore, nous rencontrons un symptôme défensif qui consiste à vouloir prouver, à soi et à l'autre, qu'on est bon, pour pallier l'image ou la crainte d'être mauvais. Mais cette tromperie n'a rien de volontaire lorsqu'elle est vécue sous le coup de l'émotion, puisque automatique et plus forte que soi ! Elle est alors sincère et malhonnête, comme nous l'avons déjà évoqué.

Ce qui est proposé dans ce jeu de coopération, c'est chercher, délibérément et consciemment, à ne pas mystifier l'autre. Lorsque la température émotionnelle n'est pas élevée au point de susciter une réaction automatique et presque réflexe, que nous conservons une marge de liberté pour agir – plutôt que réagir –, alors, choisissons de ne pas chercher à tromper et adoptons un comportement clair et prévisible.

À long terme, chacun des membres de la relation est gagnant puisque ce n'est pas la peur d'être trompé par l'autre qui guide l'attitude.

Un adolescent en échec scolaire est en train de sombrer dans un état dépressif : réfugié dans sa chambre aussitôt après la classe, il n'en sort que pour dîner et s'affaler devant la télévision, ce qui met son père en rage. Il demande conseil pour trouver l'attitude juste qui pourrait aider son fils à sortir de son « état de larve ! ». Après avoir compris ce que vivait son fils de « l'intérieur », il accepte de se mettre à l'écoute et de lui parler plus clairement que « tu ne fais rien, tu me déçois, tu finiras clochard », ou bien « je ne te comprends pas, ressaisis-toi », tous propos qui le poussaient à s'enfoncer un peu plus dans son repli sur lui-même. Vinrent alors les « mais... » :

« Mais je ne suis pas sûr d'y arriver... »

« Mais il ne va rien comprendre si je change d'attitude. »

« Mais je vais avoir l'air idiot si je me mets à l'écouter sans réagir comme d'habitude. »

« Mais c'est plutôt sa mère qui devrait faire ça, pas moi. »

« Mais un père, ça dit ce qui doit être fait, ça fait appliquer la loi... »

« Mais ça servira à quoi de l'écouter ? »

« Mais s'il ne me dit rien, je fais quoi moi ? »

Autant de « mais » qui traduisent le désarroi de cet homme face à son fils, désarroi qui lui faisait adopter une attitude trompeuse : il donnait à voir à son enfant une violence et un dédain alors qu'il éprouvait de la peur. Faute d'assumer celle-ci et de chercher des solutions vis-à-vis de ses propres craintes, il les projetait sur son fils en l'accusant… de lui faire peur. Il se trompait lui-même et trompait son fils en croyant, de façon sincère et malhonnête, que seule l'attitude de son fils était à l'origine du conflit. En allant à sa rencontre, en l'écoutant, il put parler clairement de ce que lui, père, vivait face au comportement de repli de son fils et évoquer une période de sa propre vie durant laquelle, lui aussi, avait vécu un passage difficile.

Ne pas chercher à tromper, ne pas se cacher de sa propre nature et de son histoire pour pouvoir jouer gagnant-gagnant avec l'enfant, pour que chacun gagne en sécurité, en liberté d'expression, en identité et valorisation et pour sortir d'un schéma gagnant-perdant !

« Chaque fois que je discute avec mes vieux, j'ai l'impression de perdre un morceau de moi », disait une jeune fille de quatorze ans. « Ils sont gentils, je vois qu'ils aimeraient comprendre ce que je leur dis, mais ils finissent toujours par me casser par une phrase comme “Tu verras, plus tard, tu comprendras, tu mettras de l'eau dans ton vin, si tu réfléchissais un peu plus !”. Ça me tue d'entendre ça. En général, je quitte la table et je me précipite sur mon journal pour raconter tout ce qui me pèse sur le cœur. Je me sens tellement seule et incomprise. Dans ces moments-là, je les déteste ou bien c'est moi que je déteste ! »

Coopérer pourrait être la voie pour sortir de ces impasses relationnelles.

Pour jouer, il convient d'être deux. « Pour que je sois, tu dois être là. » Auquel nous ajouterons « pour que tu sois, je dois être là ». Cette dernière phrase s'adresse au parent. Pour que l'enfant acquière un JE autonome, ses parents ou un autre adulte référent doivent être là. C'est ainsi qu'ils lui donneront le goût et la motivation à développer son potentiel et à devenir qui il est.

Être là, en tant que parent, ayant renoncé à être un parfait exemple, ayant renoncé aussi à taire son histoire, ses manques, ses ressentis comme ses talents. Ni tout bien ni rien bien, mais juste un parent pour que l'enfant apprenne lui aussi à renoncer à devoir être parfait et à s'ouvrir à ses possibilités.

Cette évocation de la responsabilité parentale est un passage obligé, bien que parfois douloureux. Ce face-à-face avec soi-même, avec son histoire et les comportements adoptés pour demeurer intègre, est la voie par laquelle l'adulte passe pour devenir un parent, un vrai parent, celui auquel l'enfant se confie pour accéder à son propre potentiel. La frontière est parfois étroite avec la culpabilité. Mais la conscience des mécanismes biologiques de défense permet d'opérer la distinction entre les deux vécus : l'un qui ferme la relation sur des échanges empreints de peur, l'autre qui ouvre sur l'humanité de tout être, conscient de la dualité qui l'anime.

La clef qui permet cette distinction se trouve en soi, dans sa capacité à écouter et faire l'épreuve des messages émotionnels de notre cerveau, à les décoder et à inventer d'autres réponses que l'émotion pour répondre à nos besoins. On n'est pas parent à la naissance de l'enfant, on le devient avec lui, quel que soit le nombre d'enfants à naître dans le foyer. À chacun, c'est comme s'il fallait « tout » réapprendre puisque chaque enfant sollicite différemment son parent. Comme chaque journée est à regarder comme neuve, chaque enfant est nouveau. Le regarder de cette façon procure rapidement un retour sur son propre territoire en annulant la dette et en découvrant la responsabilité de son libre arbitre.

Libre arbitre qui permet au parent de s'engager avec son enfant dans une véritable éducation de l'émotion.

Quatrième partie

L'ÉDUCATION ÉMOTIONNELLE

L'enfant « est confié » à ses parents comme il se confie à eux. Là réside l'ambiguïté de leur relation : une histoire de confiance mutuelle à bâtir avec ceux qui sont de même sang ou que les circonstances de la vie nous ont donnés. Nous pourrions tout aussi bien dire que l'enfant est identifié par ses parents comme il s'identifie à eux. De même il est réalisé par eux comme il les réalise en tant que parents. Telle une sentinelle, le cerveau reptilien veille à ce qu'il n'y ait pas d'appropriation mutuelle, à ce qu'aucun des deux ne « mange » l'autre. L'oubli, non conscient, de cette règle biologique déclenche le système d'alarme de l'émotion. Autrement dit, lorsque l'individu fait dépendre de l'autre la satisfaction de son besoin, il y a menace sur l'être et réaction de défense. Le retour à la nature ouvre sur la coopération, une idée qui éloigne de l'urgence à devoir être rassuré ou reconnu en introduisant une perspective dans laquelle il n'y a pas de perdant.

Quand la confiance en soi du parent construit celle de l'enfant, quand l'estime personnelle du parent construit celle de l'enfant, quand le sens que le parent donne à sa propre vie incite l'enfant à trouver du sens à sa vie, le jeu relationnel est bénéfique pour l'un et l'autre. D'où l'accent mis dans les précédents chapitres quant à la vigilance du parent, son honnêteté vis-à-vis de ses propres besoins et de ses manques, liés à son histoire : seule cette responsabilité-là peut l'aider à se guérir et lui éviter d'attendre de son enfant qu'il le guérisse. La coopération se fait donc avec soi comme avec l'autre.

Dans cette conscience, nous allons interroger ce qui peut aider l'enfant à sa construction. Quelles attitudes parentales peuvent l'accompagner, au mieux et au plus près de ses besoins ? Il ne s'agit pas ici de donner un savoir-faire « tout prêt » au lecteur, mais de l'interpeller sur des attitudes alternatives de coopération entre le « devoir qui doit être fait » et le « lâcher prise », proche d'un comportement de défense inefficace. Un autrement est à inventer à partir de ce qui est déjà connu. Est parent celui qui favorise cette inventivité chez l'enfant. Cette pédagogie s'est trouvée confortée par les travaux et les expériences de Simonne Ramain, pédagogue qui travailla auprès des enfants en difficultés scolaires et comportementales dans les années soixante et qui, toute sa vie, a proposé de concevoir l'éducation comme « l'évolution de l'individu qui, peu à peu, se constitue en sujet, prend son existence en main et décide d'être ».

Un père et son fils de six ans s'opposent à propos de jouets laissés au milieu du salon. Le petit enrage et réclame d'avoir les mêmes droits que son père. Il dit qu'il en a marre d'être petit ! Le père le place sur une chaise, à sa hauteur :
Le fils : Je suis aussi grand que toi !
Le père : Oui, sur cette chaise, tu es aussi grand que moi.
Le fils : Mais regarde, je suis aussi grand que toi !
Le père : Oui, sur cette chaise, tu es aussi grand que moi…
Le fils : Un jour, je serai aussi grand que toi.
Le père : Oui, un jour tu le seras !

Face à l'affirmation du père et à sa bienveillance dont témoignent son écoute mais aussi son absence de *mais*, ou de toute autre explication, l'enfant s'est montré inventif : il a introduit du temps et un futur possible qui l'aide à sourire et s'accepter tel qu'il est. Chacun a donné sa part, le père et le fils, dans une reconnaissance mutuelle et créative, en peu de mots, un simple geste et sans perdant.

Nous découvrirons comment aider l'enfant à faire alliance avec sa propre nature et sa logique de vie, comment coopérer à sa quête à devenir lui-même, comment l'accompagner dans la création d'un art de vivre et comment célébrer les transformations inhérentes à son évolution par des rites de passage.

10

IL ÉTAIT UNE FOIS…

> « L'homme devient meilleur
> quand on lui montre ce qu'il est. »
> Anton Tchekhov

Il y a urgence à transmettre à l'enfant comment fonctionne son être vivant, en particulier son système nerveux. Non qu'il lui soit besoin de notions scientifiques, indigestes avant d'approcher l'âge adulte, mais plus simplement qu'il lui soit transmis sa vraie nature, celle qui répond à la logique de la vie. Ne serait-ce que pour le libérer de certaines évidences limitantes !

« Sais-tu pour quoi tu es en colère contre ton frère ?
– Parce qu'il m'énerve ! J'ai la rage parce que chaque fois qu'il rentre dans ma chambre, il dérange tout, me pique mes affaires et surtout il ne me demande jamais la permission.
– Ça, c'est ce qui déclenche ta colère. Ma question est : pour quoi es-tu en colère ? En deux mots. Si ton cerveau te met dans cet état de colère, il a probablement un objectif intelligent, puisque tu es un enfant doué d'intelligence. Alors as-tu une idée ?
– Mes parents me disent que c'est idiot de m'énerver après mon frère, que je fais des histoires pour rien et ça vous ne pouvez pas me dire que c'est intelligent.
– Je persiste à dire que ta colère est pour le moment le seul moyen que tu trouves pour répondre à un besoin intelligent. Ce qui ne veut pas dire que ce soit le seul moyen au monde et je suis convaincue que tu peux en trouver d'autres qui vont te plaire et qui ne passent pas par la colère. Mais ne brûlons pas les étapes. Allons déjà chercher à quoi peut bien te servir cette rage, te servir à toi ?
– À moi ? À me défouler, à me sentir plus fort que mon frère qui est plus grand que moi et qui me traite tout le temps de mioche.
– Donc la colère te servirait à te sentir plus fort ? Y aurait-il d'autres moyens pour toi de développer cette force, autres que la colère, déclenchée malgré toi et qui abîme tes relations avec ton frère et tes parents ? »

L'enfant a entendu que son émotion avait un sens, une utilité pour lui-même. Il est devenu plus conscient de ce qui lui arrive, de cette violence intérieure qui s'impose à lui et qu'il attribuait au comportement de son frère, se privant ainsi de pouvoir en profiter et de sortir de l'image dévalorisante du « mioche » autrement que par la lutte.

« Je vois bien où vous voulez m'emmener, mais je ne vois pas comment je peux faire.
– Moi non plus. Et si on demandait à ton héros favori ?
– Mon héros, c'est Superman.
– Tu te reconnais en lui ?
– Pas tellement.
– Peut-être peux-tu faire parler le héros qui est en toi.
– Ah ! J'ai bien aimé Sam dans *Le Seigneur des anneaux*.
– Quelles qualités a-t-il ?
– Il est brave, fidèle, gentil… Inventif aussi.
– Comme toi ?
– Je sais pas, peut-être.
– Et que ferait Sam face à son frère ?
– Sûrement pas comme moi. Il trouverait des trucs pour que son frère ne rentre plus dans sa chambre comme un bulldozer.
– Par exemple ?
– En faisant un deal avec lui (rire). Je pourrais m'engager à ne plus lui prendre ses BD.
– C'est un premier pas. Fais-le pour voir. »

Comment transmettre cette conscience ? Comment éduquer l'individu encore enfant dans cette connivence avec lui-même, l'inviter à faire alliance avec son ressenti et découvrir sa réalité d'être bio-logique ? Trois temps de découverte lui seront nécessaires : l'enchantement vis-à-vis de sa propre nature, l'utilité du manque d'être comme source et non comme faute, et le mal comme témoin d'une menace sur l'intégrité. Quant à la découverte elle-même, quelle meilleure voie que la vie quotidienne illustrée par la parole de l'adulte, celle du parent, de l'éducateur ou du narrateur ?

Raconte-moi mon histoire

Comment ne pas être interpellé par la détresse de cet enfant qui dit à l'adulte : « Mais je ne sais même pas ce qui se passe dans ma tête, ni comment se forment toutes ces idées noires que me tiennent éveillé la nuit alors que tous les autres dorment. » Il se sent démuni face à son propre cerveau, lieu qu'il charge de violence et d'angoisses. « C'est comme la boîte noire d'un avion qui s'écrase et qui contient tout plein d'informations mais que je ne peux pas ouvrir et encore moins comprendre. C'est dur. »

Comprendre comment fonctionne ce système à l'origine de nos comportements. Dans le prologue de « *Comment apprivoiser son crocodile* » avait été évoqué combien ce questionnement avait, non seulement guidé mon travail, mais aussi développé ma curiosité et orienté mes choix. Mais n'est-ce pas l'aspiration de tout individu, de tout enfant de partir à la découverte de lui-même ? Si l'objectif est commun à l'humanité, les voies pour y parvenir sont, elles, très diverses. Leur point commun est qu'en cheminant, la vie en est enchantée. Mais comment raconter notre nature à l'enfant qui se moque à juste titre des données neuroscientifiques les plus récentes et n'a aucune envie de savoir à quoi servent les neurones et autres particularités du système nerveux, réservant ces connaissances pour les prochains contrôles scolaires. Ce qu'il veut, c'est de la magie.

Témoin en est le succès de l'École des sorciers du jeune Harry Potter, ou des émissions de télévision mettant en scène des sorcières et des démons, ceux-ci prenant le relais de nos contes d'enfance. Nos enfants veulent que leur vie soit magique et la désillusion arrive lorsque, malgré les poudres et autres talismans, ce qu'ils avaient tant espéré ne se réalise pas.

> « J'avais mis une formule magique sous le lit des parents pour qu'ils arrêtent de s'énerver contre moi quand ils se sont disputés.
> – Et alors ?
> – Alors, rien ! »

Rien ne lui a été donné entre l'illusion d'un pouvoir magique et la violence des conflits entre ses parents dont il fait les frais. Et voilà l'enfant désenchanté et contraint à penser la dure réalité des rapports humains, privé de sens parce que lui-même se sent privé d'un éclairage qui lui parlerait de lui et de sa nature comme source d'enchantement. Est-ce la vie qui est magique, ou bien l'être vivant ? Très longtemps, l'enfant extériorise sur des objets ou les autres le potentiel qui lui appartient en propre. Le centre de sa motivation est ainsi projeté hors de lui-même, sur autre que lui. Une part de lui est en attente d'être éveillée. Le parent, l'éducateur est celui qui peut lui transmettre qu'il est l'heureux propriétaire de sa magie. Non pour faire voler des objets mais pour se sentir à l'œuvre dans sa vie et maître de cette œuvre.

Inviter l'enfant à dé-couvrir sa réalité d'être vivant, c'est-à-dire son aspiration naturelle à être, à croître jusqu'à la fin de ses jours pour peu qu'il veille sur cette valeur. Lui révéler son potentiel autrement que sous la forme de peine et de travail à fournir. Même si cette révélation suppose des efforts, ceux-ci peuvent alors être vécus avec endurance et bonne volonté, dès lors que l'enfant leur accorde un sens et un goût personnels. Au point même qu'il ne parlera plus d'efforts, mais d'attention ou d'intérêt. Une éducation qui contient cette invitation devient participative, incitant le parent à participer lui-même à cet enchantement.

Quels outils pour accompagner l'enfant dans cette lente appropriation de lui-même et de sa nature ? Les contes, les images, les métaphores bien sûr, c'est-à-dire ce langage commun à l'enfant et au crocodile, celui qui raconte sans expliquer, qui montre sans démontrer, qui dit sans prouver. Et aussi les actes, ces mouvements du corps et de l'esprit qui ont des conséquences sur le réel, ces expériences qui enseignent par le truchement de l'effet concret bien mieux que par la réprimande.

Les contes ! Chaque parent se souvient de ceux de M. Perrault ou de M. Andersen qui les faisaient rire, rêver, avoir peur, se révolter ou encore pleurer. Autant de mots et d'images évocateurs d'émotions à explorer. Quelle Aurore devenue grande ne s'est pas amusée à l'idée de rencontrer son (prince) Philippe ? M. de La Fontaine, déjà, nous racontait que les fables parlent mieux aux personnes qu'un long discours. Qui n'a retenu, sans même l'avoir apprise, l'histoire du lièvre et de la tortue, que « rien ne sert de courir » et qu'« il faut partir à point » ?

Ces histoires racontées aux enfants contiennent plus de sagesse, dit-on, que bien des morales. Celles-ci seraient-elles parfois teintées du dépit ou de la frustration de la réaction émotionnelle comme la célèbre « la raison du plus fort est toujours la meilleure ». Ah ? Toujours ? Mais heureusement, une autre fable nous raconte qu'« on a parfois besoin d'un plus petit que soi ». Ah ? Un grand pourrait avoir besoin d'un petit enfant ?

Dans l'introduction de son ouvrage *Femmes qui courent avec les loups*, Clarissa Pinkola Estés écrit ceci : « Les histoires soignent. [...] Elles ont un immense pouvoir. Elles ne demandent rien, sauf de les écouter. Elles contiennent les remèdes pour régénérer les pulsions psychiques perdues. Elles engendrent l'excitation, la tristesse, les interrogations, la nostalgie, la compréhension qui ramènent spontanément à la surface l'archétype (le besoin fondamental) [...]. Elles sont fertiles en instructions pour nous guider au travers des complexités de l'existence. »

Qui révélera l'histoire du crocodile, veilleur consciencieux et courageux défenseur de nos besoins ? Qui contera à nos enfants que leurs émotions leur sont nécessaires pour grandir, qu'elles contiennent des messages cachés aussi précieux que des trésors, afin de les réconcilier avec leurs larmes, leurs colères et leurs peurs, afin de donner sens à ce qu'ils éprouvent, afin de les protéger contre l'oubli de leurs « histoires ». On sait la tentation parentale de lire avec plaisir un conte à l'enfant dans lequel les personnages vivent et expriment avec passion leurs émotions. Tant que celles-ci demeurent enfermées dans le livre !

On rêverait d'un conte qui restitue à l'enfant qu'il possède, dans le cœur de son cerveau, un endroit qui veille sur ses propres intérêts, qui cherche à le protéger des dangers extérieurs mais aussi des pensées injustes qu'il pourrait avoir sur lui-même. Un lieu sur lequel il peut compter et qui agit comme une boussole, lui indiquant de façon fiable ce qui lui fait du bien. Un espace à lui, que personne ne peut envahir, un jardin secret rien que pour lui ! Ce lieu a un nom, le Crocodile, pour faire entendre à qui voudrait s'en approcher de trop près qu'il est sacré et strictement personnel et « naturellement pas méchant » comme l'a dit le vieux Socrate, un copain des crocodiles, celui-là ; et pourtant, certains, qui n'avaient pas écouté le leur, avaient eu peur du philosophe et avaient exigé sa mort. Eh oui, quand on n'écoute pas le veilleur, il se fâche et nous met dans tous nos états ! La peur d'abord, puis la colère et pour finir la tristesse, des moments douloureux qui sont faits pour que, justement, on n'oublie pas de l'écouter, lui et ce qu'il a à nous dire de nous et de ce qui nous fait du bien !

Si ce conte-là est à écrire, d'autres illustrent, de façon plus symbolique, l'intelligence de l'être vivant aux prises avec la complexité de la vie. Encore faut-il que l'enfant fasse le lien entre ce qui lui est raconté, ce qu'il lit, ce qu'il voit et ce qu'il vit, lui ! Combien d'enfants se sentent concernés par l'histoire du « Vilain petit canard », et combien de parents ? Un bébé cygne naît dans une couvée de canards et, malgré la bonne volonté de sa « mère », se voit exclu de « son » clan et contraint à errer jusqu'à ce qu'il soit reconnu par ses pairs, les cygnes. Son évocation concerne grands et petits car, envahi par ses émotions, qui ne s'est pas senti étranger à sa propre famille ? Pour que le conte ne demeure pas une jolie histoire d'oiseaux, l'enfant aura à faire le lien avec son propre ressenti. Lien avec des mots à prononcer et écouter pour dire la différence entre l'enfant canard qui se sent rejeté et l'enfant cygne enfin reconnu : qu'est-ce qui fait concrètement différence ? Les mots pour le dire se font alors passage pour que l'enfant ne se rejette pas lui-même hors du cercle parental et n'entre pas dans une attente désespérée d'un clan qui le reconnaîtrait de façon illusoire. En effet, tant que le cygne ne se voit pas dans le reflet de l'eau d'un étang et ne reconnaît pas lui-même son identité, les autres cygnes ne peuvent le rejoindre. Pour que le conte soit utilisé dans sa fonction révélatrice, le parent doit donc l'aider à faire ses liens, coopérer à la projection et écouter les mots choisis par l'enfant lui-même. Faute de quoi le conte reste un conte pour enfants qui n'a de sens que dans les livres mais pas dans la vraie vie ! Mais quelle richesse dès que le parent se met à raconter sa propre histoire de canard à propos d'un souvenir vécu suivi d'un autre dans lequel il fait part de son bonheur à s'être découvert cygne, sans pour autant « avoir dû » quitter sa famille, incitant ainsi son enfant à faire de même.

Le soulagement pour celui-ci d'entendre l'adulte lui raconter le pour quoi de son comportement, le bien-fondé de sa réaction, le sens intelligent que contient son émotion ! Il est alors tout prêt à modifier son attitude pour peu que lui soit restituée la valeur vitale de sa peur ou de sa colère. Il peut ainsi dissocier sa réaction de son besoin et apprendre à lâcher l'un sans lâcher l'autre.

À lui d'apprendre à faire bon usage de son vieux cerveau archaïque et de son langage émotionnel.

Conteurs, illustrateurs, à vos plumes ! À moins qu'un jour, l'auteur ne prenne la sienne pour raconter des histoires de crocodiles.

En attendant, c'est aux parents d'évoquer, à eux et à leurs enfants, la véritable histoire d'un reptile en mal de compréhension !

Pour quoi ça fait mal ?

Enchanter l'enfant quant à la magie de son être vivant ne supprimera pas le mal ! Savoir que celui-ci a une fonction vitale n'a pas le pouvoir de l'annuler, pas plus que de savoir que la peur ou l'angoisse témoignent d'un besoin de sécurité et de liberté contrarié ne supprime, comme par un coup de baguette magique, le mal-être émotionnel. Ce qui est changé, c'est le sens, la signification et la direction à prendre compte tenu de cette information. À ce titre, il est temps de réconcilier l'enfant avec ce qui fait mal en lui, pour qu'il soit et soulagé et responsabilisé.

Comment repérer le danger si la conscience du mal n'existe pas ? Comment savoir qu'il faut retirer les doigts de la prise de courant si l'information « douleur » ne parvient pas au nerf et, après passage dans l'arc réflexe de la moelle épinière, provoque le retrait de la main ? Ça a fait mal pour ça, justement ! Savoir si le mal *doit* exister pour que les hommes apprennent à faire le bien est une autre histoire, celle de l'éthique. La bio-logique, elle, constate cette évidence que lorsque nous avons besoin d'une information qui éveille notre besoin d'intégrité, celle-ci peut effectivement passer par le mal, par la douleur, la sienne et/ou celle des autres.

La « découverte » du mal ne peut se faire que dans son corps : même quand la douleur est affective, c'est le corps qui souffre et qui dit, parfois avec violence, l'émotion qui étreint. Les pensées, les mots et les gestes en sont les symptômes visibles ou invisibles. Certains enfants rencontrent le mal comme un coup de tonnerre dans un ciel jusque-là plutôt bleu. D'autres ont du mal à décrire autre chose de leur vie qu'une lutte contre ce qui fait mal. Tous sont interrogés un jour par la nature même de cette sensation pénible qui fait basculer dans un état comme privé de vie : le mal semble en effet contraire à la vie elle-même. Les adultes ont beau expliquer qu'il est inhérent à elle, l'enfant n'en est pas convaincu pour autant, trouvant cette vérité bien trop cruelle, trop dure à admettre, trop adulte pour eux. De fait, elle l'est !

Pour accepter que le mal fasse partie intégrante de la vie, il est bon qu'il soit doté de sens, plutôt que justifier sa présence par sa présence. Le mal n'est pas une fatalité, il est d'abord et essentiellement la conséquence d'erreur, intrinsèque ou extérieure à l'individu.

L'erreur peut être celle du parent de vouloir protéger son enfant de tout mal, de tout malheur sous prétexte que la vie un jour lui fera bien assez tôt des misères ! À l'inverse, une autre erreur étant de vouloir le confronter au plus vite à ce qui fait mal pour l'endurcir, paraît-il... Ces deux projections réactionnelles du parent, destinées à eux-mêmes plus qu'à l'enfant, mettent celui-ci dans une situation insoluble : une interdiction d'être ou d'avoir mal sous peine de faire mal à son parent, ou de le décevoir ! Dans les deux cas, l'enfant est privé de son rapport à sa propre souffrance, parfois même de la personne qui en est à l'origine, au profit de son parent qui en tire profit ou frustration.

Pour que le mal soit accueilli par l'enfant comme une donnée logique de la vie, il doit correspondre à deux critères : l'un est sa cohérence avec l'événement révélateur de la douleur, et donc situé en amont ; l'autre, son sens, son utilité dans le cours de sa vie d'enfant, et donc situé en aval. Sur le moment il y a douleur et la situation d'urgence réclame des gestes d'urgence, de type médecine allopathique pour soulager la charge de tension subie et restaurer l'intégrité altérée. Mais, au plus tôt, il convient de l'aider à reconnaître son mal-être afin qu'il puisse le relier à sa cause (si possible) et lui accorder une valeur et du sens. Un travail de restitution s'impose afin que soit définie la part de chacun. Comme l'histoire du verre qui tombe, se fracasse en mille morceaux en entaillant la peau de l'enfant : nier, paniquer, accuser, s'en vouloir, pleurer ? Pourquoi pas si la réaction soulage sur le moment de la peur. Mais rien ne vaut la restitution à l'enfant de sa part, sa douleur et sa blessure qui fait mal afin qu'il puisse faire le lien entre son geste – précipitation, manque d'observation, risque ou impatience – et le verre – objet fragile et cassable !

Le même petit bonhomme qui mettait une formule magique sous le lit de ses parents afin que ceux-ci ne l'utilisent plus comme bouc émissaire de leur propre conflit aurait été soulagé d'entendre sa maman lui apprendre qu'elle est anxieuse et que sa colère ne lui est pas destinée à lui mais contre elle-même ou contre son papa. Maigre consolation peut-être, mais soulagement à n'être plus directement à l'origine de la colère, de n'être pas en faute. Quand sa mère s'approprie sa propre émotion, lui donne une signification et si possible, une orientation sensée, l'enfant en est libéré. Mais cette libération peut aussi avoir lieu si sa mère parle vrai et parvient à lui exprimer en quoi son comportement à lui est à l'origine de sa colère ! Quand l'enfant sent que « quelque chose ne va pas » sans pour autant savoir quelle est sa part de responsabilité, son imagination l'entraîne volontiers à imaginer le pire ou au contraire à nier le tout, ce qui revient au même dans le langage reptilien, le coupable de tout rejoignant le responsable de rien.

Le mal, la douleur, existent parce que en langage bio-logique, ils sont l'unique moyen dont dispose l'être vivant pour être interpellé sur des besoins fondamentaux non satisfaits, voire non pris en considération, et même niés. Ni bien ni pas bien ! Cette donnée de base n'a pas à être jugée mais reconnue et utilisée pour développer justement ce qui nous fait du bien. Sénèque, esprit clairvoyant et fin psychologue, l'enseignait, il y a deux mille ans : « Le sort commun des malheureux est de ne pas vouloir croire à ce qui leur est favorable. »

Le mal éprouvé est donc une incitation automatique à aller chercher « derrière » l'apparence, derrière l'origine immédiatement visible de ce qui fait mal. Et derrière, il y a soi, l'enfant ou l'adulte, qui a mal ou qui a fait mal, première étape et passage obligatoire sans lequel le chemin de la découverte de soi ou de l'autre s'arrêterait. Il se poursuit jusque dans la reconnaissance du besoin, lui-même caché derrière l'émotion, derrière la maladresse du geste ou derrière la formule magique glissée sous le lit.

L'apprentissage de la douleur est un « mal nécessaire » et chaque parent est concerné par cette délicate étape, renvoyé de ce fait à sa propre tolérance et à son apprentissage passé. Quand celui-ci est dénué de tout questionnement, quand le mal n'ouvre pas sur une question, une quête et une mobilisation vers un « autrement que par la douleur », alors on peut dire que le mal a été gratuit et qu'il n'a pas été utilisé dans sa fonction première, dans ce pour quoi il existe. Et l'enfant le vit comme une punition pour une faute le plus souvent inconnue mais néanmoins réelle, puisque, dans sa logique, il n'y a pas de fumée sans feu et pas de mal sans coupable. Ce sentiment de gratuité est alors source de souffrance supplémentaire ! Il lui manque le bon sens, l'information qui lui permettrait de se mettre en marche et d'agir pour que cesse la douleur, pour que se débranche le système d'alarme dans la tête.

L'histoire de Poil de Carotte, racontée par Jules Renard, est ainsi riche d'exemples : faute de savoir que sa naissance a privé sa mère d'une vie plus autonome et plus libre (ce que le lecteur ne découvre lui-même que tardivement), l'enfant cherche désespérément soit à faire plaisir à sa mère, ce qui est le plus souvent peine perdue, soit à comprendre pourquoi sa mère est aussi dure et méchante avec lui. Il en vient à penser qu'elle n'est pas sa mère, que ses cheveux roux signent sa différence, justifiant ainsi le rejet de sa mère. Son identité est en souffrance, il a « mal à sa mère », privé auprès d'elle de toute sécurité affective jusqu'à ce que poussé par son mal-être, il questionne son père. Celui-ci lui apprend que la couleur de ses cheveux lui vient de son grand-père et que sa mère elle-même est en souffrance d'identité. Il peut alors prendre la décision de s'éloigner et demande à partir en pension. Il se libère et devient acteur de sa propre identité.

Cet apprentissage commence tôt : dès les premiers bobos l'enfant a besoin d'être mis en contact avec la réalité de la matière et de la nature, celle qui est extérieure à lui et la sienne propre pour faire alliance avec elles. Plutôt que de lui demander de faire attention à ne pas se faire mal ou à faire mal, ce qui révèle l'inquiétude parentale plus que ça n'aide l'enfant, celui-ci a besoin que soit déterminé le cadre dans lequel il va pouvoir rencontrer ce qui fait mal et ainsi entrer en contact avec ce qui peut être risqué. Et cela est de la responsabilité du parent. La douleur n'est utilisable que si elle est vécue par l'individu lui-même, dans sa chair. Tant que l'enfant n'en fait pas personnellement l'épreuve, il ne peut se faire témoin de ce qu'il ressent et ne peut accéder aux besoins cachés derrière. Tant que le parent ne témoigne pas de sa propre douleur quand son enfant lui a fait mal, celui-ci ne peut agir en conséquence et s'interroger sur l'ensemble de l'événement. Quand il donne un coup, sans même avoir eu l'intention de provoquer une douleur, sans le faire exprès, lui dire que ce n'est rien, non seulement ne l'aide pas à prendre une juste mesure de son acte mais le prive de sa part de responsabilité. En témoignant de son mal, le parent fait coup double : il se reconnaît lui et donne à son enfant une occasion de reconnaître ses actes. Un autre jour, face à un acte plus grave, il aura besoin de ce souvenir pour assumer sa responsabilité.

La belle histoire du crocodile, veilleur consciencieux de nos besoins, se tisse ainsi avec la réalité du mal, comme deux alliés pour assurer l'intégrité de notre être. Au travers des multiples expériences de sa vie quotidienne, l'enfant apprend à jouer de ces deux facettes de la vie, apparemment contraires mais, de fait, complémentaires. Entre elles une place demeure qui permet leur articulation : le manque.

Je manque donc j'agis

La réaction de défense, qu'elle se fasse sur un mode de fuite, de lutte ou de repli sur soi, est un palliatif. Le déni, l'accusation ou la culpabilité ne se manifestent que par défaut d'activation de l'action. Le manque d'être, éprouvé par le système reptilien comme un danger, est donc aussi une invitation à se promouvoir, à aller au-devant de ce qui fait du bien, à agir en bonne intelligence avec soi.

Or, c'est le manque, vécu comme une faute ou comme une fatalité, qui n'ouvre pas sur une opportunité de mouvement : il est alors statique et subi telle une petite mort. Tant que le manque est jugé et reproché comme une faute, l'enfant est écrasé entre l'obligation à faire bien et la peur de faire mal.

Pourtant, c'est lorsqu'on laisse de la place pour le manque comme un allié possible, une exhortation venue éveiller l'expression de son potentiel, qu'il devient petit à petit une occasion de chercher, de questionner, de tâtonner et de se tromper et cesse d'être une faute à cacher ou un prétexte à accuser.

Manque de confiance, manque de concentration, manque de travail, manque de volonté, manque de connaissance... Autant de jugements face auxquels petits et grands se sentent démunis. Aspirés par un devoir être parfait et sans reproche, ils sont alors privés d'une lecture juste et respectueuse d'eux-mêmes qui ouvrirait sur une double question, l'une fondée sur le passé et l'autre sur l'avenir. La première interroge ce qui est *déjà* acquis, source de confiance, ce qui est déjà précis, déjà travaillé, déjà voulu et connu afin que cet avant soit estimé à sa juste valeur. La seconde interroge ce qui peut être fait, pensé ou dit pour améliorer la confiance, préciser les idées, ce qui est réellement voulu ou ce qu'il est important de connaître. Ainsi le manque a sa place dans cet entre-deux, entre ce qui est déjà là et ce qui ne l'est pas encore et peut advenir.

L'in-certain, l'in-su, l'in-connu, l'in-cohérent, l'in-correct, l'inconscient lui-même, peuvent enfin être écoutés comme non encore certain, su, cohérent, correct ou conscient et, donc, dans la possibilité de le devenir. Le manque est un passage nécessaire pour que se réalise le potentiel de l'enfant.

Un père, impatient de transmettre sa vision des valeurs masculines à son fils âgé de sept ans apeuré par l'idée de ne plus avoir pied dans la piscine, lui explique avec force et persuasion que ce n'est pas en pleurnichant qu'il deviendra un homme. Pourtant, dans le même objectif, il aiderait sans doute mieux son héritier – dont il attend d'être fier – en lui restituant son manque de sécurité et en évaluant avec lui comment gagner, à son rythme, cette sensation de confiance. L'incertitude est en effet d'abord une recherche de certitude. L'inquiétude qui lui est reliée est due à une pression intérieure de « devoir être totalement sûr de lui dans l'eau » comme l'attend son père pour, dans cet exemple, le rassurer et le rendre fier. Pression émotionnelle due au rejet de son propre manque, donc de lui-même, capable de trouver en lui les moyens de se sécuriser dans l'eau petit à petit, pour peu que son entourage lui en laisse le temps et surtout en prenant la liberté de décevoir papa ! Ce qui à sept ans n'est pas simple.

L'inconnu qui fait peur est une construction défensive. On ne peut en effet avoir peur de ce qu'on ne connaît pas, par définition ! En revanche, les projections du pire que nous mettons dans cet inconnu, elles, nous effrayent ! Or, fidèle au modèle bio-logique, dans quelle intention multiplierions-nous ces informations connues et alarmantes si ce n'est pour éveiller notre capacité à agir en sécurité et librement ? Cette conscience peut alors aider ce père, plein de bonnes intentions, à prendre en considération la panique de son fils et demeurer le temps nécessaire à l'enfant pour qu'il se familiarise avec l'eau du bassin dans lequel il a encore pied, jouer avec lui et ne lui faire goûter le grand bassin que de loin tant que la peur est supérieure au désir et à la motivation.

Car il ne s'agit pas de demeurer dans le manque ! Celui-ci est passage d'une rive à l'autre. Tous les enfants ne traversent pas à la même vitesse, mais tous aspirent à traverser. Le principal risque est dans le jugement ou l'inquiétude de l'éducateur que l'enfant reste sur la première rive – comme s'il n'aspirait pas à grandir ! – ou qu'il se complaise dans le manque, comme s'il ne voulait pas, en toute liberté, évoluer. Or tout enfant désire profondément avancer sur son chemin, le sien et pas forcément sur celui qu'on lui a tracé, aux conditions qui lui sont dictées.

Comment ce père peut-il interpeller son fils pour l'aider à donner plus de poids à sa motivation, ce qui allégera d'autant le poids de sa peur ? Comment donner envie à l'autre de ce qui semble important ou, plus simplement, bon à découvrir ? Telle est la question récurrente de bien des parents face à la résistance ou l'indifférence de l'enfant. Pas de remède miracle, pas de recette toute faite non plus, car « ce n'est pas en tirant dessus qu'on fait pousser les radis ! », encore cette drôle de métaphore qui raconte mieux qu'un long discours la vanité et le risque de toute transmission par la force de l'émotion. Dans la formule « donner envie », il y a l'idée d'un don. Le parent aurait donc à donner quelque chose de lui, un cadeau qui ne soit ni un dû ni une dette mais une offrande, celle qui, quand elle est reçue de l'enfant, lui donne à éprouver et à ressentir quelque chose d'important et d'intéressant pour lui. Et si c'était, pour ce père, le plaisir qu'il éprouve lui à nager, à plonger dans le grand bassin ? Et si ce bonheur et cette liberté étaient pour son fils, inquiet et récalcitrant, une voix qui lui ouvre la voie pour aller lui aussi goûter ce plaisir et oser nager là où il n'a pas pied ? Alors le père n'aurait rien à faire d'autre pour son fils que nager égoïstement ? Le père ne pourra pas s'arroger la « gloire » d'avoir obtenu de son fils qu'il dépasse sa peur, ni d'être celui grâce auquel l'enfant a pris goût à la natation, ce qui, dans son désir, aurait probablement satisfait son besoin de reconnaissance ; pour autant, il aura « grandi » autrement, en accordant une juste estime à sa propre capacité, estime qu'il pourra partager avec son enfant, lui donnant peut-être envie à son tour de s'élancer. Celui-ci sera, petit à petit, à l'aise dans l'eau et aura la satisfaction de sa propre réussite.

Le bon docteur de famille qui nous soignait lorsque j'étais enfant disait à ma mère qu'il fallait, le soir, sortir de table en ayant faim. La formule, audible lorsque la peur du manque ne tenaille plus et que le parent est réconcilié avec ses propres manques, s'applique directement à notre propos. Il s'agit là de faire bon usage de la frustration ! Frustration de voir son père nager heureux, frustration de ne pas goûter à ce qui fait du bien. Le manque est cet aiguillon qui provoque l'action dans le non-connu, le non encore vécu, le non encore conscient. La frustration n'est évidemment pas un but en soi, pas une punition, pas un laissé-pour-compte mais bien plus, une occasion de laisser parler le besoin et le désir d'agir.

Le manque appartient au même registre que des verbes qui tous suggèrent quelque chose de non encore accompli : intriguer, allécher, étonner, questionner, tâtonner, s'égarer, s'aventurer, tenter, oser, se hasarder, expérimenter, inventer, changer, etc.

Parents, à vous de jouer ! Vous intriguerez vos enfants en étant vous-mêmes satisfaits de ce que vous faites et vrais dans vos opinions.

Imaginons encore le père et son fils à la piscine. Ils jouent au ballon, pour la plus grande joie des deux. Voilà le ballon qui vole jusqu'au grand bassin ! « Une fois moi, une fois toi pour aller le chercher là-bas ! Aie donc pitié de ton père qui est tout essoufflé ! » L'enfant est entre les deux rives : s'il n'écoute que sa peur, au prochain ballon égaré, il se prive de jeu ; s'il écoute son envie de jouer, il devra utiliser sa capacité à nager là où il n'a pas pied. Aucune obligation, mais un choix qu'il peut faire librement. À lui de jouer. Son père a donné sa part, a donné envie, c'est-à-dire a mis de la vie dans le choix possible de son fils. Ce jour-là, le manque peut être alors source de motivation.

11

ÉQUIPER L'ENFANT À L'AIDE DE SES PROPRES FACULTÉS

« Éduquer un enfant,
ce n'est pas remplir des vases,
mais allumer des feux. »
Montaigne

Ce cher Montaigne ! « Mieux vaut une tête bien faite qu'une tête bien pleine ! » affirme-t-il (chapitre X de ses *Essais*). Et chacun de s'accorder sur un propos si plein de bon sens pour aussitôt l'oublier et choisir une éducation qui rassure et prouve que la tête de nos chérubins est bien pleine de ces choses qui font la fierté de ses parents et de ses professeurs.

Un ami, pédagogue, me racontait sa façon d'éduquer ses enfants à la politesse : « Trouve toi-même la formule de politesse d'un service rendu. Tu es libre d'inventer. À toi de jouer », disait-il à ses enfants. Il avait vu ainsi inventer des mercis originaux avec une fleur, un compliment ou encore un sourire expressif gratifiant. Socrate, quant à lui, avait une façon très concrète de définir la liberté : « La liberté, c'est pour le paysan d'utiliser sa pelle comme une rame lorsque son champ est inondé et pour le marin, d'utiliser sa rame comme pelle, quand le fleuve est à sec. » Motivé par le besoin d'intégrité, vive l'inventivité !

Deux philosophes et un pédagogue ouvrent donc notre propos sur la façon d'équiper l'enfant durant le temps que dure l'éducation, afin qu'il puisse aller dans le vaste monde bien outillé de ses propres facultés, et surtout celle d'imaginer comment satisfaire intelligemment ses besoins fondamentaux.

La maison n'est pas l'école et l'éducation n'est pas un enseignement. Cette évidence est aujourd'hui un peu trop perdue de vue au profit d'une surimplication des parents dans la sphère scolaire à laquelle il est demandé à la fois d'enseigner mais aussi d'éduquer ! Or cette confusion, outre qu'elle est une charge écrasante pour les enseignants, est un symptôme défensif : le déni, le rejet ou l'abandon de ses responsabilités en tant que parent rejoignent la pression d'une responsabilité écrasante. S'il est un programme à suivre dans le cadre scolaire, il en est un aussi dans le cadre familial, mais ce n'est pas le même et ils n'obéissent pas aux mêmes règles. À la maison, lieu de petite taille, l'enfant a le bénéfice d'y être plus « unique » qu'à l'école. Il devrait donc bénéficier de la vigilance parentale de façon plus spécifique. Il ne s'agit pas uniquement de la quantité de temps qui lui sera consacré mais plutôt de la qualité de ce temps. Si ce n'est qu'un quart d'heure le soir, que ce soit un vrai quart d'heure.

À la maison, quel est le programme ? Pas de devenir bon élève puisque c'est le lieu de l'école ; pas de devenir l'enfant parfait, c'est le lieu de la projection du fantasme parental. Il s'agit bien plutôt de développer ses aptitudes à se conduire comme sujet de ses pensées, de ses paroles et de ses actes. Il s'agit d'amener progressivement l'enfant, qui dans les premiers temps de sa vie est uniquement dépendant, tourné et intéressé par ce qui est extérieur à lui, à s'intéresser à lui-même, à ce qui entraîne ses réactions, non pour se désavouer ou se surestimer mais pour se connaître, reconnaître ses capacités et en faire bon usage. À ce titre, trop d'échecs comme de réussites trop systématiques vont à l'encontre de cette éducation. Pour accéder à cette conscience de soi progressivement, il convient de partir à la rencontre de soi, à la conquête de soi et donc de se confronter avec soi-même. Ainsi peut s'acquérir un état d'équilibre qui sera le mieux à même de prémunir l'enfant vis-à-vis des deux pôles défensifs du tout et du rien.

L'enfant est-il en accord avec ce programme ? Trop petit, il ne peut répondre ; plus grand, il est déjà en train de juger et de répertorier tout ce que ses parents auraient dû lui donner en plus et dont il craint le manque ; entre, il ne sait pas trop et consulte du regard le parent, censé savoir. Il n'y a pas d'encouragement à attendre de nos enfants. Seules l'ambiance à la maison et la capacité de nos enfants à conserver leur équilibre – ou à le retrouver après un choc – témoignent de la qualité des choix éducatifs !

L'éducation est et demeure un risque à prendre tous les jours et une occasion de s'ajuster avec nos enfants. Que le lecteur nous pardonne cette comparaison, mais elle relève plus de la conduite automobile sur de petites routes sinueuses que de la conduite sur autoroute. La vigilance est de rigueur.

Accompagner l'enfant

Dans le terme « éduquer » existe la notion de conduire, habituellement interprétée comme « conduire l'enfant », lui faire faire ce qui semble bon, voire nécessaire, pour lui, le tenir par la main pour être sûr qu'il fasse « bien comme il faut ». Mais, selon la lecture bio-logique, ne s'agirait-il pas aussi, pour ce parent, de savoir *se* conduire lui-même avec l'enfant ? *Dux*, le chef en latin, d'où vient le mot éduquer, n'est pas uniquement celui qui décide et dirige ses hommes au combat en leur dictant leur conduite, il est aussi et surtout celui qui, par son exemple et sa capacité à voir mieux et plus loin, favorise le courage, la volonté et l'initiative de ses troupes. C'est dire si sa présence accompagnante est nécessaire, tel un chef d'orchestre.

Quelques clefs peuvent faciliter la tâche.

Prendre l'enfant où il en est !

Entre son arrivée au monde et le moment où il sera apte à voler de ses propres ailes, l'enfant a besoin de temps, de beaucoup de temps. Il va passer d'un état de dépendance presque totale vis-à-vis de son entourage à une autonomie relative. Entre-temps, il aura acquis les règles de la relation avec le monde physique, avec les autres et avec lui-même. Un long chemin qui va l'amener à s'intéresser à lui-même, à prendre en considération son potentiel, sa personnalité, ses goûts et ses désirs.

Alors, quand le parent annonce que son enfant « devrait » être plus ceci ou cela, qu'il se pose la question : « Qui a le problème ? » Est-ce mon enfant qui est en souffrance, malade et nécessitant des soins extérieurs, ou moi qui aurais besoin que mon enfant soit plus, mieux ou autre, pour que moi, parent, je sois satisfait dans mon besoin de sécurité ou d'identité ou pour me réaliser. Seul le niveau émotionnel peut indiquer la réponse : quand il n'y a pas de liberté à voir l'enfant tel qu'il est, là où il en est, alors le problème vient de l'histoire du parent. Si l'enfant ne s'accepte qu'au travers de la norme parentale, celle qui rassure ses parents, son estime de lui passera inévitablement par le regard des autres dont il se sentira dépendant, voire victime, sans être conscient qu'il se fait bourreau de lui-même – voire des autres – en limitant sa personnalité à une norme préétablie.

Prendre l'enfant tel qu'il est, c'est déjà le respecter dans son rythme : ce n'est pas parce que le manuel du « savoir élever » note que l'enfant doit boire son biberon toutes les trois heures que sa maman va le réveiller dans son profond sommeil et lui faire avaler la dose de lait… qui va la rassurer, elle ! Cette image, qui n'a rien de caricatural, trouve sa résonance plus tard avec les devoirs à la maison, cauchemar de milliers de parents ou les chambres en désordre, autre cauchemar ! Derrière les bonnes intentions se cachent la peur et l'émotion. Mieux vaut garder pour soi sa propre histoire ou au moins en être conscient pour pouvoir en parler.

Lâcher !

Lâcher ce qui « devrait être » au profit de ce qui est pour parvenir au même objectif si celui-ci s'avère fondamental.

> La maman de Marie est inquiète et épuisée : sa fille ne travaille pas suffisamment, les résultats scolaires s'en ressentent, les professeurs l'avertissent « qu'il faut qu'elle s'y mette parce que le passage en classe supérieure est compromis ». Pas question de lâcher ! Et tous les soirs, la courageuse maman se met au travail avec Marie, consacrant parfois deux ou trois heures pour les leçons et les devoirs, après le goûter. Un soir sur deux, l'une ou l'autre craque et la soirée vire au drame. Quand le père arrive, il évite de s'immiscer entre elles, consterné par la tournure des événements. Quand il tente de dialoguer avec son épouse, lui suggérant de lâcher un peu Marie, il déclenche sa colère. Jusqu'à ce qu'un « évidemment, ce n'est pas toi qui feras quoi que ce soit, vu l'heure à laquelle tu rentres ! » lui cloue le bec ! La maman en a parlé à d'autres mamans, bien désolées pour elle et qui lui ont fait des suggestions : laisser faire à Marie ses propres expériences, tenir bon, l'envoyer en pension, prendre un étudiant pour l'aider le soir… Mais les expériences se sont révélées désastreuses, et l'étudiant inefficace et onéreux. Quant à la pension, pas question dit son père, elle est trop jeune ! Pourtant, cette maman sent bien qu'il y a quelque chose à lâcher de sa part, quelque chose qui la concerne elle et non sa fille. Au fond d'elle, elle sait que l'attitude de Marie est précisément ce qu'elle n'a jamais osé être quand elle était petite, c'est-à-dire joueuse et légère. Pourtant, ne pas travailler en classe n'est pas une solution non plus ! En posant sur une feuille ce que concrètement elle pouvait

lâcher, la maman de Marie s'ouvre des horizons qui ont un goût de liberté pour elle. « Je pourrais limiter le temps des devoirs le soir, m'obliger à terminer à une heure précise, ne travailler avec elle que certaines matières où elle peine le plus, choisir avec elle les sujets dans lesquels elle se sent faible, lui demander plus souvent ce qu'elle peut faire seule et ce qu'elle ne peut pas. Mais est-ce que cela va suffire pour Marie ? » Et la peur revient, à peine a-t-elle évoqué ce qu'elle suppose le besoin de sa fille qui, en fait, cache sa propre peur de ne pas faire tout bien.

Oser lâcher quelque chose de ce « tout sécurité » qui étouffait la mère et sa fille et voilà l'oxygène qui revient : pour l'une, un peu de cette liberté qui ne lui a guère été accordée quand elle était enfant et pour l'autre, un peu de responsabilité, de risque à se trouver, seule sans maman, face à ses leçons. Unique voie pour expérimenter ses aptitudes et les évaluer.

Lâcher des habitudes qui rassurent n'est pas chose facile lorsqu'elles sont vécues avec la dimension existentielle de l'émotion, version efficace ! Notre crocodile ne se laisse pas abuser par quelques « Je devrais, ça me ferait du bien si », ou autre « Il n'y a qu'à ». Nous avons vu que la suggestion du père de lâcher Marie n'a fait qu'aggraver un peu plus la réponse reptilienne de la maman. Sa réaction a été de s'agripper encore plus à ce qui lui semble sûr, à ce qui a fait ses preuves avant ou à ce qui devrait faire ses preuves, raisonnablement. L'émotion de la maman est bien à entendre comme un signal vis-à-vis de son propre besoin de sécurité et à articuler avec son besoin de liberté. Plus elle met de pression sur elle et donc sa fille, plus elle s'asphyxie. Son agitation témoigne de son besoin et non du risque que prend sa fille, par ailleurs très inquiète de ses propres résultats, ce qu'elle avait confié à sa grande amie.

Lâcher ne signifie pas *tout* lâcher mais *choisir* ce qui peut être lâché sans basculer dans une situation trop risquée, voire pire que la précédente. C'est donc pour cette maman une occasion d'exercer son libre arbitre.

Qu'est-ce qui peut aider à lâcher ? Écouter l'autre, écouter l'enfant, son émotion ET le besoin qui lui est relié. Mais ce qui semble un comportement d'évidence – écouter l'autre – est-il si évident que cela ?

Résonner !

... avec l'enfant, plutôt que le raisonner !

Nous avons évoqué les qualités de l'écoute, d'autant plus précieuse que l'enfant est envahi d'émotion. Elle permet en effet de « donner à manger au crocodile » quand il est avide de satisfaire ses besoins et donc de soulager la relation. Écoute qui bénéficie non seulement du silence du parent, mais aussi de l'absence de commentaires intérieurs susceptibles de parasiter l'échange.

Mais il est aussi une écoute au quotidien qui participe à l'éducation en dehors de l'urgence émotionnelle, qui est une résonance aux propos de l'enfant. On la nomme volontiers reformulation et elle fait partie de l'arsenal des techniques de communication. Mise au service de l'accompagnement de l'enfant, elle lui permet de se sentir immédiatement pris en considération. Ni questionnement, ni enquête, ni répétition, ni jugement de valeur, ni solution, ni interprétation personnelle, la résonance témoigne de l'attention de celui qui écoute et favorise l'apprentissage de l'autonomie. Elle est comme un rebond des mots de l'enfant qui se retrouve, s'entend mieux, et peut ainsi s'appuyer sur cet écho de lui-même, transmis et, parfois, amplifié. Ce qui l'incite à préciser et approfondir ce qu'il a déjà osé exprimer.

Le parent, quant à lui, y gagne une distance : l'enfant parle de lui, en son nom, il se découvre à son parent, et celui-ci n'a ni à devoir trouver la solution miracle, ni à faire comprendre, ni à convaincre, ni à rassurer, ni même à répondre quelque chose de parfait.

La résonance est bien plus que la répétition « perroquet » des mots de l'enfant comme on l'a souvent reproché à la reformulation, chère aux thérapies humanistes et empathiques. Elle est une présence active et bienveillante qui facilite à l'enfant l'expression de sa parole et permet de le révéler bien mieux qu'un interrogatoire. Elle est un accompagnement discret et indéfectible, qui renforce la confiance de l'enfant dans ses facultés.

La résonance se pratique à l'occasion de n'importe quel sujet et s'annonce par des formules telles que : si j'ai bien compris..., selon toi..., tu veux dire..., en d'autres termes..., ou simplement en introduisant une forme interrogative à l'affirmation énoncée.

« J'en ai marre de ce prof !

– Tu en as marre ? Tu as l'air furieux...
– Oui, il... »

La résonance ne signifie en rien être d'accord avec le point de vue de l'enfant, mais elle lui permet de le reconnaître comme étant le sien, sans avoir à le défendre. Il reflète son vécu, tout simplement.

Après avoir lâché, il s'agit donc d'être là, présent. Uniquement pour l'enfant ? Entièrement à son service ? Pourquoi pas puisque, grâce à l'écoute, le parent peut en apprendre plus long sur lui qu'il ne l'imagine. C'est la bonne nouvelle, si l'on conçoit qu'entendre des mots de reproche peut être la mauvaise. N'est-ce pas la seule proposition à faire au parent qui souffre de ne plus comprendre son enfant, alors que celui-ci s'isole et ne lui parle plus ? Ré-apprendre à écouter, mais écouter en vrai.

Paul, à sa façon, s'était coupé de toute communication avec son père, selon ses parents. Il l'évitait et ne répondait que par oui ou non, et encore, quand sa mère insistait. Petit bonhomme de huit ans qui regardait l'adulte au travers de ses lunettes, ou caché derrière elles, mais qui avait les oreilles grandes ouvertes et ne perdait pas un mot de l'entretien. Lui était capable de restituer presque tout ce que ses parents avaient dit de lui et surtout évidemment ce sur quoi il n'était pas d'accord. Car « Papa, ça ne l'intéresse pas ce que je raconte ; il a un travail important, il en parle tous les soirs à table avec maman et quand j'essaie de lui raconter ma journée, il fait semblant de m'écouter, mais je ne suis pas idiot, je vois bien qu'il s'en moque. Il est dans ses grandes idées. Il fait "oui, oui" et attend que je termine pour reprendre ce qui l'intéresse. Alors j'ai arrêté de lui parler. J'en ai eu marre ! » Paul était devenu intarissable. Il a trouvé une paire d'oreilles et en profite... Alors, quand les parents, soucieux d'améliorer leur relation, se mettent à écouter vraiment, à résonner avec lui, l'enfant perçoit vite le changement : « Il est marrant, papa, il essaie de faire comme vous ; c'est pas facile pour lui, il a pas votre entraînement ! » Mais son sourire en dit long sur son soulagement.

Tenir !

L'écoute a ses vertus et ses limites. Une parole se doit en effet d'acquérir du sens, c'est-à-dire être orientée dans le sens de la vie et des besoins fondamentaux qui la fondent.

Pendant un stage, un animateur proposait aux participants cette boutade : « La liberté, c'est par là ! » Les stagiaires ne manquaient pas de réagir à une affirmation si paradoxale, les uns s'insurgeant, les autres amusés, d'autres intrigués par l'idée selon laquelle la liberté aurait une orientation «imposée». Pourtant, le paradoxe n'est qu'apparent si «par là» guide vers une meilleure satisfaction de ses besoins, sans pour autant fixer comment les atteindre ni à quel rythme, ni encore quelle forme précisément ils doivent prendre. C'est la vie elle-même qui donne cette orientation, le côté vivant de préférence au côté mortifère, le côté respectueux de ce qui fait du bien plutôt que celui qui fait du mal sur le long terme.

Imaginons la petite graine enfouie sous une lourde couche de terre. Imaginons-la dans nos villes, sous la terre mais aussi sous la couche de bitume ! Nous avons tous observé avec émerveillement la petite pousse sortir, délicate et volontaire à la fois, faisant par là même éclater l'épaisse dureté du sol ! Tel est le sens de la vie et de la liberté : il n'a pas été dit que sa sortie à l'air se ferait dans la facilité mais que la plante a le potentiel pour y parvenir et que la direction de l'air libre était «par là». Pour autant, comme nous l'avons déjà évoqué, tirer sur le brin d'herbe pour «l'aider» à pousser peut le couper de sa racine et de sa force, et le priver à jamais de sortir à l'air. Quant à s'inquiéter pour lui, en dehors de lui transmettre des informations dangereuses que dans sa fragilité il ne peut traiter, est-ce bien nécessaire ? N'est-ce pas lui ajouter des doutes alors qu'il a tant besoin de toute sa concentration et de son endurance pour grandir ? Y a-t-il plus à faire que lui éviter peut-être de réels dangers, très concrets ceux-là, à la façon du Petit Prince qui le soir protégeait sa rose du froid et des intempéries ?

L'enfant est habité par cette force de vie. Aux parents de tenir fermement la barre orientée vers ses besoins au long terme car ce sont à eux de demeurer le plus fidèles possible à ce bon sens vital, et non déjà à l'enfant pour rassurer ses parents. Lui est en apprentissage, eux sont censés avoir déjà appris. À eux de tenir bon le cap et se faire témoins de l'objectif, de ce qui est nécessaire pour que la vie soit plus forte que la mort, l'activité plus puissante que la soumission. Alors, est-ce à l'enfant de faire des efforts ou au parent d'être endurant face aux peurs, aux hésitations, aux résistances de l'enfant ? Qui, de lui ou de l'adulte, sera le plus sujet aux doutes, aux questions sans solutions immédiates et rassurantes ? Qui aura à manifester sa force et sa confiance face à celui qui démarre sa vie ? À qui s'adresse le parent lorsqu'il fait de longs discours à son enfant sur le bien-fondé de l'effort ? N'est-ce pas à lui-même ?

Tenir, face à la panique de l'enfant qui, sûr de ne pas savoir se faire de copains dans sa nouvelle classe, refuse d'aller à l'école, et demeurer fidèle à l'aptitude du plus jeune à chercher et trouver lui-même des solutions à son problème. Tenir, face à la colère de celle qui refuse de mettre une jupe et s'accroche en hurlant à son jean comme une moule à son rocher avant de partir à la cérémonie de mariage de la cousine, et rester sûr de la capacité de l'enfant à trouver une attitude compatible avec le respect des coutumes. Tenir, face au désespoir de celui qui pleure d'un gros chagrin parce que sa copine ne veut plus lui parler, et demeurer fidèle à sa force pour traverser cette épreuve et grandir avec elle. Tenir encore face à son enfant ému, touché par nos comportements, nos querelles, nos erreurs, nos mensonges, nos colères et nos mots culpabilisants de parent ému et blessé, et demeurer attentif au besoin d'authenticité et aux aptitudes de chacun à parler vrai.

Tenir, et comme chez M. de La Fontaine, bouger à la façon du roseau, selon la force du vent et la température émotionnelle ambiante, en ayant toujours les pieds sur le sol, « enraciné » dans la réalité bio-logique du système, pas dupe des aléas qui jalonnent inévitablement les expériences de l'enfant et de ses parents.

Fabrice et Julien sont deux garçons agréables à vivre tant qu'ils ne sont pas ensemble :
« Mais ils semblent se détester et pourtant, ça me fait mal de dire cela ! Enfin, il faut bien constater ce qui est : ils se battent, sont jaloux l'un de l'autre et empoisonnent les repas de leurs réflexions acerbes. Avec mon mari, nous avons essayé plusieurs solutions comme les laisser se battre, jusqu'à ce que toute la famille se retrouve un dimanche après-midi à l'hôpital pour une arcade sourcilière ouverte. Même le médecin nous avait fait une remarque, certes en riant, pour non-assistance à personne en danger quand nous lui avions raconté les circonstances de l'accident. Nous les avons aussi séparés le plus possible, jusqu'à passer des moments de vacances séparés. Là, nous avons trouvé que c'était payer trop cher leur conflit. Nous avons alors décidé de tenir bon !
– Bonne idée, mais tenir bon sur quoi, dans quel objectif ?
– Tenir bon sur le fait que nous voulons que nos enfants s'entendent et cessent leurs querelles !
– Et alors ?
– Alors, ils tiennent deux, trois jours et puis ça recommence ! »
L'entretien permit d'entendre le vieux conflit du père des garçons avec

son propre frère, toujours pas réglé, du reste, ainsi que la peur de leur mère, elle-même fille unique et n'ayant jamais expérimenté une quelconque querelle d'enfant. L'un et l'autre, pour des raisons différentes, idéalisaient ce que devait être la relation de leurs deux garçons et avaient «tout» fait, lorsqu'ils étaient petits, pour les traiter comme deux «jumeaux» (ils n'avaient que onze mois d'écart). Ensemble, les parents cherchèrent comment différencier les garçons plutôt que de les séparer ou de les unir malgré eux. La chambre commune fut partagée en deux par une demi-cloison, la décoration confiée au goût de chacun. Ainsi furent passés en revue des faits et gestes quotidiens, réétudiés au filtre des différences entre Fabrice et Julien, programme qui enchanta les garçons et qui était assorti d'une exigence de cessation de conflit absolue, au cours des repas dans un premier temps, ce qui fut rapidement être obtenu.

Cette endurance à tâtonner, à chercher, à vouloir que soit trouvée une attitude juste dans la difficulté traversée ensemble, sans qu'il n'y ait de coupable, enfants ou parents, sans se soumettre à un quelconque «C'est comme ça!» fataliste, ce maintien de la règle de vie où la coopération a plus de pouvoir que la défense ou l'attaque, tel est le sens du mot «tenir». Il s'agit de ne pas céder à la facilité de l'urgence du cours terme émotionnel, mais bien de s'affirmer dans la conscience qu'une voie existe vers le «haut» et que cette épreuve est une occasion de se mettre à l'œuvre ensemble.

Il s'agit donc d'un rappel à la règle, pas simplement juridique, mais aussi et surtout, la règle du bon sens de la vie. Alors, la liberté, c'est par là.

Cadrer

Des deux notions que nous venons d'évoquer découle une troisième : le cadre. Métaphore bien utile car elle permet de visualiser notre propos de façon encore plus concrète.

Un cadre est une structure ferme et solide qui entoure une œuvre d'art. Il n'est pas forcément lui-même esthétique, sa fonction étant plutôt de révéler le tableau, de le mettre en valeur dans son originalité. Le cadre tout seul ne «dit» rien sur le contenu de l'œuvre; il n'a pas à charge d'en tirer un profit personnel, et s'efface naturellement devant la représentation qu'il entoure. Sa réalité et sa valeur n'en sont pas moins utiles et importantes pour aider le dessin ou la peinture à s'affirmer comme une œuvre d'art. À l'intérieur, l'artiste est libre de son inspiration, de son travail avec les conséquences inhérentes à son activité, et à ses erreurs.

Telle peut être symbolisée l'éducation : un cadre qui tient fermement entourant un espace pour accueillir un enfant qui se construit et le fait d'autant mieux que le cadre est adapté à ses besoins. Quand le besoin est d'une sécurité concrète et nécessaire, comme de traverser une rue, le cadre est rapproché ; quand le risque s'éloigne, que le besoin de liberté prend le relais, le cadre, lui aussi, se fait discret afin que l'enfant fasse l'expérience de ces deux besoins corollaires et la main qui tenait fermement celle de l'enfant, se fait lâche et s'éloigne.

Le cadre s'adapte donc au besoin de l'enfant. Il ne lui indique pas ce qu'il *doit* faire à l'intérieur de son espace, mais il est présent, pour sa sécurité. Il bouge ainsi en fonction de l'évolution de l'enfant, des circonstances qui nécessitent plus ou moins de rapprochement en fonction des dangers qu'il court, réels et non fantasmés. Rapproché quand le besoin est celui d'une appartenance au groupe, et éloigné quand il s'agit pour l'enfant de marquer sa différence. Rapproché lorsque le besoin est celui de l'harmonie, et éloigné quand il s'agit de se réaliser seul.

Il ne s'agit pas pour le cadre parental de prévenir l'enfant des menaces extérieures, selon le vieil adage, « un homme prévenu en vaut deux », mais plutôt de lui permettre de trouver à l'intérieur même du danger réel qui existe, à l'intérieur du mal, sa propre façon d'assurer sa sécurité. Plutôt que de lui dire, en cas de sollicitation d'un inconnu dans la rue, qu'il ne doit pas le suivre et qu'il doit demander de l'aide à quelqu'un, pourquoi ne pas poser cette éventualité comme un risque à l'intérieur du cadre « conserver ta sécurité et ta liberté » et écouter alors les solutions inventées par l'enfant ? Nul doute que sa motivation à échapper au danger, alliée à la recherche personnelle de ses propres moyens, développerait en lui une sensation de confiance que l'inquiétude et les solutions parentales ne peuvent donner.

Mais comment, concrètement, équiper l'enfant de son aptitude à satisfaire ses besoins propres dans le respect de ceux des autres ?

Équiper l'enfant

Qu'il n'y ait pas de malentendu ! Nous parlons ici d'équiper l'enfant de ses propres aptitudes et non de ce qu'il doit savoir pour satisfaire les besoins encore insatisfaits de ses parents. Faisant l'hypothèse bio-logique que tout enfant possède en lui le désir de découvrir, de savoir, de se réaliser, de faire des activités, de se mettre à l'épreuve, et de réussir ce qu'il entreprend, interrogeons-nous sur ce qui peut, en terme d'équipement, faciliter l'expression de ce désir.

Équiper l'enfant, entraîner et exercer sa vigilance, sa concentration et sa motivation, c'est lui permettre d'intérioriser ce qui, les premiers temps de sa vie, était essentiellement extériorisé puisque confié à ses parents. C'est donc lui permettre de développer ses aptitudes, son potentiel dans des situations qui seront autant épreuves que victoires pour lui.

Exercer à être

L'exercice est le support de l'expérience. Le terme qui, aujourd'hui, signifie entraîner ou pratiquer, a eu le sens d'écarter : *arcere* en latin, *arkein* en grec, signifient donc écarter, comme si l'exercice avait le pouvoir d'écarter quelque chose ou quelqu'un. Effectivement, l'exercice ne permet-il pas d'éloigner ce qui et ceux qui sont les pourvoyeurs naturels des besoins fondamentaux de l'enfant, les parents ainsi que les objets de substitution fournisseurs de sécurité, d'identité et de réalité d'être ? Cet écart à créer se fait par épreuves successives, par l'entraînement à l'intérieur de soi de ses propres aptitudes ; à l'usage, l'enfant a de moins en moins besoin du parent pour assurer la satisfaction de ses besoins. Il devient autonome.

Lorsque l'articulation du genou est en souffrance, le problème est parfois lié à un déséquilibre musculaire : tel muscle surentraîné tire trop ou celui qui ne l'est pas suffisamment ne tient pas. Une rééducation de ce dernier permet de retrouver l'équilibre. Le genou cesse de souffrir et la personne reprend ses activités tranquillement. Le membre a retrouvé une attitude d'équilibre, ni trop tendu, ni trop lâche. Tel est bien ce qui est à entraîner aussi chez l'enfant : une attitude, et d'abord, celle du corps.

Quand Romain vient s'asseoir sur le fauteuil en face de moi, il s'y enfonce au point que ses fesses menacent de glisser et qu'il semble près de tomber, l'objectif étant de poser sa tête sur le rebord de façon à être… prêt à s'endormir? Il me raconte qu'il s'ennuie en classe, reprochant aux professeurs d'être nuls ou pas intéressants. Sa situation paraît donc insoluble : s'il s'ennuie et a tant de mal à se concentrer, c'est à cause des autres ; comme il ne peut les changer, la situation est désespérée, et tout cela est bien ennuyeux ! Je lui propose alors de faire l'entretien debout et non assis. Tout de suite, il s'inquiète pour moi. « Vous allez être fatiguée à la fin de la séance ! »
Je lui réponds qu'un peu de station debout me fera le plus grand bien et nous voilà à repousser nos sièges. Romain ne sait plus où mettre ses mains et même sa tête a du mal à trouver la position adéquate. Puis il s'anime, sa voix se fait plus tonique que lorsqu'il était affalé dans le fauteuil, il se met à parler avec les mains et finit par me demander s'il peut marcher en me parlant.
« Ça m'aide à me concentrer ; quand j'était petit, j'apprenais mes récitations et tout ce que je devais retenir par cœur en allant et venant dans ma chambre ; mon père me demandait de me tenir tranquille parce que ça lui donnait le tournis et qu'en classe je devrais réciter sans bouger. »
La suite de l'entretien se déroule sur les attitudes corporelles qui pourraient l'aider à trouver sa concentration selon les différentes situations : en apprenant, en lisant, en parlant, en écoutant, face son père ou face à tel professeur « pas intéressant », face à son frère premier de la classe, etc. Le cœur de l'entretien avait été centré non sur la concentration dont on lui reprochait de manquer, mais sur l'attitude physique qui lui permettait de changer quelque chose de concret en lui et de retrouver ce qui lui fait du bien.

En effet l'exercice ne peut être purement mental et abstrait. La nature humaine est corporelle « avant » d'être intellectuelle. Avec Romain, toutes demandes de type « Tiens-toi correctement » ou « Redresse-toi ! » étaient vouées à l'échec sur le long terme. Les remplacer par l'expérimentation d'une attitude dans laquelle il s'était senti plus présent et plus alerte lui avait donné, en prime, une meilleure image de lui-même. Difficile de préciser ce qui s'était passé dans cette courte expérience : pas d'explication sur le bien-fondé d'une posture tonique, pas de reproche, pas d'analyse psychologique non plus. Rien de plus qu'une attitude corporelle à vivre. En lui permettant de faire la différence avec la précédente, Romain pouvait faire un choix conscient. Chaque fois qu'il se voyait se répandre dans un fauteuil, il savait dorénavant qu'il cherchait à échapper à quelque chose ou plutôt à quelqu'un, lui-même, avec tous les risques de ce comportement de fuite.

L'attitude corporelle va de pair avec l'attitude mentale. Ainsi ce petit exercice qui consiste à compter à l'envers de cent à zéro ! Rien d'intellectuel mais un entraînement à la vigilance qui consiste à ne pas laisser son esprit dériver. Quand l'adolescent commence à compter, il s'amuse, sûr que ce jeu lui sera facile ; puis son attention s'égare une fois, une deuxième et encore une troisième. Il se perd, ne sait plus à quel nombre il en est, dit deux fois le même, bafouille et s'énerve de n'être pas capable de faire correctement l'exercice. Il veut recommencer. « C'est trop bête de ne pas savoir faire un truc aussi simple ! » Avant, je lui propose de trouver une attitude corporelle qui va augmenter sa vigilance. D'emblée, il se redresse. Je lui demande de faire de même mentalement, de se voir ou de se sentir droit. Il est d'accord et spontanément se voit comme un arbre. Il recommence l'exercice et ne s'égare qu'une fois. Surtout, il ressent une différence entre avant et maintenant, un état de vigilance qu'il a su mobiliser et qui est, pour lui, une bonne surprise.

L'intérêt porté pour ce qui est pensé, dit ou effectué relève aussi d'une attitude à exercer. L'éducation consiste à accompagner l'enfant pour qu'il puisse passer du « être intéressé par » à « s'intéresser à ». Lui poser la question « Qu'est-ce qui t'a intéressé dans ta journée ? » plutôt que « Tes cours étaient intéressants ? », c'est lui donner la possibilité de se centrer sur, précisément, ce qui a retenu son attention, ce qu'il a retenu ou découvert durant le cours. Il passe ainsi d'une information extérieure à lui à une information intériorisée en lui. Cette attitude d'intérêt développe la plasticité de son cerveau et sa capacité à accueillir des connaissances sans la crainte de devoir tout retenir ou de ne rien comprendre.

L'exercice, par sa composante corporelle et mentale, permet donc à l'enfant d'expérimenter que le but à atteindre n'est pas forcément une fin en soi et que le processus pour y parvenir est ce qui lui permet de développer ses capacités avec une image positive de lui. L'entraînement prend enfin la place qui lui est rarement accordée au profit du résultat qui, lui, rassure l'enfant, mais surtout la famille. Ou plutôt la famille d'abord et donc, en retour, l'enfant. En effet, tant que les connaissances à acquérir ou les résultats à fournir sont prioritaires sur les attitudes qui permettent d'obtenir un quelconque succès, l'enfant reste dépossédé de lui-même : de la conscience de ses aptitudes. Autant l'école peut être le lieu dans lequel le but à atteindre est une fin en soi, autant la maison et le cadre familial pourraient être celui où l'enfant fait l'expérience du processus conscient qui l'habite et fait de lui un être unique et capable. Ici les résultats matériels comptent moins que la vigilance et le comportement qui ne se laissent pas distraire pendant l'exécution de la tâche. S'efforcer à être présent à ce qu'on fait est plus important que le résultat obtenu. Cette conscience déroute parfois l'enfant qui se découvre « pensant, ressentant, éprouvant, disant, voulant, désirant », toute une gamme de sensations qui, au début, le perturbent, mais auxquelles, bien vite, il prend goût.

Confronter

Se confronter au « pas facile », au « pas intéressant », au « pas drôle », à ce qui ne va pas de soi ? Voilà une donnée qui fait grincer bien des dents et qui s'abrite volontiers derrière un « je ne sais pas faire » définitif et, finalement, frustrant à long terme, comme une chance qui ne nous a pas été accordée ou que nous ne nous sommes pas accordée.

« Ce que tu ne sais pas faire, fais-le ! » enseigne un proverbe chinois. Dans le même registre, le philosophe Alain écrivait que « ce qui intéresse n'instruit pas », signifiant ainsi que ce qui ne permet pas de se confronter à l'inconnu ou au rébarbatif ne permet pas de s'instruire.

Cette confrontation, ce front à front à la manière de deux animaux qui se mesurent l'un à l'autre, avec ce qui n'est pas encore acquis ou maîtrisé, a-t-il une valeur éducative ? Vaut-il mieux pour l'adulte s'ingénier à trouver ce qui va intéresser l'enfant, aller vers son terrain d'affinités et développer son savoir-faire dans cet espace, ou bien au contraire lui donner matière à forcer sa nature, l'obliger à travailler ce qui est hors de ses centres d'intérêt ? Vaut-il mieux aller dans le sens de sa satisfaction immédiate pour qu'il y développe ses talents avec plaisir, ou dans celle de sa frustration immédiate qui lui donnera la sensation de se dépasser ?

Ce débat oppose pédagogues, éducateurs et parents depuis des siècles ! Les tenants de la frustration reprochent aux tenants de la satisfaction de ne pas éduquer l'enfant et ils ont raison : qui ne fait bien que ce qui lui plaît ne fait aucun effort volontaire personnel et ne s'implique pas ; l'attrait porté à ce qui le séduit devient l'élément de la motivation et détermine le comportement ; il ne fait que ce qu'il aime, comme sous l'effet d'un charme sans véritable participation active. Les tenants de la satisfaction reprochent aux premiers de mettre l'enfant en insécurité dans un challenge inquiétant, développant ainsi des réactions de stress, parfois même dès le plus jeune âge, dans la peur de ne pas réussir. Et ils ont aussi raison ! La satisfaction sans confrontation avec la difficulté prive l'enfant de toute possibilité de prendre la mesure de lui-même et donc de s'estimer à sa juste valeur. Mais la frustration avec obligation de réussir le prive aussi d'une juste implication, troublée par la peur de l'échec.

Alors que signifie dans ce contexte la confrontation ? Est-il possible de lier satisfaction et frustration pour que l'enfant puisse révéler son potentiel et satisfaire ses besoins fondamentaux autrement que par le biais de son soulagement immédiat et rassurant ou par celui d'une pression intérieure ?

Ici l'image suggérée par le mot lui-même – confrontation – nous éclaire sur la nécessité que soit possible la rencontre entre deux fronts, celui de l'enfant et celui de la tâche à accomplir. Trop élevée ou trop basse, la rencontre ne peut s'effectuer. Autant un trop faible risque renvoie l'enfant à une sous-évaluation de lui, « un truc de bébé », autant un risque trop élevé le met d'emblée en situation de menace, avec comme seule réponse la réaction émotionnelle de type « ça passe ou ça casse ». En d'autres termes, la confrontation à la difficulté doit se placer là où l'enfant a la possibilité d'agir et de mettre en œuvre son potentiel et non là où il devrait savoir pour faire plaisir à ses parents ou ses éducateurs.

Ainsi cette mère qui, impatiente de voir ses enfants autonomes et capables de prendre des initiatives adaptées sans qu'elle ait besoin d'être là, les avait poussés à « faire seuls » le plus souvent possible : trajets jusqu'à l'école, déjeuner et dîner préparés souvent seuls, devoirs sans le regard d'un adulte à un âge qui, habituellement, est encore accompagné de maman. Afin de limiter les risques, l'un d'eux avait spontanément choisi de faire ce qui lui semblait à sa portée, sans s'aventurer. Si le trajet à l'école ne lui posait pas de souci, en revanche, il détestait l'idée de s'éloigner de chez lui et avait maquillé sa résistance en choix personnel : il serait le casanier. Son frère, lui, cherchait les limites d'un cadre mal défini et s'aventurait dans des espaces dangereux. Ses fréquentations avaient fini par alerter sa mère. Faute d'être confrontés consciemment à des difficultés croissantes qui leur auraient permis de grandir librement en faisant leurs expériences à l'intérieur du cadre, les deux garçons cherchaient, l'un la sécurité du connu, et l'autre la confrontation à de réels dangers. Ni l'un ni l'autre n'avaient intériorisé leur aptitude à mobiliser leur attention et leur liberté de choix dans des situations inconnues : toute nouveauté était source de peur, que chacun traitait à sa manière.

La confrontation facilite la conscience de soi à condition que la difficulté soit centrée sur le processus et non uniquement sur le résultat à obtenir. Ce processus est la construction de la confiance, c'est-à-dire du sentiment d'aptitude personnelle, la sensation de pouvoir être efficace, de pouvoir agir sur son environnement, de changer quelque chose par son action. Quand la difficulté rend inaccessible la réussite mais, surtout, quand il n'existe pas de gratification vis-à-vis de l'action menée quel que soit le résultat, ce sentiment ne peut se construire et avec lui l'état de confiance. Quand la difficulté n'existe pas et que l'enfant ne peut se confronter, que l'exercice est « trop fastoche ! », la sensation de pouvoir être efficace se limite à ce que l'enfant sait déjà ou à ce qui l'intéresse déjà et il se trouve alors prisonnier des limites qu'il se fixe lui-même. Trop difficile, la tâche à accomplir diminue le sentiment même de soi, pouvant agir et efficace ; trop facile... elle a la même conséquence, privant l'enfant de son aptitude à pouvoir agir efficacement sur lui, sur les autres et sur le monde.

Cette confrontation à la difficulté ne se fait pas forcément de façon spontanée : l'enfant choisit plus volontiers des actions qui lui offrent le plus de garanties de satisfaction personnelle et rejette celles qui pourraient le dévaloriser à ses yeux, mais surtout aux yeux de son entourage. Besoins fondamentaux de sécurité, d'identité et de réalité obligent. L'action choisie n'est donc pas toujours celle qui correspond à des critères rationnels de la logique mais à ceux de la logique du crocodile.

Pour augmenter chez l'enfant son sentiment d'efficacité personnelle, passage impératif pour qu'il développe sa persévérance et ne se décourage pas face aux obstacles, les exercices devront donc répondre à plusieurs critères :

- Le caractère inhabituel de la tâche : ce n'est pas tant la tâche elle-même qui est inhabituelle que l'enfant qui n'a pas l'habitude d'exécuter cette tâche ;

• L'obtention de plus de résultats positifs que négatifs : le différentiel doit se faire au profit de la satisfaction ;
• L'utilisation des erreurs en source d'apprentissage : il n'y a pas faute, mais occasion de s'instruire de l'erreur ;
• Le témoignage de ceux qui ont pu accomplir l'exercice et la manière dont ils ont procédé : assister aux efforts et au succès de quelqu'un qui nous ressemble augmente la sensation de nos possibilité d'agir ;
• Des encouragements réalistes : il ne s'agit pas de couvrir l'enfant d'éloges, surtout quand ceux-ci sont disproportionnés avec l'exercice ; il s'agit plutôt de le placer dans des situations où il peut réussir et participer à s'évaluer lui-même plutôt que par rapport aux autres.

Quels exercices répondent à ce cahier des charges ? La vie quotidienne, bien sûr ! Le choix des vêtements du matin en fonction du temps, la façon de ranger un bureau pour y retrouver ses affaires, la confection d'un gâteau avec une nouvelle recette, porter un plateau sur lequel sont posées des tasses remplies de thé, aller chez les voisins vendre des billets de tombola, planter un clou, raconter le film vu à la télévision, composer le menu du week-end, lire une carte routière… Autant d'occasions de confronter l'enfant à des situations de plus en plus complexes au fur et à mesure de ses capacités.

La confrontation est aussi le meilleur moyen de révéler l'émotion et ses « petits » commentaires qui viennent témoigner d'un besoin en manque d'être considéré et satisfait. Pourquoi attendre que l'enfant soit confronté à « la dure réalité de la vie » pour découvrir ses résistances et ses émotions ? Le rôle parental n'est-il pas, justement, de l'entraîner à s'adapter au mieux de ses capacités ? Les exercices de la vie courante, à ce titre, conviennent parfaitement. Encore faut-il que l'entourage soit le plus clair possible sur l'enjeu !

Jeu, enjeu et créativité

Si l'activité de l'enfant démarre par les jeux, elle devient, au fur et à mesure de ses acquis, un enjeu tant pour lui que pour sa famille et la collectivité. Il apprend vite, au travers du discours des adultes, à distinguer le jeu des choses sérieuses, c'est-à-dire dans lesquelles existe un enjeu qui rend son activité plus grave, plus lourde de conséquences en cas d'échec. L'aspect ludique garantit le confort lié à l'absence de cette menace. L'idée d'échec ou même de faute s'en trouve évacuée ou tout du moins vidée de peur : on peut se permettre de s'amuser, d'être gai, inventif et léger. Tout autre est le vécu en cas d'enjeu : « Tu vas rentrer à la grande école, ça devient sérieux ! » disent les adultes, qui, du reste, réitèrent leur sentence à chaque passage important, l'entrée en sixième, en seconde, à l'université ou à la première embauche. Fini le jeu, bonjour l'enjeu !

Et pourtant, celui-ci semble garantir aussi la motivation : quel intérêt à faire s'il n'y a pas d'enjeu qui vienne aiguillonner et donner un minimum d'excitation entre la peur de ne pas y arriver et l'envie de se prouver (ainsi qu'aux autres) qu'on est bon ? Ce discours reptilien, tendance efficace, fait de l'enjeu un élément puissant de la motivation, du type « la peur donne des ailes ». Sauf que l'être humain est un bipède qui vit sur le sol. Même dans les airs, il a besoin de la sécurité d'un matériel très au point pour survivre, Icare en a fait la douloureuse expérience.

Si l'exercice n'est qu'un jeu, il amuse mais risque de lasser l'enfant par son absence d'enjeu. S'il n'est qu'enjeu, il devient une menace et multiplie les réactions de défense. Alors, où placer l'enjeu du jeu pour éduquer l'enfant et pouvoir aussi bien lui éviter la peur que favoriser son implication et son attitude de vigilance ? En lui-même, dans la restitution et la valorisation, non de la réussite, mais des actes qui l'ont amené à réussir si c'est le cas. En lui-même, dans la restitution et l'intérêt de l'échec et dans l'attention portée, sans culpabilité, aux actes qui l'ont conduit à échouer. Cette considération, apportée à l'enfant agissant et expérimentant, permet de développer en lui le sentiment qu'il peut et qu'il est capable, sentiment d'efficience personnelle au cœur même de sa motivation. L'enjeu, comme le mot même l'indique – à l'intérieur du jeu – est donc cette conscience de l'enfant à expérimenter que ses actes, comme ses pensées et ses mots, le mèneront vers ce qu'il désire ou le protégeront contre ce qu'il ne désire pas. Quand l'enjeu est placé à l'extérieur de lui, dans la réussite ou l'échec, dans la satisfaction ou la frustration parentale, alors celui-ci se conjugue avec un état émotionnel qui signale le danger du manque d'être.

Mais revenons au jeu. Il est un espace, une situation étrangère dans laquelle l'enfant ne sait pas ce qui va se passer puisque justement, en dehors des règles ou de la consigne, il est confronté à l'inconnu, à ce qui lui arrive sans possibilité de maîtriser autre chose que ses propres aptitudes. Il est donc amené à improviser. Comme dans l'exemple de Socrate, du marin et du paysan amenés à s'adapter à une situation nouvelle, l'enfant est appelé à une réelle créativité pour répondre à son besoin de participer à l'action. Alors même qu'il connaît les règles, l'enfant est « contraint » à créer puisqu'il ne peut tout prévoir. Il lui faut s'adapter au fur et à mesure, et cette créativité est ce qui interrompt les évidences, ce qui le surprend, le dépayse, l'étonne, le frustre d'une satisfaction immédiate et certaine. Il devra prendre des risques et ainsi découvrir ses aptitudes.

Le parent est celui qui met l'enfant dans l'espace d'une situation étrangère, c'est-à-dire en rupture avec le quotidien, et par là même créative et dans laquelle il va pouvoir révéler son potentiel. C'est là qu'est l'enjeu. Le jeu n'est pas seulement une activité superflue pour passer un après-midi pluvieux, sans autre valeur que faire passer le temps ou un bon moment. Il est le lieu où se fait, dans le cadre des règles, l'expérience de sa capacité à être attentif, à décider et à inventer des stratégies. En cela, il permet à l'enfant d'intérioriser son potentiel au fur et à mesure qu'il se libère de ce qui le retient, à commencer par l'habitude de compter sur l'entourage pour le satisfaire.

Chaque fois qu'il s'agissait de mettre la table, Simon se crispait et tentait l'impossible pour échapper à la corvée : tantôt il décrétait que ce n'était pas son tour, tantôt que c'était un travail de fille, ou bien qu'il avait trop de devoirs à terminer. Ses parents tenaient ferme la règle « les enfants mettent la table et débarrassent à tour de rôle ». Aussi en était-il pour ses frais et la famille était régulièrement parasitée des conflits nés de la résistance de Simon à utiliser la règle pour jouer le jeu. Débordement de conflits à l'extérieur pour témoigner d'un conflit intérieur, sauf quand sa maman participait avec un sourire complice à cette corvée qui, alors, devenait une activité tranquille, voire amusante. Celle-ci lui fit part de son observation. « Je constate que quand je mets le couvert avec toi, tu t'y mets volontiers. As-tu remarqué ? » Simon n'avait rien répondu, agacé par la remarque de sa mère qui faisait de lui un enfant dépendant, lui qui avait tellement à cœur de prouver qu'il était grand et autonome ! C'était d'ailleurs pour cette raison qu'il détestait mettre la table car c'était pour lui un geste de petit. Du reste il en avait assez de ces histoires, de se faire disputer par son père, de se battre avec sa sœur, d'autant que ça ne changeait rien à la règle que ses parents avaient énoncée. C'est ainsi qu'il devint créatif : il allait prendre le problème dans l'autre sens et organiser avec sa sœur qui ferait quoi et quand. Simon demanda à ses parents de ne plus du tout s'occuper de ça et afficha, sur le mur de la cuisine, l'organigramme rédigé par ses soins et signé des deux enfants.

Le jeu répond au principe du cadre que nous avons déjà évoqué : les règles sont là, incontournables (faute de quoi l'enfant pourrait tricher et sortir du jeu). À l'intérieur de ce cadre, tout est possible. Et « tout » rend justement indispensable l'implication de l'enfant dans ses choix et ses actes. Quand les règles se contentent de respecter ses habitudes et son confort, elles lui évitent la confrontation et ne lui sont donc pas utiles dans son développement ; elles ne sont pas instructives. Quand elles ne correspondent pas à ses automatismes rassurants, elles engendrent alors sa créativité. Au passage, l'enfant rencontre ses émotions et a la possibilité d'en « faire » quelque chose d'utile pour lui : ses commentaires défensifs, ceux liés à la tension intérieure de devoir y arriver ou à la peur de ne pas y arriver, à la pression de devoir gagner ou à la peur de perdre, seront autant de messages à écouter, à prendre en compte et à utiliser pour trouver un chemin satisfaisant au cours du jeu. Une façon concrète de découvrir que « l'essentiel, pour l'enfant, est de participer » à son propre jeu, seul ou avec les autres. Son propre JE.

Il y rencontrera donc la frustration, le soupçon de lui-même, le doute, la confusion, l'agacement, l'abandon, la peur, le rejet, la prise de tête et le dépit. Autant d'occasions pour lui de s'élucider, se décrypter, prendre du recul sur lui, se regarder agissant, constater les attitudes qui marchent et celles qui ne marchent pas et de vivre concrètement la relation avec lui-même et avec les autres. L'enfant apprend à décider plutôt qu'être décidé par ses émotions, à agir par implication plutôt que par effort et pression, à s'organiser plutôt que subir l'effet de ses inquiétudes. Ainsi il pourra avoir la puce à l'oreille quand il se verra tenter de justifier un comportement défensif et profitera de ce message pour créer un comportement alternatif plus satisfaisant à terme.

Clarifier la consigne... pour obtenir une réponse claire

La pratique courante de l'éducation met en évidence la tâche à accomplir, de type « Range ta chambre ! », « Fais tes devoirs », « Sois gentil », etc., autant d'impératifs orientés sur le devoir à réaliser plutôt que sur la relation parent-exercice-enfant, c'est-à-dire deux sujets et, entre eux, une action à accomplir. Cet « oubli » de soi et/ou de l'autre, non seulement vide la relation de vie mais crée une surenchère de l'action qui devient contrainte, faute de sujet pour l'incarner. La consigne a donc besoin d'être individualisée. Une parole désincarnée favorise la réaction de défense : la tentation d'échapper à l'exercice est d'autant plus forte que la demande est privée d'un sujet qui parle et qui se reconnaît dans sa légitimité. « Range ta chambre » a-t-il la même résonance que « Je vais passer l'aspirateur dans ta chambre ce matin et j'ai besoin qu'elle soit rangée. Peux-tu le faire ? ». Plus le besoin du parent apparaît clairement et directement, c'est-à-dire dépouillé de l'urgence émotionnelle, plus le message est utilisable par l'enfant. Quand le « Range ta chambre ! » est imprégné de l'inquiétude de « ça va déclencher toute une histoire, il va encore falloir se battre pour obtenir que la chambre soit rangée » ou de l'agacement « évidemment, la chambre est un vrai capharnaüm, et c'est encore à moi de le faire, il me prend pour sa bonne », les mots, apparemment directs, sont en fait brouillés par l'émotion et l'image négative que le parent a de lui-même ou de l'enfant. Ils ne sont pas clairs et parlent plus de la douleur du parent que de ce que l'enfant peut faire dans sa responsabilité à participer à la propreté de sa chambre.

Plus les mots utilisés contiennent de rapport au concret, au réel, mieux ils sont utilisables par l'enfant. L'abstrait est une dimension à laquelle l'enfant n'accède que très tardivement, et guère avant l'âge de huit ans, voire au-delà. Du reste, plus il a reçu de consignes abstraites, celles liées à des principes et non à des faits et des conséquences réelles, plus l'accueil à l'abstrait risque d'être retardé par défense : faute d'avoir compris ce qui lui était dit pendant des années, il se ferme à la compréhension alors même qu'il en est devenu capable. Le feu qui brûle est plus significatif, plus réel, que la peur de maman ou de papa que le petit ne se brûle. Ce qui ne veut pas dire que les parents doivent attendre qu'arrive un accident, ou pire, qu'ils doivent eux-mêmes lui infliger une brûlure ! Mais pourquoi ne pas donner à l'enfant la possibilité de passer rapidement le doigt au travers de la flamme afin qu'il fasse l'expérience « du feu » sans danger puisque dans une situation sécurisée ? L'objectif peut alors être défini : il s'agit moins de rassurer les parents de leur peur que de donner à l'enfant la possibilité d'intégrer la réalité d'un danger et donc de participer à sa propre sécurité. Ce qui permet, en écho, aux adultes de se sentir eux aussi en sécurité...

Une consigne claire ne contient pas nécessairement la marche à suivre, le « comment procéder pour parvenir au résultat ». Le besoin du parent est que la chambre soit rangée avant de passer l'aspirateur. Que le rangement doive se faire selon certains critères révèle probablement l'attente d'être reconnu comme un bon parent par l'enfant. En revanche, il y a place pour des exercices, des jeux qui aident l'enfant à se découvrir personnellement efficace dans l'ordonnancement du cadre familier qui est « son » territoire.

Le langage clair et précis de la consigne permet à l'enfant de se mettre en relation :

- Avec l'autre : la fermeté du parent, auteur de son besoin et de son expérience et faisant, à ce titre, autorité, est pour lui source de sécurité et d'identité ;
- Avec lui-même et la limite actuelle de son pouvoir, frustration temporaire et nécessaire au développement de son potentiel ;
- Avec les objets réels et concrets, avec la matière qui possède sa propre logique et qui lui permet d'entrer en contact avec son propre corps ;
- Avec des situations nouvelles et changeantes, source de confiance quand il se découvre capable de s'y adapter de façon efficace.

Il n'est qu'à constater les difficultés qu'ont les adultes avec les consignes qui leur sont données par l'intermédiaire d'un mode d'emploi d'appareil ménager pour saisir l'importance du rapport à la consigne. Autant familiariser l'enfant à une donnée qui, dans le monde de plus en plus technique que nous développons, lui sera indispensable.

Équiper l'enfant de son propre potentiel, voilà le programme dans lequel peut se reconnaître l'adulte dans sa responsabilité de parent. Chemin faisant, nous avons très peu utilisé le mot « aide » ou « exemple ». Il est temps de mieux regarder ces notions à la lumière de la logique des émotions.

Aider son enfant

Au-delà de l'éducation, l'aide est apparue comme une valeur incontournable pour que l'enfant réussisse sa vie : aide en cas de difficultés scolaires, psychologiques, affectives, aides tellement considérées comme indispensables que leur absence devient culpabilisante ! Savons-nous encore que le mot « aider » signifie, dans son étymologie, faire plaisir et être agréable ? Comment aider utilement l'enfant et quand le faire ?

Loïc est devant son puzzle, manifestement perdu depuis un bon moment. Son grand frère lui a proposé de faire une partie de foot mais l'enfant l'a envoyé promener. « Je n'arriverai jamais à finir ce puzzle ! » dit l'enfant découragé. Son père s'approche, légèrement agacé de le voir depuis deux heures sur les pièces du jeu, sans profiter du soleil. Pour une fois qu'il fait beau :
« Veux-tu que je t'aide à finir ton puzzle ?
– Si tu veux. »
Et voilà le père qui, très méthodiquement, fait le tri entre les morceaux restants selon les couleurs, récupère les bords qui n'avaient pas encore trouvé leur place, tout en expliquant à son fils la bonne méthode pour parvenir au but : terminer le jeu ! Ce qui ne manque pas de se produire en cinq minutes. Il se retourne alors vers Loïc, convaincu de voir la mine réjouie de son fils. Stupéfait, il voit celui-ci les larmes au bord des yeux et les lèvres tremblantes.
« Mais qu'est-ce que tu as ? Tu n'es pas content que je t'aie aidé ? » Pour toute réponse, le petit quitte la table et part s'enfermer dans sa chambre. Le père réalise alors que, dès l'instant où il a commencé à placer les pièces, Loïc s'est désintéressé du jeu, il s'est agité sur son siège et a fait des remarques désobligeantes. « C'est à n'y rien comprendre ! Il aurait dû être content de l'intérêt et de l'aide que je lui ai donnés ! » Au lieu de se sentir heureux, l'enfant s'était senti mal ! En fait, son père *lui* avait obtenu un bon résultat, résultat dont l'enfant se sentait exclu. Ce n'était pas vraiment lui qui avait fait le puzzle. Finalement, la réussite rapide n'était pas l'aide dont il avait eu besoin.

Qu'est-ce qui aurait pu aider Loïc ? Mais surtout l'aider à quoi ?

L'aide est, le plus souvent, donnée lorsqu'il y a blocage, c'est-à-dire un état de défense inefficace, d'angoisse, de rejet ou de détresse, selon qu'il s'agit de fuite, de lutte ou de repli sur soi. Cet état témoigne d'une impuissance, d'une crise face à une situation imprévue et dans laquelle l'enfant est privé et se prive d'accès à son potentiel. Le blocage donne une sensation d'être face à un mur ou dans un tunnel sans lumière, un trou sans sortie possible. Plus l'émotion monte et plus la situation est désespérée. Quand le parent entend l'émotion et qu'il propose son aide, c'est afin de permettre le déblocage.

On peut croire aider, comme ici le comportement du père de Loïc, quand on donne à l'autre ce que l'on estime, soi, être bon pour lui, sans s'apercevoir que l'on agit selon son propre besoin. Cette générosité sincère est alors malhonnête et mal adaptée au besoin réel de l'enfant : le parent a agi par rapport à son besoin d'être reconnu comme un bon père qui prend soin de son enfant et qui lui permet de sortir de son découragement pour aller profiter du soleil et du foot. Il se sent utile quand il fait la démonstration de son « savoir faire un puzzle avec méthode ». Mais l'enfant n'a pas été invité à s'exprimer et à préciser son besoin. Que son père sache pour lui ne l'a pas aidé. L'enfant est demeuré passif et ne s'est pas senti sujet du jeu. Aider n'est donc pas « faire à la place » et même les meilleures explications du monde ne vaudront pas la pratique de l'exercice. Reste la coopération. L'aide devient alors la possibilité offerte à l'enfant d'être acteur de son activité.

Seul l'enfant concerné peut accéder à son propre déblocage : plus il est débloqué par les autres, plus il éloignera de lui sa propre capacité à se débloquer lui-même et demeurera ainsi dépendant. L'aide se passe donc à l'intérieur de soi : après une expérience de blocage et d'impuissance, une évolution se fait vers un espoir, un possible en soi qui nous débloque et nous aide à débloquer la situation. Les solutions apparaissent parce que l'ouverture s'est opérée en soi. Quand le parent est celui qui ouvre et donne la solution, il en a privé son enfant à son profit. En revanche, quand elle lui permet de chercher, de se questionner, de tâtonner, l'aide parentale pose un acte, un cadre dans lequel l'enfant peut accroître sa capacité à trouver la réponse à son problème. En coopérant, il permet que se fasse le déclic libérateur.

Reprenons notre histoire autrement. Le père s'approche de Loïc et s'assoit à ses côtés.
« Tu as du mal ?

– Oui, mais ça va ! C'est simplement que ça me prend la tête ! Toutes ces couleurs se ressemblent.
– Y a-t-il un moyen pour les différencier les unes des autres ?
– Je les ai un peu séparées.
– Un peu ?
– Oui, tu as raison, je pourrais peut-être mieux les organiser. Tu peux m'aider ?
– C'est ton puzzle et je serai content de voir ce qu'il donnera quand tu l'auras terminé toi. Pour l'instant, il fait beau et je crois que je vais rejoindre ton frère pour une partie de foot. »

Laissons Loïc choisir la suite de son histoire. Son père a pris en compte sa réalité, c'est-à-dire sa difficulté du moment et lui a restitué son possible : il lui a ainsi permis de mettre de l'attention là où l'enfant éprouvait de l'impuissance. Attention qui peut renouveler le plaisir initial du jeu. Mais ce plaisir n'est pas celui du père. C'est celui de Loïc, recouvré par l'intervention de son père. L'aide est donc ce mouvement intérieur, cette respiration redevenue possible chez l'enfant par la présence résonnante de son père : celui-ci a mis l'éclairage sur le possible chez l'enfant, quand, lui, l'avait mise sur le manque et l'impossible.

Il est ainsi des mots aidant en cas de crise :
« Je ne sais plus rien, j'ai tout oublié.
– Qu'as-tu retenu ? »
« Je suis perdu !
– Où es-tu ici, maintenant ? »
« Je ne comprends rien !
– Qu'est-ce que tu as déjà compris ? »
« Je n'y arrive pas !
– À quoi es-tu déjà arrivé ? »

Car ces crises de détresse et de vécu d'inefficacité émotionnelle sont surtout des symptômes d'urgence qui témoignent de l'impatience de l'enfant à trouver la réponse à la difficulté au plus vite, afin de satisfaire à coup sûr les besoins de ses parents et donc les siens. Toute difficulté fait obstacle à cette satisfaction immédiate et rassurante. L'aide véritable est donc celle qui familiarise l'enfant avec cet écueil, lui permettant d'utiliser sa crise comme instructive vis-à-vis de ses possibilités, la crise étant cet instant où il ne sait plus ! Si l'enfant apprend avec ses parents à ne plus avoir peur de cet ébranlement intérieur mais au contraire à l'apprécier comme un temps précieux pour ouvrir son regard, alors le parent l'a beaucoup aidé. À ce dernier de se souvenir que la réponse à sa difficulté appartient à l'enfant et uniquement à lui. Elle est sienne. Et cela est aussi leçon d'humilité pour lui.

Dans le même esprit que l'aide, l'exemple est souvent proposé comme une valeur éducative probante. Et personne n'a jamais contesté cette évidence. L'échec de « Faites ce que je dis et pas ce que je fais » est là pour le prouver. Ainsi une culture se transmet de génération en génération, évitant à la seconde d'avoir à réinventer ce que la première a déjà fait et qui a prouvé son efficacité. Très vite s'installe un lien entre l'exemple et la règle, c'est-à-dire ce qu'il faut faire pour que le résultat soit obtenu à coup sûr. Très vite aussi s'installe un lien entre exemple et imitation, lien qui crée une dépendance et empêche l'inventivité. Ne dit-on pas que l'expérience des uns n'est pas forcement profitable aux autres ? S'il est absurde de systématiser et d'affirmer que l'exemple est inutile en matière d'éducation, pour autant, la vigilance quant à son emploi s'impose : l'exemple peut en effet enfermer, voire opprimer et déterminer une attitude qui est privée d'authenticité et d'auteur. Chaque fois que le parent peut suspendre l'exemple, il permet que s'exerce la créativité de l'enfant pour que ce qui est à découvrir en lui apparaisse et se concrétise. Quand l'enfant peut élaborer sa réponse tout seul, il existe plus par lui-même. Cette réponse est d'autant plus la sienne qu'elle découle de son intuition, de ses tâtonnements et de sa réflexion.

Si l'exemple a une fonction, c'est celle de relier l'action à une règle, un savoir-faire déjà connu, vécu et éprouvé par d'autres et, à ce titre, reconnu comme valeur. Ainsi il apaise et rassure l'enfant en le reliant à ses parents, au groupe auquel il appartient. Mais ce lien qui relie peut devenir le lien qui enferme si l'enfant n'est pas libéré de l'exemple au profit de son expérience propre. C'est seulement alors que le statut de celui qui était exemple, ou même exemplaire, évolue vers celui de témoin de sa propre histoire, ni plus ni moins, pour inspirer l'enfant et non l'enfermer. Témoignage d'un engagement, d'une réflexion, d'une épreuve, voire d'une tranche de vie et non exemple à suivre.

Ne pas donner l'exemple fait donc partie intégrante de l'éducation.

12

« CHEZ TOUT ENFANT, C'EST MOZART QU'ON ASSASSINE »

« J'aimerais libérer ton esprit,
mais je ne peux que te montrer la porte ;
c'est à toi qu'il appartient de la franchir. »
Morphens

On connaît les mots terribles du célèbre violoniste Yehudi Menuhin qui rappelle ainsi ce qui est fait du potentiel artistique de tout enfant tant qu'on ne le lui reconnaît pas. Mais tous les enfants ne sont pas des génies de la musique ou de la peinture ! Alors quel serait cet art auquel se réfère ce musicien, par ailleurs bon pédagogue et découvreur de talents ? Pourquoi une telle phrase fait-elle autant écho chez nombre d'adultes qui se sentent concernés par cet « assassinat » d'eux-mêmes ? Et s'il s'agissait de l'art de vivre et pas seulement de l'art au sens esthétique du terme ? Un art de conduire sa vie dans le respect de soi et de l'autre ? Un art de créer selon ses besoins et ceux des autres ?

Nous avons évoqué dans la deuxième partie de l'ouvrage les réactions de défense symptomatiques du manque d'être et de la non-prise en compte des besoins de sécurité, d'identité et de réalité d'être. Il est temps, ici, d'envisager comment, dans l'éducation, les exercices et les situations peuvent être propices à la prise de conscience et à la réalisation du potentiel de l'enfant, dans le respect de ses besoins fondamentaux. Comment l'accompagner dans ce mouvement qui va des autres, dont il attend toute la satisfaction, à lui-même, apte à agir et inventer, puis vers les autres sans s'oublier en route ? Qu'est-ce qui peut lui permettre d'intérioriser sa capacité à créer un état de sécurité et une sensation de liberté ? Qu'est-ce qui va contribuer à ce qu'il précise son identité ? Que signifie « se réaliser » pour un enfant, futur adulte ? Ce processus suit-il la logique de la psyché ou celle de l'être vivant, corps, émotions et intelligences harmonisés pour que l'adulte naisse de l'enfant ?

Y aurait-il un art, source de confiance, d'affirmation et d'amour? Dans son livre, Christian Dufour, médecin et explorateur du sens dans le son des mots, parle de l'art en ces termes : « L'art est une expression qui ne peut s'exprimer par les mots appris, mais par une expression différente du cerveau associatif droit. [...] L'art ne se comprend pas avec la raison, cette faculté analytique médiate acquise du cortex gauche, mais par la résonance ou la vibration, en se ressentant immédiatement par les perceptions globales du cortex droit reliées à l'émotion. L'art s'exprime par une palette limbique. Ces touches sensitivo-motrices précèdent et accompagnent le sens. » L'art serait donc une expression de soi au plus près de la réactivité du cerveau reptilien. En toute bio-logique, il traduit cet espace entre la sensation de menace et d'urgence, caractéristique du crocodile, et l'aspiration à être intègre, espace d'activité qui développe la conscience et non de réactivité défensive qui enferme dans l'habitude automatique. L'art de vivre se bâtit au détriment de la survie instinctive et dans le respect des besoins d'intégrité.

C'est dans cet esprit de la culture de l'être que nous aborderons successivement l'art du risque, inhérent au besoin de sécurité et de liberté, l'art de la dispute, inhérent à celui d'appartenance et de différence et l'art de l'errance, inhérent au besoin d'harmonie et de réalisation de soi. Comment concrètement éduquer l'enfant à prendre le risque de vivre sa vie, de la différencier de celle de son entourage sans pour autant devoir, pour ce faire, la mettre en péril ou la basculer dans une opposition de rejet. Le risque, la différence et l'errance peuvent-ils être les voies qui aident l'enfant à accéder au statut d'adulte conscient et acteur de sa vie?

Au cours de cette réflexion, nous sommes demeuré fidèle à la chronologie du temps qui est l'inévitable compagnon de route de la relation parent-enfant. « Ça lui passera avec l'âge » est ainsi un leitmotiv courant dans la bouche des adultes et même des grands adolescents qui regardent avec condescendance les plus jeunes faire leurs classes dans l'esprit de révolte. Il y a bel et bien un processus, ni lent ni rapide, mais qui prend son temps, qui fait aller l'enfant de la dépendance totale à ses parents vers lui-même et en lui-même. Chaque enfant a, en outre, son rythme de marche, même si les psychologues se sont employés à reconnaître des passages clefs sur lesquels nous reviendrons. Nous insisterons ici sur le processus que le parent doit avoir à l'esprit quand il fait acte d'éducation. Processus bio-logique de l'enfant qui tend à être, qui tend à passer du besoin d'*avoir* pour être rassuré et identifié pour être, au besoin d'*être*.

L'art du risque ou penser le corps

Puisque l'émotion témoigne d'une sensation de menace et de manque d'être dans une situation vécue comme dangereuse, il est logique d'aborder l'éducation par l'expérimentation du risque, c'est-à-dire cette interprétation d'un événement comme pouvant atteindre notre intégrité. Et d'abord, bien sûr, l'intégrité corporelle. Puisque la peur est l'« émotion racine », l'art du risque est l'apprentissage premier.

Sécurité et liberté se font écho l'une l'autre

Sans sécurité et points de repère, la liberté devient anarchie et source d'angoisse. Sans liberté, la sécurité devient étouffante et source de dépendance. D'accord pour aller se promener le nez au vent dans une forêt inconnue, mais il est bon d'avoir le sens de l'orientation, de se repérer au soleil ou encore de savoir que la mousse des arbres pousse plus au nord qu'au sud pour retrouver son chemin. Dans la même forêt, n'emprunter que le chemin connu par souci de ne pas s'égarer devient fastidieux et entretient la crainte de se perdre. Mais l'enfant, lui, qu'a-t-il besoin d'expérimenter ?

De la naissance à la fin de l'adolescence, le besoin a évolué dans la forme mais non dans le fond. Le bébé a besoin de la sécurité que lui procurent ses parents ou son entourage proche : les bras qui portent et qui bercent, les paroles qui enchantent, le sein ou les biberons qui apaisent la faim, le regard qui veille, autant d'attitudes qui assurent l'enfant et confortent sa sécurité. Son besoin est donc d'avoir, de recevoir ce soin de l'extérieur. Sa sécurité est extériorisée du fait de sa limite physiologique et mentale. Ses aptitudes ne sont pas encore développées. Il est dépendant et seul le langage des sensations lui permet de communiquer avec son entourage : mimiques, rires, cris, pleurs, colères, témoignent de sa mise en relation avec les autres et le monde extérieur. La liberté est alors restreinte ! En revanche, bébé est d'autant plus sensible à l'état d'insécurité, de peur de ses parents, qu'il est plus dépendant. Et tout particulièrement de sa mère, principale pourvoyeuse de ses besoins, mais non la seule. Cette perméabilité facilite la fixation dans les mémoires et naturellement surtout dans la mémoire sensorielle, celle des odeurs, des goûts et des sons. Ainsi cette jeune femme qui entre sans appréhension dans une école et se sent prise de nausées et de vertiges. Oppressée, elle n'a de cesse de quitter ce lieu dont l'odeur lui est trop pénible. En décrivant à sa mère ce qu'elle venait de vivre, cette dernière se souvient : « Quand tu étais toute petite, je te laissais parfois à l'orphelinat juste à côté de la maison où les dames très gentilles s'occupaient de toi. Il y avait là-bas cette odeur que tu me décris, une odeur d'enfants trop nombreux. Tu n'aimais pas y aller. C'est peut-être ce que cette odeur te rappelle ! » L'insécurité de la séparation s'était fixée sur l'odeur du lieu et persistait à l'âge adulte chez cette femme par ailleurs assez anxieuse.

Devenu plus grand, celui dont la sécurité dépend de moins en moins de ses parents, aspire à prendre sa liberté : les sorties, l'argent de poche, les choix vestimentaires, l'organisation de son temps et ses opinions sont présentés comme existentiels. Son besoin est alors d'être, ce qui suppose la sécurité intériorisée et non plus dépendante de l'extérieur. Il ne devrait plus être dans l'attente de la liberté que son entourage lui donne mais bien dans la façon dont il bâtit sa liberté sur un état de confiance interne, témoin du soin qu'il prend de lui-même. Il pourra ainsi prendre sa liberté, c'est-à-dire se donner les moyens d'être libre, ces moyens étant justement sécurisants.

Ce qui est à éduquer, c'est cet entre-deux, ce mouvement d'une sécurité à une autre. Un cheminement qui, du fait des changements rencontrés, implique le risque. Éduquer la sécurité, c'est éduquer la prise de risque. L'erreur pour le parent est de considérer que l'enfant a besoin de la même sécurité tout le temps, que c'est à lui, enfant, de bâtir tout seul sa liberté, sans que lui, parent, ait à s'en soucier. Argument défensif qui témoignerait de sa peur à vivre libre, sans l'enfant pour le justifier ou le rassurer. Cette confusion de territoires entre parent et enfant entretient un état d'angoisse de part et d'autre, sans vraie éducation.

Pour que cette intériorisation ait lieu, au contraire, l'enfant a besoin d'expérimenter les changements dans le lieu même qui va devenir celui de sa propre sécurité intérieure : son corps et sa pensée, ou plutôt son corps pensé que l'on peut aussi nommer son ressenti conscientisé.

Penser la menace

Si nous sommes tous capables de sentir ce que nous ressentons dans nos sens, c'est bien autre chose que de le re-sentir, c'est-à-dire de penser ce qui est senti.

L'enfant est tombé et se tient la main, les larmes aux yeux et les dents serrées.

« Qu'est-ce que tu ressens ? demande l'adulte.

– Hein ? J'en sais rien ! répond l'enfant.

– As-tu mal ?

– Ah ça oui, j'ai mal. »

Son visage se détend. Il pense son mal auquel il résistait un instant avant et ne le nie plus. Passe encore quand il s'agit d'une douleur physique, il n'y a pas trop de honte. Mais la douleur est-elle mentale qu'arrivent les commentaires automatiques, juges et accusateurs. Un stage avec des adultes sur les émotions contient un passage délicat : celui de la reconnaissance du ressenti. Il y a un moment d'inconfort pour un certain nombre d'entre eux à se penser ému, touché et déstabilisé. La constatation que tout le monde est logé à la même enseigne est, à chaque fois, un soulagement : « Je me croyais tout seul à vivre ça ! » Se penser, penser son corps, son être vivant demande à être entraîné.

La peur prend la place de l'aptitude à ressentir le besoin de sécurité dans une situation nouvelle et nécessitant, de ce fait, une adaptation. Moins l'enfant développe son aptitude à penser le risque contenu dans la nouveauté rencontrée, plus il génère de peur et plus il rentre dans un processus de fuite dans lequel il va nier la réalité du risque ou au contraire la subir et s'angoisser. Quand l'événement inconnu survient, le penser dans ses risques concrets non seulement éloigne la sensation de menace mais surtout ouvre l'enfant à sa capacité à agir. À défaut, il ré-agit par l'émotion. Penser la menace le fait passer d'une attitude de survie à une aptitude à vivre et traverser l'épreuve. Dans le premier cas, à supposer qu'il réussisse à « s'en sortir », il ne pourra engranger de confiance car il n'aura pas eu conscience de son acte, choisi en connaissance de cause. Dans le second, il aura appris qu'il peut se fier à lui et à sa capacité à faire un choix adapté.

Penser le risque propose à l'enfant de ne pas s'arrêter en chemin et ne pas s'abriter derrière un commentaire d'évitement (« Je ne vais pas m'en sortir, on va me prendre pour un idiot, c'est pas possible, ça ne marchera jamais ») qui cache le véritable risque, celui d'agir avec ses propres moyens sur l'événement et... pouvoir penser, dire ou faire quelque chose qui déçoive ou inquiète ses parents. Car, faute de prendre ce véritable risque, l'enfant ne fait pas l'expérience de son pouvoir, de ses possibles. Penser la menace, celle d'échouer, de faire des erreurs, de ne pas plaire, c'est déjà se sentir vivant et apte à penser : « Je peux penser cela, et ne pas mourir de honte ! » disait une jeune fille émerveillée du soulagement qui se faisait en elle. Le « cela » était s'orienter dans une autre voie professionnelle que celle que ses parents avaient pensée pour elle. La pensée était vivable et même vivante puisqu'à partir d'elle s'offraient divers choix d'études qui étaient niés jusqu'alors et considérés comme impossibles.

La façon dont les enfants jouent à se faire peur, par livres ou films interposés, témoigne de leur besoin d'entraîner leurs aptitudes à répondre au risque. Mais, outre le frisson généré par l'émotion, ces mises en situation mentales et sans « vrais » risques corporels favorisent-elles réellement cette aptitude ? On peut en douter pour deux raisons. La première est que l'exercice n'est « que » mental et ne mobilise pas l'intégralité du corps qui, confortablement installé dans un fauteuil, ne participe pas à la mémorisation de la capacité à agir face à la menace. La seconde est que nous voyons les enfants dans une recherche et une surenchère d'émotions « factices » sans effets réels sur leur aptitude à appréhender le nouveau ! Le dernier film catastrophe dans lequel le héros a sauvé les gentils ne les aide pas à oser parler à celui ou celle qui impressionne trop. Est-ce l'écart entre eux et le héros, ou plus simplement l'impossibilité à incorporer l'état de confiance tant que le risque n'a pas été pensé par rapport à soi et à ses possibles ?

Laura a peur de rentrer dans son nouveau collège. Ses parents le lui ont montré de l'extérieur, ils sont entrés dans la cour avec elle, ils ont rencontré ensemble la principale mais sans réel effet au long cours. Laura est soulagée trois jours et les cauchemars reviennent. Elle se voit entourée d'étrangers qui la bousculent et se sent s'enfoncer dans le sol qui, peu à peu, se referme sur elle comme des sables mouvants. Elle a

peur de s'endormir le soir. Elle voudrait ne plus penser au collège mais c'est plus fort qu'elle !
« T'es-tu déjà retrouvée entourée de gens que tu ne connaissais pas, d'étrangers qui étaient très proches de toi ?
– Oui, en vacances, sur une place où il y avait un marché. Je ne voyais plus mes parents, je me suis arrêtée et j'ai commencé à pleurer. Les gens se sont rapprochés de moi et j'avais envie de rentrer sous terre. Mes parents sont arrivés un peu plus tard, mais c'était horrible. Ce n'est pas un bon souvenir et j'ai horreur d'y repenser. Et pourtant, ça s'était bien terminé. Ces gens avaient tout fait pour les retrouver. »
Laura sourit à ce souvenir.
« Puisque tu connais déjà la situation d'être entourée d'inconnus, tu peux t'imaginer la même chose au collège ?
– Oui, je peux me l'imaginer mais si je me mets à pleurer devant eux ? Quelle horreur ! Plutôt mourir !
– Si tu te vois au milieu de la cour, tu pourrais peut-être imaginer d'autres attitudes que pleurer…
– Ça me paraît difficile ! Je suis tellement paniquée.
– Vas-tu rester au milieu de la cour ?
– Non, bien sûr ! Je peux chercher des gens que je connais.
– Comment ?
– Eh bien en bougeant, en allant vers les différents groupes.
– Et si tu n'en connais aucun ?
– Oh là ! Eh bien, il y aura peut-être une autre fille aussi perdue que moi ! On parlera de nos peurs… »
Et elle sourit de son humour. Laura a ouvert son horizon, fermé jusqu'alors sur l'impossibilité de penser le collège sans le relier avec ce vécu d'insécurité « horrible ». Tant qu'elle ne détachait pas l'un de l'autre, elle évitait de penser l'inconnu risqué de son arrivée au collège et se privait de son aptitude à trouver des points de repère sur lesquels fonder sa sécurité. Elle se privait aussi de sa liberté de penser et demeurait dépendante de ses parents et de la sécurité qu'ils lui donnaient.

Penser l'impensable demande parfois de « ruser » avec son propre cerveau ! Quand le crocodile ne se laisse pas aborder de face, il vaut mieux l'amener sur un terrain plus propice pour l'apprivoiser. Après le détour sur la place du marché, le collège était devenu pensable et à partir de là vivable.

Dès que l'enfant se met à penser le risque, il construit sa liberté puisqu'il peut sortir du connu et du sécurisé, par l'autre ou par l'habitude.

Le roseau pensant

Quels moyens peuvent aider à penser le risque? La situation peut être vécue en vrai dans son corps, comme la peur de l'eau ou la peur de tomber qui peuvent bénéficier de l'expérience même de la nage, ou de la chute contrôlée. Le traitement de ce que l'on nomme parfois des phobies utilise l'exposition progressive à ce qui fait peur pour entraîner la sensation de sécurité dans la situation vécue. Et ça marche. Sauf que les sensations d'insécurité face au regard de l'autre ou à son jugement ou dans un monde ressenti comme hostile, ou encore à l'idée de parler en public, peuvent plus difficilement avoir recours à l'expérience directe et choisie. Et pourtant le lieu à entraîner comme source de sécurité demeure le corps. Mais plutôt que ce corps soit celui qui peut tomber (sans se casser) ou nager (sans couler et s'asphyxier), il sera le lieu de l'aptitude à penser, à se penser et penser l'autre, à penser l'inconnu, le risque, le danger, le changement, le manque ou la faille, avec conscience et intelligence. Les deux aptitudes requises pour ce faire sont la vigilance, celle que nous avons déjà rencontrée, et l'imagination, cette mise en images en soi. Certaines techniques pédagogiques, et notamment la gestion mentale conçue par Antoine de La Garanderie, ont mis en évidence l'importance de l'entraînement de ces facultés mentales pour permettre à l'enfant de trouver en lui-même ses voies d'apprentissage. La concentration et l'imagination dépassent largement le cadre de la pédagogie et concernent la vie relationnelle tout autant que la scolarité. La concentration est en effet l'aptitude à être centré sur soi, à occuper son territoire, à être conscient de son potentiel; c'est dire si elle est requise dans l'ensemble des activités de l'enfant! L'imagination, elle, n'est pas qu'inventivité; elle est aussi la capacité à traduire en images, voire en mots imagés, ce qui est ressenti. Ainsi l'imagination possède-t-elle une dimension très concrète et bien loin de la rêverie.

Ces deux facultés, à entraîner à la maison et non uniquement à l'école, agissent chez l'enfant à la façon d'une respiration. L'inspiration est un temps de dilatation au cours de laquelle l'enfant se nourrit de l'air ambiant, des informations qui lui sont transmises et de celles qu'il perçoit, à la façon d'une éponge. Elle est suivie par l'expiration qui est un temps de concentration pour le corps au cours duquel l'enfant intègre ce qui lui est utile, ce qui l'oxygène, restituant à l'extérieur ce qui lui est inutile, voire toxique comme le gaz carbonique qui asphyxie. Bien des exercices corporels, de la relaxation à la méditation, en passant par l'harmonisation des deux cerveaux par la kinésiologie, insistent tous sur le caractère essentiel de l'expiration-concentration en laissant à l'inspiration une dimension plus spontanée : il n'est pas besoin d'inspirer si on a profondément expiré. La pratique d'une inspiration maîtrisée, voire forcée, nous amène du reste assez vite au bord de l'évanouissement par excès d'oxygène ! Autrement dit, l'enfant est d'autant plus imaginatif qu'il apprend à se centrer sur lui, sur son ressenti dans son corps, sur son aptitude naturelle à utiliser ce qui lui vient de l'extérieur selon ses propres besoins et à s'en nourrir intelligemment, sans avoir à craindre de ne pas trouver suffisamment d'air ! Cette aptitude à imaginer, à laisser venir à soi les images ou les mots imagés de l'intérieur, est parfois nommée « intuition », précisant ainsi que c'est bien en soi que se forment les images. Mais pour qu'il y ait intuition, l'enfant a eu besoin de son inspiration, c'est-à-dire d'une nourriture extérieure à lui.

Tel le roseau pensant, l'enfant reste enraciné, concentré dans son être et reçoit le vent des informations qui lui arrivent. Seul cet ancrage peut lui permettre de s'adapter aux changements et à l'inconnu sans pâtir de son manque mais au contraire en utilisant sa concentration pour s'ouvrir à son imagination et ses possibles. Ainsi se développe en lui un état de confiance.

Voici quelques propositions d'exercices ou de questions à poser à propos de menus événements de la journée :

« Pense à une voiture et décris-la-moi avec le plus de détails possible. »

« Imagine une autre fin au film. »

« Devine les ingrédients que j'ai mis dans ce plat en fermant les yeux. »

« Qu'est-ce que tu as aimé dans ce livre ? »

« Le maître t'a disputé, qu'est-ce que tu ressens ? »

« Un après-midi "quartier libre". À toi d'imaginer le contenu. »

Autant d'encouragements destinés à entraîner chez l'enfant ses aptitudes à se concentrer, c'est-à-dire à se focaliser sur un événement, ainsi que ses facultés d'imagination pour se libérer des contraintes et non de la consigne. La pensée peut alors être vécue comme un outil mobile et maîtrisable au service de l'attention et de la liberté d'action, sensation bien différente du vécu de bien des enfants pour lesquels l'acte de penser est déjà un effort à fournir et une menace d'obligation ou d'échec! «Ça me saoule de penser» disent certains, faute d'avoir été entraînés à cette sensation réjouissante de pouvoir mener sa pensée là où ils en ont besoin.

Cependant, rappelons au parent la règle d'or: il n'y a pas de bonne ni mauvaise réponse à ces exercices. Seules existent comme valeurs les réponses de l'enfant, les siennes, celles qu'il va s'entendre prononcer. Pour qu'il puisse lui-même apprécier le mouvement interne de sa pensée et acquérir l'habitude de s'y fier, c'est lui et lui seul qui devra expérimenter les effets de sa pensée.

> Toute la famille part en balade sur un chemin de grande randonnée. Le père confie à son fils aîné de sept ans la responsabilité de repérer les indications du chemin: un signe constitué de deux traits, un rouge et un blanc. L'enfant, ravi, se prend au jeu et guide la famille, puis sa pensée s'égare. Il rate une indication et continue tout droit au lieu de tourner à droite. Les deux parents décident de ne rien dire et partagent le risque de s'égarer. Au bout de dix minutes, le garçon est inquiet de ne plus trouver de marques. Il en veut à ses parents de ne pas l'avoir averti mais, après tout, c'était à lui d'être attentif! Il propose de faire marche arrière. Le père sort alors une carte et demande à l'enfant de se repérer. Ils cherchent ensemble où ils se trouvent et découvrent un chemin qui permettrait de rejoindre le trajet initial. Encore une occasion d'exercer les deux aptitudes sans en avoir l'air.

Développer la sensation de penser, mettre de la pensée dans sa tête, en conscience, se sentir en train de penser est l'antidote à la douleur que représente la sensation d'être vide de pensée ou celle d'être dépendant de la pensée de son entourage. Cet entraînement est donc la voie de la confiance en soi.

Le bénéfice du doute

Le terme «doute» trouve son origine étymologique dans le «deux», de la racine indo-européenne *duwo*. Dans le doute coexistent deux idées, deux lectures possibles du même événement et donc un choix possible. Quand le doute fait mal, c'est que le choix est vécu comme douloureux, voire impossible! Soit je pense blanc et je me range à ce qui fait plaisir à l'autre : je gagne alors sa confiance, son amour ou, plus simplement, j'évite le conflit. Soit je pense noir et je me range à ce que je pense moi, mais je perds alors son estime, et je risque d'être rejeté. Choix cornélien dans lequel aucune décision ne semble satisfaisante. Seul demeure le doute qui taraude et maintient dans un état, certes insatisfaisant, mais au moins sans drame. Jusqu'à ce que les autres ou les événements décident pour nous, faute de nous être engagé dans l'une ou l'autre direction.

L'intelligence est l'aptitude au choix juste. C'est-à-dire que le choix est vécu comme juste pour soi dans une situation donnée et exprimée comme telle. Et comme telle, elle vient rencontrer la réalité des autres et du monde tel qu'il est. Ainsi le choix peut-il s'ajuster au fur et à mesure de l'expérience. Faute d'oser choisir, l'intelligence n'est pas entraînée. Et le doute est l'antichambre du choix. Faute de doute, pas de choix possible.

«Je ne sais pas quoi choisir», dit l'enfant devant la proposition de deux cadeaux proposés par sa marraine. Celle-ci insiste :
«Prends ce que tu veux, ce qui te fait plaisir.
– Mais les deux me font autant plaisir ! Si je prends le jeu vidéo, j'adore et si je prends le pull rouge, j'adore aussi ! Choisis pour moi ! »
L'enfant évite le risque de son choix et celui d'être à l'origine de sa frustration vis-à-vis du cadeau qu'il n'aura pas. Il s'élimine lui-même, la pensée toute préoccupée de son impossibilité à se priver, à «survivre au manque». Pas du cadeau, bien sûr, mais l'absence d'exercice du choix le met dans une passivité préférable à son propre dépit. Choisir serait prendre le risque de se séparer de ce qu'il aime et désire. Il dénie sa propre capacité et demande à la marraine de le faire pour lui, à sa place.
«Non ! À toi de me dire», seul moyen pour l'enfant de faire l'apprentissage du choix, dans la satisfaction que celui-ci procure, mais aussi dans la frustration et dans l'erreur possibles.
«Alors, ce choix ? Jeu vidéo ou le pull ?
– Je réfléchis.
– Dans une heure, je pars en course ; sans appel de toi, je n'achète rien.
– OK, je me lance ! Le pull.
– C'est parti ! »

Quand le doute apparaît chez l'enfant, c'est qu'il est dans un passage nécessaire sur le chemin qui l'éloigne de ce que ses parents attendent de lui, vers une autodétermination, inquiétante parce qu'il ne « sait » pas encore, faute d'avoir expérimenté ses propres choix. Ce savoir viendra avec la pratique mais ne peut aider l'enfant à choisir. Le risque est non seulement inévitable mais indispensable pour que l'enfant « goûte » le processus de sa pensée. Le doute l'introduit dans le « deux », moi et l'autre, ma pensée et celle de l'autre. Il est l'absence de certitude qui le sort de la sécurité maternante de ses parents pour l'initier à sa propre liberté de penser, de choisir sa pensée et l'expérimenter. L'enfant y est inévitablement plus seul, moins en sûreté. À ses parents d'accompagner ce mouvement, sans le presser de se décider, pour leur propre confort ou celui de l'enfant, et sans autre aide que leur satisfaction à le voir faire un pas vers sa liberté de pensée.

Doute encore mais, cette fois chez le parent quand celui-ci est dans l'impossibilité de se fier à ce que lui dit son enfant, soit parce que ce dernier ment contre toute évidence, soit parce que le parent ne dispose d'aucun point de repère fiable pour croire à ce qu'il lui raconte. Le doute le met alors dans un choix riche en émotivité : faire confiance malgré tout à l'enfant et risquer d'être trompé ou déçu, ou bien se méfier de lui et le surveiller. Or ce doute-là est par définition insatisfaisant puisque fondé, non sur l'aptitude du parent à choisir selon sa propre lecture de la réalité, mais sur celle de l'enfant, celle de l'autre. Ce parent attendrait-il de l'enfant qu'il le rassure par une attitude sécurisante ? Probablement, ce qui entraîne un excès de confiance ou de défiance en l'autre. Or le doute existe pour soi, pour que le parent prenne le risque de son choix et qu'il le fonde sur ce qui lui donne à lui de la sécurité et de la liberté.

« Je ne peux plus te faire confiance ! Tu as trahi la confiance que j'avais mise en toi !

– Il faut croire que tu as fait un mauvais placement !

– C'est tout ce que tu as à me dire ?

– Après une telle réponse, je ne peux rien ajouter de plus. La messe est dite. »

Et avec ce dialogue, la confiance bien abîmée, du moins celle placée sur l'enfant : le parent voit comme un danger le fait de se fier à nouveau à lui, s'en inquiète et lui en veut. Il oublie ainsi que son doute s'adresse à lui-même et l'appelle à faire son choix à lui face au comportement de l'enfant : réprimande ? sanctions ? réparations ? Seul son choix à lui permettra de restaurer la fiabilité de part et d'autre.

Sept ans, l'âge de raison

Âge d'être raisonnable selon les parents ou bien, plutôt, âge de raisonner, c'est-à-dire d'utiliser sa pensée pour agir. Sa pensée propre, pas celle de ses parents. Raisonner par et pour soi-même est en effet une aptitude qui s'est développée et qui, vers sept ans, arrive à maturité pour se manifester concrètement, pour peu que l'entourage accueille ce changement. Sept ans est donc, non seulement une date anniversaire, mais aussi une occasion de fêter un passage entre la dépendance du petit enfant, nécessaire puisque seul foyer de sécurité, et la sensation d'indépendance que confère le pouvoir de se penser soi.

En effet, pendant sept ans, la sécurité de l'enfant échoit essentiellement à la mère, et aussi la fonction maternante des adultes qui pensent pour lui, non seulement ses besoins fondamentaux, mais aussi tout danger potentiel. Il est pensé par son entourage par nécessité bio-logique. Dans certains pays comme l'Indonésie, la tradition voulait même que l'enfant ne puisse toucher le sol avant ses deux ans, âge auquel il était reconnu comme apte à fuir le danger éventuel ; la mère et l'ensemble de la famille se relayaient pour le garder sain et sauf en hauteur, dans les bras ou dans un hamac.

L'âge de raison devient, dans cette perspective, une occasion de fêter l'entrée de l'enfant dans l'art de penser, entrée aux débuts timides souvent, dans l'abstraction, à commencer par celle de s'abstraire de la pensée de son entourage. Passage vécu comme un risque, un manque à combler : manque de la mère rassurante qui par sa présence et son savoir rassure l'enfant dans son besoin de sécurité. Or, tant que ne se fait pas le passage sur sa propre pensée, l'enfant reste, par nécessité bio-logique de sécurité, en relation de dépendance, voire fusionnelle avec sa mère ou son entourage. Jusqu'à cet âge de raisonner, il ressent dans son corps nombre d'informations, internes et externes. Ce ressenti est « brut », éprouvé mais non encore pensé. Ce n'est que parvenu à ce stade de maturité cérébrale que la « dé-fusion » avec l'entourage peut s'effectuer petit à petit. On nomme ce processus la liberté de penser : l'enfant devient capable de penser les sensations qu'il ressent. Il cesse de les subir dès lors qu'il se sent apte à exercer sur elles sa pensée. Le voilà capable de lire le « grand livre du monde ». C'est du reste à cet âge que l'enfant maîtrise la lecture, après le déchiffrage fastidieux du cours préparatoire. La lecture et avec elle l'écriture sont ce qui sépare l'enfant de l'élève : le petit, en grande maternelle et en CP, n'est pas encore celui qui s'élève mais est en passe de le devenir ! À sept ans, il se sent grandi par sa capacité à déchiffrer ce qui l'entoure, libéré de la traduction de ses parents.

Naguère, le passage était objectivé par la sortie du garçon du gynécée des femmes : il entrait dans le monde des hommes, y perdait la sécurité mais y gagnait un apprentissage de leur virilité. Les filles, quant à elles, entraient dans le monde des jeunes filles et étaient initiées aux tâches des femmes : elles y perdaient aussi la sécurité mais y gagnaient un apprentissage de leur féminité. Ce passage se vivait concrètement, dans la réalité, dans la confrontation avec des situations nouvelles et inconnues.

Aurions-nous perdu ce sens de l'initiation dans notre époque plus préoccupée des résultats que du cheminement ? Et si l'éducation avait besoin de ritualiser ces passages pour aider l'enfant à donner sens à ce qui lui arrive de l'intérieur de lui-même ? Ces changements sont en effet indépendants de l'enfant : la « faute » en est à sa maturité cérébrale, à cet ensemble de liaisons neurologiques qui en sept années l'ont amené à... penser, à s'abstraire de la pensée des autres pour découvrir la sienne. Il ne demande qu'à en faire l'expérience, pour peu que l'entourage le laisse pratiquer, voire, encore mieux, lui en fournisse le cadre. Le cadre et non les moyens, car ceux-là, il les possède potentiellement qui aspirent à se manifester.

Qui d'autre que les parents peut favoriser cette fête de l'âge de raison de l'enfant ? À condition que ceux-là se sentent au clair avec leur propre histoire, ce qui va dépendre de la façon dont eux-mêmes ont effectué ce passage. Les sept ans de l'enfant sont donc une belle occasion pour eux de faire le point. Et même si le processus de sécurité relève plus de la fonction maternante et donc plus de la mère, le père lui aussi trouvera dans cet anniversaire le prétexte pour s'interroger quant à sa propre libération de pensée vis-à-vis de son entourage, l'ancien comme l'actuel. À défaut de cette mise au clair, la réaction parentale à la maturité de l'enfant risque d'être paradoxale car défensive. Peur que l'enfant ne s'éloigne, qu'il ne lui arrive quelque mal, qu'il ne sache pas se sortir des difficultés à venir, colère vis-à-vis d'un changement qui prive le parent d'une autorité absolue, qui le prive d'une reconnaissance sans faille, tristesse d'une époque qui s'achève pour un avenir dans lequel le parent se sent moins utile. Autant de symptômes qui racontent l'histoire des parents et qui risquent de peser sur l'enfant en obérant son aptitude à penser pour et par lui-même.

> Quelques pistes pour procéder à ce passage. Pourquoi le parent n'en profiterait-il pas pour :
>
> – Raconter ses sept ans, comment ce passage s'est effectué, ce qu'il y a découvert et ce qui lui a manqué.
>
> – Organiser une vraie cérémonie qui permette à l'enfant de se sentir introduit dans le monde de ceux qui sont aptes à utiliser leur pensée et qui lui donne à éprouver la différence entre avant et après : première soirée théâtrale, premier livre de « grand », première soirée entre hommes au match de foot, premier repas pris à la table des adultes, texte écrit par les parents pour signifier le chemin parcouru jusqu'à cette aptitude…
>
> – Réaliser, matérialiser l'éloignement de la pensée de la mère, source de sécurité certes mais de risque d'étouffement aussi, afin que cette distanciation prenne corps. L'enfant a besoin que le « je cesse de penser à ta place » du parent devienne effectif et soit comme un cadeau pour lui. C'est ce que fit cette mère qui, un matin, laissa partir son fils, très oublieux et très dépendant de sa maman, à l'école sans son cartable ; un autre jour sans ses clefs. L'enfant avait neuf ans et se souvient de ces événements comme de « bonnes leçons », pour lui qui était toujours dans les jupes de sa mère. Celle-ci, grande anxieuse, avait prévenu sa voisine de l'oubli des clefs, au cas où… Ce soir-là, l'un et l'autre se félicitaient du passage initiatique qu'avait été pour les deux cette prise de risque. Les sept ans avaient été décalés dans le temps…
>
> – Concrétiser aussi le changement dans la vie quotidienne de l'enfant pour que celui-ci fasse aussi cadeau à ses parents de sa capacité à penser par lui-même, en le confrontant à une situation nouvelle pour lui et jusqu'alors pensée par ses proches : choix de l'habillement du matin, choix dans sa façon d'organiser son travail, choix dans la quantité de nourriture à table, choix avec ses parents du rythme des week-ends quand les parents sont séparés, autant de petites et grandes actions qui sont à la source de la capacité de l'enfant à se fier à lui-même et donc à la source de sa confiance en lui.
>
> Parents, à votre imagination pour concrétiser ce passage !

Car tel en est l'enjeu : la confiance en soi se bâtit sur la sensation de pouvoir se fier à sa propre pensée, comme on peut se fier à son propre corps quand il est ressenti apte à être un lieu de sécurité et de liberté possibles. La confiance fonctionne alors comme la marche : pour avancer, le corps se porte en avant, à la limite du déséquilibre, et le pied arrière ne lâche prise que parce que le pied avant prend prise sur le sol. En courant, le corps se trouve même suspendu dans l'air quelques fractions de seconde à chaque foulée. Et pourtant, ça fonctionne !

L'art de la discussion ou parler le corps

Être, c'est être en relation. Thème cher à tous ceux qui réfléchissent à la nature de l'individu comme à celle de la collectivité. Relation au monde extérieur, relation à soi, mais surtout, dans l'esprit de tous, relation aux autres, à commencer par la relation parent-enfant, lieu identitaire par excellence. Au point que le terme de communication, qu'elle soit verbale ou non, est devenu prépondérant dès qu'est abordé le sujet : « Dis-moi comment tu communiques et je te dirai qui tu es. » L'enfant est d'abord parlé par ses parents avant d'accéder à la parole, mais c'est toute une histoire pour lui que d'accéder à sa parole. Comment l'accompagner ?

Appartenance et différence se font l'écho l'un l'autre

L'un et l'autre besoin viennent interpeller l'enfant dans son identité, dans son aspiration à être reconnu comme membre à part entière d'une famille et aussi comme membre différent des autres. Durant des années, il va tâtonner, s'égarer, préciser et se heurter à son entourage pour discerner son identité à lui. Il découvrira que la différence isole et ressemble au rejet lorsqu'elle est vécue sans appartenance au groupe, comme l'appartenance annule l'identité si l'on ne peut y admettre sa différence.

L'enfant, à son arrivée au monde, est le petit de ses parents. Son nom et son prénom lui sont donnés pour sa vie entière, déterminés par sa famille et les lois de la communauté à laquelle il appartient. Privé de cette reconnaissance, il devient un orphelin, mot qui signifie, dans son étymologie, privé de vue, aveugle. Comme si le regard des parents posé sur l'enfant lui permettait de voir, de se voir. Les premières années sont souvent ponctuées de mots de valorisation et de fierté : les premières dents, les premiers gestes, les premiers sourires, les premiers mots sont accueillis comme autant de prouesses par des parents admiratifs qui en oublient que l'enfant répond, certes, à leur sollicitation, mais surtout à la satisfaction de ses propres besoins. L'enfant est leur enfant, celui dont ils reconnaissent la voix ou les pleurs parmi d'autres enfants. Ainsi est nourri le besoin d'appartenance qui garantit le lien, la relation qui évolue du biologique à l'affectif. Tant que demeure ce sentiment d'appartenance, l'enfant est protégé de la peur du rejet qui signifierait pour lui la cécité, comme Œdipe se crève les yeux faute de pouvoir se reconnaître après la découverte de son crime. Avec l'âge, la fratrie, l'école, les premières confrontations, mais surtout les premières sensations de rejet par le même environnement affectif viennent aussi les premières occasions de révéler ses différences. Et avec elles les premières discussions, les premiers dangers identitaires.

C'est une fois l'aptitude à penser mieux maîtrisée que l'enfant découvre son aptitude à argumenter : il s'essaie à manifester verbalement son point de vue qui peut être identique à celui de ses parents, ou différent. Il trouve, dans sa façon de regarder le monde et les autres, matière à s'affirmer. Essais timides au début car le danger est grand de se priver du sentiment rassurant de l'appartenance. Pourtant, le futur adolescent se lance et expérimente sa parole comme osant être la sienne et différente de celle des autres. Il cherche encore à se protéger du rejet en rejoignant un autre groupe, celui des copains et des copines avec lesquels il partage la même traversée difficile, car pleine d'inconnus. Son corps s'en mêle qui, lui aussi, subit des changements impossibles à maîtriser et le font grandir parfois même douloureusement. Les premières manifestations de la sexualité peuvent être vécues comme un traumatisme par certains, une violence qui les arrache à une reconnaissance acquise. Le voilà identifié femme ou homme, sans qu'il sache encore, faute de l'avoir expérimenté, ce que signifie ce qualificatif. Il quitte un état, certes restrictif mais confortable, pour aller à la découverte d'un lui-même qu'il ne connaît pas encore. La crise d'adolescence est d'abord une période éprouvante pour l'enfant, tant il est tiraillé entre la peur du rejet et son besoin de déterminer ses différences, d'acquérir son autonomie, c'est-à-dire de s'autonommer ! Avec la puberté, l'enfant quitte un lieu sûr et connu pour un même lieu… nouveau.

Entre les deux pôles, la parole. Le langage, verbal et non verbal, est un pont qui relie l'enfant avec son entourage, lien qui attache ou qui détermine selon son usage, selon l'émotion de l'enfant et de ses parents dans ce processus d'identification qui consiste à être « comme » sans être « pareil ». Le parent est inévitablement éclaboussé par son propre processus, sa propre histoire ainsi révélée, parfois avec violence, par les paroles de « son » adolescent. Il a hâte que la crise se termine tout en anticipant avec peine cette même fin qui ferait de son enfant un adulte. Car c'est bien un adulte qui sort de la puberté ! La façon dont nous éternisons l'âge de l'adolescence et la différencions est récente et date de la fin du XIXe siècle. Auparavant, un même mot : *adolescere*, signifiait « grandir » et était employé dans son participe passé *adultus*, c'est-à-dire qui a fini de grandir. L'adolescent d'aujourd'hui est donc l'adulte d'hier ! À cette époque, le mot signifiait « jeune homme inexpérimenté et naïf ». Au XXe siècle, le mot adulte acquiert sa maturité psychique, et celui d'adolescent se voit employer quel que soit l'âge, pourvu qu'il y ait « crise ». Tout simplement parce que le processus d'identification doit avoir lieu, non seulement dans le corps grâce à la sexualité mais aussi dans l'esprit et la parole.

Ce processus ne naît pas à l'adolescence mais est bâti sur les années qui la précèdent. Le parent lui-même devra donc évoluer de l'appartenance à la différence. Ses mots peuvent traduire ce changement : du « J'ai un enfant », parole de possession, à « Mon fils ou ma fille est », parole de reconnaissance, jusqu'à son nom propre, parole de respect, le parent peut accompagner l'enfant dans la maturité de son identité. À défaut, la confusion demeure et l'enfant a du mal à se discerner de son entourage, demeurant inclus dans le groupe familial, en lutte contre lui pour se différencier sans être rejeté pour autant. La discussion devient alors conflictuelle car l'identité est menacée.

Parler la menace

Penser la menace ne suffit pas. Grâce au langage, la communication établie gagne en précision et en valeur. Et avec elle celui qui émet le message et qui s'affirme en parlant. C'est probablement cette menace sur la survie des individus et du groupe qui a favorisé l'utilisation du langage.

Aujourd'hui où l'utilisation de la parole est une évidence, où la langue est travaillée dans sa dimension intellectuelle plus que dans sa fonction protectrice et identifiante, est-ce un hasard si naît à l'adolescence un néolangage propre à cette tranche d'âge ? À croire que la formation de sa différence nécessite le recours à une forme langagière différente, comme si la langue courante ne recelait pas une variabilité suffisante ou, plutôt, comme si les adolescents ne parvenaient pas à utiliser leur langue maternelle à leur façon, sans la déformer. Et si cette attitude était due à un manque d'être dans la parole des parents, trop happés par leur propre histoire et leur difficulté à s'identifier eux-mêmes, au point de ressembler à leurs enfants ? Or l'absence d'un discours clair et précis de leur part prive l'enfant de son aptitude à s'identifier sans avoir recours à l'émotion violente de la lutte.

« J'ai vu le père de ton copain et il m'a dit que vous aviez tiré avec un pistolet à plomb dans le jardin !
– C'est pas moi.
– Ne mens pas ! Tu me déçois beaucoup en ne me disant pas la vérité et tu aggraves ton cas.
– De toute façon, mon compte est bon, quoi que je dise ! Qu'est-ce que ça peut te faire ! Tout le monde a tiré ! Oh, et puis tu es vraiment trop ch... »

Là s'arrête la communication, faute d'écoute et de paroles dans lesquelles l'adulte et l'enfant pourraient se reconnaître mutuellement et là commence l'usage du TU qui détermine l'autre comme autre que soi pour ne pas appartenir à l'image que cet autre se fait de soi. Ce TU vient repousser l'autre sur son territoire, loin, à distance ou simplement différent du nôtre, mais, ici, dans la lutte et avec violence. À ce titre, l'usage de ce pronom personnel utilisé par le parent pour interpeller son enfant participe à la construction de son identité en lui attribuant sa différence. À condition qu'il ne réduise pas l'enfant à l'émotion, à la frustration du parent. La parole, alors, est détournée de sa fonction initiale, celle d'identifier celui qui parle pour que l'autre le reconnaisse. Reprenons un autre dialogue :

« Ce n'est pas moi.
– Quand tu dis ça, ça me met en rage ; je viens te parler et je fais de mon mieux pour te comprendre, mais quand je t'entends me dire ça, je n'ai plus envie de te parler.
– De toute façon, pour ce à quoi ça sert !

– Je préférerais discuter avec toi plutôt que de retomber dans nos vieilles disputes. Pour ça, j'ai besoin de toi. À défaut, on retrouve la technique habituelle de la punition sans commentaires.
– C'est-à-dire ?
– Classique : privé de vélo et de télévision.
– Qu'est-ce que tu as besoin de savoir ?
– Ce qui s'est réellement passé !
– Eh bien, j'étais avec... »

La parole est venue désamorcer la violence en permettant à chacun de se nommer dans ses actes. Une parole directe, fondée sur le JE et dans laquelle le TU ne sert qu'à restituer à l'autre sa part visible : le père n'est pas aveugle et il a lui-même une identité adulte qui lui permet d'interpeller celle potentielle de son fils. La menace sur l'identité, ici être reconnu comme ayant fait une bêtise, être stupide et décevoir, est conjurée par les mots qui ouvrent et qui respectent sans pour autant nier ou dramatiser le comportement de l'enfant. Chacun se retrouve. L'identité des deux en est fortifiée.

Ce qui pouvait être pensé pour assurer le besoin de sécurité et de liberté devient parlé pour satisfaire le besoin identitaire. À ce titre et non pour des raisons de valeur intellectuelle, par ailleurs fort valables, l'exercice de la fonction langagière est fondamental : entraîner l'enfant à l'usage du mot juste pour traduire sa pensée, lui demander de définir son point de vue jusqu'à ce que l'entourage comprenne et non de façon approximative, lire les mots des auteurs et leur façon unique d'exprimer leur opinion, enrichir son vocabulaire de formules imagées, métaphoriques ou détaillées, lui faire préciser sa pensée et oser l'exposer face aux autres, autant d'exigences qui participent à l'identification de l'enfant. Autrement dit à sa distanciation vis-à-vis de son entourage dont il serait tenté de reproduire le langage pour en être reconnu sans s'en différencier. À défaut, cette distinction risque de se faire dans l'urgence et la violence d'un néolangage qui rompt, sans retour, tout lien, voire tout échange. Le TU prend la place du JE pour faire exister l'identité, mais alors contre le parent et non avec lui.

La parole, qui nomme celui qui parle, permet à celui qui l'entend de se nommer à son tour. C'est ce qu'attend l'enfant de ses parents. Avoir un langage clair, c'est parler en son nom, utiliser des mots adaptés à la situation et vérifier que l'enfant a entendu et compris le message. Cela est la responsabilité de l'adulte.

Savoir avec l'autre

Rappelons que ces lignes ne s'adressent pas au cadre scolaire mais à ce qui est vécu à la maison, entre parents et enfants. Précision importante car, dès qu'il est question de « savoir », les regards se tournent vers l'école et « oublient » que l'identité est affaire de famille ! Cette confusion est à l'origine des repas au cours desquels on parle « boulot » et pas suffisamment de soi, de ses sentiments ou de ses expériences, au travail ou ailleurs.

Comment la parole, le langage, la communication participent-ils à la construction de l'identité de l'enfant ? Par quels processus mentaux passe cette élaboration ? Par quelles voies et quelles voix le JE prend-il de la valeur ?

« Parler » implique un « autre que soi », voire un groupe. Un émetteur sans récepteur est une coquille vide. Le manque d'écoute vraie et authentique crée chez celui qui parle une frustration : l'autre, même présent physiquement, même dans ses réponses, peut être absent s'il n'est pas incarné dans ses propos. L'autre, unique s'il s'agit d'un individu, ou bien le groupe, regarde et écoute celui qui parle qui d'emblée se sent devenir quelqu'un, un Homme qui prend sa place dans la communauté des Hommes, avec ce « H » qui lui donne sa dignité. L'enfant commence à expérimenter ses premiers mots vers deux ou trois ans et c'est à cet âge que les psychologues lui reconnaissent les premières perceptions de son « moi », c'est-à-dire la sensation d'être autre que sa mère, son père et son entourage. La différence commence là. Et, pendant des années, il construit dans le face-à-face son identité : il apprend que les autres sont autres que ce qu'il attend d'eux et qu'il est autre que ce qu'ils attendent de lui !

L'échange de parole, pour produire de l'identité, doit-il secouer ceux qui parlent, voire casser ce qui les attachait l'un à l'autre ? À défaut, ni l'un ni l'autre ne se retrouve, faute d'authenticité. La discussion, qui signifie « cassure par secousse », est une occasion de mesurer avec satisfaction ce qui différencie et ce qui réunit, d'évaluer cet espace et de l'apprécier. Occasion aussi pour le parent de se préciser à lui-même sa propre identité face à ses parents à lui. Ainsi ce père qui n'osait pas « avouer » aux grands-parents de sa fille les piètres résultats scolaires de celle-ci, sous prétexte que cela allait les chagriner !

« Eh alors, je ne vois pas le problème. Je sais que mamie et papy m'aiment et ne m'en voudront pas ! Mais pourquoi ne peux-tu faire face à tes parents et leur parler de mes résultats ? » pourrait demander l'enfant devant son père. « En quoi mes piètres succès te font-ils honte à toi ? As-tu peur que tes parents t'en veuillent de n'avoir pas réussi ta fille ? As-tu peur d'être différent de ce que tes parents sont censés attendre de toi ? Te sens-tu encore un enfant face à eux ? »

Qui dit « parole » dit « savoir », un terme qui introduit l'idée d'une aptitude à discerner, à distinguer. À se déterminer ? Le mot à son origine signifiait « avoir de la saveur ». Le savoir serait-il affaire de goût plus que d'intelligence intellectuelle ? Y serait-il question plutôt de distinguer dans l'information reçue ce qui a de la saveur pour soi ? Le goût est l'un de nos cinq sens, celui que l'on dit érodé par l'habitude, réservé à l'art, à l'esthétique ou encore défini par ce qui est reconnu comme « bon », et le voilà qui réapparaît dans la construction identitaire. « J'aime », « je n'aime pas », participent directement à la définition de l'enfant. Sa parole précise ce qu'il aime, bien avant de pouvoir en préciser les raisons, et ainsi il se reconnaît. Le savoir qui inaugure ses savoirs futurs commence par la précision de ce qu'il aime, pas de ce qu'il devrait aimer pour faire comme ou pour faire plaisir.

« Qu'as-tu aimé dans ce livre et qu'est-ce que tu n'as pas aimé ? » Voilà le début d'une discussion dans laquelle chacun aura l'occasion de se distinguer et de se rapprocher, peut-être. Ce savoir-là est loin apparemment de l'érudition demandée à l'école, loin du savoir-vivre poli, loin aussi de la transmission des connaissances, mais il ne leur est en rien opposé. Au contraire, il est leur fondement : quand l'enfant se sent reconnu dans son savoir à lui, dans ce qui a goût pour lui, il est ouvert pour écouter ce qui a goût pour l'autre. Quand l'adulte le respecte dans sa spécificité, l'enfant est prêt à respecter autrui. « Aimer ceci » ne signifie pas que l'enfant va « ne plus aimer que cela » mais qu'il se reconnaît lui, qu'il se définit et se distingue. En s'entendant parler de lui à ses parents, il développe son savoir personnel et se prépare à en accueillir d'autres.

Ainsi peuvent se bâtir deux piliers du processus mental qui contribuent aussi à l'identité : la réflexion et la mémoire. La réflexion est bien plus qu'un acte intellectuel ; elle est un écho, un reflet fondé sur l'effet produit en soi par les informations reçues. Là aussi elle est affaire de saveur puisque la réflexion tient compte de ce que nous avons aimé et conservé de ces informations. Quelle illusion d'imaginer que l'enfant, dans sa réflexion, ait à se priver de ses sentiments et de ses goûts, voire de ses émotions ! C'est justement sur eux que se crée son identité, sa particularité à lui. Dans son intimité se forme l'écho, spontané sous l'aspect de l'intuition, ou déductif sous celui du raisonnement. Les deux lui sont utiles, même si l'une semble plus « étrange » que l'autre dans nos habitudes culturelles. Il n'en a pas toujours été ainsi et la spontanéité n'a pas à rougir devant le raisonnement. Quant à la mémoire, elle est le processus qui assure à l'enfant son histoire personnelle. « Qu'as-tu retenu de ta journée qui t'a plu ? » Et voilà l'enfant qui relit le film des heures qui se sont écoulées, retrouvant les situations, les mots, les émotions et les silences, qui fait le tri, distinguant ce qu'il a aimé et ce qu'il préfère oublier, et restituant à son parent en quelques mots ce qu'il garde en lui comme « bon pour lui ». On est loin de la rédaction ou de la poésie, on est juste à l'écoute de l'enfant dans la construction de son histoire, de sa mémoire.

Ainsi, le JE prend sa place, sa valeur face à son parent. Celui-ci n'a pas forcément à descendre de son piédestal sur lequel l'a mis l'enfant, par nécessité bio-logique ; il suffit qu'il écoute et regarde l'enfant grandir jusqu'à sa propre hauteur, avec reconnaissance.

Bénéfice du jugement

Le jugement est le système d'alerte de la recherche d'identité comme le doute est celui de la recherche de sécurité. Symptôme de lutte, efficace quand centré sur l'autre, inefficace quand centré sur soi avec son cortège de mésestime, le jugement est donc un appel à parler en son nom, à se préciser, à se prononcer soi face à l'autre. Au risque d'entrer en conflit et que la discussion ne devienne dispute, voire bataille ? Peut-être… Sauf si l'on entend dans le jugement le besoin dans l'urgence pour l'enfant de se distinguer du parent, de se reconnaître et d'être reconnu à sa juste valeur. Alors le jugement cache la distinction, vécue comme une menace de rejet. Et, pourtant, le besoin d'identité pousse l'enfant dans cette voie, dans sa voix qui enfle et tranche, critique, dévalorise le parent pour lui-même plus que contre eux. Le jugement lapidaire qui tombe et qui fait mal, tente de trancher un lien qui retient, qui donne une identité « toute faite », une étiquette dénuée de valeur puisque pas encore incarnée. Parents, veillez à ce que vos compliments soient justes et non excessifs, adaptés à la réalité de ce que l'enfant a effectué et non à votre fierté ou à votre soulagement quant à ses capacités ! Veillez autant à vos reproches, ceux qui renvoient l'enfant à ce qu'il devrait être plutôt qu'à ce que, précisément, il a fait. C'est le plus sûr moyen pour que l'enfant accède à son aptitude à juger, c'est-à-dire à évaluer par lui-même et à définir sa propre valeur.

Le jugement prend dans l'état de lutte une fâcheuse tendance à n'être que condamnation, reproches, image négative et dégradée de soi et donc par nécessité défensive, de l'autre. Or le jugement est d'abord une aptitude à exprimer une opinion, un avis ou ses sentiments. Il est une façon de voir, un arbitrage qui permet de se préciser soi et son identité. Il fait partie de la panoplie indispensable à l'enfant pour s'édifier, pour se séparer du regard de ses parents qui ont pris l'habitude de l'identifier à leur manière.

> À treize ans, Élodie est discrète, voire effacée. En accompagnant sa mère chez une amie, elle en vient à donner son avis sur un sujet d'actualité. Aussitôt, sa mère l'interrompt, lui signifiant qu'elle n'a pas à juger et que, de toute façon, elle ne sait pas tout. Quelle ne fut pas la surprise de la jeune fille d'entendre l'amie rétorquer : « Je ne suis pas d'accord avec ta maman ! J'aime que tu sois critique. C'est une grande qualité que tu pourrais cultiver. N'écoute pas les adultes qui te demandent des critiques constructives ! Commence par critiquer. Si tu ne le fais pas, il n'y a rien de nouveau à construire. » Élodie se souviendra longtemps de cette marque de reconnaissance.

Qu'arrive-t-il au parent quand il se prive de son propre jugement vis-à-vis de l'enfant ? Il perd son autorité et n'accorde plus de valeur à son point de vue. Perdu dans celui de son enfant, ou dans sa propre enfance, il ne tranche plus et n'est plus libre d'arbitrer, de dire ce qu'il sait. C'est alors qu'il se met en lutte et que le jugement devient défensif, et donc offensif pour l'enfant.

Au bénéfice du jugement, comme au bénéfice du doute, deux fonctions capitales qui permettent à chacun de se grandir dans le face-à-face, il n'y a pas condamnation sans appel mais rappel à la loi bio-logique. Occuper son territoire, pas plus et pas moins.

Quatorze ans, l'âge bête...

On ne croit pas si bien dire en parlant de l'âge bête si, par là, sont évoqués les changements inhérents à l'apparition de la sexualité, à commencer par celle des poils qui recouvrent le pubis du jeune homme et de la jeune fille ainsi que le visage des garçons. Comme chez les mammifères. Du reste, puberté vient du mot *pubes* qui signifie poil (qui caractérise la puberté). Mais l'image valorisante s'est perdue au profit d'une autre nettement plus dégradante. Dommage !

La sexualité inscrit dans le corps LA différence, c'est-à-dire la distinction entre fille et garçon, entre femme et homme. À la puberté, ce qui auparavant était découverte, jeux, rires et mystère, devient « sérieux » : l'enfant se sent engagé, malgré lui, dans son identité, définie par son sexe. Si le mystère de l'autre sexe que le sien demeure et ne peut que demeurer malgré la chute des tabous, les jeux changent d'expressions avec la capacité à enfanter, et donc la reconnaissance à sortir soi-même de l'enfance et à devenir adulte. Est-ce pour atténuer cette responsabilité que le terme « adolescent » est venu se glisser, tel un tampon, entre l'enfance et l'âge adulte ? Et si, plutôt que de craindre voire de repousser cette entrée dans la vie de femme et d'homme, les parents permettaient à l'ex-enfant de fêter avec eux ce nouveau passage, inventaient un rituel et lui donnaient à vivre une initiation ? N'est-ce pas cette reconnaissance dont a besoin l'enfant pour ne pas éterniser son statut de « dépendant affectif et matériel » qui fait de lui un « Tanguy » au long cours, un « éternel » assisté ?

Les rituels initiatiques existent depuis longtemps dans toutes les sociétés du monde, sous des formes variées, selon les coutumes, les climats et les besoins de la collectivité. Dans les villages où l'intégrité de celle-ci nécessite des hommes forts et intrépides, l'initiation se faisait au travers d'une épreuve, de chasse en forêt ou autre, dangereuse, solitaire ou parfois en petit groupe du même âge. Les jeunes femmes, elles, étaient considérées, dès l'apparition de leurs règles, comme faisant partie de la communauté des femmes, donc à respecter comme telles. Pour tous, les adultes avaient le devoir d'organiser une fête : l'introduction dans ce nouvel âge de vie était, en effet, considérée comme un bienfait, un honneur et valorisée par tous. Qu'avons-nous fait de ce regard, nous qui décrivons cet âge comme des mois de « galère » à traverser, une crise à passer, pénible, voire dangereuse ? Oublierions-nous l'essentiel, l'enjeu identitaire qui se joue vers l'âge de quatorze ans ? Ou plutôt qui trouve alors sa conclusion en terme de transmission parentale et aussi son commencement en terme de manifestation individuelle ?

Car cette identité a été bâtie sur les quatorze années qui viennent de s'écouler, pendant lesquelles l'enfant a été nourri par la reconnaissance de ses parents. Arrivé à l'adolescence, le voilà en âge de manifester les effets de cette nourriture ou plutôt sa qualité nutritionnelle. Il va « faire avec » ce qu'il a mémorisé de sa valeur, de son histoire et de celle de sa famille, et avec ce qu'il en a réfléchi.

Sébastien a quinze ans. Son père le trouve insupportable mais tolère quand même les réactions de son fils, au nom de « Je ne peux pas lui en vouloir, à son âge, j'étais pire ! Il faut dire que, moi, mon éducation s'est faite à coups de taloches avec une mère à laquelle je ne pouvais pas me confier car ça la faisait immédiatement pleurer. C'est du reste la raison pour laquelle j'ai rompu avec toute ma famille, pour épargner cette ambiance de fous à mes enfants ! ». Sébastien, lui, se sent cul-de-jatte. « Vous comprenez, il y a tout un pan de ma famille qui manque chez moi, tout un côté que je ne connais pas et qui est remplacé par les mots de mon père "Croyez-moi, c'est mieux pour vous !". Nous, avec mon frère, on l'a cru évidemment. Mais, aujourd'hui, je lui en veux de continuer à se taire. Je ne comprends pas pourquoi il persiste à nous cacher des choses et je me dis qu'il doit y avoir un truc terrible. J'aimerais que ce soit lui qui me le dise, plutôt que ce soit moi qui, un jour, fasse la démarche. Peut-être que ça me fait peur aussi de savoir. »

Car la pénétration dans l'âge adulte réclame l'intégrité de l'histoire familiale quand elle est possible. Quand elle ne l'est pas, pour des raisons de ruptures ou d'abandon, connaître les circonstances rend possible un travail d'intégration pour « vivre avec le manque », c'est-à-dire cesser de le subir. Ce savoir transmis permet à l'enfant de se reconnaître comme apte à faire, par et pour lui-même, son point de vue, son opinion propre, gage de son « nouveau » statut. L'absence de transmission le maintient dans le statut de « petit ».

Comment faire de l'adolescence une fête de passage ? Puisqu'il s'agit d'y inscrire l'identité, dont l'identité sexuelle, donc la différence des sexes, les parents pourraient commencer par se séparer eux-mêmes pour authentifier cette distinction. Aux mères de ritualiser le passage de leur fille ; aux pères de ritualiser celui de leur fils. À défaut, les tantes, les oncles ou tout autre très proche pourront organiser la fête. Il s'agit que le moment se passe entre femmes ou entre hommes. Pour elle ? Pourquoi pas à l'occasion de ses premières règles un grand dîner au féminin, avec des femmes de plusieurs générations qui raconteront à la nouvelle venue leur propre adolescence, leurs bonheurs et les soucis, les découvertes et leurs manques, leurs peurs et leurs joie, et pourquoi pas qui lui offriront un présent pour symboliser ce moment. Pour lui ? Pourquoi pas une sortie entre hommes là aussi de plusieurs générations, lui transmettant leurs expériences, leurs histoires de « mecs », leur satisfaction à savoir lire une carte routière quand les femmes en sont « incapables ». Parents, à votre imagination ! Pourvu que cette fête vienne interrompre le statut initial pour introduire le jeune dans un autre statut, dans lequel il va être reconnu comme apte à prendre des responsabilités pour lui-même. L'éloignement des parents et la découverte de la vie en collectivité grâce aux séjours en colonies de vacances ou, en tous les cas, dans un cadre nouveau et étranger lui permettront de se confronter aux autres et d'acquérir une meilleure estimation de lui-même et des autres. Et ainsi à se préparer pour devenir, à ses dix-huit ans, un adulte responsable pénalement devant la loi des hommes et des femmes.

Quatorze ans, l'âge de définir son territoire, de l'occuper face à l'autre, aux parents. Âge dans lequel la tentation est forte, plutôt que d'occuper sa place par la parole et la discussion, de lutter contre ceux qui l'ont occupée pour son propre bien ! S'en prendre à eux d'être ou d'avoir été trop ou mal ou pas assez présents fait-il partie de l'apprentissage du « bon » adolescent ? Doit-il faire « sa crise » pour devenir un adulte « débarrassé » de ses parents ? Pas si sûr, car depuis qu'existe ce concept, force est de constater qu'il est des crises qui n'en finissent pas, qui sont auto-entretenues et qui ont comme fonction défensive d'éviter d'entrer dans l'âge adulte. Plus le jeune nourrit sa rancune de « tout ce que ses parents ne lui ont pas donné », moins il se donne la reconnaissance dont il a tant besoin pour lui. Fixé sur eux, il ne peut s'estimer lui-même. D'autres ne font pas de crise du tout et les parents s'en félicitent. Mais la coupure a-t-elle été effectuée par eux pour lui ? A-t-il été introduit parmi les adultes de façon manifeste, officielle, au travers d'une cérémonie symbolique et néanmoins concrète ? À défaut, le jeune peut-il perdre son statut d'enfant de ses parents ? Sans doute aura-t-il à trouver à sa façon une expérience qui lui fera effectuer cette rupture.

Ainsi ce jeune garçon de dix-sept ans, sans problème avec les siens, qui est allé « au-devant » d'une situation violente qui l'initia brutalement au monde des adultes dont ses parents l'avaient excessivement protégé « pour son bien ». Sûr de son impunité et de la banalité de son geste, le voilà qui se « roule un joint » dans un lieu public. Des policiers le surprennent en flagrant délit. Il passe vingt-quatre heures au poste de police et y est confronté avec rudesse à la responsabilité de ses actes. La *dura lex, sed lex* lui est transmise sans ambiguïté. Prenant conscience qu'il est venu chercher « quelque chose » dans cette pénible expérience, il pourra l'intégrer dans son parcours « initiatique ». « Quand tu te retrouves à poil devant les flics, ça calme. On ne peut plus être le même. Enfin, moi, je ne peux plus être le même ! » La nuit au poste aura été sa forêt à lui, pleine de dangers, de peurs et de découvertes. Quand l'année suivante il prend la parole pour préciser ses choix d'orientation professionnelle, il est crédible. Les policiers lui ont transmis des règles, ce que ses parents n'avaient probablement pas osé et qui lui manquait pour se construire. La colère qu'il en a ressentie a été aussi son carburant pour se préciser plus tard lui-même face aux autres.

Quatorze ans est, rappelons-le, la conclusion d'un cycle identitaire, et plus particulièrement marqué par la dimension masculine. C'est dire si le rôle du père y est primordial, du père et des hommes qui sont amenés à entourer l'enfant et à éveiller chez lui ses particularités. Oncles, professeurs, auteurs, modèles auxquels s'identifie l'enfant héros, autant d'hommes ou de femmes qui vont, avec le père quand il est là, accompagner l'enfant dans l'évaluation de son savoir et dans la reconnaissance de ses aptitudes. Comme une plante vivante qui sait naturellement rechercher la lumière dont elle a besoin, l'enfant sait naturellement reconnaître ceux qui sont aptes à l'épauler sur son chemin. Et un « prof nul » est tout simplement un professeur qui ne correspond pas à ses critères alors que le « prof génial », lui, donne à l'enfant l'image de lui-même dont il a besoin pour grandir. Et le parent devrait savoir parfois passer la main à un autre qui saura mieux que lui reconnaître l'enfant, quand lui-même a du mal parce que l'attitude de l'enfant vient « résonner » sur ses émotions.

L'enfant éduqué dans ses besoins de sécurité et d'identité a toute sa vie pour se réaliser… On appelle ce long processus « faire sa vie ». Sauf que ce besoin de réalité d'être se nourrit dès la venue au monde pour que, la puberté accomplie, les premières années de vie adulte passées, il sache quoi faire de sa vie.

L'art du désir ou faire son corps

L'art de désirer fait-il partie des besoins fondamentaux pour se réaliser ? De quel désir s'agit-il après qu'a été évoquée la distinction entre désirer et aimer ? Que signifie une éducation qui tendrait à accompagner l'enfant dans la « création » de son corps alors que son corps est déjà une évidence pour lui et une réalité aux yeux des autres ? Ici, dans ce « troisième » besoin bio-logique, nous voilà au niveau de conscience qui place l'enfant dans un cheminement entre « Ce sont mes parents qui m'ont fait et sans eux je ne serais rien » et « Tout est en moi seul pour réaliser ma vie ». Cet accomplissement est le chemin de vie de chacun. Les parents, ceux qui ont « fabriqué » l'enfant et lui ont permis de naître, qu'ont-ils à transmettre pour que cette « réalisation de soi » consciente soit exprimée et tangible ? Pour que le désir ne devienne pas urgence à avoir mais mouvement à opérer ? Puisque ce processus est celui de leur fille ou de leur fils et, à ce titre, ne sera jamais le leur, ont-ils même quelque chose à transmettre de plus que l'apprentissage de la liberté dans la sécurité et de la différence dans l'appartenance ? L'expérience et l'observation des symptômes défensifs de repli sur soi nous amènent à répondre par l'affirmative. En tant que parent, on aurait tort de se contenter de reporter la réalisation de soi à un futur personnel à l'enfant devenu adulte : le processus se prépare tout le long de l'enfance et jusqu'à l'autonomie. S'y retrouvent des notions aussi abstraites, comme les valeurs morales et spirituelles de la conscience d'être, que concrètes, comme le projet et l'action.

Pour nombre de théologiens, le véritable péché consiste à ne pas faire de sa vie ce que l'on sait que l'on pourrait en faire. On le nomme en grec *adikia*. En termes bio-logiques, ce péché est justement l'état réactionnel de défense du repli sur soi : ne pas agir, ne pas mettre en pratique ni réaliser ce possible en soi. Cette émotion de vide, de tristesse, qui vient interpeller l'enfant sur son absence d'action, est là pour servir de source de conscience de lui-même en tant qu'être vivant, pouvant « faire quelque chose » de sa vie dans l'instant et l'événement présent, afin de bâtir son devenir. Un appel à exprimer son désir d'être dans sa réalité, celle de son corps et de ses forces.

Éveiller l'enfant à cette sensation de se sentir existant et exister, c'est lui donner à éprouver sa conscience d'être. Erich Fromm la définit d'abord par ce qu'elle n'est pas : « Il convient d'identifier deux formes d'être. L'une est en opposition à avoir, et exprime une relation vivante et authentique au monde. L'autre forme est en opposition avec paraître et se rapporte à la nature véritable d'une personne ou d'une chose, par opposition aux apparences trompeuses. » Être, dans son étymologie, signifie « se trouver ». Ni avoir ni paraître, voilà qui peut orienter le travail éducatif du parent.

La sensation d'être n'est pas dissociable de celle de mouvement, d'activité, de sens, c'est-à-dire de direction et de signification. Être contient du « devenir » au sens de « deviens ce que tu es », selon la belle formule de Socrate. Le changement et l'évolution feront donc partie intégrante de l'éducation de la réalité de soi. Ouf, voilà pour la philosophie ! Mais peut-on transmettre la conscience sans philosopher ? À en croire le succès d'ouvrages à la portée des non-initiés et des lycéens qui réclament l'enseignement de cette matière dès la classe de première, le concept, pour abstrait qu'il soit, sort de sa formulation hermétique pour revenir à sa finalité initiale : un art de vivre honnêtement sa vie. Alors, n'ayons pas peur de philosopher joyeusement et, surtout, de pratiquer et faire pratiquer la philosophie à nos enfants.

Harmonie et solitude se font l'écho l'une l'autre

Harmonie, le mot résonne comme un accord sans fausse note ; on parle d'une belle harmonie quand l'ensemble des éléments, musicaux ou autres, en jouant chacun selon leur partition, produit une unité cohérente. Mais quand « tout va bien, que tout est beau et à sa place », il n'existe précisément pas de place, dans cet accord « parfait », pour un « autrement ». Si celui-ci survient, l'intervention fait fausse note et renvoie une sensation de gêne et de culpabilité pour celle ou celui qui rompt l'harmonie réalisée ! Or l'enfant pour évoluer n'a d'autre choix que rompre l'harmonie familiale, interrompre l'image que ses parents attendent de lui et introduire quelque chose de lui qui dérange l'ordre établi. Le besoin de réalité d'être de l'enfant bouleverse la cohérence initiale du couple et son attente d'un héritier comme eux, comme ils en ont besoin pour eux. Si les premières années peuvent parfois renforcer l'harmonie, il vient un moment où la rupture s'avère nécessaire et la solitude indispensable pour lui ! C'est cette aptitude que les parents peuvent éveiller. Naturellement, c'est ce vers quoi tend l'enfant et ce qui le fait se replier sur lui-même, tant la perspective d'être sans eux lui renvoie une sensation d'inexistence et d'impuissance.

La sortie du cercle parental suppose en effet de renoncer à l'harmonie familiale, celle qui garantissait la vie : les parents ne lui ont-ils pas si souvent dit ou fait comprendre que sans eux il ne serait rien ? Parfois, ils ont inversé la phrase, arguant que, sans lui, ils ne seraient plus rien, et bien sûr l'enfant l'a cru. Après tout, c'est bien eux qui lui ont donné la vie. Comment croire que seul il arrive à faire, à se débrouiller, c'est-à-dire à sortir du brouillard dans lequel le met sa solitude ? Pourtant, sans la rupture de l'harmonie, sans ce renoncement, l'enfant n'accède pas à *sa* vie, à son aptitude à introduire de la vie, du mouvement, de l'histoire, du devenir dans sa vie.

Qui, si ce n'est le parent, pourrait lui dire que cette rupture a eu lieu dès l'enfantement, dès que l'ovule de sa mère a été fécondé par un spermatozoïde de son père puisque cette rencontre est déjà « hors nature », hors l'ordre immunitaire qui, logiquement, devrait rejeter l'embryon comme un corps étranger ? Pourtant le « miracle » s'accomplit et les savants ne savent toujours pas ce qui se passe. Ils constatent, comme tout futur parent, que ça se passe. La conception de l'enfant est déjà une rupture d'harmonie indispensable pour qu'il y ait vie nouvelle. Bien des années plus tard, la même rupture sera nécessaire pour qu'il réalise sa vie, chaque fois qu'il s'éloignera du monde connu et devra comprendre le monde nouveau.

Pour autant, l'harmonie brisée ne signifie pas anarchie et l'embryon n'est pas un cancer ! L'anarchie est un processus défensif inefficace qui témoigne de la difficulté à accéder à la solitude et traduit un désespoir à « devoir être seul » avec la tristesse douloureuse de n'être « rien » sans l'autre. Là se situent les deux tentations évoquées par Erich Fromm. La tentation du désir d'*avoir*, de posséder l'autre pour ne pas être seul, mais aussi celle de *paraître*, pour que l'autre, séduit, ne nous laisse pas seul et ne nous abandonne pas. Ce qui est à éduquer est la sensation même d'être, d'exister par et pour soi, ni plus ni moins, pour que sa propre présence au monde compte, et devienne source de désir, de mouvement et de motivation. De vie. Cette sensation trouve son origine dans le corps, encore lui. Le corps qui peut, qui sait et, en conjuguant l'un et l'autre, fait « quelque chose » pour créer de la réalité. Le repli sur soi vient alors témoigner de l'interdit à puiser, dans son corps, un mouvement qui restaurerait cette sensation.

« Je n'ai rien à faire, je ne sais pas quoi faire.
– Eh bien, ne fais rien !
– Mais si je ne fais rien, je m'ennuie.
– Tu t'ennuies ?
– Ce n'est pas marrant d'être là comme une potiche !
– Une potiche de quelle couleur ?
– C'est pas drôle, je voudrais t'y voir, toi !
– Moi aussi, ça m'arrive de me sentir toute seule.
– Et alors, tu fais quoi ?
– Je fais des trucs que je ne peux faire que seule.
– Comme par exemple ?
– À ton âge ou au mien d'aujourd'hui ?
– À mon âge.
– Je dessinais, je lisais, je rêvassais, je broyais du noir, je cherchais à comprendre pourquoi mes parents se disputaient, et puis je fabriquais des vêtements à mes poupées…
– Je n'y arrive pas.
– Peut-être que tu t'y prends à l'envers et que tu attends que quelqu'un vienne jouer avec toi. Fais dans l'autre sens, commence par faire quelque chose que tu choisis, même n'importe quoi, surtout n'importe quoi, qui te vient au bout des doigts et tu verras bien ce qui se passe.
– Je ne vois pas mais je vais faire un truc. »

Faire quelque chose de soi, pour soi, afin que naisse le désir de faire, cette logique semble à l'envers de ce que nous avons l'habitude de penser et de demander à nos enfants. Or la conscience naît de l'acte, la conscience est elle-même acte. Alors, ne privons pas l'enfant de ses tâtonnements, de ses erreurs, de son temps d'apprentissage à devenir lui afin qu'il apprivoise cette solitude, faute de quoi elle pourrait être vécue comme une menace d'abandon.

Agir avec la menace

Et non réagir, dans le repli sur soi, sous la menace.

Agir avec la menace, c'est s'adapter à une réalité, intérieure ou extérieure, vécue comme un danger sur sa vie physique et mentale, et évoluer avec elle. Agir devient alors une occasion d'employer et de déployer ses facultés, de façon personnelle et efficace, dans une situation vécue comme difficile et complexe. Sans implication ni action de sa part, la difficulté devient une situation dans laquelle l'enfant attend automatiquement aide, consolation et protection de la part de ses parents, ou plus simplement considération afin de ne pas éprouver ce qu'il redoute, à savoir la sensation d'abandon. Ou encore une situation que l'enfant vit comme incompréhensible et dont il attend d'eux des explications, du sens, une signification et une interprétation intelligible. À défaut, privé et frustré, son cerveau crocodile risque de l'entraîner dans un vécu d'isolement, bien différent du vécu de solitude et d'unité, ce qui le renvoie à un fantasme de « tout harmonieux » dans lequel il serait, enfin, tranquille et en paix... définitivement.

« Agir », le mot trouve dans son étymologie le sens de « pousser devant soi », « conduire », et, avec l'usage, « faire ». L'action contient donc dans le mouvement qui la caractérise, un pouvoir qui fait « pousser », qui fait grandir. S'agirait-il de « se pousser », de « se conduire », de « se faire » en faisant ? Selon le vieil adage, « c'est en forgeant qu'on devient forgeron ». « Pousser devant soi » physiquement et/ou mentalement pour explorer le territoire de ses aptitudes au-delà du connu et du facile. Car il ne s'agit pas d'actions répétées et automatisées mais d'actions à créer. Les premières sont déjà acquises et rien de nouveau n'est à comprendre ; les secondes sont à bâtir et contiennent de quoi se confronter, de quoi susciter des aptitudes nouvelles qui seront alors source de cette sensation de réalité d'être, naturellement désirée et au goût bien différent du soulagement à exister pour ou par l'autre.

Il est difficile pour l'enfant devenu adulte d'imaginer, et encore plus de se souvenir, de tout ce qu'il a pu faire, créer en lui pour s'adapter aux réalités physiques, relationnelles, scolaires, culturelles et même spirituelles qu'il a rencontrées en grandissant. Les réactions émotionnelles sont témoins de cette aptitude au choix « juste » de la survie, même suradaptées et efficaces, même sousadaptées et inefficaces, mais cherchant toujours à maintenir la vie. Il est dit que nous n'utilisons que dix à vingt pour cent de notre potentiel cérébral, que nous pourrions créer beaucoup plus grâce à notre capacité à multiplier les connexions nerveuses. Mais ce processus est parasité quand l'émotion s'en mêle et, devenu processus de défense, oriente l'action vers l'autodéfense de l'être et non son déploiement et son évolution. C'est dire si l'apprentissage de l'action avec ce qui fait menace est important !

Avec et non contre, ni sous la menace. Avec la réalité telle qu'elle se présente à nous et avec notre réalité à nous, là où nous en sommes dans notre cheminement. C'est à partir de cela que l'action est à mener. À partir de cela que l'enfant fait et grâce à cela qu'il crée sa réalité d'être.

« C'est trop difficile, je n'y arrive pas et je n'y comprends rien. » L'enfant se sent seul et impuissant face à un exercice qui le menace, tant qu'il met l'accent sur une harmonie à conserver et un isolement à repousser. L'harmonie serait d'avoir déjà compris pour que les parents soient satisfaits et que lui-même demeure dans une « unité avec eux ». L'isolement serait d'être abandonné d'eux parce qu'il ne comprend pas ce qu'il doit faire. Or cette sensation de difficulté est d'abord liée à l'abandon de l'enfant de ses propres facultés au profit de ce qu'on attend de lui, comportement automatique et défensif. Alors, il attend de l'aide plutôt que de tendre, de pousser en avant, ses aptitudes déjà présentes en lui. Quitte à rompre l'harmonie fantasmée car, chemin faisant, il fera des erreurs qui seront nommées « fautes » par les adultes et il se sentira alors coupable. Il sera plus lent que d'autres, son activité sera imparfaite aux yeux de ceux qui attendent de lui mieux et plus rapide. L'harmonie initiale sera rompue et c'est à ce prix que l'enfant crée la sienne. Seul, au travail. L'enfant sait-il que ce mot signifie aussi « torture » ?

À la plainte de celui-là quant à la difficulté des épreuves traversées, l'écoute parentale est primordiale : elle introduit le caractère naturel et gratifiant du processus.

« Ce qui ne tue pas rend fort ! » répondait un grand adolescent à la proposition d'agir par ses propres moyens dans la situation scolaire dangereuse où il se trouvait, à force de taire ses aptitudes.

« Ce sera compliqué, pas évident, pas gagné, autrement dit, ce que tu vas mettre en œuvre à partir de là t'est encore inconnu. Tu vas marcher dans le brouillard et seras forcé de ne compter que sur ce que tes sens

et ton savoir d'aujourd'hui te donneront comme indications. Ce que tu peux imaginer, c'est que, en avançant, tu vas te découvrir des possibilités que tu ne soupçonnes pas encore. Ce que tu peux aussi t'imaginer, c'est l'endroit où tu veux arriver et qui signifiera succès pour toi. Mais tout cela est au futur. Au présent, il s'agit de faire avec ce que tu as.
– C'est-à-dire pas grand-chose.
– Nous allons voir : que peux-tu faire, sachant que le seul interdit que je pose à cette question, est "je ne sais pas...".
– C'est ce que j'allais dire !
– ...
– Vraiment, je ne...
– Les Orientaux disent : "Si tu ne sais pas faire, fais-le !"
– Faire, ce serait écrire les devoirs le soir et essayer de les faire.
– Essayer n'est pas faire. Peux-tu préciser ?
– Faire au moins ceux que je comprends. Mais, même ça, je l'ai fait déjà et j'ai eu des sales notes. Je pars de trop loin et j'ai été découragé ; le prof de maths ne m'a pas cru quand je lui ai dit que c'est moi qui avais fait l'exercice.
– Combien de temps a duré le changement ?
– Euh, pas longtemps, moins d'une semaine...
– Es-tu prêt à avoir des sales notes au début et combien de temps t'accordes-tu pour en avoir de meilleures ?
– Vous n'êtes pas encourageante.
– Je préfère que tu réalises ce dont tu es capable. »

Comprendre et créer

La compréhension est le processus mental clef de la réalité d'être ; avec elle, la création devient possible. Mais comprendre advient à l'enfant beaucoup moins souvent suite à des explications verbales que ne le croient les parents, lesquels, ayant déjà compris ce qu'ils expliquent, s'imaginent que les mots remplacent l'expérience. Or, c'est quand l'enfant entre en relation directe avec la réalité, qu'il la découvre, qu'il l'observe, la manipule, la décortique, en travaillant directement la matière avec ses moyens propres, qu'il la comprend. Réalité matérielle, mais aussi réalité linguistique. Pour que la compréhension ait lieu, il a besoin de réaliser, de rendre réel en lui et hors de lui ce qui lui est donné à comprendre et, ainsi, se réalise. Ce processus implique l'ensemble de l'être, corps et esprit conjugués. La création en est le fruit, l'œuvre naît de cette alchimie.

Comment accompagner l'enfant qui développe ses aptitudes à

comprendre ? D'abord en distinguant ce terme de celui d'apprendre. La confusion est fréquente chez l'enfant qui, ayant appris une donnée, croit l'avoir comprise avant de s'apercevoir avec dépit qu'il ne sait pas l'utiliser dans un domaine différent de celui de l'apprentissage. Le parent, lui non plus, ne fait pas toujours la distinction : quand l'enfant répète l'explication qu'il lui a fournie, il s'imagine que celui-ci a compris. Les deux termes contiennent l'idée de prendre. Mais « apprendre » suppose de prendre l'information par les sens, de l'extérieur vers l'intérieur de soi, l'enregistrer et la retenir en mémoire. Alors que comprendre suppose que, à partir de ce qui a été enregistré, l'enfant donne du sens à l'information. Nous sommes passé des sens (les cinq) au sens, à l'interprétation. Comprendre est prendre avec soi, prendre de soi, alors qu'apprendre est prendre d'un autre que soi. Les enseignants en font l'épreuve : pour être sûrs que l'enfant ait compris, ils attendent de celui-ci qu'il soit capable de réexpliquer et d'utiliser, dans diverses situations, ce qu'il a acquis, ce qu'il a réalisé. C'est en lui que l'enfant a rendu réelle l'information, à partir de sa propre réalité.

Là est la limite de l'intervention extérieure : cette alchimie mentale ne peut se faire que seul. Pis, plus le parent – ou le professeur – multiplie les explications, plus l'enfant peut se dévaloriser et se culpabiliser de ne pas comprendre avec tout ce qui lui est donné pour y parvenir ! Il est en effet privé, par la sollicitude de l'adulte, du mouvement naturel qui lui permettrait d'aller puiser dans ses propres facultés, quitte à solliciter, mais de lui-même, des explications, verbales ou démonstratives, d'un autre. Quand sa demande est considérée comme un aveu de faiblesse ou d'incapacité, par lui ou par des parents trop vite inquiets ou agacés, tout le processus de compréhension peut être altéré. L'enfant a besoin de faire pour comprendre, ce qui passe par « faire des erreurs ». Ses erreurs lui seront même utiles, à condition qu'elles soient accueillies comme faisant partie intime de sa compréhension et de sa créativité pour arriver à l'objectif.

L'alchimie de ces processus est une alliance unique entre la vigilance, la mise en images « dans sa tête », la mémorisation et la réflexion : tout cela a quelque chose d'unique « en soi » et permet à la « mayonnaise de prendre ». Ce quelque chose est une animation, une façon d'animer cet ensemble, de le mettre en mouvement, en vie. Ce quelque chose ne s'apprend pas et ne s'explique pas. Il existe dans le désir d'être.

Et si la meilleure transmission parentale était de laisser faire le processus naturellement chez leur enfant et de croire à la réalité même de son existence ? Aux parents alors de tirer profit de toute occasion lui permettant de comprendre et de créer, avec quelques consignes claires et peu, voire aucune explication. À lui de faire, avec son temps, ses erreurs, ses émotions, ses facultés, et son désir naturel d'y arriver. Il se décourage ? Tout va bien ! Ce passage-là aussi est nécessaire à expérimenter. L'enfant a juste besoin de lâcher l'habitude d'être fait et aidé par le parent, pour faire l'épreuve de sa capacité à faire par lui-même. Surtout, pas de précipitation à le secourir à la moindre demande ou la première panique, avec force explications : il risquerait de comprendre comment fait son parent, comment il faudrait qu'il fasse et non comment, lui, parvient à faire ! Une occasion ratée de prendre l'exercice avec lui et de se créer avec. Le passage par le découragement est aussi une bonne façon de mesurer son endurance, de tenir ferme ses aptitudes, son savoir, son pouvoir personnel. Sénèque, il y a deux mille ans, posait la question en ces termes : « Est-ce que nous n'osons pas parce que c'est difficile ou bien est-ce difficile parce que nous n'osons pas ? »

Au parent d'être présent et conscient du désir d'être qui habite son enfant.

Des situations ? Faire du vélo, faire la cuisine, faire une maquette, faire une blague, faire la paix avec un copain, se faire comprendre, faire de la place à l'autre, faire un jeu, faire une consigne, faire rire, autant d'occasions de se réaliser et d'éprouver le désir vivant. Au goût différent de celui de l'avoir et du paraître.

Au bénéfice de l'attente

Entre être en harmonie, uni avec son milieu, et être un, seul et unique avec lui, existe un temps, un état avec lequel se réconcilier : l'attente.

En réaction défensive, attendre, c'est guetter comme un dû un geste de son entourage qui aide, protège et assure une considération, qui devient alors source d'existence. Attendre, c'est désirer l'autre comme pourvoyeur de la satisfaction de son besoin de réalité d'être. L'attente a mauvaise presse : inconfortable et même douloureuse car l'attention est fixée, bloquée sur l'autre qu'on attend, qui « devrait » être là pour soi. L'attente entretient la menace d'un manque et d'une culpabilité à avoir fait quelque chose de mal à l'origine de cette absence. Que cet autre arrive enfin et soulage de cette tension intérieure n'occasionne qu'un répit de courte durée car celle-ci renaît de ses cendres à la première occasion.

L'éducation peut redonner ses lettres de noblesse à l'attente, ce qui permettrait à l'enfant de se réconcilier avec un état qui parle plus de «tenir bon» et d'endurance que de tension vers ce qui est censé garantir la survie. Telle est son étymologie en effet : attendre signifie être attentif, faire le guet, tenir dans une attitude de vigilance. Attendre, c'est placer son attention en soi et la soutenir dans toute la durée de l'absence, du vide, du manque. Encore un passage entre l'attente que l'autre remplisse l'espace, qu'il fasse pour soi, et l'attention portée à soi. Passage qui procure parfois une sensation de vide, de chaos et d'inexistence, mais passage à vivre pour que l'enfant fasse l'expérience de ses facultés et découvre son endurance.

Comme le risque et le jugement, l'attente est source de vie, ou de survie, selon le regard qui est porté sur ces mouvements : mieux ils seront accompagnés par le parent et chargés de sens et de naturel, plus l'enfant y gagne à se développer.

Le père et la fille avaient pris une habitude, sans que ni l'un ni l'autre ne sache qui en était à l'origine. Toujours est-il que la fillette attendait dans l'entrée, en jouant, le retour de son père, réglé à un quart d'heure près vers dix-neuf heures. En cas de retard, celui-ci ne manquait jamais d'avertir. Chaque soir, il la remerciait chaleureusement d'un joyeux «comme tu es gentille, ma chérie, de m'accueillir» ou d'une autre phrase, aussi affectueuse. Mais voilà que la télévision passe une émission que l'enfant souhaite ne pas rater, juste à l'heure du rendez-vous quotidien ! Écartelée entre ses deux désirs, la fillette réagit : certains jours elle se prive de télévision, d'autres elle la regarde sans arriver à lâcher vraiment du regard l'heure de sa montre. Malgré elle, elle attend. La voyant malheureuse, son père décide de la soulager.
«Tu sais, tu n'as pas besoin de m'attendre tous les soirs ; ça me fait plaisir, bien sûr, mais tu fais comme tu veux.»
Sauf que, précisément, elle ne sait pas ce qu'elle veut : entre être gentille et garantir l'harmonie de sa relation avec son papa et son désir «égoïste» d'enfant qui risque de ne plus être la gentille qui fait plaisir à son père, elle ne sait que faire et se sent triste. Coup d'épée dans l'eau donc que la formulation du papa, qui du reste avait renvoyé à sa fille la décision, sans un mot, ni sur son besoin à lui, ni sur les solutions alternatives pour le satisfaire. Il tente autre chose :

« J'aurai toujours du plaisir à revenir à la maison, à te retrouver où que tu sois, dans ta chambre, dans l'entrée, dans le salon, et même quand tu seras plus grande, que tu n'habiteras plus la maison parce que tu étudieras ou tu travailleras, je rentrerai après une bonne journée de travail et je trouverai d'autres façons de me réjouir, comme jouer avec le chien, préparer le repas avec ta maman, lire le journal, ou regarder une émission à la télévision ! »
Le père a révélé son désir propre, précisant ainsi qu'il peut se satisfaire autrement que grâce à sa fille, que le fait d'être attendu par elle et accueilli à son retour était *une* solution et non *la* solution unique. Quant à l'enfant, elle découvre avec peine qu'elle n'est pas la seule source du bonheur de son père et ce renoncement lui fait mal. Elle se sent comme vidée et abandonnée par lui. La voilà seule devant son choix, devant le sens qu'elle accorde à son émission préférée.
« Je regarderai la télévision à chaque fois que je peux », affirme-t-elle enfin à son père, après quelques tentatives infructueuses pour obtenir de lui un peu plus d'encouragement et de soutien. Lui était demeuré ferme sur son propre désir, conscient que son propre attachement au rituel avec sa fille venait panser une blessure de sa propre histoire d'enfant.

L'attente, cette endurance à être simplement présent à soi et à son désir d'être, est aussi source de ce sentiment si intime et indescriptible qu'est l'espoir. On dit même de celui-ci qu'il fait vivre, contrairement au dés-espoir existentiel de l'attente de l'autre, d'être fait par ou pour l'autre.

Vingt et un ans et toutes mes dents !

Y compris celles de la sagesse, en principe. Mais sage par rapport à qui ? Aux parents qui attendent encore de celui ou celle qui demeure leur enfant un comportement raisonnable et obéissant ? Ou par rapport à soi, afin que, éclairé et avisé, l'ex-enfant choisisse la vie qui lui va et s'y aventure ?

Depuis l'adolescence, l'enfant a été sollicité pour effectuer des choix, pour reconnaître ses goûts, et pour faire des expériences qui, dans cette logique, ont pu l'amener à répondre à LA question cruciale de cette période : « Qu'est-ce que tu veux faire plus tard ? » La réponse, idéalement, devrait découler d'une inclination naturelle, d'une détermination au fil des jours et des découvertes de l'enfant ; c'est heureusement parfois le cas. Mais, trop souvent, elle heurte celui-ci, pris en défaut, voire culpabilisé de ne pouvoir dire clairement son désir. Faute de l'avoir bâti, il ne sait pas « vouloir », pas plus que donner un sens, une direction à sa vie.

Pour qu'à vingt et un ans, le nouvel adulte s'oriente, il lui faudra, avec sa liberté de penser et l'estime qu'il a de lui, porter un regard, son regard, sur le monde qui l'entoure et concevoir ce qu'il désire y faire, ce qu'il souhaite donner aux autres et à lui-même. Vaste sujet en apparence et qui semble plus s'inscrire dans une réflexion que dans des actes. À tort ! Un désir est déjà une participation active au monde, une façon d'exister.

En apprenant par les médias un drame humanitaire, comme ceux qui font la une des journaux télévisés sur quelques jours, un garçon de seize ans s'insurge. Entre révolte et tristesse, il ne comprend pas comment le monde peut demeurer aussi sourd et impuissant à la détresse de ceux qui souffrent. « À part leur donner à manger quand le drame arrive, on devrait se mobiliser beaucoup plus. Ça ne sert à rien de se lamenter sur des images et ne rien faire ! » La discussion s'anime autour de la table sur le thème de « Qu'est-ce que nous, la famille, pouvons faire ? ». Au total, ce sera la somme de l'argent de poche mensuel des trois enfants plus l'argent des cinq places de cinéma qui seront envoyés comme don à une association d'aide. Sensibilisés à la réalité de la faim des enfants pris dans le drame, les trois jeunes décident aussi de réduire leur nourriture sur un week-end à des pommes et du riz. Au plus jeune qui ne voit pas trop le sens de ce geste puisque « ça donnera pas plus à manger à ceux qui ont faim », l'aîné explique « c'est un geste symbolique, une façon d'être solidaires avec eux et de penser à eux autrement qu'en se lamentant. On peut pas forcément faire plus, mais ça, on peut le faire ».

Les occasions sont multiples pour que la jeune fille et le jeune garçon s'interrogent sur le sens à donner à leurs vies : réalisations scolaires bien sûr, mais aussi citoyennes, politiques, éthiques, spirituelles, philosophiques, esthétiques, relationnelles. Chaque fois il s'agit pour eux d'exercer leur compréhension de façon active et pas uniquement intellectuelle, d'impliquer, de risquer leur opinion et leur libre arbitre pour se révéler. Ainsi naissent les vocations, au sens littéral du terme : « ce qui appelle ».

Lucille, à dix-sept ans, demande à sa mère de ne plus retourner au lycée professionnel où elle est inscrite pour passer un bac pro de secrétariat.

Sa scolarité est pourtant satisfaisante mais elle s'ennuie. Elle n'a qu'une idée en tête, sécher les cours ! Avant de passer à l'acte, elle préfère en parler pour trouver une solution. Elle aime depuis longtemps la reliure et est allée chercher sur Internet les écoles existantes. Sa mère tombe des nues et son père s'inquiète. Le grand-père, lui, n'est pas étonné ; il a souvent vu sa petite-fille le nez dans les vieux livres de sa bibliothèque, celle qui rassemble les ouvrages reliés. « Et puis vous lui avez toujours dit que l'essentiel était d'avoir un métier que l'on aime. Elle vous a simplement écoutés. » Lucille quittera l'école en cours d'année et multipliera les baby-sittings pour participer au paiement de son école. « Je ne la reconnais pas. Elle, si révoltée parfois et si passive dans ses études, la voilà gaie et décidée, prenant en main sa formation. Les parents des enfants qu'elle garde me disent qu'ils la trouvent étonnamment mature. »

Chaque initiative, chaque passage à l'acte personnel, dès lors qu'il contribue à construire le sens que l'enfant-adulte accorde à sa vie, mérite d'être fêté. On aurait tort de limiter l'évaluation de la maturité aux seuls résultats scolaires. L'aptitude au choix juste, l'adaptation au nouveau, à l'inconnu, la reconnaissance de ses goûts, la capacité d'être en relation ouverte et d'écouter, l'endurance tant physique que mentale ou intellectuelle, la fidélité à soi-même, autant de formes d'intelligence qui témoignent de la capacité à réaliser sa vie et à lui donner du sens. Et une femme ou un homme qui donne du sens à sa vie contribue à donner du sens et de la valeur à celle des autres.

Des propositions de fêtes ? Le premier bulletin de vote, la première embauche, la première paye, les premières vacances seul(e), le premier chagrin d'amour, le premier accrochage de voiture ou le premier P-V. Bienvenue au club !

Ouf ! Quelle histoire d'éduquer un enfant ! A-t-on jamais fini ? Oui, à coup sûr. Ce qui a été commencé doit se finir un jour. Le parent et l'enfant ainsi sauront, voire fêteront ensemble ce chemin parcouru et pourront faire, pourquoi pas, un bilan de leur coopération : en quoi l'éducation de l'un a édifié l'autre et réciproquement. Car l'enfant qui a beaucoup reçu a, un jour, le droit d'entendre qu'il a aussi beaucoup donné – et réciproquement – afin que la balance soit équilibrée entre les « partenaires ». Quelle violence est faite aux deux lorsque le parent, de dépit, reproche à l'enfant son ingratitude avec un « Avec tout ce qu'on a fait pour toi ! ». Et quelle violence aussi quand l'enfant rejette ses parents, faute d'avoir pu articuler son histoire à la leur. Éduquer, conduire l'enfant hors de son enfance et de sa dépendance aux adultes ne permet-il pas au parent de s'éduquer lui-même, de se conduire pour devenir un jour, peut-être, un grand-parent, un parent grandi par son expérience, ses erreurs et ses joies ?

À la lecture de ces chapitres sur l'art d'éduquer l'enfant, certains peuvent avoir le sentiment d'une relative froideur à ainsi accompagner l'exercice de l'enfant dans son apprentissage de sa sécurité, de son identité et de sa réalité d'être. Tout cela semblerait manquer d'affect. Sauf à considérer que le parent manifeste un amour immense chaque fois qu'il croit aux capacités de son enfant à se confronter à la vie et à extraire de lui-même des aptitudes nouvelles ! Regarder son enfant se démener, se tromper, recommencer, se réjouir, paniquer, s'en vouloir, s'épuiser, s'affirmer, questionner, réussir, rater, se faire mal et faire mal… et tenir bon, demeurer juste et ouvert, ne pas mélanger son histoire avec la sienne, peut-il être vécu sans beaucoup d'amour ? Un autre amour sans doute que celui qui se prouve et qui se raconte dans la peur de ne pas aimer assez, ou plutôt de ne pas être assez aimé en retour. Un amour ouvert qui sait prendre des risques sans insécuriser, porter des jugements sans dévaloriser et attendre sans culpabiliser. Un amour qui apprend à par-donner, c'est-à-dire à donner à chacun sa part de territoire, de responsabilité et de désir.

Un amour qui un jour permettra au parent de se pardonner ses erreurs dans l'éducation transmise à ses enfants… car on devient bon parent quand on a fini de l'être.

Conclusion

DEVENIR SON PARENT

À l'issue de ce parcours, l'enfant pourrait intégrer le bien le plus précieux qui soit : devenir son propre parent. Non pas identique au parent qui a accompagné son enfance, ce qui serait une con-fusion avec lui, une in-différenciation grave car source d'émotions et d'héritage non assumé ! Non pas en contre-réaction, ce qui serait le même parent à l'envers, et donc, à nouveau, à l'origine de conflits intérieurs et extérieurs ! Son propre parent, c'est-à-dire celui « qui se met au monde », qui se crée et se révèle selon ce qui lui semble juste, pour lui et pour les autres. Automaternage et autopaternage pourraient ainsi témoigner d'une éducation accomplie. Si la séparation d'avec ses parents se fait sur un mode émotionnel, comme un arrachement, une contrainte ou une fatalité, alors l'enfant, devenu adulte, laisse la place de ce parent intérieur, pré-occupée par son géniteur biologique. Il risque de se priver de la transmission d'autres voix, d'autres aides, d'autres enseignements, nécessaires pour faire des choix de vie, développer des points de vue personnels et, ainsi, conduire sa vie. Ce courage à demeurer à l'école de la vie, à mêler d'autres voix aux voix parentales initiales et à se fonder sur ses aptitudes au choix juste, sera la marque de la bonne transmission parent-enfant. Une éducation est terminée, non quand l'enfant se dégage de ses parents, mais quand il s'engage dans sa « parentalité », pas forcément en devenant père ou mère à son tour, mais en s'exprimant en auteur de sa parole et responsable de son projet de vie. En s'engageant dans sa vie, quelle qu'elle soit.

À lui, alors, de développer cette fonction parentale intérieure, distincte de la façon dont ses parents ont manifesté la leur. À lui d'expérimenter, dans des essais-erreurs, la voix intérieure qui va l'aider à accomplir sa vie. À lui de « faire son marché », dans les mots et les attitudes des autres, dans ce qui va contribuer à nourrir ses besoins fondamentaux. Son meilleur allié demeure la vigilance de son cerveau reptilien, veilleur insomniaque du respect de l'intégrité, qui, dans son langage émotionnel, lui signale les voies à risque. Intégrité qui petit à petit se distingue de la vision qu'en avaient ses parents, moins sécurité que liberté, moins appartenance que différence et moins harmonie que solitude. Petit à petit, car il n'y a pas urgence à arriver « au bout » d'un processus fait pour durer une vie entière, au fil des événements qui arrivent ou que nous provoquons.

Le chemin est semé d'occasions de se préciser ; on les appelle des embûches ou des difficultés. Sans elles, le parcours risquerait de n'être que la reproduction d'un savoir initial. Parfois elles laissent des cicatrices profondes, preuves de blessures longues à guérir et du travail de reliance – selon le mot d'Edgar Morin – qui s'opère en soi après la traversée d'une épreuve. La reliance est cette aptitude intelligente, si typiquement reptilienne, à restaurer l'intégrité, à faire alliance avec soi et son crocodile sauvage et généreux.

L'enfant est devenu *adultus*, celui qui a grandi, qui a intégré ses parents en lui, a ingéré leur transmission et en a fait « quelque chose » qui lui est propre. Ceux par lesquels cette aptitude est passée, les parents, ont alors souvent la sensation de ne plus servir à rien et cherchent à prolonger, le plus longtemps possible, la fonction qui les identifie et donne du sens à leur vie. Ils n'en finissent pas, alors, d'être parents, et résistent à devenir, eux aussi, des adultes face à ceux qu'ils ont contribué à élever à cette égalité. Pourtant, la fonction parentale a aussi fait grandir le parent et a pu aider celui qui avait la responsabilité d'accompagner l'enfant, à devenir un meilleur parent de lui-même.

C'est ainsi que parle Anne : « Ma mère était ambivalente, tiraillée entre le qu'en-dira-t-on qui la faisait éduquer ses filles selon un code très rigide, et son aspiration personnelle à vivre indépendante, faisant fi des conventions sociales. Pas sécurisante mais dévouée ; pas reconnaissante mais confiante ; pas optimiste mais idéaliste. Très douée pour raconter des histoires qui lui donnaient bonne conscience. J'ai eu trois enfants et c'est un long travail de devenir mère sans reproduire le schéma connu ou en opposition à lui. J'ai probablement été meilleure pour le troisième que pour le premier qui a, selon ses dires, "essuyé les plâtres". Finalement, je me suis entraînée avec eux à exercer ma bienveillance et mon autorité. Ils ont grandi avec ces exercices pas toujours bien clairs ni réussis, et ils m'ont fait grandir aussi. J'ai appris à me servir ce que je leur servais à eux, des mots, une écoute, une attention censés leur faire du bien. Qu'est-ce que mes futurs petits-enfants, s'ils viennent au monde, me réservent ? »

À la lumière du langage du crocodile, grâce au décodage de l'intelligence contenue dans les mécanismes défensifs qui permet une vigilance dans la satisfaction des besoins fondamentaux, nous pouvons sans doute mieux comprendre ce que signifie devenir adulte. Car tant que le terme ne fait que renvoyer à un âge légal, une injonction à n'être ni enfant ni parent, ou une fatalité à subir l'un ou l'autre, il est privé d'une définition qui lui donnerait une assise fiable et une intention motivante.

À l'intérieur de soi existe en effet un échange constant entre les deux pôles de chaque besoin : la sûreté dialogue avec la liberté, l'appartenance avec la différence et l'harmonie avec la solitude. Que ce tête-à-tête vire au conflit et voilà la « prise de tête » si familière aux adolescents. « Celui qui a grandi » serait alors celui qui a appris à entretenir de bonnes relations entre ces pôles, apparemment opposés et en réalité complémentaires dans un même objectif de vie. Le parent, plus vigilant quant à la réassurance, l'appartenance et l'harmonie, préserve, à sa façon, l'intégrité de l'enfant, plus exigeant dans la conquête de sa liberté, de sa différence et de sa solitude, mouvements indispensables à la vie.

Dialogue intérieur bénéfique pour favoriser l'évolution de l'être en soi, parent ou enfant. Dialogue entre un passé nourri de savoirs et d'expériences vécues et un futur à bâtir, pour un présent qui se manifeste dans ce passage de l'un à l'autre. Ainsi que l'écrit le philosophe Martin Buber, « La tradition est la plus noble des libertés pour la génération qui l'assume avec la conscience claire de sa signification, mais elle est aussi l'esclavage le plus misérable pour celui qui en recueille l'héritage par simple paresse d'esprit ».

Le parent intérieur est celui qui donne des règles, des lois et des normes fondées sur le temps passé ; l'enfant intérieur est celui qui réclame qu'on le libère, qu'on l'autorise à se distinguer de « tout ce poids ». Celui qui a grandi fait avec ces usages et l'énergie de la réclamation un monde à sa façon. En bas de la montagne, le parent prépare les sacs à dos, la boisson et les aliments nécessaires à la marche quand l'enfant, enthousiaste, se voit déjà arrivé en haut. La marche en montagne les unit.

Pour autant, cette alliance intérieure a besoin pour se faire que soit transmis le sens de ce qui nous anime, à commencer par le sens de ces symptômes physiques comme psychiques que nous nommons émotions. Langage à décoder afin de sortir de l'état de paresse d'esprit évoquée plus haut qui nous priverait d'interroger l'héritage et d'agir librement avec.

À quand l'enseignement de la logique émotionnelle ? À quand la transmission et la pratique de cette science qui consiste à expérimenter son ressenti et à en faire bon usage ? Sans notation ni enjeu, en prenant en compte le message intelligent du cerveau reptilien, il s'agirait de s'entraîner à inventer d'autres attitudes, pour que soient satisfaits, de façon mieux adaptée, les besoins fondamentaux. Les moyens ne manquent pas pour favoriser une telle transmission : activités corporelles, intellectuelles, ludiques, interprétatives, relationnelles, créatives, symboliques, peuvent faire émerger chez l'enfant et son parent la conscience de ces mécanismes vivants, qui sont nos alliés de vie, et la mobilisation d'un « autrement que sous l'impact de l'émotion ». Ce qui fait résistance est, sans doute, l'inertie de ceux à qui profite le maintien des habitudes liées à la peur, profit parfois non conscient car fondé lui-même sur des peurs et les justifications qui les étayent. Cercle vicieux du mécanisme défensif à grande échelle, au niveau même de la collectivité.

Pourtant, de plus en plus, des groupes de parents, d'adultes en relation d'aide avec les enfants, se rassemblent afin qu'émergent cette conscience et cette pratique du « bon usage des émotions ». Ils se questionnent autrement que sur un mode d'accusation ou de culpabilité et osent d'autant plus mettre à plat leurs attitudes défensives, même les plus toxiques, que celles-ci sont visitées avec du sens et une intention vivante. Déchargés d'une « faute » et responsabilisés dans leur objectif éducatif, ils peuvent enfin se mettre en recherche de comportements justes, respectueux des besoins de chacun. La culture de « la logique émotionnelle » pourrait alors être la base commune pour réfléchir ensemble ou individuellement, à propos du « pour quoi » de telle ou telle attitude. Dans cette démarche, il s'agit de « faire une histoire » de ce qui nous arrive, une histoire à écouter, à interpréter, à utiliser comme une lumière pour voir plus clair, pour décoder le sens caché au fond de soi et pour accompagner autrui à décoder le sien. À ce titre, il est bon de faire des histoires comme les enfants.

Alors, terminons cet ouvrage par un conte, extrait du livre de Clarissa Pinkola Estés, *Femmes qui courent avec les loups*. Une histoire de loup justement, et non une histoire de crocodile, bien que la tentation ait été forte de reprendre celle d'un crocodile qui sauvait de la noyade une petite fille, avant d'être blessé par les villageois trop effrayés par l'animal car ils ignoraient alors que celui-ci était végétarien ! C'est donc l'histoire du Cil du loup qui illustre la motivation de l'enfant et son aptitude à distinguer la justesse de l'être vivant derrière le paraître de la peur :

Si tu ne vas pas dans les bois,
Jamais rien n'arrivera, jamais ta vie ne commencera.

« Ne va pas dans les bois, n'y va pas ! disaient-ils.

– Et pourquoi donc ? Pourquoi n'irais-je pas ce soir dans les bois ? demanda-t-elle.

– Dans les bois vit un grand loup, qui mange les enfants comme toi. Ne va pas dans les bois, n'y va pas. »

Bien sûr elle y alla. Elle alla malgré tout dans les bois et, bien sûr, comme ils l'avaient dit, elle rencontra le loup.

« On t'avait prévenue ! fit le chœur.

– C'est ma vie, pauvres noix, rétorqua-t-elle. On n'est pas dans un conte de fées. Il faut que j'aille dans les bois, il faut que je rencontre le loup, sinon ma vie ne commencera jamais. »

Mais le loup qu'elle rencontra était pris dans un piège. Dans un piège était prise la patte du loup.

« Viens à mon aide, viens à mon secours ! Aïe, aïe, aïe ! s'écria le loup. Viens à mon aide, viens à mon secours et je te récompenserai comme il se doit. » Car ainsi font les loups dans ce type de contes.

« Et comment serais-je sûre que tu ne vas pas me faire mal ? » interrogea-t-elle. C'était son rôle de poser des questions. « Comment serais-je sûre que tu ne vas pas me tuer et me réduire à un tas d'os ?

– La question n'est pas la bonne, dit ce loup-ci. Tu dois me croire sur parole. » Et il se remit à gémir et à crier : « Oh, là là ! Aïe, aïe, aïe. Belle dame, Il n'y a qu'une question qui vaille. Ouououououh Ehehehehehe Laaaaaaaam ?

– C'est bien, le loup, je prends le risque. Allons-y ! » Et elle écarta les mâchoires du piège. Le loup retira sa patte, qu'elle pansa avec des herbes et des plantes.

« Oh, merci, aimable dame, merci », dit le loup, soulagé.

Et, parce qu'elle avait lu trop de contes de fées d'un autre type, le mauvais, elle s'exclama :

« Allons, finissons-en, tue-moi maintenant. »

Mais ainsi le loup ne fit-il pas. Pas du tout, il posa la patte sur son bras.

« Je suis un loup qui vient d'ailleurs, un loup qui vient d'un autre temps », dit-il. Et il s'arracha un cil, puis le lui offrit en disant :

« Sers-t'en avec discernement. Désormais, tu sauras qui est bon et qui ne l'est guère ; il te suffira de voir par mes yeux pour voir clair.

Tu m'as permis de vivre
Et, pour cela
Je t'offre de vivre ta vie
Comme jamais tu ne le fis.
Souviens-toi, belle dame,
Il n'y a qu'une question qui vaille
Ouououououh
Eheheheheheh
Laaaaaaaaaaam ? »

Ainsi revint-elle au village, ravie d'être encore en vie. Et cette fois-ci, quand ils disaient :

« Reste ici, marions-nous. »
Ou « Fais ce que je te dis. »
Ou « Dis ce que je te dis de dire,
Surtout, n'aie aucun avis. »
Elle portait à son œil le cil du loup
Et voyait à travers lui leurs véritables intentions
Comme elle ne l'avait jamais fait…
Alors quand le boucher posa sa viande sur la balance,
Elle vit qu'il pesait son pouce avec.
Et quand elle regarda son soupirant
Qui soupirait : « *Je suis parfait pour toi.* »
Elle vit que ce soupirant-là
N'était même pas bon à quoi que ce soit.
De sorte qu'elle fut à l'abri

Sinon de tous les malheurs du monde
Du moins d'une grande partie.
Plus encore, non seulement cette nouvelle façon de voir
Lui permit de distinguer le cruel et le sournois
Mais son cœur ne connut plus de limites
Car elle regardait tout un chacun
Et l'évaluait grâce au don du loup qu'elle avait sauvé.
Et elle vit les gens de bonté vraie
Et elle s'en approcha
Elle trouva le compagnon
De sa vie et elle resta près de lui,
Elle distingua les êtres de courage
Et d'eux elle s'approcha
Elle connut les cœurs fidèles
Et se joignit à eux
Elle vit la confusion sous la colère
Et se hâta de l'apaiser
Elle vit briller l'amour dans les yeux des timides
Et tendit la main vers eux
Elle vit la souffrance des collets montés
Et courtisa leur sourire
Elle vit le besoin chez l'homme sans parole
Et parla en son nom
Elle vit la foi luire au plus profond
De la femme qui la niait
Et la raviva à la flamme de la sienne.
Elle vit tout
Avec le cil du loup
Tout ce qui était vrai
Tout ce qui était faux,
Tout ce qui se retournait contre la vie,
Tout ce qui ne peut se voir qu'à travers le regard
Qui évalue le cœur avec le cœur
Et non à la seule aune de l'esprit.

C'est ainsi qu'elle apprit que tout ce que l'on dit est vrai : le loup est le plus avisé de tous. Et si vous prêtez l'oreille, vous entendrez que le loup, lorsqu'il hurle, est toujours en train de poser la question la plus importante. Non pas « Où est le prochain repas ? », ni « Où est le prochain combat ? », ni « Où est la prochaine danse ? ».

Mais la question la plus importante

Pour voir à l'intérieur, pour voir derrière,
Pour estimer la valeur de tout ce qui vit,
Ouououououoh
*Ehehehehehe*h
Laaaaaaaaaam ?
Où est l'âme ?
Où est l'âme ?

Va dans les bois, va
Si tu ne vas pas dans les bois, jamais rien n'arrivera,
Jamais ta vie ne commencera.
Va dans les bois, va
Va dans les bois, va. »

Extrait de « The Wolf's Eyelash », poème en prose original de C. P. Estés © 1970, extrait de *Rowing Songs for the Night Sea Journey.* Contemporary Chants.

Ainsi que nous l'avions évoqué dans l'introduction, il est interdit de désespérer de nos enfants. En cas d'urgence, le parent peut avoir recours au Cil du loup : en collant celui-ci sur son œil, il verra mieux ce qui agite l'enfant, l'agresse et le fait se renfrogner dans son coin, cet enfant qui peut être né de lui, mais aussi, en lui. Il pourra laisser parler la voix de l'âme pour l'accompagner sur sa route.

En guise de bibliographie

AXELROD Robert, *Comment réussir dans un monde d'égoïstes : théorie du comportement coopératif*, Odile Jacob, 1996.

ANDRÉ Christophe et LELORD François, *L'estime de soi*, Odile Jacob, 1999.

BARTHES Roland, *Essais critiques IV. Le bruissement de la langue. Écrire, verbe intransitif?* Le Seuil, 1984.

BESSEL Dr Harold, *Le Développement socio-affectif de l'enfant.* Actualisation IDH Inc., coll. « Le Cercle Magique », 1975.

BRUER I., *Tout est-il joué avant trois ans ? : Les premiers stades du développement et L'Apprentissage tout au long de la vie*, Odile Jacob, 2002.

CANAULT Nina, *Comment paie-t-on les fautes de ses ancêtres ?*, Desclée de Brouwer, 1998.

CORNEAU Guy, *Victime des autres, bourreau de soi-même*, Robert Laffont, 2002.

Père manquant, fils manqué, L'Homme, 2003.

CYRULNIK Boris, *Sous le signe du lien*, Hachette Littérature, 1989.

DE ROO Pierre, *Mécanique du destin*, Calmann-Lévy, 2001.

DAMASIO Antonio R., *L'Erreur de Descartes. La raison des émotions*, Odile Jacob, 1995.

Le Sentiment même de soi : Corps, émotion, conscience, Odile Jacob, 1999.

D'ASSEMBOURG Thomas, *Cessez d'être gentil, soyez vrai !*, L'Homme, 2001.

DIEL Paul, *Psychologie de la motivation*, Payot, 2002.

DUFOUR Christian, *Entendre les mots qui disent les maux*, Le Dauphin, 2000.

GARDNER Howard, *Les Formes de l'intelligence*, Odile Jacob, 1997.

GORDON Thomas, *Parents efficaces : une autre écoute de l'enfant*, Marabout, 2000.

GIRARD Véronique et CHALVIN Marie-Joseph, *Un corps pour apprendre*, Nathan, 1997.

GOLEMAN Daniel, *L'Intelligence émotionnelle*, Robert Laffont, 1995.

LABORIT Henri, *L'Inhibition de l'action. Biologie, physiologie, psychologie, sociologie*, Masson, 1979.

LA GARANDERIE Antoine de, *La Valeur de l'ennui*, Cerf, 1968.
Apprendre sans peur, Chronique sociale, 1999.

OUAKNIN Marc-Alain, *Les Dix Commandements*, Le Seuil, 1999.

PEDAGOGIE RAMAIN, dossier in «*Les Cahiers de l'Éducation et des Nouvelles Technologies*» n° 16, 1992, UNAPEI.

PINKER Steven, *Comprendre la nature humaine*, Odile Jacob, 2005.
Les Langages du cerveau, Odile Jacob, 2002.

PINKOLA ESTÉS Clarissa. *Femmes qui courent avec les loups*, Grasset, 1996.

SENSE Aoki, *Shintaïdo*.

VIORST Judith. *Les Renoncements nécessaires*, Robert Laffont, 1988.

WEBER Gunthard, *Les Liens qui libèrent*, Grancher, 1998.

Je remercie les « faiseurs d'histoire », tous ces petits et grands animés du courage de fabriquer de la vie avec leurs émotions, qui m'ont aidée à construire ma réflexion et ma pratique.

Merci à Sylvie Alexandre et Évelyne Bertrand, pour leur amitié, leur fidélité et leurs compétences.

Pour aller plus loin dans la pratique de la logique émotionnelle, le site

www.emotiv-action.com

vous renseignera sur les formations et les ateliers. Vous pouvez aussi nous adresser vos messages à *info@emotiv-action.com* ou nous écrire à Emotiv'action, 31, rue Tronchet, 75008 Paris.

TABLE

Deuxième partie
ÉCOUTER ET COMPRENDRE L'ÉMOTION DE L'ENFANT

Troisième partie
METS-TOI À TA PLACE !

Impression réalisée par

BUSSIÈRE

GROUPE CPI

à Saint-Amand-Montrond (Cher)
pour le compte des Éditions Robert Laffont
24, avenue Marceau, 75008 Paris
en octobre 2005

Dépôt légal : novembre 2005.
N° d'édition : 46299 – N° d'impression : 053822/1.

Imprimé en France